FRANCISCI PETRARCÆ

EPISTOLÆ

# DE REBUS FAMILIARIBUS

ET

# VARIÆ.

FRANCISCI PETRARCÆ

# EPISTOLÆ
# DE REBUS FAMILIARIBUS

ET

# VARIÆ

TUM QUÆ ADHUC TUM QUÆ NONDUM EDITÆ

FAMILIARIUM SCILICET LIBRI XXIIII. VARIARUM LIBER UNICUS

NUNC PRIMUM INTEGRI ET AD FIDEM CODICUM OPTIMORUM VULGATI

STUDIO ET CURA

## IOSEPHI FRACASSETTI.

VOLUMEN TERTIUM.

FLORENTIÆ,

TYPIS FELICIS LE MONNIER.

MDCCCLXIII.

# DE REBUS FAMILIARIBUS

## LIBER VICESIMUS.

---

### EPISTOLA I.

**FRANCISCUS PETRARCA NERIO MORANDO FOROLIVIENSI S. P. D.**

De pessimis ætatis suæ moribus, et præsertim de avaritia et luxuria.
Nonnulla de adventu abituque Caroli IV Imperatoris.

Gravem curis obsessumque negotiis et perosum
cuncta quæ video, nec aliter quam fessus atque aridus
cervus solet ad umbrosum fontem ad solitudinem unde
latratu canum sequacium pulsus est atque ad silentium
aspirantem, epistola tua parumper avertit, quae utinam
tam longa fuisset, ut, quod ad exiguum tempus fecit,
rerum me præsentium oblivisci in perpetuum coegisset. Ita enim me sæculi nostri miratorem scito ut vix
fuisse aliquid ulla ætate miserius aut extremius putem. Unum me solatur, quod si nasci oportuit et penitus necessarium fuit ut inexorabilis Clotho nos ad
prædurum huius vitæ limen impelleret, nec prius in
lucem erumpere datum erat, minus mali fuerit nunc
natos. esse quam postea. Talia de posteritate coniecto:
trepido utinam ludar augurio. Sed hanc mihi spem de
se nostra tribuit iuventus, ea indoles, hi mores sunt,

is votorum modus, is terminus studiorum. Deliros etiam
senes nostris iuvenibus admotos sapere ad invidiam
putes, et felices dicas quod pridie nati sunt. Sic mundus ·
in dies ad extrema præcipitans secum omnia in deterius
trahit. Mitto autem quid serior ætas actura sit, quandoquidem (quod de Sergio Galba fertur dixisse Tibe-
rius Cæsar) ad nos nihil pertinet, et cavendum est ne
maior ingenio sit querela: neve mihi forsan occurrat
illud Senecæ ubi ait, omnem ætatem de moribus suis
questam. Credo enim: sed, ni fallor, quod ad mores attinet, nulla unquam dignius questa est. Illud non omi-
serim quod ab amantibus sese et sua cuncta mirantibus
opponi posse video. Non sum nescius Italiæ vulnerum,
quæ nunc quæve olim perpessa iam malis induruit, et
callum crebris cicatricibus superduxit, quanquam non
Italia tantum, sed terrarum orbis ab origine clades tulit
innumeras. Quid vero est aliud brevis hæc vita quam
mors longior? Quid aliud terrena habitatio quam gravis
servitii fœdus carcer, et iugis mœstitiæ cœca domus?
Scio: sed aliud est ab hostibus, aliud a vitiis obsideri,
urgeri, premi, uri, vastari. Deficit aliquando hostis
externus, et ipse alium fatigando lassatur: denique
omnis hominum incursus brevis, nec ullum omnino
bellum mortalium immortale est; cum auctoribus suis
intercidat oportet, et suis ipsum viribus extinguatur.
Vitia spatio temporis augentur, et exercitio roborantur,
et quo plus nocuerint incipiunt plus nocere. Nemo cru-
delior quam qui diu fuit, nemo tam cito luxuriæ suc-
cumbit quam qui sæpe succubuit. Multis ex actibus
habitus fiunt, et sic assuescendo curvescimus ut pronos
in terram sternere promptum sit. Sic ævo crescit ava-

ritia, sic senum pertinacior ambitio est, et sic reliquis
pestibus processus est suus, neve mori unquam morbus
possit ægrorum intemperies facit. Cum his hostibus
res est nobis, quibus non modo non resistimus sed fa-
vemus, et ultro nostros iugulos in ferrum damus, quin
etiam, mirum dictu, si lentescere cœperint, irritamus
illos, quasi minus miserum fieri sit miseria summa.
Quod passim in multis modo senibus usque ad fastidium videmus, quibus nihil obscœnius sol videt. De
quibusdam legimus, atque in primis de illo cuius paulo
ante memini Tiberio, quem apud inferos quoque Dii
sui Deæque male torqueant, ita mihi stomachum torquet bilemque agitat, quotiens senem illum lego miris
et infandis modis, atque inter cœteros, relatu etiam turpi, spectaculo concubitus monstruosi, ut Tranquilli
verbo utar, deficientes libidines excitantem. Hinc illæ
ridiculæ infamesque nostrorum senum querimoniæ,
quod solito minus voluptatibus æstuent, quod male-
suada titillatio et pruritus iuvenilis abscesserit, quod
gulæ somnique et ventris illecebris destituti sunt: postremo quod vires corporeæ ad cædem carnificinamque
defecerunt. Atqui peius est sanguinarium esse velle
quam esse. Quamvis qui malus esse cupit, utique iam
malus ac pessimus est, nec quisquam peior quam qui
peccato studet et flagitio gloriatur. Delectari equidem
in malis, prope malorum omnium est natura. Unde pec-
candi consuetudo iucundissima apud Ciceronem dicitur.
In mediis sane delectationibus inhonestis, molestum
aliquid pati et velut frenum aliquod sentire libidinum,
malorum adhuc est, sed ad meliora tendentium, et quos
sæpe de magnis tempestatibus liberatos in portum per-

venisse cognovimus. Effundi autem in malis et efferri
lætitia et gestire et niti et, quod est omnium pessimum,
gloriari, prope ultimæ desperatæque nequitiæ est. Horum vero plena sunt omnia, hosque inter vivendum
est nobis, et si inter hos tantum ac non etiam ex his
sumus, bene est: quamquam convictus scelestorum
nullis sit molestior quam his qui ab illorum moribus
insigni dissimilitudine secernuntur. Utcunque est, inter
hos viximus, et quod Psalmista regius deflebat, inve-
teravimus inter inimicos nostros, quodque miserrimum
dixerim, inter hos ipsos moriendum est. Quo enim
patet fuga? Quo ibimus quo non nos sceleratorum acies
ac signa præcesserint? Ubi non pessimis moribus imperium partum atque firmatum sit? Trans oceanum
navigandum erat, nisi quia credibile est vitia nostra
iam ad Antipodas descendisse. Ad cœlum potius evo-
landum, nisi nostris ad terram ponderibus premere-
mur: illa, si salvi esse cupimus, deponenda sunt: quod
facile factu esset, nisi quia malorum exemplo obruimur,
quorum cum feracissima ætas nostra sit, ut dixi, fera-
cior est etiam speranda posteritas. Pugnarunt quidem
maiores nostri adversus Pœnos, Cimbros ac Teutonas
et Britannos, ægre vel Italiam ab Hannibale, vel Capitolium a Senonibus defenderunt, omnium tandem vera
et indomita virtute victores. Nos si Capitolii nostri arcem, a tanto barbaricorum vitiorum circumfuso exercitu defendimus, ad tutelam nostram cœlesti alite exci-
tati, si circumstrepentibus vulgi erroribus immota fronte
resistimus, et Manlio et Mario et ipso Cæsare fortiores
erimus. Illos enim ab hoste murus interdum vallumque
dirimebat, sæpe noctibus quiescebant, hiemis asperita-

tem hibernorum solatio leniebant: nobis nulla quies,
nullum sine periculo tempus, non bruma, non induciæ,
non nox. Nihil usquam tuti pacatique est, assidue de
salute certamus, semper in acie stamus, tentamur,
circumsedimur, impellimur. Hostes intra muros sunt.
Iamque armati ad ipsam rationis arcem sese ferunt,
vineasque applicant, intentant arietes, moliuntur incendia, turres scandunt, nec iam aliter quam apud Ilion
quondam hærent parietibus scalæ; scalæ criminum parietibus animarum. Quid expectas ut dicam? In ipsas
mensas nostras atque cubilia irrumpunt et in iugulos
ruunt, quodque proximum exitio est armatum erroribus vulgus omne ferrum movet et pro hostibus partes
facit. In hoc tam ancipiti duroque certamine nonnisi de
cœlo speranda victoria est. Inde eam amice poscamus:
interea tamen ubi sim videns non moveri nequeo, in-
terdumque tam graviter ut meæ sortis impatiens, mœ-
stis pene vincar angoribus. Aberrasse forte a proposito videor: tulit impetus; sed redeo. His ergo hodie curis implicitus quas mihi circumstrepentium rerum fragor satietasque pepererant, dum thalamo egredior,
epistolam tuam in limine obviam habui, brevem quidem e longa veluti peregrinatione succinctam; quæ licet ad me sero admodum, nescio quibus obicibus re-
tardata pervenerit, ita ut quæ nuntiat mihi iam pridem
omnia nota essent (nempe cum interim ante eius adventum Cæsar noster de quo illa loquitur, non modo coro-
natus sed velut umbra vel somnium nobis ablatus sit,
cuius ego abitum acutis ac fervidis litteris prosequu-
tus sum): epistolam tamen ipsam non aliter et amore
mittentis et dulcedine sua captus aspexi, quam si nova

omnia nuntiaret. Multa quidem, qui fessis ac properantibus mos est, paucis illa verbis expediit, et qualiter affectus singula putas audierim. Atque in primis
Lælii mei nomen, cum quo dum potes, cupide oro, ver-
sare, totaque illum mente complectere. Digni estis alterutro. Sane quod sequitur nostræ gentis adventu, Pi-
sanum populum gravi suspicione turbatum mirari non
debes: nam neque gens ulla suspiciosior, et vipera ista
terribilis, rubentem dentibus virum stringens, securos
quoque sollicitat. In quo Cæsaris providentiam laudo,
quæ et pavori civium succurrit, et pudori militum occurrit. Quod vero de patria mea scribis, læte admodum
audieram, sed lætius legi, et Romano principi obedientiam non negari, et si qua iam toto orbe neglectæ libertatis cura est, eam in patria mea esse. Ultimum nihil
miror, quod de auri potestate facetissime cavillatus es:
scio enim esse verissimum illud Flacci:

•

     Aurum per medios ire satellites
       Et perrumpere amat saxa potentius
       Ictu fulmineo.

Quod ipsum in libris Metamorphoseos ponit Apuleius.
Certus sum (inquit) fragilitatis humanæ fidei, et quod
pecuniæ cunctæ sunt difficultates perviæ, auroque soleant adamantinæ etiam perfringi fores; quam late pa-
tens et quam nota sententia est, quæ non modo philosopho sed philosophanti tribuitur asello. Legisti credo
apud Pomponium Melam, Cosmographiæ libro tertio, esse
gentem Æthiopum auri ditissimam, æris indigam, cui
raritate et frequentia pretia rerum alternantibus, et
ornamenta ænea et vincla sunt aurea. Nobis, amice,

omnia iam ex auro sunt, et hastæ, et clypei, et compedes, et coronae: hoc et comimur, et ligamur, hoc divites sumus, hoc inopes, hoc felices, hoc miseri. Aurum solutos vincit, vinctos solvit, aurum sontes liberat, damnat innoxios, aurum disertos ex mutis, ex disertissimis mutos reddit. Auro concionatus est Metellus
in Cæsarem, auro Demosthenes orator obmutuit. Aurum
et de servis principes, et de principibus servos facit, et
audacibus metum, pavidis præbet audaciam, et curas
inertibus, solicitisque segnitiem. Hoc et inermes armat
et nudat armatos, indomitos duces domat, magnos populos premit, validos fundit exercitus, bella longissima
paucis horis conficit, pacem præstat et eripit, siccat
flumina, terras lustrat, maria concutit, montes æquat,
pandit aditus claustrorum, urbes aggreditur, expugnat
arces, oppida demolitur: et quod apud Ciceronem legimus: nullus fortis est locus in quem onustus auro
asellus non possit ascendere. Aurum claras parat amicitias, magnas clientelas et honesta coniugia, quippe
quod generosos et fortes et doctos et formosos et, quod
miraberis, sanctos efficiat possessores suos. Itaque qui
divites sunt, boni viri in civitatibus appellantur, eisque
tantum creditur. Nulla fides est pauperi, quia pecuniæ
nihil adest, verumque est illud Satyrici:

> Quantum quisque sua nummorum servat in arca
> Tantum habet et fidei.

Postremo, invitus dicam sed veritas cogit, non modo
potens, sed omnipotens pene est aurum, et omnia quæ
sub cœlo sunt auro cedunt; auro serviunt et pietas et
pudicitia et fides, omnis denique virtus et gloria aurum

supra se vident, inque ipsos animos cœlitus nobis datos, pudet fateri, etiam rutilanti imperium est metallo. Hoc reges ligat atque pontifices, hoc homines, et, ut aiunt, etiam ipsos Deos placat. Nec quidquam inexpugnabile inaccessumque auro est. Quod sciens Iupiter, ut custoditæ mulieris pudicitiam rapturus ferreas portas effringeret, in imbrem aureum sese vertit. Tali Deo dignum opus. Deus autem noster, quidquid sui agant successores, pudicitiam amat, aurum spernit, avaritiam detestatur. Opto tibi valetudinem inconcussam mentis et corporis.

------

## EPISTOLA II.

FRANCISCUS PETRARCA NERIO MORANDO FOROLIVIENSI S. P. D.

De Caroli IV Imperatoris abitu et nonnullis quæ illum respiciunt. Qua humanitate ab illo et a Cardinali Legato fuerit Lælius exceptus.

Nondum superiori epistolæ signum impresseram, dum ecce alia superveniens coegit, ut posito anulo, depositum calamum rursus arriperem, et quamvis tua hæc superiore sit longior, responso tamen breviori contenta erit. Nam nec cui nostri querelam iterare est necesse, quam et tacitus loquor et ipsa res clamat, nec quidquam prohibet, quod in illa dixeram, ad hanc transferri. Neque enim aut minor est hodie dolor meus quam heri et nudius tertius fuit, neque minus efficax epistolæ tuæ hodiernæ solatium quam hesternæ. Accedit quod neque de his quæ novissime scripsisti ausim aperte pronuntiare quod sentio, neque tu ideo minus quid

sentiam quidve pronuntiem intelligis. Sæpe silentium
ad exprimendos animi conceptus quovis sermone potentius fuit, nec minus silentio Niobe quam latratu
Hecuba, dolorem animo insitum designabat: itaque cum
illa in saxum, hæc in canem versa fingatur, non minus
mutum illius simulacrum quam huius querula rabies
suam miseriam loquebatur. Illud non siluerim agnoscere
me Cæsarum fatum, quod et in occasu solis et sub
austro, denique ubilibet felicius fuerit quam sub arcto:
ita ibi gelida omnia, nullus ardor nobilis, nullus vitalis
calor imperii. Redde nobis, Fortuna, si Romuleos Cæsares Parcæ vetant, at saltem ab Hispania Theodosios,
Severos ab Africa, ex Arabia Philippos, e Syria Ale-
xandros. Heu quid nunc diceret architector ille magnus monarchiæ, successorem suum cum sacerdote
humili de humilitate certare, dum meminisset super-
bissimum olim Galliarum regem, dum supplex, ut ait
Florus historicus, in castra venisset, phaleras et sua
arma ante Cæsaris genua proiecisse ac dixisse : habe
hæc: virum fortem, vir fortissime, vicisti? Multa se offerunt id genus. Nam et locuples materia et multiloqua
indignatio est: sed frenabo impetum ut qui hæc ipsa,
nonnisi ira cogente ac dictante, profuderim. Sane de
Cæsaris Legatique congressu quod providentissime va-
ticinaris amplector ac probo, et pene rem ipsam videor videre. Non quod omnia ista me moveant, contra
quæ multa sæpe disserui, sed ex præteritis ventura
coniicio. Itaque non tam tangor, quod Legati sonipes
in Cæsarem calcitrarit, quam quod calcitrare animos
novi, et scio quod omnis potestas est consortis impatiens ; cuius rei nisi antiqua sufficerent, vereor ne re-

cens nobis exemplum casus attulerit, neve iam Pontifex romanus principem romanum Romæ esse vetuerit,
quod et fama loquitur, et fuga Cæsaris indicio est, qui
non cupidius Italiam petiit quam reliquit, ut mihi quidem supervacuo pelli videatur, qui tam libens fugit,
quem tenere si velis sine magno nequeas labore. Ut
enim nunc intelligo, non huc aliam ob causam venit,
nisi ut diadema Cæsareum sua in sede susciperet.
Tantum adhuc reverentiæ, non amplius, superest. At
successor Petri Cæsaris successore securior, ista non
curat, suumque ipse diadema non pluris apud Tiberim quam apud Rhodanum facit: is nunc diademate
contentum et imperii titulo Roma digredi non solum
patitur sed iubet: et quem Imperatorem dici sinit, imperare autem nullo sit modo siturus, huic (o artes
hominum miræ) penetrale diadematis templum aperit,
arcem sedemque imperii urbem claudit. Hæc hactenus.
Lælium meum, imo tuum, imo nostrum, familiarissimum
Cæsari factum gaudeo, non miror; nihil enim est virtute rapacius, nihilque tenacius: rapit vincitque animos
hominum vinctosque semel in perpetuum vinctos tenet. Nulla mihi dubitatio unquam fuit quod non solum
ab illo humanissimo principum sed ab alio quolibet,
licet asperioris ingenii, cui tamen virtus in pretio sit,
posset ille vir amorem promereri, modo notitiam
meruisset. Quis enim tam agrestis est ut Lælium non
amet, et sapientiæ laude conspicuum et in amicitiis
faustum nomen? Quod si sola virtutis fama efficit ut
quem nunquam vidimus senem illum Lælium amemus,
quid huius nostri virtus ac præsentia posse debent?
Itaque minus miror quod de Legato Sedis Apostolicæ

idem scribis, cum quo familiaritas Lælii vetus est. Illud potius miror quod prioribus litteris prætermissum
his inserui, quod ita illum ad coronandum Cæsarem
diu ante digressum iste prævenerit, nisi quia, ut arbitror, et ut solet, illum fortuna segnem, hunc solicitum
virtus facit. Unum non mirari nequeo : cum eodem
ambo pergerent, Rhodanoque dimisso, Tiberim pete-
rent, unde reverentior adhuc Romanus Princeps diadema supremum poscit, quod Petri successor, Cæsaris
successore securior non curat, qui fieri potuit ut Cardinalis rutilo vertice et purpureo fulgidus amictu tantoque spectabilis comitatu, nostri huius lyncea lumina
fugerit, et cum hic Pisas, ille vix dum Ianuam pervenisset, ita ut illi obviam iste redierit. Auguror sane
alterum terra, mari alterum venisse. De hoc equidem
ac reliquo statu vestro tuis ac suis litteris certior fieri
velim. Ad singula respondisse videor. Nam ad epistolæ tuæ finem de familiaribus curis stilo alio et seorsum loquar, ut soleo. Gratias autem tibi, quod quas
ipse iam oblivioni tradideram adeo, ut ne loquutum tibi
de his aliquid me putarem, tam memoriter tenes, ut
facile pateat, rerum te mearum curiosiorem esse quam
me ipsum. Mirum et pene incredibile, nisi caritatis
tuæ miraculo incuriositas mea longe lateque nota de-
traheret. Vale feliciter nostri memor.

## EPISTOLA III.

FRANCISCUS PETRARCA GALEOTO SPINULÆ GENUENSI S. P. D.

Gratulatur eum Genuensium reipublicæ reformandæ
fuisse præfectum.

Nihil, o magnanime vir, nihil inquam lætius mihi
fingo quam serenam et imperio prædignam frontem
illam ubi invicti animi tui nobiles lucent curæ. Nihil
suavius retracto quam verba magnifica nescio quid,
non modo aliud quam plebeium et vulgare, sed quam
humanum et mortale sonantia: nihil dulcius cogito
quam me gratiam ac benevolentiam tanti viri vel sero
meritum, quarum primitias clarissimo quodam in fratre
prægustaveram. Et exilio illi tuo brevi gratulor et
gratiam habeo, quod te ad tempus in hanc urbem compulit, et me dilecti antequam cogniti talis amici conspectu
atque optata præsentia compotivit. Postremo nihil iucundius expecto quam Rempublicam tuam, in qua principem te Deus et virtus et maiorum sanguis faciunt,
alienis modo motiunculis inquietam tua providentia
atque auctoritate restitui. Nunc ergo quod sæpe iam
fecisti, quis quantusve sis mundo ostende, eoque magis quo te ipso maior, clarior, altiorque factus es.
Vera virtus senium non sentit: immortalis est: non
ævo minuitur sed crescit et ad summum venit, et quæ
in iuventute floruit, in senectute fructificat. Tu quoque
qui non in sterili aut palustri solo, sed secus latices
vivos in solido radicasti, totius nunc anteactæ vitæ
fructus uberrimos et maturam gloriam patriæ tuæ debes. Illa te vocat, in te sperat, auxilium tuum poscit: ac-

celera. Non te ætas teneat. Senior Aratus Sicyonem,
senior Trasibulus Athenas, senior Camillus urbem Romam servitio liberavit. Pium geritur negotium et huic
maxime debitum ætati, dissoluta patriæ membra componere, ut meliora deterioribus imperent. Cuius si contrarium fiat, necesse est ut hominis sic civitatis aut
regni corpus morbis erumpentibus intabescat. Periclitari et ægrotare patriæ tuæ status incipit. Te illi civem
egregium, te medicum exhibe, te parentem : ac ne
plura quam res exigit, loquens de tua virtute, diffidere
videar, nihil his addam, quin tacitus sed non solus,
tuæ vetustæ indolis exitum contemplabor. Age, oro, vir
ingens, pie ut debes, fortiter ut soles, feliciter ut speramus, meque tuo utere ut libet, si quis tanto rei tam
parvæ usus esse potest. Diu sospes nostrique memor
vive et vale.

      Mediolani, XV. Kal. Ianuarii.

———

## EPISTOLA IV.

**FRANCISCUS PETRARCA MARCO GENUENSI S. P. D.**

De studio legum, et rerum forensium experientia.

    Crebras ex te litterulas habeo : omnium una sen-
tentia est. Poscis ut ad incepti nuper civilis studii
perseverantiam te cohorter, aliquam vim profecto meæ
vocis existimans ad firmandum novitate rei fluctuantem animum et magnitudine diffidentem. Quod ut ex
me speres, hinc mei amor suadet, hinc tua persuadet
humilitas, optima dos animi et ad virtutem veramque

ad gloriam primus gradus. Non temere fateor, sed de
industria responsum traxi dissimulaturus in finem, si
tu sineres. Difficilis nempe materia est, difficilior fortasse quam reris, in qua mihi vel loqui periculosum,
vel tacere suspectum est. Ita enim sum ut sermo meus
omnis hac in re accusatio sit, silentium contemptus,
veritas odium, iocus irrisio. Desertorem suum vocant,
et sic habent quasi qui sacris initiatus aris, postea
violatis aut neglectis Eleusinæ Cereris arcana vulga-
verim. Ego quidem, amice, illi studio puer destinatus a
patre vix duodecimum ætatis annum supergressus, et
ad Montem Pessulanum primo, inde Bononiam trans-
missus, septennium in eo integrum absumpsi, eiusque
quoad per ætatem et ingenium licuit, rudimenta percepi. Cuius temporis an me hodie pœniteat, si roger, hæ-
ream : nam et vidisse omnia si liceat velim, et tantam
perexiguæ vitæ partem effluxisse mihi doleo, dumque
aliquid vitæ supererit dolebo. Aliud agere per eos annos potui sive nobilius sive naturæ meæ aptius. Neque
enim semper in eligendo vitæ genere pulcherrima rerum, sed eligentibus aptissima præferuntur. Alioquin
omnes homines unum studium haberent, quoniam in
rebus omnibus unum excellere est necesse, quo si omnium mortalium pergat intentio, quid de aliis fiet? Si
quidem ad philosophiam omnes aut ad poeticam aspirent, quid aget navigatio, quid agricultura et reliqua
quibus vitæ mortalis auxilium quæritur ? Da omnes
Platones aut Homeros, da Cicerones aut Virgilios,
quis erit arator, quis mercator, architectus, faber,
sutor, caupo? sine quibus magna ingenia esurient,
tectoque ciboque carentes ab ipsa nobilium studiorum

altitudine distrahentur. Bene provisum est ut curarum atque actuum humanorum varietas tanta esset, quo non solum maiora minoribus, sed et minora maioribus ornamento præsidioque sint. Non sum nescius, amice, de Iuris civilis studio multis olim magnam gloriam quæsitam, ea scilicet ætate qua iustitia ultro ab hominibus colebatur, quando apud eos, ut ait Sallustius, ius bonumque non legibus magis quam natura valebat; etsi iam tunc propter infinitam rerum diversitatem labilemque memoriam necessariæ leges essent, quæ hodie ad frenandam audaciam coercendasque libidines, et ob id potius quod absque his genus humanum stare nequit, quam quod virtus aut lex ulla diligatur, in pretio sunt. Harum igitur legum civilium repertores et interpretes et magistri multi diversas apud gentes clari habentur. De quibus scrupulosius loqui velle longum est. Clarissimum inter omnes nomen habet Solon Atheniensium legifer, qui cum patriam suam philosophiæ atque eloquentiæ notum fontem institutis salubribus adornasset, iam senior se ad poeticam transtulisse legitur. Quod si librato iudicio fecisset, quantum deserto studio præiudicium peperisset tanti auctoritas desertoris? Aut quis præferre vereretur, quod illum tunc maxime prætulisse constaret, quando sibi nec animi lumen, nec doctrinæ ubertas, nec rerum longior experientia defuisset? Sed fieri potest, neque valde dissimile veri est, non comparatione studiorum ulla, sed delectatione sola et laboris fuga, senem præstantissimum animo indulgentem suo, durum et grave negotium dulci otio permutasse, ut non tam hinc exempla sumenda iuvenibus essent in Reipublicæ obsequium natis, quam

ne senibus emeritis, si quid tale tentassent, venia ne-
garetur exemplo viri talis expetitæ quietis honestissimæ. De quo ambiguo quid omnino diffiniam non habeo.
Quis enim hariolari audeat, quid Solonem moverit, præsertim cum etsi multa de illo, unde tamen coniecturam
facias nullum supersit illius ingenii monumentum? In
re vero tam dubia tam antiqua suspicionem meam
nullis certis suffultam rationibus interposuisse ridiculum. Itaque tota res in dubio relinquenda est, et id
agendum de quo constat : fuisse tempus quo iuriscon-
sultis iisdemque oratoribus laus ingens esset. Quod
genus certe rarissimum semper fuit, rarius quoque
quam poetarum excellentium, quorum haud dubie raritas nota est. Quanti enim ingenii est non modo ius
civile infinitum olim priusquam ad certum redigeretur
modum, quod quidem Iulius Cæsar instituit sed præventus morte non potuit, multisque post sæculis Iusti-
nianus implevit, nunc vero latissimum adhuc et multa casuum tenuissime differenti varietate perplexum, inextri-
cabile, confragosum, verum insuper rerum pene omnium
notitiam, de quibus in iudicio vel extra dicendum oratori
est, cum artificiosæ orationis copia ac suavitate coniunge-
re? Summum, nisi fallor, et insigne miraculum intellectus, memoriæque mortalium; quandoquidem scientiam rerum quæsivisse non sufficit, nisi propter impro-
visos et subitos insultus adversarii discriminaque
causarum omnia in promptu et, ut Augusti Cæsaris
verbo utar, in numerato habeas. Denique nec id ipsum
satis est, nisi quæcumque vel ingenio studioque quæsieris, vel industria memoriaque servaveris apposite
ad persuadendum, ut Rhetorici vocant, hoc est accomo-

dato rebus ipsis efficaci et ornato et moturo animos
eloquio proferantur, ut nemo mirari debeat tanti artificii professorum semper magnam fuisse penuriam.
Neque enim unam rem, sed innumerabiles profitentur,
easque non ut cæteri hominum, sed alio singulari
et proprio quodam modo, et super omnia eloquentiam exquisitam. Quæ si per se sola consideretur,
magna et varia res est, nec si Severo Cassio credimus,
adhuc ulli sic indulsit, ut tota contingeret. In hac quidem oratoria facultate, quæ tantis ex rebus constat,
excellentes habiti magna gloria fuere, ut non immerito
et potiri rerum in dicendo et habere in potestate animos hominum dicerentur. Ex hoc genere est apud
Graios Demosthenes, Isocrates, et Æschines : apud
nostros autem Cicero, Crassus, Antonius, aliquot alii
præterea : sed hi tres facile principatum tenent: etsi
Iulium Cæsarem ad summam eius gloriæ vel venisse,
quod ne hostes quidem sui negant, vel certe venturum
fuisse non sit dubium, nisi illum gerendarum rerum
occupatio et bellorum labor et pondus imperii distraxis-
sent. Deinde autem, ut sæpe in summo brevis est mora, et semper facilis descensus, ad illos descendendo
perventum est, qui fastigio eloquentiæ derelicto, nudam
iuris notitiam adepti, in ea quidem excellentissime floruerunt. Quo in genere Romæ Græciam cessisse notissimum. Hic nempe sunt illa tuæ professioni veneranda
nomina, quæ vos antiquissima soletis opinari, cum propemodum nova sint atque recentia, Iulius Celsus, Salvius Iulianus, Neratius Priscus, Vinidius Verus, Salvius
Valens, Volusius Metianus, Ulpius Marcellus, et Iavo-
lenus, et Scævola, scilicet ille breviloquus: nam alii ante

cum hoc nomine fuerant vel virtute animi, vel augurio,
vel pontificio clari. Sub hoc sane novissimo professus
est Papinianus, quem, si rite recolo, iura ipsa civilia
acutissimi ingenii virum dicunt, Ælius autem Spartianus historicus iuris asylum, doctrinæ regalis thesau-
rum appellat. Quorum primi tres sub divo Hadriano,
quinque proximi sub Antonino Pio, nonus sub Marco
Antonino philosopho prudentissimo principe claruisse
noscuntur: decimus vero sub Antonino Bassiano cru-
delissima bellua, a quo tandem, quia parricidium eius
excusare noluerat, interfectus est. Post hos Iulius Paulus et Domitius Ulpianus iurisperitissimi, et qui Papi-
niani assessores fuerant, sub Imperatore Aurelio Alexandro multo in honore vixerunt, tantaque cum laude atque opinione omnium, ut ille quidem summi Imperatoris
nomen habuerit ob id maxime, quod talibus consiliis
Rempublicam gubernaret. Sileo reliquos ; illustriora
pertigisse satis sit. Quod ideo certo diligentius feci,
quia pars magna legistarum nostri temporis de origine
iuris et conditoribus legum nihil aut parum curat, didicisse contenta quid de contractibus deque iudiciis ac
testamentis iure sit cautum, utque studii sui finem lucrum fecerit, cum tamen artium primordia et auctores
nosse, et delectatione animi non vacet, et ad eius, de
quo agitur, notitiam intellectui opem ferat : cum præterea ille mechanicarum proprius, liberalium vero et
honestarum artium liberalior quidam et honestior sit
finis. Iam tibi, si præmissis animum applicuisti, studii
tui descensus alter ostenditur, sed maior multo, quam
primus. Neque miraberis si hic quoque respicias ad
naturam rerum fere cunctarum, quæ cum semel labi

cœperint, ruunt, ruinamque suo pondere prægravant,
ut cum facilior tum gravior a mediis ad ima, quam a
summis ad media casus sit. Certe ut primus a doctrinæ
multiplicis et cœlestis arce facundiæ ad unam æquitatis
ac civilis scientiæ disciplinam, sic secundus inde ad
loquacem ignorantiam gradus fuit, unde iam cadendi
amplius plena, ni fallor, securitas parta est. Quid enim
iam infra est? Leges a patribus tanta vel gravitate animi
vel ingenii facilitate descriptas, aut non intelligunt aut
obliquant. Iustitiam tanto ab illis cultam studio deho-
nestant, quam venale mercimonium fecere. Lingua illis,
manus, ingenium, anima, decus, fama, tempus, fides,
amicitiæ, ad postremum omnia venalia, neque pluris
pretii quam par est. Et quam·nulla proportio temporum
ac morum. Illi iustitiam sacris legibus armabant, hi
exarmatam nudatamque prostituunt: apud illos veritas
in pretio fuit, apud hos fraus : illi certa et inconvulsa
responsa dabant populis, hi dolis et fallaciunculis lites
alunt, et quibus iudiciaria cuspide perimendis adsciti
sunt, fieri cupiunt immortales. Quid pluribus morer?
Quisquis horum promptius reluctantem et invitam legem ad libidinem suam traxit, is et iurisconsulti munus
implevit, et docti viri meruit nomen. Si quis autem
rarus procul ab his artibus rectum nudæ callem veritatis arripiat, præterquam quod lucri et gratiæ exors
est, rudis insuper et insulsi hominis sit subiturus infamiam. Ad hoc iter tarde susceptum tibi quasi difficultatis horæque conscius adhortationis meæ calcar exi-
gis. Nescio quibus verbis id faciam. Faciam tamen. Non
sunt enim leges malæ, quamvis ad salutem publicam in-
ventæ sæpe in perniciem convertantur: sicut nec aurum

ideo malum est, quia multis peccati, multis periculi causa fuit; nec malum ideo ferrum quia, licet in usus hominum optimos, in culturam terræ, in tutelam patriæ re-
pertum semel, sæpe vel exitii singulorum, vel belli
civilis occasio est, alioquin si omnia quibus male
utuntur homines mala essent, quid omnino uspiam non
malum? Non corporei sensus, non ingenium, non opes,
et hæc quibus pascimur alimenta. Ipsa Dei misericordia et patientia abutuntur multi, et sæpe quorum natura optima est, nostri perversitate usus est pessimus.
Bonæ equidem leges sunt, mundoque non tantum utiles sed necessariæ. At qui legum in exercitio versantur
et boni et mali esse possunt: et quo plures mali sunt,
eo maior est bonorum gloria. Humanorum sane actuum
primas partes tenet agentis intentio. Multum refert quo
proposito rem aggrediare. Neque enim res ipsa sed tua
mens est, cui laus aut vituperatio debeatur. Illa est
quæ et bona in malum, et mala quæ videntur in bonum
flectit. Illa est quæ unam eamdemque rem ad tam varios fines trahit, ut non res una sed duæ prorsus con-
trariæ videantur. Vadit ad templum sacerdos ut sacris
vacet: vadit adulter ut libidini serviat; et ante aras
de luxuria, et intra ipsum lupanar de pudicitia agi potest.
Saul rex servavit regem Amalech, qua clementia inexorabilem iram Dei meruit. Phinees vero Israeliticum virum et alienigenam mulierem gladio confixit, quæ severitas et Deo accepta et populo utilis et sibi extitit
ad perpetuam famam iustitiæ gloriosa. Ecce non cuiuscumque iudicio, sed Dei, immane facinus homicidium
placet, humanitas reprobatur. Mille talia numerem si
necesse sit: sed uno omnium gustum habes. Iuris ad

scholam illum lucri cupiditas, hunc iustitiæ amor ducit. Aderit æstimator mentium et discretor intentionum
et distributor ingeniorum Deus, ut ille mercenarius et
circumforaneus strepitans, hic præclarus boni et æqui
professor et iustitiæ patronus evadat. Iam ex his
omnibus quo pergam vides. Si re integra consuleres,
totam mihi relinqueres consilii libertatem; iuberem
multa te circumspicere, ingenium ac studium æquis
lancibus librare. Sunt enim ut rerum sic intellectuum
gradus : alia aliis debentur ingeniis : respectum ætatis
ingererem : omnino enim cuius temporaneus fructus
exigitur, maturum et præcox decet esse principium.
Non fructificat autumno arbor, quæ vere non floruit.
Itaque quamvis alii teneræ ferias dent ætati, tamen ut
eruditissimis iuris placet, magno profectui destinatus
animus non tantum ab infantia sed ab ipso nutricis
lacte formandus est. Difficultates obiicerem multas quidem : ante alias coniugii iugum collo haud sane her-
culeo impositum, et cui non fasce alio, sed levatione
potius opus sit. Magnæ corporis magnæ animi vires
sunt, quæ simul et litteris sufficiant et uxori. Impensæ
rationem habendam dicerem et laborum : ex nulla enim
fere artium aut oblectationis minus aut plus tædii pro-
venire. Postremo non negligendam assererem famæ
curam, quæ in hoc statu legum magna possit fortasse
contingere, non diuturna. Enumerarem causidicos nostrorum temporum, quorum nominibus nihil paulo ante sonantius, nihil hodie raucius, nihil ignotius. Nunc vero
quia non agendæ consilium sed peragendæ rei poscis
auxilium, et quam solam posse videor verborum opem:
hortor ac moneo, ut huic saltem studio, cui te vel iu-

dicium vel tua sors appulit, constanter inhæreas, neu
quotidie nova vitæ consilia ordiare. Nil turpius viatori
quam nescire quo tendat: nil viro turpius quam nescire
quid velit. Nequidquam vela feceris gubernaculo amisso.
Ibis enim quo te non ratio tulerit, sed fortuna. Nobis
fixum a principio debet esse quo pervenire velimus,
ne crebra mutatione propositi, quod in nocturno errore
viæ accidit, dum procedere credimus, revertamur. Quæ
res facit ut ætate decrepitos puerilibus animis videamus, quasi ad ipsum vitæ limen unde discesserant re-
versos, et errorum tenebris elusos et consiliorum vagis anfractibus fatigatos. Multis ego per hos annos te
deliberationum fluctibus iactatum, et incertis opinionum
flatibus fessum vidi. Incipe bona fide, precor, unum
velle. Cum ad unum litus proram verteris, uni vento
vela dederis, clavum regens, tum demum navigatio
certa erit, tum certe progrediere, et si non forte quantum cupies, at quantum cœlitus datum erit, progredierc,
inquam, non rotabere. Nihil est enim tam quieti adversum, nihil tam vertigini proximum quam rotari. Ad
summam de his omnibus hæc sententia mea est: sicut
inter primos maximum, inter secundos excelluisse magnum fuit, sic temporibus collatis, inter tertios excellere
non exiguum, nec indignum laude iudico, modo hic
sit animus studentis, hic terminus studiorum, ut voti
compos effectus, non cultor nequitiæ, non mendaciorum
sator, non pecuniæ acervator, ut reliqui, sed defensor
iustitiæ et reipublicæ propugnator, sed audaciæ terror
advocatorum et iudicum avaritiæ frenum, portus denique miserorum, et scopulus sis nocentium. Vale.

Mediolani, V. Kalendas Iunii.

## EPISTOLA V.

FRANCISCUS PETRARCA BARBATO SULMONENSI S. P. D.

Ne nimis faciles præbeat aures iis qui eius nomine aliquid petunt.

Nunquam hercle ad me litteræ perveniunt tuæ,
quin vel gaudio cumulum ferant, vel solamen curis.
Id cum semper, tum solito largius nunc fecere, familiares amantium omnium metum atque suspicionem,
quibus absentia longumque silentium vires dabant, ex
animo secludentes. Accessit ad gratiam, quod cum tuo
simul illius egregii et exoptatissimi viri nomen profe-
rebant, quo delector unice, et mira nescio qua non
visi hominis suavitate reficior, nisi quia te videns, ut
auguror, illum vidi: sic amor e duobus unum facit.
Et eorum sane, quos anno altero sub obtentu meæ fa-
miliaritatis tibi obrepsisse memorasti, alterum, Bono-
niensem illum scilicet, plane noram, alterum vero
Transalpinum minime. Quæso ut deinceps sis cautior,
neu passim singulis in ore meum nomen habentibus
pecunias largiaris. Tam late enim nostra amicitia nota
est, quod si blanditiis huiuscemodi hominum viam
aperias, actum est: cito non modo crumenam tibi
exhaurient, sed arculam, sed domum. Ille quidem,
mihi quem notum dixi, si ad nos rediisset, haud dubie
multis de te votivisque rumoribus nos implesset: verum
is absens (ne sibi succenseas, quin potius miserearo)
inopino prorsus et misero fine præventus diem obiit.
Proinde manu eius ad te Parthenias meus, quem pe-
tieras, pervenisse debuit his ipsis digitis exaratus, nec
non et carmen breve, quod inter epistolas tibi inscriptas

procemii locum tenet. De reliquis modo nil mittam, quia sperabam ipse, trahente hinc inexplebili oculorum hinc animi voluptate, Romam petere, positurus iam tandem peregrinationibus, ne dicam erroribus meis modum; idque iam ante hoc biennium factum esset, nisi me Li-gurum motus Transpadanis compedibus tenuissent. Ibo tamen ut spero, aliquid nugarum nostrarum, quarum semper appetentissimum te memini, mecum ferens. Tunc te meo iure Romam evocabo, vel ipse, quod pridem cupio, in Pelignos, si qua dabitur, penetrabo. Interea conspicuum illum virum mihi cognominem nec minus unanimem salvere iube et vale.

VI. Kalendas Septembris.

— —

## EPISTOLA VI.

FRANCISCUS PETRARCA FRANCISCO PRIORI SANCTORUM
APOSTOLORUM S. P. D.

Diuturni silentii causas promit, quas inter adventum amici.
Litteras queritur in itinere intercipi.

Longævi silentii mei, pro quo litteris tuis nescio an acrius an dulcius an reverentius an liberius increpitus sum, causam brevibus accipe. Multis primum me diebus tenuit meorum impetus studiorum, cui nihil interpo-situm vellem, et scribendi calor, qui ut vehementis-simus sic delicatissimus esse solet minimisque tepe-scere. Accessit et peregrinatio tua, quæ diu me fecit incertum, nec dum incertus esse desii, ubinam meæ

te litteræ reperturæ sint: et nuntiorum raritas, familiare incommodum mediis et in urbibus, dictu mirum,
haud aliter quam in silvis solitario degenti. Nec vero
negaverim per hoc tempus, quod tacitum iure tuo quereris, aliqua me dictasse, quæ relegens mittenda non
censui, non aliam ob rem, nisi quia nimis vera, nimis
libera visa erant. Nihil enim sæculis nostris invisius
quam duo hæc, veritas et libertas. Itaque præferendum
duxi te unum, quo cum esset mihi facillimus semper
in gratiam reditus, silentio lædere, quam multos eorum
hominum, quos mihi iam pridem sola veritas hostes
fecit, rursus infestæ vocis aculeo vulnerare, quorumque
nonnullis cruentæ cicatrices nondum hærent, nondum
vetustorum dolor vulnerum resedit. Nec illud inter
prætereunda posuerim, quod sæpius questi sumus,
epistolis quidem tuis stili decus obstare, ne ad me
intactæ, neve nisi post longum tempus veniant; nec
stili modo sed apicum raram et insolitam quamdam
formam ; hinc rerum ac verborum gratia, ceu nativa
specie ingenii, hinc digitorum adventitio ornatu, animum simul oculosque intendentibus. Contra autem meis
ad te ire volentibus quid obstet, nescio, cum id sciam
plurimas me misisse quæ calle medio substitere, quasi
matronæ severiores, a quibus nollent turpibus velut
adulteris, vim passæ. Sic non sola nobis actuum, sed
affectuum quoque libertas interiit. Proinde nuper Patavio rediens, illic enim ex negotio ieram, etsi Venetias ex otio petiissem, in ipso itinere formosissimas
duas ac gemellas, quas novissime partu uno fœcun-
dissimum tuum pectus effuderat, inter quorundam
manus reperi, non malorum quidem hominum sed

quos mirari ista magis stupeam, quam si talpa spe-
culum mercetur, alas bos, asellus citharam, redimi-
culum simia, fucum corvus. Et quid putas? Lætus abii
quando familiæ herciscundæ iudicio una illis, altera
mihi cessit in partem, qui tuo solus elogio scriptus
eram. En, amice, causam pollicitus silentii causas solvi;
multa nunc etiam scripturus, nisi quia temporum
premor angustiis, quas ipse mihi feci, imo vero communis amici suavissimus convictus, cui si brevitas
dempta esset, præter te unum nihil defuit. Non sensi
blandos et tacitos dies labi. Sed quod calamo vetitum,
viva vox peraget. Hunc ergo audies plena fide, qui
omnino quid cogitem et quid agam, quæ vita mea sit,
denique qui me totum et omnes reculas ac speculas
meas novit. Vale nostri memor.

<hr>

## EPISTOLA VII.

FRANCISCUS PETRARCA FRANCISCO PRIORI SANCTORUM
APOSTOLORUM S. P. D.

Discessisse amicum cuius nuntiaverat adventum: se epistolis
suis colligendis operam dare.

Non tuam, fateor, legere visus epistolam sum, sed
Flacci, cum quo iocans Cæsar: vereri, inquit, mihi videris ne maiores res libelli tui sint, quam ipse es.
Sane quæ illi defuit, tibi adest mediocris et elegans
statura. Sibi ergo vel ludicra, tibi quænam tantæ bre-
vitatis excusatio iusta est? Sed quid loquor? Providisti
enim et omnem hanc calumniam in angustias temporis

reiecisti. Credo ædepol, nam et ego persæpe idem patior: ut cum multa scribere cupiam, pauca sinar. Proinde quid quæris? An ad me litteræ pervenerint tuæ proximis ad te litteris meis absolutum legeris, et viva illius nostri voce cognoveris, quem salvere iubeo, cuiusque nunc longam ad laboris historiam nil aliud dico, nisi quod pœnitet et pudet et miseret talem virum a me et meis, imo suis laribus, tam adverso tempore dimisisse. Sed urgebat voluntas eius, cui prorsus obniti nefas credidi, et minaces auras, gravidum cœlum, turbida nubila, herbisque et floribus gaudere soliti vellus arietis imbribus uvidum viderem, et vicissim monstrarem sibi. Quid vis? Non aut Lycomedes Neoptolemum, aut in fabulis Phætontem Phœbus mœstior dimisit. Sed quid agerem cum amico, quum nec horum alter cum nepote aliquid, nec alter cum filio potuisset. Cessi igitur, et dimissa animi mei parte, anxius substiti, donec litteris suis illum non exiguam ancipitis viæ partem emensum, Padumque et comites supra solitum tumido tunc ore ferventes evasisse didici: non ante tamen animo quieturus, quam quum suis aut tuis litteris in patriam pervenisse didicero. Transmisso enim rege fluminum, superest pater montium Apenninus, cuius sibi iuga substraverit oro Illum qui solus *respicit terram et facit eam tremere, tangit montes et fumigant.* Restat ut fatear te pro his novissimis diebus iure silentium meum queri, quamvis ad hanc ipsam querimoniam satis, ut arbitror, epistola superiore responsum sit. Quod si totum amicitiæ nostræ tempus ad calculum trahis, aut ego fallor, aut tu mihi numero litterarum adhuc debitor manes. Siquidem

inter nugellas meas, quas epistolas quidam vocant,
quasque nunc maxime cuiusdam ingeniosi hominis et
amici digitis coacervo, nullius ferme quam tuum crebrius nomen erit, licet vel tua vel mea vel amborum
sors simul intemperans et inepta, nec sui potus appetens quorumdam scholasticorum sitis, multas, ut audio,
tuas huc, et meas illuc properantes averterit. Vive et
vale.

Mediolani, III. Idus Aprilis propere.

---

## EPISTOLA VIII.

### FRANCISCUS PETRARCA AGAPITO DE COLUMNA S. P. D.

Ægre fert incusari se ob partas divitias
amicorum oblivione captum insolescere.

Epistolæ principium tuæ lætus legi, progressum
mœstus, exitum incertus, stupens omnia usque adeo ut
pene in somniis me legisse crederem; tam varie huc
illuc hiantem stilo animum egisti, ut nec quid animi
scribenti tibi esset, nec quam in partem suspensum
lectorem depositurus esses, inter legendum præsagire
possem. Quid vis dicam? Nondum mihi videor experrectus et adhuc somnio, nec quem sensum tuis ex
dictis eliciam scio: sic amara dulcibus, læta tristibus,
obscuris clara, dubiis certa permisces, ut fel melle
confusum hausisse me suspicer, aut nectar absinthio,
aut si qua usquam rerum similis mixtura, quæ gustum linquat ambiguum. Sed iam pharmacum huius-

modi quo potasti animam dulciora tuis e fontibus
expectantem utcumque fando digeram, si possim. Prima
epistolæ tuæ pars in memoriam iuventutis meæ tuæque
vel pueritiæ vel adolescentiæ me reduxit; ubi quanta
mihi per id tempus egregiæ tuæ indolis excitandæ,
adiuvandæ atque omnibus modis attollendæ cura fuerit, quo studio, quibus artibus ad solidum cibum te a
liquido lacte provexerim, quam denique semper te in
primis habuerim, pia et memori diligentia prosecutus
es. Ego autem, fateor, in amore cessurus nemini, in pro-
fectu nihil omnino mihi arrogo. Totum in te quantum-
cunque est, quod pro tempore multum esse gratulor,
non ego (nisi forte gaudendo et mirando et laudando,
qui acres stimuli generosis animis esse solent), non
quod sciam alter quicunque mortalium, sed divina
largitas et iugis labor ardentisque vis ingenii tui fecit.
Quod cum ita sit, gaudeo tamen tibi aliter videri, et
delatam falsis licet ex tabulis tantæ gloriæ hæreditatem
non invitus adeo. Itaque quidquid in re sit, hac tua a
tergo relictarum rerum commemoratione tam sedula,
et hoc tali tuo testimonio de me nihil animo meo dulcius, nihil poterat esse iucundius. Sed hanc mihi dulcedinem quanta protinus amaritudo resperserit dicerem
expressius, nisi apud te ipsum loquerer, qui eisdem
in litteris utriusque mihi materiam præbuisti. Attingam
tamen. Dicis ergo aliis quidem verbis, sed hac plane
sententia, et sic dicis ut ludens valeas videri, nisi
quia obnixe nimis et serio stilum figis, me, alternante
et versante res humanas fato ad magnas divitias
evectum celsioris status et ædificiorum insigni quadam
elegantia gloriantem, te cœli ipsius inclementia ex

altiore fastigio exulem atque inopem, sed modesto victu, veste humili, submoturoque vix imbrem tecto et lare prorsus exiguo contentum, ad litus studii Bononiensis ex illo, quo diu multumque iactati sumus curialium tempestatum pelago, velut e gravi naufragio eiectum spernere, fugere, oblivisci. Nec satis id fuerat, nisi illud insuper addidisses, me, quod peius est, nequid verborum tuorum in hac saltem accusationis parte variaverim, damnati iniuste super tunicam innocentem sortes mittere. Quod crimen me quantalibet intentione animi intelligere nequivisse profiteor. Sicut nec illud, ubi ais me arborem descripsisse vanitatum, cui insertum esse tuum nomen audieris. Ego vero descripsisse me vanitatum arborem nullam scio, nisi quia si verum recognoscere non piget, quidquid scribimus aut legimus, quidquid cogitamus aut loquimur, quidquid agimus aut optamus, tota denique vita hæc, aut certe magna ex parte, vanitas est et, ut ait ille, qui cum omni sua sapientia hanc ipsam publicæ vanitatis infamiam non evasit: *vanitas vanitatum et omnia vanitas*. De quo pridem breve opusculum, meo more stiloque nec elaborato penitus nec neglecto, scribere aggressus, implessem utique, nisi quia trahenda res visa est, quod novi vanique aliquid quotidie affert vita hominum, unde maior uberiorque sit libellus. Cæterum nusquam ibi, nusquam alibi hactenus tuum nomen inserui, destituente quidem me materia, non affectu. Quamquam si illustres ævi nostri viros attigissem, non dicam te, ne tibi, quod placatus non soleo, iratus adulari videar, at certe nec patruum, nec patrem tuum silentio oppressurus fuerim. Nolui autem pro tam

paucis nominibus claris, tam procul tantasque per tenebras stilum ferre: ideoque vel materiæ vel labori
parcens, longe ante hoc sæculum historiæ limitem statui
ac defixi. Proinde quia, ut dixi, obiectum mihi abs te
crimen illud geminum vestis ac nominis omnino non
capio, ut his omissis ad intellecta respondeam, in eo
quod de fortunarum mearum prosperitate dixisti, vide
ne vel te aliquis vel tu me luseris. Inficiari nequeo
mihi nescio quid annui census accrevisse, otiosoque
ac sedenti ingestum quod multis occupatis solicitisque
negatum est. Quantum vero simul anni sumptus ac-
creverit, id nempe non æstimant qui obliquis oculis
omne alieni patrimonii metientes augmentum, quæ
semper eis exigua videntur detrimenta non numerant.
Illis ego nil amplius, quos satis sua torquet invidia.
Tibi autem, cui vitæ meæ rationem redditam ac pro-
batam velim, hoc præterea dixerim. Plusculum est
proventus et plusculum est impensæ. Sub anni exitum
attritior, rubiginosior, laxior est crumena, non plenior.
Itaque, tanto iam tempore inter divitias exacto, nulla re
ditior, nisi aliquot annorum accessione, et contemptu
liberiore rerum pereuntium factus sum. Hæ divitiæ
meæ sunt, non quas invidia prædicat, sed maiores
multo et meo quidem, reor itidem tuo iudicio, certiores.
Neque tamen ista sic accipies, quasi me fortunæ pœniteat, aut vulgi more contra illam querimoniis attingar
inanibus; quod et illam vulgo aliquid magnum dici,
vere autem nihil esse per se ipsam magnis auctoribus
fidem habui. Et illi uni mea omnis innititur fortuna,
cui cum Psalmista olim dixi: *Deus meus es tu, in manibus tuis sortes meæ.* Abunde, large, munifice, etsi

non forte cupiditatibus, at profecto necessitatibus est
consultum meis. Illi gratias Deo qui multo verius quam
Maroneus ille Tytiri deus              .

> Nobis hæc otia fecit

adeo clementer et in utramque partem æquabiliter, ut
animum nec arens inopia, nec exundans copia fatiget,
sed hinc illinc æquis, ni fallor, spatiis abesse me gaudeam. Divitiæ meæ hactenus et mihi sufficiunt et amicis
non deficiunt egentibus, quique non ultimus opum
fructus est, urunt invidos, cruciantque. Mediocritatem
optimam ait Cicero: Flaccus eo amplius auream vocat,
credo ut sic optimam probet inter illos, quibus nil auro
melius esse persuasum est. Hæc ergo rerum optima,
hæc vere aurea, Deo præstante, obtigit, ut tu saltem et
mei amator et virtutis, huic statui gratuleris, non in-
sultes aut detrahas. Ego autem si non hac quidem
sorte contentus sim, quo progrediar? Ubi metam figam?
Seu quid restat, nisi ut inter Arimaspes unus gentis
adscitus, uno seu verius nullo oculo cum Arctois gry-
phibus bellum geram? Et hoc quidem de opibus meis,
de quibus hercle nunquam loqui cogitaveram, dicta sint,
in quarum æstimatione, si a vero forsitan tua deflexit
opinio famæ decepta vestigiis, non mirer, quod et tempus et locus et ipsa rei natura errorem peperisse potuerit. Nam et diuturnæ nobis absentiæ moras fecit
rerum status Italicarum, et licet inter præsentes rei
familiaris æstimatio eo solet esse difficilior, quo facilior
est vel iactantia mortalium vel querela, dum vel superbia falsas opes simulat, vel falsam flet avaritia paupertatem. In eo sane quod sequitur, quanam vel mei vel

tui ipsius oblivione prolapsus sis, prorsum mirari satis
et stupere non possum. Ais enim, quod utinam ratione
non expressa diceres, ut mihi liberum reliquisses dictum tuum (quod cupidissime facerem), excusare; sed
dicis te propter tuam paupertatem (quæ ut est genus
et virtus, quomodo tecum esse possit non intelligo),
mihi contemptibilem effectum, si diis placet, propter
meas divitias, quibus, ut audisti, nec egeo nec abundo,
quibusque posthac minus ac minus vel abundare posse
videor vel egere, quod mihi et incuriositas rerum maior,
et via minor in dies, cui illud viaticum quærebatur.
Heu quam vera sunt proverbia! illud insigniter, multos
modios salis simul edendos esse, ut amicitiæ munus
expletum sit. Ergo ego hanc tuæ opinionis iniuriam
merui, ut aut propter opes, quantumvis affluerent, su-
perbirem, quia scilicet plurium debitor invidiæque patientior factus essem, quo altius ascendissem, eo gravius casurus; aut propter paupertatem, non dicam te,
quem inter omnes coætaneos tuos singulari quadam veneratione complexus sum, sed quemcunque despicerem?
cum contra sæpenumero post divitias despexerim quos
ante suspexeram atque colueram, non quia per se vel
contemnendæ divitiæ vel amabilis sit paupertas, cum
a philosophis hæc inter indifferentia numerari didicerim, sed quia, quod observatio longa me docuit, multis
adversitas fuit schola virtutum, prosperitas vitiorum?
Verum ego scribendo iam fessus sum, nec minus in-
quirendo quomodo tibi venit in mentem ut hæc diceres
et tuo stilo et meis moribus aliena: nisi forte silentium
meum æquo longius, fateor, castigare hoc supplicio voluisti. Quam iuste non disputo: omnis apud me tanti

viri castigatio iusta est, nec modo iusta, sed grata, sed iucunda, sed dulcis. At si mei meminisses, quem tui tibi fingis oblitum, neque tibi penitus persuasisses me quasi Circæis poculis nescio quibus divitiis transformatum, non hoc contemptui adscriberes sed naturæ. Nota tibi pridem tarditas mea est, et occupatio, et curæ, quæ inclinata iam die, crede mihi, viatoribus acriores esse solent. Accedit et penuria nuntiorum. Quamvis enim tu mihi quam miror exquisitissimam ædium insolitamque magnificentiam obieceris, ego tamen adhuc Ambrosii hospes sum, et in extremo civitatis angulo sæpe etiam rure abditus, quid agat urbs nescio. Tu vero iam vale, teque si potes ad credendum coge me nec divitem esse, nec inopem, et quisquis sim, quamlibet non dicam tacitus sed mutus fuerim, tuum esse.

Mediolani, Idibus Aprilis.

## EPISTOLA IX.

### AD TRES AMICOS.

Se illis invidere quod una vivant.

Tricipitem epistolam tribus magnis textam calamis, et trino murice coloratam ter et amplius lætus aspexi, ad quam modo nil aliud nisi nil esse quod artificiosa non possit eloquentia, quæ quantum sæpe potuerit si exsequi velim, longior sim quam tempus ad hæc scribenda concessum, quod tam breve est, ut nihil potius quam tam pauca scribere mens fuerit. Nunc sane unum potuit quod impossibile prorsus rebar, ut Baby-

lone scilicet habitantibus inviderem. Invideo quidem
vobis in urbe omnium pessima, sed honesto illo sub
lare degentibus, malarum vacuo cupidinum, et Babylonicis moribus inaccesso, denique simillimo campis Ely-
siis, quos inter Averni dolores ac miserias lætos dicunt.
Hæc vobis simul omnibus, quibus tam multa sæpe singulis, inter festinationem et somnum et occupationem
et auroræ metum et frigus et tussim, papyrum quoque
et calamum ac lucernam rebellantes, ut licuit scripsi
II. Idus Ianuarias ante lucem. Vivite felices, et valete
mei memores.

---

## EPISTOLA X.

### FRANCISCUS PETRARCA IOHANNI ARETINO S. P. D.

Agrestis vitæ tranquillitatem nactum gratulatur, et suam vivendi
placidam rationem describit.

Pone spem prolixioris epistolæ, quæ terrere lectorem solita, te unum propter vivum colloquii desiderium
delectat. Iam hinc ne vagari valeam provisum ; hora,
gelu, somnus, labor, occupatio, frænum stringent. Ad
hoc papyrus brevis de industria, velut angustior area
ad exercitium calami liberioris, assumpta est. Equidem
tuis in litteris te procellis elapsum, neque tantum iam
in portu navigantem, sed in litore sedentem video.
Gratulor tibi. Nil de te lætius nosse potueram. Me autem versa vice noveris in periculis securum. Oh! ferreum
caput et in mediis tempestatibus quiescentem usque
adeo, ut nisi alios circum iactatos æquoreo turbine vi-

derem, et fragore nautico undique pulsarer, in pelago
esse me nesciam. Clavum regentis ad pedes sedeo, et
fluitantem puppim non immotus certe sed intrepidus
teneo, et exitum opperior eo animo, ut omnis prope iam
ventus meus sit, et in litore quolibet portus mihi. Ita
tædio illi meo rerum humanarum incuriositas primum,
inde segnities, post securitas, ad postremum torpor
obrepsit, et nisi superbum esset mihi tribuere quod de
Marco Catone scriptum est, ipse mihi quoque videor
interdum, et præsertim hac tibi hora noctis hoc scribens, eodem illo habitu quo avunculum quondam suum
Brutus invenit : *insomnis*, scilicet, *et cunctis timens se-*
*curusque mei*. Sed de hoc experientia viderit ; imo
quæso non viderit. Stulti est enim periculum optare
experiendi libidine. Reliquum est ut plebeiæ togæ tuæ
plusquam Crassi divitiis invideam, et rustico lare tuo,
quo uti prohibeor, suspirem. Vale.

Mediolani, V. Kalendas Februarias ante lucem, propere.

---

EPISTOLA XI.

FRANCISCUS PETRARCA STEPHANO DE COLUMNA PRÆPOSITO
S. ADEMARI S. P. D.

Germanæ amicitiæ sensus pandit, et malos quosdam
homines insectatur.

Litteras tuas summa et sancta cum voluptate perlegi. De voluntate quidem mea te certum esse gaudeo,
quæ etsi rerum argumentis careat, suis se prodit indiciis, eminet, elucet, apparet : contra ego de tua non

aliter quam de propria certus sum. Multa mihi de te
litterarum ipsarum sententiosa brevitas, multa quoque
noster hic Cicero Pergamensis Arpinatis illius hostis.
Sed ad persuadendum mihi de te nemo non satis est
eloquens : nullus autem plura quam animus ipse meus
in silentio. Cupio te videre, quod etsi taceam nosti, et
licet patribus conscriptis nulla prorsus nostri divortii
cura sit, illis tamen invitis, te video melioribus oculis:
illos vero licet absentia mea delectentur, qua in re una
mecum sentiunt, illos inquam vel invitos video. Quid
dixi? Quasi nil amplius quam communi more illos videam? Introspicio ego illos, ubicumque sim, et lippus
ad reliqua, mirum ut hac in parte sum lynceus. Video
animos affectusque abditos, et quod forte non suspi-
cantur, cogitatibus intersum. Actus enim non unus
ego, sed totus terrarum orbis, licet hactenus dissi-
mulet, magis ac magis in dies videt: quos, mihi
crede, cum plene viderit non feret. Vellem plura scribere cum vix ista potuerim. Nescio enim unde hodie
praeter solitum ad calamum lentus et ante etiam quam
inciperem fessus accessi. Vale, vir clarissime, nostri
memor.

    Mediolani, VI. Kal. Maii.

## EPISTOLA XII.

### FRANCISCUS PETRARCA LÆLIO SUO S. P. D.

Arguit quod mœstus et solicitus sit, et lepide mortem cuiusdam
senis Mediolanensis enarrat.

Iam duabus ex litteris tuis pergraviter te turbatum sensi : admirans dolensque et multa mecum cogitans ad summum nihil invenio quod tam tristem
facere debeat, quidquid sit. Decet enim virum hac ætate
præsertim induruisse iam contra omnes impetus fortunæ. Optimum inter vitæ huius asperitates remedium
est quod nihil stat. Omnia humana volvuntur et fugiunt, ut acriter intendenti nulla hic vel gaudii vel doloris materia magna sit, nulla metus aut spei causa,
dum sæpe inter ipsos animi motus id ipsum quod mul-
cebat aut angebat, quodque vel minabatur vel blandie-
batur effluxerit, et inter medios apparatus evanuerit.
Omnia hæc, frater, vel læta vel tristia in ictu oculi
more somnii transibunt, ut pudeat experrectos de nihilo doluisse seu lætatos esse, inanes præterea spes
aut metus de nihilo concepisse. Cesset igitur dolor,
quæso, conquiescat motus omnis gravitate tua indignus, et si dolendi causa est, cui per me possit occur-
ri, quidquid id est, iube: parebitur. Non sum hodie
tibi aliud scripturus, nisi quod Mediolanensis amicus
noster, qui me patrem et te filium vocabat, cum et tu
me senior sis, et ipse proavus esse posset amborum,
senex iucundissimus, ad æternam lætitiam non sine
aliquali mea tristitia profectus est. Licet enim maturus
ævi valde, erat tamen adhuc mihi et curis meis gratum

familiare solatium. Vir bonus et nobilis, sed non dives, supremo honore non caruit. Iacet in ipso Ambrosii vestibulo familiæ suæ busto saxeo ac vetusto. Dilexi hominem a quo diligi nos sciebam, cuius in ore tu præcipue multus eras ; hominem prope iam ad infantiam redactum, cuius oratio risum vel mœrentibus extorqueret. Disputabat assidue mecum, et cum omnibus, quos mecum deprehendisset, de rebus ad philosophiam aut ad catholicam fidem spectantibus. Copia argumentorum erat inæstimabilis. Nulli hominum, præter me unum, credere dignabatur : in quo tamen non tam rationi vel ingenio quam amicitiæ succumbebat. Ingens ei scientiæ fiducia inerat. Omnes homines, sed in primis religiosos, quæstiunculis agitabat, nec rationibus vinci poterat, nec clamoribus fatigari. Quemcunque verbis aggrederetur prius interrogabat an litteras nosset. Qui si negaret, quasi brutum animal spernebat, excussoque capite tacitus abibat. Sin vero se nosse litteras responderet, mox, aiebat, apparebit : et simul quæstio in medium iactabatur, et quidquid ille dixisset, irridebatur affluentibus verbis et nunquam deficiente materia. Sæpe eum velut admirans percontabar, ubinam libri sui essent, aut unde tanta illa rerum scientia tam multarum? Ipse autem frontem digito contingens : « hic » hic, dicebat, et scientiam et libros habeo. Libri enim » humanæ fragilitatis emendicata suffragia, nonnisi » propter defectum memoriæ sunt inventi. » Ridebamus omnes : nihil enim dicebat quod non crederet, et cum his opinionibus nescio quam feliciter, at lætissime sibi erat. Nil iam fere nisi grammatice loquebatur, cum tamen illo loquente, nihil unquam Prisciano nihil Aristarcho

tutum esset, galeatis licet ; tantis barbarismis ac so-
lecismis armatus in bellum ibat. Denique nuper librum
scribere sub tuo nomine cœperat, quem utinam con-
summasset relicturus nobis hanc velut ingenii sui pro-
lem. Sed an inexpletum Virgilii exemplo flammis damna-
verit, an vero Numam Pompilium secutus, humo info-
derit, an quid de eo aliud egerit incertum. Triduo ante
mortem solito tristior ad me venit, cumque ego causam
mutati oris exquirerem, ille suspirans : « hodie, inquit,
» quintum atque octogesimum annum expleo; quantu-
» lum putas vitæ superest? Quinque forsan et viginti
» annos ad vivendum habeo; breve tempus. » Ad hæc
ego subridens : « ne dubita, inquam, triginta comple-
» bis. » His lætior : « bene habet, inquit, satis est. »
Et hoc dicens abiit, nec deinde hominem vidi ; neque
enim aut moriturus apparebat, aut morbo alio quam senio laborabat, donec die tertio dolentis mirantisque sub
oculis ecclesiæ inferretur, more gentis ad vesperam
sepeliendus in crastinum. Hæc tam multa iocose in
historia tam lugubri ut in memoria senis nostri lugeas
simul et rideas. Ille quidem his moribus mihi talium
inter graviores curas avidissimo, iam non conviva
tantum creber, ut solebat, sed prope continuus factus
erat. Denique senectutem eius ruinosam ac labentem
omni qua licuit ope sustinui: quod extremum potui,
non abeuntem, sed sepulchri limen adeuntem humen-
tibus oculis prosecutus sum. Vale.

    Mediolani, Kal. Maii.

## EPISTOLA XIII.

### FRANCISCUS PETRARCA LÆLIO SUO S. P. D.

Enixe hortatur ut Socratem in veterem amicitiam recipiat, et hunc
nihil omnino adversus eum aliquid obloquutum fuisse defendit.

Animi tui statum ex litteris intelligens, et causæ
nescius hortabar, ut tranquillitatem solitam servares
et mortalia ista contemneres, quæ transeunt et ad non
esse festinant. Postea vero non sine gravi animi mei
vulnere causa mihi tuæ perturbationis innotuit, quod
nescio cuius, sed profecto maledici oris flatibus accen-
sus, contra tuum ac meum Socratem exarsisses: tuum
inquam Socratem ante quam meum : idque te mihi,
quod probe noveras gravissime dolituro, celatum esse
voluisse nunc intelligo, hinc maxime quod rem tantam
tamque atrocem non ex te sed aliunde didicerim. Oh!
quid dicam? aut unde ordiar, qui omnino nihil præter
meros dolores aut cogitare valeam aut loqui? Sic et
animum stravit, et solitum vocis iter obstruxit mœror.
Et, oh! utinam nihil unquam lætius illi accidat, qui dissidio vestro et dolori meo causam dedit. Ergo ego frater tam exigui, tam nullius pretii sum apud te, ut in
tanta mutatione animi, in abdicando tali amico, tam fideli, tam veteri, tam probato non fuerim vel per litteras
requirendus, vel, si id non mereor, saltem post factum
per litteras edocendus, præsertim cum mali totius, ut
dicitur, causa sim? Audio enim viperam illam linguam, quæ tibi indignum illud virus infuderit, nil aliud
ipsi Socrati obiiccre, nisi quod ille mihi contra te scri-

pserit. Quod quidem, si sapientia illa tua, quæ ab adolescentia tecum erat, et cum tempore crevisse debuerat, cogitare omnia et circumspicere voluisset, ab omni
parte falsum prorsus et inopinabile cognovisset. Occurrisset utinam tibi Platonis historia, qui accusatorem
Xenocratis amici sui, qui sibi tunc, ut nunc Socrates
tibi detraxisse ferebatur, respuit et abiecit, rem impossibilem dicens tam dilectum amicum et tam carum
vices amoris sibi non reddere. Tu vero tam facile de
amico nescio cui, sed utriusque, ut arbitror, et quod
certe scio, veritatis inimico, credere potuisti? Oh! nimium
præceps et prona credulitas, quæ mille olim evertit
amicitias. Vellem tempus habere ad scribendum ut
animum habeo. Multa hic dicerem quæ silebo. In summa tamen, amicitiæ venenum suspicio est, quæ quidem
in generoso et alto corde non habitat, qualiterque nunc
in tuum pectus obrepserit miror. Ergo Socrates tuus
de te male locutus est? Cur quæso aut qua spe? Quid
tu illi feceras? Aut quid ille lucratus esset quando te
mihi, quod nec ipse nec alius posset, odiosum effecis-
set? Non erat tantus furor credibilis de homine tam
discreto. Licet enim extra orbem italicum natus sit,
nemo tamen animo et voluntate magis Italicus vivit:
quod ut ita esset nos duo ante omnes mortales fecimus.
Et proh pudor! Impudens obtrectator non erubuit dicere, Socratem male mihi scripsisse de Lælio. Nunc
tu viro sapientissimo atque optimo, stulti et iniqui
hominis crimen oppositum quid virium habeat intende.
Si fixeris animum, si omnem iracundiæ motum nubem-
que propuleris, si ante oculos tuos totum ad hanc diem
non modo concorditer, sed una prope anima nobis

actum vitæ tempus adduxeris, videbis uno verbo tria
magna mendacia nullum colorem veritatis habentia.
Quibus animadversis, ipsa veritas pro innocentia partes
aget, ipsa, me tacito, tua conscientia perorabit, et
amicus apud amicum accusatus absentis amici patrocinio non egebit. Crede mihi, Læli, imo equidem tibi
crede qui animos moresque omnium nostrum non aliter
quam proprios tuos nosti, et fortassis eo amplius, quo
profundius et incorruptius aliena cognoscimus quam
nostra: tibi crede non alii : veritati crede tecum intus
in animo colloquenti, non in auribus obstrepenti perfidiæ delatorum : crede, inquam, et ut spero iam credis,
quod nec Socrates de quoquam male scriberet, et si
de omnibus, nunquam de te, et si de te, aliis, nunquam
mihi. Quæris causam? Scit quod ego non crederem, potiusque sibi irascerer, quam tibi. Vere hoc dicam: duo
estis quibus omnia crederem, nisi hoc unum, si scilicet
alter alterum accusaret, præcipueque de crimine contra
me aut famam aut statum meum admisso. Quod propositum illi, qui mea omnia plane novit, ignotum esse
non poterat. Qua igitur cœcitate animi vir cautus, etsi
odisset utique (cuius audeo dicere nec tibi nec alii vel
tenuissima suspicio unquam fuit), auderet ad tribunal
infestum trahere conspicuæ famæ reum, quem veritas
excusaret, iudex nec instrumenta nec testes expectaturus absolveret, unde sibi nil penitus præter accu-
satoris nomen atque invidiam superesset? Possunt, mi
Læli, possunt dici ista. Est enim effræne os humanum,
cum nullum æque animal fræno egeat. Dici omnia possunt : credi omnia non debent, dicam quod sentio, nec
audiri. Viri amici, in quibus clarissimum semper et

maximum Lælii nomen fuit, surdas delatoribus aures
habent, atque omnia respuunt quæ veræ amicitiæ sunt
adversa. Neque enim satis est falsa respuere. Hac una
in re veri falsique discretio inhonesta est. Quidquid
adversus amici fidem dicitur, fide careat necesse est.
Nunquam ex quo semel de amico decreveris, de amicitia dubitandum erit : alioquin perpetuo nutabit amicitiæ fundamentum, fides. Itaque consilium Biantis a
Valerio laudatum, quo monemur sic amare ut aliquando
osuri, in meretricio forsan amore locum habeat, ab
amicitia relegetur; quam cum nisi inter bonos esse non
posse omnium nobilium iudicum sententiis diffinitum
sit, omnis inde malarum fraus artium, omnis degener
et indecora vafricies excludenda est. Nulla iam diffidentia, nullus metus. Cum enim amicitiæ glutino iungantur animi, et e duobus, ut dicitur, unum fiat, par
est ut quam quisque de se ipso, eamdem de amico spem
concipiat. Multo ergo melius multoque iustius apud
Tullium Lælius consilium illud et rationis ope et Scipionis auctoritate redarguit, cuius ut nominis sic te morum et amicitiæ successorem, eadem qua ille fuit, decet
esse sententia : nec amando odium cogitare, sed sic
amare ut odisse nequeas si velis. Magna quædam et
divina res est amicitia, sed simplex; magnæ consulta-
tionis egens, sed unius. Antequam diligas eligendum
est : cum elegeris, diligendum : post dilectionem electio
sera est. Actum agere veteri proverbio prohibemur.
Nullus exinde suspicionibus, nullus odio locus, nihil
denique reliqui est nisi amare. Quomodo vero illum
ames hodie, quem cogites cras odisse? Iure igitur et
responsum illud Platonicum laudatur, cuius supra

mentio est, et factum illud, quod quoniam valde probo
sæpe commemoro, Alexandri Macedonis, qui licet in
reliquis temeritate præcipiti, in hoc uno constantia tanta
fuit, quod cum æger ab amico medico temperatum poculum accepturus, interim non cuiuscumque hominis
sed magni alterius amici litteras accepisset, quibus medici illius in necem suam multo auro ab hoste corrupti
cavere veneni insidias monebatur, litteras quidem legit,
at rem pressit donec qui accusabatur pro ministerio exe-
quendo in cubiculum regis ingresso, illico rex assur-
gens et læva litteras tenens, dextra poculum incunctan-
ter arripuit, atque hausit intrepide, legendasque mox
litteras innocenti stupentique medico dedit : dignus ob
hoc ipsum qui ut tunc, sic semper suorum ab insidiis
tutus esset. Huc itaque rem deduco, ut amici crimen
audire velle turpe, credere vero posse, turpissimum
ostendam. Et quisquis in amici vita fidem delatoris
examinat, ipse iam læsæ amicitiæ reus est. Sed heu!
me miserum quam difficile quæritur omnis vitæ delectatio, quam facile perditur. In sola quidem amicitia parum faustus Socrates, in qua ut maxime felix esset, et
amicitiæ studium et vitæ integritas merebantur. Viginti
octo annis amplius amavit te, quod præter te unum
nemo me melius novit, ut unus nebulo, una hora paucis
te sibi falsis verbis eriperet, nec eriperet modo, sed de
amico et fratre dulcissimo durum hostem faceret ? Da
veniam, frater, non debuit hoc accidere posse me vivo,
ut non modo sine causa, sed quantalibet quoque cum
causa, tanta distractio fieret animorum, quos et proprio amore coniunctos et visco meæ recordationis inse-
parabiles arbitrabar. Nunc quid agam, frater, nescio,

et Deum testor, ad suspirandum ne dicam lacriman-
dum pronior sum, quam ad loquendum ; ita me per-
turbatio vestra perturbat et concutit. Loquar tamen
utcunque quod in animo est. Possem sacramentis pa-
ginam implere : sed quia sæpe minus creditur multa
iurantibus, simplici verbo meo, si mereor et si tibi placuerit, fidem dabis. Nunquam Socrates de te mali aliquid locutus est : mihi bona autem sic multa sæpissime.
Multas adhuc litteras digitis suis scriptas, si diligenter
excuterem, invenire possem, in quibus apertissime pro-
fitetur me alium amicum in curia non habere, nisi te
unum: reliquos qui fuerint vel vita vel patria vel officio decessisse: te promotorem, te perpetuum adiutorem
vocat mearum rerum : te solum esse, cuius fides illa
communia temporis et absentiæ damna non sentiat. De
his et horum similibus et antiquas et novas illius litteras habeo. Huius ego sibi sum testis. Si furcifer ille his
contrarias litteras vidit, nescio : sed hoc scio quod ad
me litteræ non venerunt. Tu quidem cui potius fidem
habeas an accusatori falso et nequam, an fideli et vero
excusatori, ipse videris. Spero tamen apud te non ultimum fidei locum habiturum esse suspirium meum, o
amantissime Læli, quod tibi per tot terras et per media
Alpium iuga pios affectus meos et has anxias ac so-
licitas voces perfert. Audies me, mi Læli, et nisi in te
fallor, exaudies. Rogo igitur, obsecro, obtestor, adiuro,
per amicitiæ fidem, per mutuam caritatem, qua nulli
usquam cedere videbamur, per quidquid inter nos pium,
sanctum, fidum, iucundum, amabile fuit unquam, aut esse
potest, vel si hoc parum est, per memoriam illius modo
gloriosissimi ducis nostri, qui licet ob eximiam vereque

cæsaream animi magnitudinem Iulius Cæsar dici meruisset a nobis, vera tamen patriæ pietate Camillus nostrorum temporum fuit, aut Scipio; perque illustris sed
heu! nimium caducæ familiæ, natorum eius nostri dum
Deo placuit amantissimorum, nobisque prædulcium et
carorum pignorum, et super omnia per semper mihi
flendi, semper memorabilis Ascanii nostri prorsus he-
roicam vereque nobilem animam, quæ festino abitu
non nostram modo, sed Romæ sed Italiæ spem fefellit,
et florem priscæ militiæ renascentis acerba morte præ-
secuit : per hos, inquam, per me, per temetipsum oro
te ut hunc scrupulum qui me premit, urit, torquet et
cruciat mihi quam primum eximas, et si me diligis aut
unquam dilexisti, illico antequam hæ litteræ e manibus
tuis abscesserint, Socratem ipsum miraculo tantæ huius
tuæ mutationis attonitum, fortunæ nunc iratum suæ
vel adeas vel accersas. Hoc preçor, hoc facile est. Con-
venite modo distractosque animos vultusque contrahite,
neve alterutrum, quod valde amastis horrescite, et nisi
me vultis in lacrimis ac dolore senescere, redite in
idipsum, neu viscera mea canibus lanianda discerpite.
Nunc videbo si me diligis, ut fama est. Si quidquid
aliud scribes, nisi factum esse quod postulo, carus tibi
diu falso sum creditus. Sin convenisse vos audiam,
voti certus evasero, ut quem tibi amicum abstulit aliena
perfidia, restituat fides mea. Nullas susurronum voces,
nullas irarum reliquias timebo. Multa inter absentes
audet invidiæ murmur. Magna autem intermissi congressus efficacia est. Hanc solam precor, hoc unum ago;
id si mihi præstiteris, de reliquis non laboro. Quid
te agere oporteat, et quid loqui pietas ipsa et tam

longi amoris recordatio, simul amici frons conspecta
monstrabit. In illius oculis leges quod nec ego possim
dictare, nec Cicero. Vale.

Mediolani, III. Kalendas Augusti, prima face.

———

## EPISTOLA XIV.

### FRANCISCUS PETRARCA LÆLIO SUO S. P. D.

Gratulatur eius cum Socrate redintegratam familiaritatem, asperitatem hiemis conqueritur: denique se ab omni munere in curia
obeundo quam maxime abhorrere.

Crescens occupatio, decrescente vita, facit ut solito
tardior ad scribendum sim, ac ne forte aliam suspiceris,
occupatio illa vetus sed assidue repullulans studiorum
meorum, in qua non seniliter tepesco, sed iuveniliter
inardesco. Mirum : cum mihi omnia fastidio sint, illa
una sine tædii sensu nova mihi in dies oblectamenta
congeminat. Hodie primum mihi videor cœpisse. Impletur ad litteram in me quod ait ille vir sapiens: *cum
consummaverit homo tunc incipiet, et cum quieverit tunc
operabitur*. Accessit absentia longior. Magna siquidem
parte brumæ huius et Patavii et in angulo Venetorum,
ut Livii verbo utar, moram traxi. Hoc ipso die et hac
hora Mediolanum redii, fessus et ventis ac frigoribus
adustus. Non sunt ad scribendum instrumenta nec animus ; hebes calamus, atramentum glaciale, papyrus
squallida, manus rigens, tempus intractabile sine exemplo, quod usque ad religionem, ut dicitur, et horrorem
versum annum fecit insignem. Nunquam enim in me-

moria hominum inter Alpes et Apeninnum tanta vis
nivium incubuit. Magna nostris in urbibus domorum,
magna in agris arborum strages, magnæ utrobique
mortalium querelæ, quas nunquam tamen aut ver flo-
reum aut frugifera æstas aut vinifer autumnus omnibus
naturæ deliciis atque ubertate sedaverit. Cœterum annus hic annum retro quartum, hoc est sextæ ætatis
millesimi trecentesimi quinquagesimi quarti finem et
sequentis initium, quibus nihil algentius fieri posse, et
ut sic dicam nihil hiemalius videbatur, quando hic
in Ambrosii basilica Cæsar noster adeptus ferream coronam ad Romæ percipiendum aureum diadema profectus est, cuius ad urbem iter an cursum dicam tu
qui in Galliis quoque tunc eras mira celeritate prosecutus, familiaritatem eius arctissimam moribus et ingenio
meruisti; annum inquam illum hic præsens gelu æqua-
vit, nivibus vicit. Sed quid ago? Num supervacuas
horas aucupari videor qui necessariæ scriptioni modo
imparem me dicebam? Has delectatio vires habet, ut
frigus æstumque non sentiat, et laborem amet, et lassitudinem aspernetur, denique nil recuset quod diu illam
exoptata in operatione detineat. Ecce dum te alloquor
et fatigationis et brumæ et cœpti immemor factus eram.
Sed ut domum reversus ad rem redeam, fideli nuntio
præter spem reperto, etsi valde properet, nullo modo
pati potui eum sine meis ad te litteris abire. Et festinationem eius et occupationem meam et hiemis asperitatem vicit amor tui. Iam in primis totam frater ex ordine tuæ suspicionis historiam intellexi, neque miratus
sum, ut putas, potuisse tibi tam multis ingeniis persuaderi. Nil detrahentium dolis impervium, nil quo non

III.                                            4

palpitans et blanda vox penetret. Illud potius et miror et
laudo quod tam cito iram tuam longo decoctam spatio ac
digestam evomuisti: pro salute animi rem optimam. Quid
enim, Læli, ais an, te favente, ausim contra Aristotelem
mutire? Sacrilegio proximum multis forte videbitur, cum
forte potius illum pertinaciter in omnibus sequi velle sa-
crilegum sit. Certe Cicero ipse vir tantus, elegantissima
urbanitate illa sua, interdum culpam sibi tribuere maluit, quam viri huïus errorem manifeste refellere : quale
est illud quod cum Aristoteles omnes ingeniosos melan-
cholicos esse dixisset, Cicero cui dictum non placebat,
iocans ait : gratum sibi quod tardi esset ingenii, clare
satis his verbis quid sentiret intimans. Sequamur et nos
Ciceronis exemplum. Aristoteles quidem ait in Rhetoricis
bene dixisse nescio quos, quod ira multo dulcior est
melle. Quid hic dicam nisi pergratum esse quod mihi
gustus hebetior sit, qui hanc dulcedinem non sentio,
mirarique me gustum hunc Aristotelicum vel illorum,
quicunque prius id dixerint? Etsi enim apes, ut aiunt,
mel dulcissimum ex amariusculis quibusdam herbis
eliciant, ego tamen, ut dixi, hanc iræ dulcedinem non
gustavi. Apud quemcunque vero sit melle dulcior, apud
me felle tristior est ira. Ita dico si de sensu proprio
loqui velim. Quod si Aristotelis in verba iurare oportet,
et quidquid ille dixit quasi cœleste oraculum amplecti,
ut non solum dulcis sed multo etiam melle dulcior ira
sit, fecisti tamen optime qui feram illam immanemque
dulcedinem ac stomacho nocituram reiecisti, et segni
situ contractam animi rubiginem detersisti. Pro quo
quantam tibi gratiam habeam quantumque mihi vel ad
pristinum tui amorem vel ad iudicium tuæ virtutis ac-

cesserit, multo tibi facilius fuerit cogitando, quam mihi
loquendo assequi. Ad summam scito, cum multa per
omnem vitam mihi gratissima feceris ac dixeris, nihil
ex omnibus unquam gratius fuisse, quam quod domitis
affectibus tuis radicitusque convulsis, consilio meo, fido
licet, opinioni tamen et sensibus tuis adverso, tanta
animi facilitate ac pietate tam subito paruisti, ut quoniam te amor urgebat, nullasque moras caritas dabat,
litteris meis vix perlectis, easque ipsas manu proferens
nostri Socratis in amplexum atque oscula, in illo me
etiam complexurus ac deosculaturus irrueres, multisque
tam vestris quam adstantium lacrimis, quæ ubertim
per vestros oculos de meis præcordiis erumpebant,
fraternam in gratiam rediretis. Nunc quid in te possim
scio, quod nec prius ignorabam; sed novis experimentis vetus notitia solidata est. Agnosco Lælium meum.
Is est quem sperabam: semper detractores oderit, et
sæpe hoc perditum tempus flebit. Nam Socratem multo
ante noveram lamentis ac gemitibus tabescentem, tuumque dissidium illud inter gravia vitæ damna atque acer-
rimas fortunæ iniurias numerantem. Totum qui sequitur
epistolæ tuæ textum sciens transeo. Credo omnia, imo
vero scio. Novi fidem tuam, et curiæ mores novi. Sed
unum viceversa mihi credi flagito, quod ne mihi neges
caritas iubet : siquidem non modo laborem illum magnum, perpetuum, inglorium, tædiosum, et servitutem
illam hominum multorum nulla mihi ex parte placen-
tium, postremo successionem Calvi illius Parthenopeii,
boni hominis licet et soliciti, et, ut dicere solebat,
amici mei, nec litterati tamen nec famosi : sed rubi-
cundum quoque pileum non dico ambiendum precibus,

sed ultro etiam oblatum si reciperem, ut modo res
sunt, et mores ordinis illius, abscissum gladio et ru-
benti sanguine madidum caput perdam. Crede mihi, si
quod in terris est veri, hoc verum, sive, ut emphatice
dixerim, veritas ipsa est. Quod ideo sic ardenter disserui, ut nunquam posthac vel pro tali vel pro simili
causa laborem inutilem vel tu vel alii capiant amici :
neque vero se repulsis obiiciant pro eo quod si ingere-
retur abiicerem, quodque, si meministi, ante annos duodecim, quando et iunior, et laboris patientior, et dierum
largior fui, et curiæ status, et pontificum nobis favor
alius, oblatum, amicis licet indignantibus, non recepi.
Quo ergo nunc animo, qua mei oblivione, iam senior
successor alienæ solicitudinis fieri velim, eoque aspirem
quo cum honestius tum promptius pervenire tanto ante
potuerim, quo vel alter nunquam, nisi ego illi cedebam,
pervenisset? Sunt quidem, fateor, otiosi ac tranquilli iuvenes, occupati senes : sicut multos quoque vidimus,
quorum castissima fuit adolescentia, libidinosa et lasci-
viens senectus. De avaritia notum est communi senum
fere omnium morbo; iuvenum vero non ita, qui non
sunt, ut ait Aristoteles, pecuniarum amatores: cuius
apud eundem ratio illa est quia nondum indigentiam
experti sunt. An me forte igitur his exemplis de quie-
tissimo iuvene laboriosissimun senem fieri vultis? aut
unum ex his qui sani iacent, ægri ambulant : aut ex
his qui totis diebus stertunt, totis noctibus fabulantur?
Non sum ex hoc grege, Læli; cum in omnibus requiem
quæsiverim, sicut scriptum est, et eam ab annis teneris
usque ad desidiæ suspicionem semper amaverim, nunc
penitus nihil quæro, nihil amo aliud, sine qua nulla

mihi vitæ conditio non molesta sit. Hanc cum prope
iam manibus apprehendisse videar, lectisque rudentibus
vela deposuisse, rursus in fretum vocor. Non vos audiam, amici : sed orabo potius ut dextras adhibeatis
navim subducere molienti. Notum omnibus desiderium
meum, ante alios tibi. Honestæ paupertatis appetens
semper fui : nempe nullus melior, nullus tranquillior,
nullus denique tutior vitæ modus. Hæc mihi hactenus
conscriptorum patrum sancto iudicio negata est, cum
sæpe divitias non negarint. Causam scio, ideoque non
miror. Non me divitem volunt, sed voti compotem nolunt. Parebo, sortemque meam lætus sequar : nam quis
hominum novit quid expediat? eoque me solabor quod
quidquid sum per eos utique non sum ; Deoque gratias
agam, qui absque eis vivendi votum mihi potentiam-
que largitur. Cessent deinceps, oro te, laborum, cessent
repulsarum causæ. Scis ubi, scis qualiter mori optabam.
Quid vis? Si pauper esse nequivero, dives ero : quamvis in mediis opibus pauperem spiritu nil aut vivere
prohibeat aut mori, quæ una paupertas et habenti facilis et amabilis Deo est. Et de nobis hactenus. Zenobii
adscensum lætus audivi. Amo hominem amarique nos
ab illo certus sum. Gratulor quidem sibi, imo non sibi
sed fortunæ suæ, seu verius nostræ, qui inter tot non
Dei non hominum amicos, unum saltem habebimus amicum : sibi vero compatior et Musis, quæ tale ingenium
non dicam perdunt, sed cum indignis consortibus par-
tiuntur. Plane fateor, crumenæ ille consuluit, sed nec
famæ, nec vitæ, ut auguror, nec quieti. Et oh qualiter
eunt res ! Non multum tempus est quod ipse mihi fra-
terne condolebat, meque prædulcibus aculeis urgebat,

quòd Mediolanum turbida civitas esset Helicon meus.
Et hoc amantissime quidem, sed, ut reor, quid Mediolanum esset nesciens, et haud dubie ignarus, qualiter,
quam otiose, quam libere, quam solitarie, quam tran-
quille hic essem, loquebatur. Iam ante transalpinam
moram meam solitus non laudare, dum ad fontem Sorgiæ peccatis homo, sed quiete animi prope angelus
degebam, admirans quænam hæc *Italo procul orbe vo-*
*luptas.* Verba ipsa teneo ; liquit aculeum : dicebat autem
hæc non, ut puto, præsagiens sponte sua se mox extra
Italiam relegandum, sibique tam prope repositum
Babylonicum Helicona, de quo non coniecturis inanibus, sed experientia doctus, si quidquid sentio loqui
cœpero nullus erit finis. Mihi autem satis superque
odii in illo inferno conflasse iam veritas videtur. Cœterum ipse in dies experiendo et videndo quid ego de suo
nunc Helicone tacuerim intelliget. Et si bene eum novi,
sæpe et horum meminerit verborum, et Neapolitanum
otium atque Italiam suspirabit ditior forte, sed occupatior certe, sed mœstior. Oh quantum mihi nunc invisu-
rus, si ut ego procellas suas hinc video, sic ipse meum
otium videret, et quam nihil præter animos nobis simile. Salvere illum iube et vale.

Mediolani, V. Idus Februarii ad vesperam.

## EPISTOLA XV.

FRANCISCUS PETRARCA SOCRATI SUO S. P. D.

Quod in veterem Lælii amicitiam redierit gaudio gestit.

Iamdudum, mi Socrates, cessat inter nos vicissi-
tudo illa litterarum, magnum absentiæ remedium, cuius
cessationis et occupatio utriusque nostrum, et multæ
forte aliæ sunt causæ. Illa, ni fallor, omnium maxima,
quod materia deesse incipit scribendi. Neque mirum id
nobis accidere quod Tullio accidit et Attico. Nullus
tantus est acervus, qui non assidue detrahendo decre-
scere, et in nihilum verti queat. Quidquid sciebamus,
credo iam iugibus scripturis exhausimus. Quod unum
hodie se offert, inter te et Laelium, me hortante, refor-
matam amicitiam, et in gratiam reditum esse, tuis et
suis et multorum litteris audio, et gaudeo, mehercle,
deque reconciliatione hac quam de ulla re alia lætior
sum. Bene accidit : gratias Deo, gratias vobis. Ille in-
spiravit hos animos, vos spiritui aditum non negastis.
Laudatis ambo certatim stilum meum, qui cum semper
incultus, tunc improvisus ac tumultuarius ut esset et
anni tempus, et diei hora, et nuntii festinatio coege-
runt. Tantis tamen plenus affectibus pietatisque facibus ac stimulis fuit, ut ipse, iam memini, Deum testor,
inter scribendum lacrimas non tenerem. Eratis ante
oculos vos duo, erant amici omnes vestro dissidio
deiecti, erant triumphantes æmuli, erant anni præteriti
tanta concordia exacti. Hinc impetus incompti sermonis,
hinc lacrimæ scribentis. Non ingenium, non stilus,

sed propositum et adiuta divinitus pietas valuit. Itaque
vos ut libet, ego nihil laudo, nisi divinitatem unde est
quidquid est boni, et vestram humanitatem bonorum
consiliorum non capacem modo sed rapacem. Generosos et mei amantissimos agnosco animos. Benedicti vos
a Domino, qui et vobis dignissimam rem fecistis, et
mihi gaudium, quantum aliunde præberi non poterat,
præbuistis. Mi Socrates, vale nostri memor.

Mediolani, IV. Idus Februarii ante lucem.

FRANCISCI PETRARCÆ

# DE REBUS FAMILIARIBUS

## LIBER VICESIMUSPRIMUS.

———

### EPISTOLA I.

**FRANCISCUS PETRARCA ERNESTO ARCHIEPISCOPO PRAGENSI
S. P. D.**

Litteram quam scripserat se prudenti consilio mittere non voluisse.

Multa animo conceperam calamoque pepereram, quæ
cur modo tibi subtraham dicet is, qui hæc pauca quæ
cernis et plura quæ audies ad te vivis vocibus perferenda
suscepit, vir quo nil tibi devotius nil mihi familiarius.
Sancta quidem semper et honesta, sed non semper tuta
veritas. Multos illa omnibus sæculis, sed nunquam plures quam nostra ætate hostes habuit. Causa est quia
nunquam pauciores virtus habuit amicos. Nemo autem
veritatem odit nisi qui male vivit. Et hic metus virum
fortem nunquam in mendacium, aliquando autem in silentium cogit : quod ego veri studio edoctus et nunc et
sæpe alias, nisi postquam non locutus esse non poteram,
non adverti. Et in sermone quidem mutuo prorsus irre-
meabilis est vox : in scriptis vero liberioribus remedium
est vel supprimere vel delere quod scripseris. Primum

feci et multa coercui, quæ forsan in posterum delebo,
forsan vivere patiar ut cum hinc abiero ex insidiis
erumpant, meque discipulum veritatis indicent sed occultum, propter metum Iudæorum. Quis autem scit an
ut est animus indignans nec larvarum metuens, ipse ego
præsens iter faciam prodire volentibus? Sed omissis de
quibus mihi sententia nondum stat, de me sic habeto,
nihil magis tuum fieri posse quam ego sum. Memini
anno altero, dum iniuncta ad Imperatorem nostrum legatione fungerer, hominem peregrinum vix solo nomine
cognitum, qua me fronte, quo animo, quibus verbis,
quanta humanitate devinxeris. Recole quam suaviter
mihi illud identidem inculcabas : compatior tibi amice
qui ad barbaros venisti. Ego vero nihil barbarum minus nihil humanum magis profiteor me vidisse quam
Cæsarem, et aliquot circa eum summos viros, quorum
modo nominibus scienter abstineo : summos inquam
viros et insignes dignos maiori memoria: quod ad hæc
attinet abunde mites et affabiles velut si Athenis atti-
cis nati essent. Vale.

Mediolani, III. Kalendas Maias.

----

## EPISTOLA II.

### FRANCISCUS PETRARCA IOHANNI EPISCOPO OLMUTIENSI S. P. D.

Ob eius benevolentiam et acceptum ab eo diploma, quo comes
Sacri Palatii renunciatur, quam maximas gratias agit.

Ni luce clarius intelligam videamque quid de me
sentias, et qualiter sis affectus, valde non surdus modo

sed cæcus sim ; neque enim verbo tantum animum
tuum mihi, sed his, quæ, ut dicitur, mentiri nesciunt
rebus, pandis. Nam quid, per omnes quæso cœlicolas,
suavius epistola illa tua, qua me vagis usquequaque
distractum, et ut sic dixerim sparsum curis, ad te unum
cogitandum colendumque dulcissimo quodam et insolito verborum artificio coegisti? Quid humanius, ut reliqua sileam quæ promptius animo metior quam sermone, quid inquam humanius, quid mitius quam quod
in epistolæ calce dixisti, nunquam Francisci tui nomen
memoria Iohannis abiturum? Amplum fateor et præclarum ac cuilibet virorum excellentium suffecturum in
memoria tua locum exiguo et obscuro meo nomini de-
putasti, ubi iam securius habitans, nihil durum, nihil
inhospitum in transalpinis regionibus vereatur. Profecto
autem nunquam tibi in animum veniret ut id diceres,
nisi ante venisset ut sentires. Quæ sententia quantæ
tibi mansuetudini quantæque mihi sit gloriæ quis non
videt? Natura equidem tantum virum parvæ rei tam
tenaciter meminisse non patitur. Ita ergo et magnitudinem tuam probas, et me hac tua de meis rebus opinione
magnificas. Amori tuo gratiam habeo quanta humanis
affectibus haberi potest, qui hoc sæpe mihi præstitit ut
doctissimorum hominum iudicia in mei existimatione
perstringeret. Ego autem ut totum tibi meum pectus
aperiam, neve ullas ibi latebras celem, nihil quo id merear in me scio. Sed ita sum quasi rusticus margari-
tæ nobilis inventor, qui spem suam successibus victam
stupens, ac lucro attonitus percunctatur obvios, et veri
pretii ignarus e iudicio pendet alieno. Sic ego parumper tua in primis et illustrium aliquot æstimatorum

crebra laude superbio et mihi (quid rides?) nescio
quomodo, iam sentio, solito carior factus sum. Iocor tecum, meum decus, nec sum dubius totum hoc tui amoris
esse non meriti mei. Non si me totus orbis una voce
collaudet, mihi parvitatis meæ conscientiam extorque-
bit. Quid nunc de certioribus animi testibus, piis erga
me semper actibus tuis loquar? Quanto me nuper, nam
antiqua prætereo sed non obliviscor, quanto me et quam
raro privilegio honestasti? Quod etsi olim feceras, secretum tamen, Imperii signum et ingentem bullam auream liberaliter adiecisti: cuius vel aspectus solus immensum quiddam maiestatis et gloriæ contemplantibus
ingerit, et venerabundos cogit summi Imperii et veteris Romæ atque aurei sæculi meminisse: ab altera enim
parte Cæsar noster diademate insignis ac sceptro, hinc
romana aquila, hinc leone patrio circumfultus celso
sedet in solio: ab altera Roma est superba templis ac
mœnibus, inque ipso auri pallore, ut Davidico verbo
utar, blanditur oculis prædulciterque subrepit sacra et
venerabilis almæ Urbis effigies. Pro tali munere precor
nudam gratitudinem meam accipe : nam quid referam
non habeo. Gratias Cæsari, gratias tibi. Nihil unquam
a vobis frustra volui. Ille me numero Palatinorum comitum inseruit, et multa superaddidit, quæ paucis solet. Tu munus Cæsareum augustum omni studio ador-
nasti, atque augustissimum effecisti. Cœterum ut illius
gratiæ tuique favoris semper egentem me profiteor, sic
auri indigus non sum. Quamobrem ut cœtera in donum
non mediocre suscipio, et præsertim studium tuum
quod mihi, sicut ipse stilus indicat, in illis litteris vigi-
lantissime dedicasti, sic tu, oro, bullæ aurum a me ac-

cipe, quod tibi fert ille vir optimus militaris Saceramor noster tuarum rerum præco ingens, mearumque secretissime conscius : et quæcumque his litterulis desunt iucundissimo suppleturus eloquio. Vive feliciter et vale.

Mediolani, III. Kalendas Maias.

----

### EPISTOLA III.

**FRANCISCUS PETRARCA CHECCO FOROLIVIENSI S. P. D.**

Excusat se quod poeticæ eius epistolæ poetice non respondeat, quodque expetito impar sit ferendo auxilio.

Carmen egregium, nec responsione tantum sed petitæ opis exhibitione dignissimum, longo post tempore quam id excuderas legi. Sed neque mihi ad respondendum sat otii est, neque ut sit, iuvenilis ardor ille Pierius solitis facibus ingenium accendit, cui iam satis est congesta digerere, inque id ipsum factus est segnior : neque mihi meis viribus ferendæ opis occasio ulla est. Misereor tamen haud nescius scriptum esse *cur miserearis potius quam opem feras* : at illud, ut dixi, nequaquam arbitrii mei est. Quod si esset aut fuisset, quamvis omnium quas audierim aut legerim, longe iustissimas, preces tuas hactenus expectaturus non fuissem. Sic me vester amor, sic pietas insita, sic ipsa rerum indignitas urgebat iam inde vestrorum ab initio laborum, ut hac in parte fræno mihi non calcaribus opus esset. Me quidem vera loqui Deum omnia videntem conscientiamque meam et huius fidissimi hominis memoriam testor. Quando ergo quod cupio negatum

est, quod negari quovis imperio non potest, nudo licet
ac libero affectu rebus oppressis milito, et ut vestrum
unus, eventum fati anxius atque animo suspensus opperior. Proinde quid sperem, seu quid loquar amplius
non habeo, nisi Philonis grave illud et dicentis ingenio
et præsenti rerum statui conveniens dictum : bono enim
animo esse oportet, quia necesse est adesse Divinum
ubi humanum cessat auxilium. Et illud Terentiani senis in Adelphis :

> Ita vita est hominum quasi cum ludas tesseris :
> Si illud quod maxime est opus iactu non cadit,
> Illud quoque cecidit forte id arte ut corrigas.

Inde te oro qua potes, afflictæque Reipublicæ solamen
hinc consilium elicito : et vale nostri memor.

Raptim ambigua iam luce. VII. Kalendas Novembris.

———

## EPISTOLA IV.

FRANCISCUS PETRARCA BARTHOLOMÆO GENUENSI S. P. D.

Longis crebrisque epistolis scribendis se operam dare non posse.

Amicum facie ignotum in litteris video : florens
atque integra est ætas, ardens ingenium, expeditum,
velox, læta mens et otio abundans, amicitiæ multa
vis. Horum mihi præter ultimum nihil est. Ætas
iam devexa, ut qui ægre superato vertice lapidosi
montis iam descendere incipit, et qui nitens ascen-
derat, pronus fertur ad reliqua : ingenium tepidum et

algenti proximum, multaque rerum sarcina pressum
pariter ac defessum : mens mundi odio et sui status
æstimatione subtristior : non quia senium iuxta est, id
enim gaudii materiam, resolutionem proximam, cœci
carceris exitum, ac mœsti exilii finem spondet; sed
quia lente admodum et serius aliquanto quam vellem
iuventæ laqueis absolutus sum. Viden amice quam diversis tramitibus ad unam metam pergimus. Imo quidem prope uno calle gradimur, sed, ut fit, aliis atque
aliis viæ spatiis. Ubi es fui, ubi sum eris. Itaque finis
idem inter nos amicitiam fecit, euntium imparitas varios fecit affectus usque adeo ut silentium meum, quod
apud te mirabile est, et more amantium exquisitis coloribus excusatur, apud me non excusabile modo sed
necessarium sit, et mirandum potius, quod inter tot
obsidentium me curarum strepitum, seorsum aliquid
loqui vacet. Durum id tibi quidem ut suspicor auditu;
verum perge feliciter et vive. Cum veneris quo perveni, cernes oculis ita esse ut loquor, et qui mihi vix
crederes, rebus credes et tibi perinde. Me, si quis est
usus, iure tuo utere, inque amicis certa fiducia habeto.
Silentio autem meo parce, neque crebras neque longas
epistolas ex me speres. Multa quæ modo mihi solatio
erant, ut humana rapiuntur, iam supplicio sunt. Vale.

## EPISTOLA V.

FRANCISCUS PETRARCA IOHANNI EPISCOPO OLMUTIENSI S. P. D.

Commendat ei Sacramorem.

Venit ad Cæsarem Saceramor vir optimus et quod
sæpe dicere soleo, nisi me amor fallit, hoc nomine atque omni veræ amicitiæ laude dignissimus. Non modo
enim amans vel amicus, sed, ut quod cupide facio tuo
verbo utar emphatico, amor est. Totus est, inquam,
amor : neque amor quilibet, sed sacer amor. Venit ergo
ad Cæsarem, et ad te venit, cuius me amor compulit
ut nota et ardenti fiducia illa mea de hoc viro, quod
mihi visum est Cæsari scriberem. Quid scripserim non
repeto nec oportet, quod illarum tu solus interpres et
adiutor litterarum eris, ut solitus es. Tibi vero hoc
unum dixisse satis sit: si unquam vel credidisti vel
crediturus es, mihi crede quod hic tota te mente, tota
anima, toto pectore diligit, colit, suspicit, veneratur, teque in summis opibus atque honoribus suis ponit.
Aut ego fallor, aut sæpe iure amicitiæ in intimas animi
sui latebras admissus, semper ibi vel primum, vel primo hoc est Cæsari proximum, te notavi. Cæterum quod
exterius patet, nemo certe quem noverim, nemo usquam
tui nominis et tuarum rerum clarior atque sonantior
præco est. Rite ergo teque rem dignam feceris, si eum
reciproca caritate complexus ostenderis te, ut ingenio
ut eloquio ut virtute animi, sic benevolentia et amore
a nemine vinci posse. Plura dicerem si apud alium loquerer : nunc ad illum mihi sermo est qui me, ut spero,

vel breviloquum intelligit vel tacentem. Cum Africano
Minore concludam : *En habes virum dignum te.* Illud
sciens sileo, quod in litteris tuis stilo te meo imparem
facis usque adeo ut stuporem vel simules, vel si, quod
opinari nequeo, verus est stupor, non stili quidem mei,
sed tuæ paternæ indulgentiæ stupor sit. Tu ne enim
cuiusvis vel ipsius Ciceronis ad stilum stupeas? Quære
alium, cui hoc imprimas. Sed ut se superbia super id
quod est, sic se humilitas infra æstimat, et cum magna
sæpe aliis, semper sibi pusilla est. De reliquo : munus
tuum, quoniam ita cogis, accipio non grato animo sed
iucundo, licet ut verum fatear, aurum ex te nollem,
neque auri egens, ut tibi olim scripseram, et tua contentus aurea voluntate. Vale feliciter, et idem oro ut
quod pollicitus es verum sit, ne me unquam de memoria tua locus aut tempus excludat.

Mediolani, VIII. Kalendas Aprilis.

---

## EPISTOLA VI.

FRANCISCUS PETRARCA ERNESTO ARCHIEPISCOPO
PRAGENSI S. P. D.

Sacramorem ei commendat.

Multa loqui temporis vetor angustiis : sed per-
grati mihi hominis nec minus veri amore loqui aliquid
cogor. Ecce enim vir egregius et tui amantissimus quem
ita partiri solebamus, ut corpore nunc vester nunc vicissim noster, animo autem semper esset utrorumque,

iam tandem totus ex integro vobis cedit : in quo de se alii iudicent : ego nempe iam hinc quantum mihi, quantumque vitæ meæ solatium decrescat, intelligo, ut accessione vestra lætus, sic meo mœstus incommodo. Aut enim male æstimo, aut viro bono invento nullum maius lucrum, nulla iactura maior perdito. Quid hic aliud dicam? Multa quidem dici possent, si ut talium plena mens, sic mihi vacuum tempus esset. Unum tibi dicere ausim, quod Cæsari nostro dixisse ausus sum ; si amoris ac fidei obligatio magna est, multum et tu pater, et quotquot ibi estis debetis huic viro. Nihil æque in terris ut Cæsarem et vos amat, et si nihil de vobis mereretur, esset tamen humanitatis atque animi tui opus, et cœterorum Cæsareum latus ambientium, talem virum ita complecti ut ex merito totus et Cæsaris esset et vester. Plura non dicam utilius arbitrans, ut ait Cicero, te ipsum quam aut me aut quemquam loqui tecum, præsertim de re tibi notissima nec iam amplius inculcanda. Feliciter vale, et inter tuos, si et ipse nulla licet re alia nisi amando mereor, me numera.

Mediolani, VIII. Kalendas Aprilis.

---

## EPISTOLA VII.

FRANCISCUS PETRARCA CAROLO IV. IMPERATORI S. P. D.

Commendat ei Sacramorem.

Audaces et timidos amor facit. Sæpe quidem hoc dixisse videor, sæpe nunc etiam ut auguror dicturus. Ita est enim : expertus loquor. Et audet ingentia et mi-

nima metuit verus amor. Sed ut metu amantium dilato, de audacia tantum loquar, omissis in quæ hu-
manos animos trahit amor insanus, honesti stimulos
amoris, quantum hodiernæ materiæ est opus, attingam
exemplo unico præsentique. Quando ego, nisi vehementer amarem, Romano Imperatori auderem ita dicere ?
Vir hic qui has litteras Maiestati tuæ dabit bene de te
meritus et tua gratia tuique benevolentia dignus est.
Multum illi non tu modo, sed tuo nomine totum debet
Imperium. Quantum vero te amet supervacuum videtur
metiri velle, dum te alloquor, quem deceat affectus
animorum ipsis in frontibus legere. Scio quotiens ad
te ille vel imbribus vel æstibus importunis, quam saga-
citer, quamque impigre venerit superatis iugis Alpium,
et omni temporum ac viarum difficultate perdomita,
dum tibi obsequitur oblitus sui. Tuo ille quidem in
Italiam adventu, qui ut tibi tunc præsens dixi, ne forte
Germanus miles mutati cœli temperiem exhorreret
Arctoum gelu tecum simul finibus nostris invexerat,
omnes vidimus quam sæpe nocte media, hieme impia
tibi tuæque gloriæ invigilans, ivit ac rediit, ut quodammodo illam tantam cœli terræque duritiem sui amoris
ac fidei fervore compesceret, et ardenti animo non sentiens quid exterius ageretur, egregie suum nomen rebus impleret. Neque enim casu fortuito ab ipso fonte
baptismatis id sibi nomen impositum reor, ut scilicet
Saceramor diceretur, sed certo quodam præsagio futurorum. Nam si omnis iustus amor proximi sacer est,
ille profecto multo dignius habet hoc nomen, quo Romanus princeps amatur, vere Christus Domini, vere
sacer. Quia ergo tecum ille suum amorem totumque suum

animum tibi dedicaturus nascebatur, æquum fuit ut
renascenti sibi nomen hinc eius futuro hincque ipsa
Dei præscientia iam præsenti proposito consonum ob-
veniret. Multa de hoc viro narranda suppetit materia,
quæ nulli quam tibi, Cæsar, notiora crediderim: unum
ex mille perstringam. Siquidem anno illo tui adventus,
cum tu me suis verbis ad te Mantuam evocasses, et
ego paucis post diebus iter agerem, contigit ut cum
Abduæ amnis in ripa sero substitissem, mane meis ipse
stimulis excitus et ad te properans ante lucem domo
egrederer, non comitum modo sed famulorum murmure, quod ubi vix per diem in thalamis ante ignem to-
lerari posset insoliti vis algoris, ego per noctem et
rigidis nivibus et lubricæ glaciei et cœli inclementiæ
minime ferreum corpus obiicerem. Tum ecce limen oppidi transgressus iste fit obvius, qui Cremona sub in-
tempestæ noctis silentio digressus iam duodecim millia passuum exegerat, ut illo totius anni brevissimo die
Mediolanum perveniret. Et licet famulis atque comitibus suis frigore enectis et labore confectis, unus ipse
sic ibat quasi ad æstivæ noctis auroram herbosum
breve iter ingressus, et identidem requiescens in tuo
nomine et in tui memoria recalescens. Agnovi vocem:
tenebræ notitiam vultus abstulerant. Compello hominem: accedit cupide. Et Deus bone, quos ille de te ru-
mores, quas spes, quos in aurem susurros gavisuro
mihi lætus intulit! Ibat enim, Cæsar, ut arduum tibi
complanaret iter, et secundum illud Isaiæ: Omnis mons
et collis humiliaretur et essent prava in directa et aspera
in vias planas; quod mox cœlesti ope tuis favente consiliis supra spem feliciter adimpletum est. Inde post

anni spatium ad te et ad tuam Bohemiæ regiam ambo
pariter missi sumus, nihil fere per tam longum viæ
tractum nisi de te loquentes deque tui Imperii rebus.
Et ad summam aut ipse nimium astutus, aut ego nimium rudis sum : aut hic te tuumque nomen et salutem tuam præ cunctis aliis suis affectibus cordi habet,
et adeo plus tuus est ut nullus æque sit, nempe qui
fixum habeat in tuo statu suam statulum contineri,
cuique votorum omnium summa sit sub te vivere, sub
te mori. Ego autem in re certissima nimis versor. Parce,
oro : et de illo loqui, et te alloqui dulce est. Nunc vero
preces insererem, nisi quia multum habet, quod de
fortuna propria queri possit, si apud te illi vel meæ vel
cuiusque necessariæ preces sunt. Testor maiestatem
tuam, Cæsar, quæ mihi quasi cuiuspiam numinis loco
est, virum hunc Cæsareo favore dignissimum. Nosti
hominem, Imperator, qui si tibi semper cognitus fuisset, auderem tamen asserere, non indignum ut tam
strenui militis obsequio uti velles, idque vel maxime
ad tuam immortalem gloriam pertinere : ut cum cæteri
principes cunctique fere mortales et auro inhient et
voluptatibus famulentur, princeps romanus primum in
hominibus locum tenens et hæc ex alto despiciens delectationibus aliis vacet, et aliarum opum, consilii
scilicet ac virtutis atque in primis illustrium abundan-
tissimus sit virorum. Ecce nunc ergo, decus nostrum,
quod dicebam, amor fecit audacem. Vive, Cæsar, et vale,
et de te, et de nobis, et de Imperio cogita.

Mediolani, VIII. Kalendas Aprilis.

## EPISTOLA VIII.

### FRANCISCUS PETRARCA ANNÆ CAROLI IV. IMPERATORIS UXORI S. P. D.

Filiam enixæ gratulatur et illustrium fœminarum memoriam
revocans, muliebris sexus laudes celebrat.

Tuæ serenitatis epistolam, gloriosissima Augusta,
lætus reverensque suscepi ; ubi quid primum mirer ?
Tantam ne hac tam iuvenili ætate sapientiam? An emi-
nentissima hac fortuna tam insolitam et tam raram
humanitatem tuam, qua me unum ex pusillis tuis toto
pene orbe disiunctum iucundissimo nuntio, et familia-
rissimis litteris gaudii tui participem fieri velle dignata
es? Pro quo quidem non Lucinæ, ut olim veræ lucis ignari gentiles, sed Christo lucis et vitæ et honorum omnium auctori quantas possum tecum gratias
ago, qui adolescentiam tuam non tibi tantum sed toti
Imperio votiva fœcunditate lætificat. Tibi quoque pro
hac tua dignatione, quoniam aliud nihil est mihi, quod
tanto muneri par rependam, in his litterulis venerabundus assurgo. Neque vero tuum hoc, et meum et
commune gaudium imminuat, quod primus tibi fœmi-
neus partus est. Nam ut sapientibus placet, sæpe principium debile melior fortuna prosequitur. Solent qui
maxima moliuntur humiliter exordiri. Quod in te modo
credibile est egisse naturam, et hoc læto unico partu
tuo multos tibi lætissimos polliceri. Satis est nobis
quicumque de te deque illustri consorte tuo tumores

prosperos exoptamus, iam te summi Imperii nosse
puerperam. Non hic desines, sed quod es orsa feliciter
felicissime consummabis. Quamquam non potest utique
sexus ille contemni, unde cœlestis Imperator temporalem traxit originem, qui, ut ait insignis veri professor
Augustinus, ne quis forte sexus a suo Creatore se contemptum putaret, virum suscepit, natus ex fœmina
est: unde præterea et terreni reges primi hominum et
qui summum in regibus locum tenent divi Cæsares oriuntur. Adde quod nec partu tantum, sed ingenio et virtute
multiplici et rebus gestis et regni gloria sexus est nobilis.
Ut enim pauca de multis prætereundo contingam, apud
antiquissimos Græcorum repertrix variarum artium
Minerva virosque omnes ingenio supergressa, atque ob
eam rem sapientiæ dea est. Isis, Inachi filia Ægyptiis
prima litteras dedit. Apud nos vero Carmentis Evandri Regis mater, harum quibus utimur litterarum fertur inventrix. Sappho græca puella libros scripsit, qui
magnorum poetarum ingeniis comparentur. Proba quædam Adelphi uxor utriusque gnara sermonis, apud
græcos homericis, apud nos virgilianis versis in rem
suam versibus, mundi originem et fortunas patrum, et
Christi adventum historiamque, brevissimo suo quidem
ordine, alienis verbis amplexa est. Transeo Sibyllas divinas fœminas et præscias futurorum et divini consilii
conscias. Unde nomen omnibus unum inditum perhibetur, cum decem fuisse illas et patria et ætate distantes, Marco Varrone teste, noverimus: quarum tam multa
usque in finem mundi, præcipueque de Christo, prænunciata didicimus et impleta, ut unum hoc commune
omnium Sibyllæ nomen a doctoribus nostris propheta-

rum sacris nominibus inseratur. Aliud dehinc genus
fœmineæ laudis attingendum est. Orithya Amazonum
Regina, ut reliquas sileam, tanta belli scientia et virtute traditur fuisse, ut inter duodecim famosissimos labores, quos Herculi illi invicto Eurystheus Græciæ Rex
iniunxit, ceu rem impossibilem afferri sibi reginæ huius
arma deposceret. Eiusdem generis et Penthesileæ apud
Troiam, et Camillæ per Italiam nota virtus. Cuius non
ad aurem venit Hypsicrateæ Reginæ coniugalis amor,
et invicti vigor animi, quæ Mithridatem suum Ponti
regem illo gravi et diuturno, quod cum Romanis gessit bello non modo dum res anceps stetit, sed victum
etiam ac desertum a suis sola per omnes casus indefessa pietate comitata est, neglecta qua singulariter
pollebat formæ cura, mutatoque habitu, equo et armis
et laboribus cunctis assuefacto corpore, quod inter delicias regias educatum erat, gratum prorsus et unicum
illi afflicto regi solatium in extremis miseriis coniux
fuit? Apud Pœnos, apud Lacedæmones apud Theutones,
apud Cimbros bellicosissimas gentes quibusdam in
præliis animosius mulieres egisse, quam viros, notissi-
mæ loquuntur historiæ. Magna hæc: maiora alia. Apud
Assyrios Semiramis non regnavit modo, sed mirum in
modum prolatavit auxitque regni fines, Indis atque
Æthiopibus vexatis bello. Babylonem prima, quod quibusdam placet, condidit; quod nemo dubitat, muro
cinxit amplissimo. Cuius urbis inopina rebellio cum
sibi capitis cultui muliebriter intentæ subito nuntiata
esset, tantus animi fœminei ardor fuit, ut altera coma-
rum parte composita, altera autem adhuc sparsa, sicut
erat, armis arreptis, ad expugnandam Babylona conten-

deret : adiuvitque fortuna virtutem, ut non prius ad
ordinem comæ pars, quam tota civitas ad obsequium
remearet. Cuius facti testis statua eodem illo festinan-
tis reginæ habitu multis sæculis in ea urbe perman-
sit. Fuit apud Scythas Thomiris tanti animi regina ut
formidatum illum famosumque regem Asiæ Cyrum cum
ducentis millibus Persarum uno prælio trucidaret, inque filii vindictam et solamen sui, tantas teneris manibus daret inferias, capite insuper regis trunco et in
plenum cruoris utrem merso, exprobrata crudelitate,
quod humani sanguinis sitiens atque insatiabilis exti-
tisset. Regnavit apud Ægyptios Cleopatra : Zenobia
apud Persas, quæ se reginam diceret Orientis : mulier
fiduciæ ingentis clarissimæque virtutis : inter cætera,
quod Cleopatræ defuit, castitatis eximiæ, cuius laudem
formæ raritas geminabat. Harum utraque Romanum invasit imperium tanto nisu ut prior ancipitem Augusto
victoriam faceret : secundam vero Aurelianus princeps
et pugnantem metuere videatur et domitam glorietur.
Ac ne totum sibi vindicet vetustas, apud nos nuper
non exiguam Mathildes comitissa partem Italiæ posse-
dit, et ipsa Romani imperii non levis æmula, et quæ
virili animo bella tractaret, imperiosa in suos, in hostes
acerrima, liberalissima in amicos : cuius profusam et
plusquam fœmineam largitatem Romana in primis Ecclesia testatur. Minora illa forsitan relatu, vera laude vel
paria vel maiora, miseram matrem in carcere destinatam ultimo supplicio sed commiseratione reservatam
ut fame consumaretur, exorato custode sæpius admissa
filia sed excussa diligentius nequid alimoniæ subinfer-
ret clam uberibus suis pavit. Altera autem patri eodem

in statu par obsequium impendit. Quod vel Athenis vel
Romæ factum opinari licet. Nam et utroque trahentes
coniecturas habeo de scriptorum dictis, nec ab utriusque urbis reliquis moribus res abhorret, et utrobique
factum esse nil prohibet, præsertim cum historici quidam Cimonis Atheniensium magni ducis filiam, alii
humilem et ignotam fæminam scriptis indiderint. Cœterum ut omissis dubiis certa commemorem, cum admiratio primum orta quod ultra naturalem modum cibi
inops vita protenderetur, deinde observatio intentior
adhibita esset, atque ita res a custodibus intellecta, ad
triumviri qui suppliciis præerat, ac per eum ad præ-
toris qui sententiam tulerat, inde autem ad consulum
notitiam pervenisset, vel humanitate Attica vel Romana maiestate dignum opus, donati liberis ereptique
legibus rei, et utriusque filiæ pietatem parentis absolu-
tio consecuta est. Nam cuius, oro, animum spectacula
illa non flecterent, iuvenis natæ ubera famelica mater
anus, sed multo maxime inedia confectus et senio pater sugiens? Itaque hinc illud amplum sacellum ex
carcere et in memoriam pii actus pietati consecratum
locum legimus. Iam quis illud apud Lacedæmonios
non audivit ut fidissimæ uxores quasi viros capitalium
rerum reos supremum allocuturæ permissu custodum
noctu carcerem ingressæ, quo tempore more gentis de
condemnatis supplicium sumebatur, permutatis vestibus et per speciem doloris capitibus obvolutis, et hora
consilium adiuvante, illis emissis, eorum in se periculum
transtulerunt: utque in eadem urbe Leonidæ Regis soror
virgo, viris in consilio hæsitantibus, prima bellum patriæ imminens deprehendit? Quis non novit in Asia

Ephesum urbesque alias a fœminis conditas Asiæque
et Europæ magnam partem a fœminis subiugatam? Quis
nescit in Africa Carthaginense Imperium unius viduæ
virtute fundatum? Quis non legit Israeliticum populum
et duarum unius viri coniugum totidemque sponsalium
ancillarum fœcunditate progenitum, et unius viduæ
constantia liberatum ducis hostium caput in gremio
referentis? Europa quidem, nisi amore decipior, optima
et nobilissima pars terrarum, unius regiæ virginis nomen servat, cuius materna avia mater Agenoris Li-
byæ nomen dedit. Nec minus Asia numero tertia, spatio dimidia mundi pars, et ipsa fœmineum nomen est.
Ita trina tripartiti orbis appellatio dictu mirum et pro
sexu infirmiore magnificum, non aliunde quam de
trium fœminarum progressa nominibus manet hactenus:
nec video cur non cum ipsa mundi ætate mansuræ
sint. Italiæ urbes Mantua, Parthenope, Caieta, Lavinia,
Graia insuper urbs Athenæ, ne cunctas enumerem,
quid sunt aliud quam muliebria nomina? Quid vero
nunc romanas eloquar matronas, quibus nihil honestius
habuit, nihil candidius orbis terræ? Profecto si cepero,
vix desinam. Huius enim orationis, quod de magni
Pompeii laudibus ait Cicero, difficilius est exitum quam
principium invenire. Nam quis, quæso, Lucretiam verbis
æquet pudicitiæ severissimum exemplar? Cuius etsi
factum usquequaque non probem, quod alienum scelus
tam graviter in suo corpore ulta est: nequeo tamen
generosam iram et omnis turpitudinis impatientem animum non mirari. Quis Cleliam virginem digne expli-
cet, quæ hostilis exercitus elusa custodia, Tiberino
gurgiti innatans, virgineam aciem puellarum obsidum

patriæ reddidit? Quam virtutem stupuit hostis, ac
civis æque honore et præmio dignam duxit. Quis Cor-
neliam Africani filiam Gracchorum matrem? Quæ duodecim filiis partim morbo, partim ferro amissis, quorum fortissimos interfectos a populo atque inhumatos
et in Tiberim abiectos oculis suis ipsa conspexerat,
tantam ruinam atque orbitatem viriles quoque animos
concussuram tam invicte pertulit, ut nullis comploran-
tium matronarum fletibus induci posset, quin se miseram, sed felicem diceret quæ tales filios genuisset? Digna, me iudice, mulier, quæ tales pareret, indigna quæ
perderet. Quis Catonis Martiam, quam sanctam vocat
antiquitas? Quis huius natam Porciam, quæ viri morte
nuntiata, ne illi superviveret, quia præsens ferri copia
non erat, vivis ore carbonibus absorptis, viri sui amantissimum et sequi properantem spiritum exhalavit?
Multas sciens volensque prætereo, præcipue tibi notissimas, e virginibus nostris, quæ non pro terrenis affectibus, sed pro pietate, pro veritate, pro castitate,
pro fide, pro æternæ vitæ desiderio teneris corporibus
fortibus animis dura tulere supplicia, duras mortes. Et
fateor in his ipsis de industria longus sum, ut sexus
cui infamando scriptorum aliqui studuere, qualicunque
stilo, vero certe, ni fallor, rerum testimonio ornatus lau-
dum suarum parte non careat. Verum ut in summo pedem figam, teque prælustris Augusta cum altissima
omnium et tuæ sortis fœmina dimittam, quæ virtus Li-
viæ, quæ maiestas, quæ gloria? Hæc apud Cæsarem
Augustum eum tenuit locum quem tu hodie apud eius
successorem Cæsarem nostrum tenes, non thori tantum
sed consilii totiusque vitæ particeps, facunda ante omnes

et affabilis, et quæ fide prudentiaque sua meruit integrum atque perpetuum tanti principis amorem, quantum
ante se coniugum nulla meruerat. Quod te quidem
iisdem artibus et fecisse et facturam esse confido. Sed
ne sermo longior tædium ferat, filiam tibi datam cœlitus velut arrham nobilioris partus et gaudii plenioris
læta complectere, et quod te seque dignum est, tuis
illam moribus imbue, tui effice imitatricem. Neque diffidas quam Cæsar ex te genuit et parentibus similem
et Cæsareo quoque coniugio dignam fore.

    Mediolani, X. Kalendas Iunias.

---

## EPISTOLA IX.

### FRANCISCUS PETRARCA SOCRATI SUO S. P. D.

Hortatur ut fortem in adversis se exhibeat, invidiam temnat
et rerum humanarum vanitatem despiciat.

Movisti animum fateor, et nisi iam ratio viam gemitibus obstrueret, fixumque esset fortunæ nolle succumbere, movisses forsitan et lacrimas. In litteris
quidem tuis verum sensi quod oratoribus placet, plus
ad commiserationem excitandam posse virilem querimoniam quam femineos eiulatus. Si enim status tui
duritiem molliter questus esses, si fortunæ violentiam
ut magna pars hominum muliebriter deplorasses, do-
luissem utique ; nam quis unquam amicus amici damnum lætus audivit? Nunc vero cum te videam inter
procellas humanarum rerum, quamvis iratum, ventis
erectum tamen, eo tibi profundiori caritate compatior,

quo magis intelligo indignum te hac sortis iniuria, et
nisi me amor fallit, lætiora promeritum. Præcipue autem motus sum et altius indolui ad illum epistolæ
tuæ locum, ubi ais te et naturæ tenerioris, et in diebus iam progressum tuis vereri ne deserta patria ubi
mori optabas, cogaris tandem alienas ambire provincias peregrinatione intempestiva et molesta, et qua
nil tristius pati possis. Quid ad hæc dicam? Negem
gravia esse, quæ sensus animi docet esse gravissima?
Iubeam ferreum esse cum sis carneus? Moneam non
videre quæ in oculis sunt? Horter oblivisci vulnerum
quæ novis ictibus assidue recrudescunt? Facilius dicuntur ista quam fiunt. Fiunt tamen si ingenti nisu as-
surgens animus fræna momorderit, seque supra se
ipsum erigens, pedibus humana substraverit. Quod
ipsum fateor, sine præsentissimo Dei auxilio fieri nequit. Hoc unum, hoc primum atque ultimum, quod
scrutantes cuncta philosophi non viderunt, nobis in
omni nostra adversitate suppliciter implorandum est.
Cœtera illa vulgata sunt, ludos suos agere fortunam,
dum blanditur metuendam, irridendam dum tonat, dum
fulminat contemnendam; eo sibi minus fidei esse, quo
lætiora promiserit, eo minus constantiæ inesse quo
maiora præstiterit, eo minus telorum superesse quo
plus sparserit, facilius illam sub iugum mitti quam ad
stabilem amicitiam trahi posse, cedere solitam insultantibus, cedentibus insultare, nutantes impellere, ca-
dentes opprimere, nullis hanc armis melius quam patientia superari: magnis malis magno animo resistendum:
nullam in hac area laborum spem quietis; non militiam
modo sed prælium esse vitam hominis, in aciem ve-

nire quisquis in lucem venit; nil vallo, nil excubiis
profici, nullum tempus induciarum, paratum semper
esse discrimen, nec nisi nocte, hoc est morte pugnam
dirimi: contra fortunæ impetus fortitudinem esse pro
clypeo, pavidos pro inermibus haberi, his qui plus
metuunt, plus esse periculi, urgeri profugos, stratos
obteri, stantes non posse calcari, corpus etsi nolit,
animum nisi consenserit, non prosterni: nil volenti difficile, nil importabile sapienti: nil mœstum nisi quod
mœstum creditur, pro arbitrio fingi vel amara vel dulcia, omnia ex opinionibus pendere, forti animo nihil
durum, molli autem dura omnia videri, felicibus male, miseris bene esse si velint; non cedendum difficultatibus, adesse finem terribilium, iri per labores vitæ
ad sepulchri requiem: fugere ista dum torquent, gravia vitæ bella sed brevia, et perexigui operis ingentia
præmia; in alto sitam esse gloriam, in imo dedecus, in
aprico voluptatem, in confragoso virtutem; marcescere
animum deliciis, laboribus splendescere; e mollitie
contrahi solere rubiginem, asperitate detergi; nil tam
viro proprium quam laborem; ad hunc nasci hominem
ut ad volandum avis, ad natandum piscis; scortum infame sub meridie in sinu fœdi amatoris conquiescere,
virginem sacram gelu hispidam media solam nocte
consurgere; iacere ægrum in grabatulo, sedere parasi-
tum in convivio, stare in prælio bellatorem, inter fluctus nautam, inter pocula bibulum, inter vulnera militem spectari; sudare Thersitem sub lodice, sub armis
Æacidem, Sardanapalum somno et voluptatibus infamem, clarum laboribus Herculem, stertere lixas ac le-
nones; dum dux vigilat, durum athletam duellis du-

rioribus exerceri: cariorem regi suo quem gravioribus
probat experimentis: languidum otium his permitti in
quibus spes gloriosi negotii nulla sit: cum prosperitate
pacem nobis ambiguam, honestum cum adversitate
certamen: unum in vita bonum esse, unum malum,
reliqua indifferentia, et quæ sequi soleant animum
possidentis speciosam, sed onerosam sarcinam esse
divitias, errore potius vulgi quam doctorum iudicio
pretiosas : splendidam esse, sed gravem auream cate-
nam: eminentis fortunæ gradum præcipitio proximum:
humanam potentiam nil aliud quam claram optatamque
miseriam; sublimis vitæ cursum nil aliud quam sono-
ram et lucidam tempestatem: nil exitum aliud quam
ruinam: non minus pungere gladium cuius capulum
iaspis illustrat, neque minus stringere laqueum cui
pretiosus e serico nodus est: patriam viro omnem
mundi angulum, exilium nusquam esse, nisi quod impatientia fecerit; cum inhiare cœlestibus mens ceperit
ubique illi exilium fore, donec pervenerit quo suspirat:
sapientem bona sua secum ferre quocumque ierit,
nihil illi naufragium obesse, nihil incendium seu rapinam: eam quæ paupertas dicitur, levamen esse solitu-
dinum atque discriminum: id quod exilium vocant, fugam innumerabilium curarum: mortem bonis et laborum
finem et felicissimæ quietis initium. Mille sunt huiusmodi et magna, licet ex parte vulgo incredibilia videantur; inter doctos tamen atque expertos nihil verius,
nihil est certius. Quæ quoniam supervacue, nisi fallor,
auribus tuis inculcem, ad alia protinus stilum flecto.
Sentio te persecutionem pati propter meum nomen.
Quod in me non audent, in te lividum virus effundunt.

Curabo ne noceant, sed quod invidiæ proprium est,
sese malo suo crucient, eo miseriores quo nobiscum
agi senserint felicius. Non patiar ut mali plus quam
boni tibi attulisse nostra dicatur amicitia. Afferri tibi
vis non potest. Ne te vilissimorum minæ hominum
deiiciant, cave. Solare mœstum animum. Non est ille
miser nec erit quidem, nisi se faciat. Vis videre quam
non sis miser? Cogita quam multis invidiam facias.
Nemo simul invidiosus et miser est: dum urgeris, sta:
dum terreris, fide: assurge dum premeris: dic animo ,
dic corpori, Virgilianum illud famosissimum:

> Durate et vosmet rebus servate secundis.

Dic illud eiusdem:

> O socii neque enim ignari sumus ante malorum:
> O passi graviora, dabit Deus his quoque finem:

ille, inquam, Deus qui aliis multis et variis finem dedit. Cura, obsecro, ne tuis et bonorum omnium publicis hostibus captatam ex te gaudendi præbeas materiam, neve illis vacuum locum linquens, patriam deserendam putes. Non est firmi animi in solido fundati ,
levis auræ flatibus agitari. Cannensi clade debilitatis
animis, auctore Cæcilio Metello, consilium initum fuerat
Italiæ relinquendæ. Id Africani tunc adolescentis virtute discussum est, qui stricto gladio super capita
consultantium iureiurando astrinxit, eos neque patriam deserturos, neque passuros deseri. Aude. vir
in primo fortunæ murmure, quod adolescens in extremo eius vulnere est ausus. Aude in te ipsum quod
ille in alios: aude in unum, quod ille in plurimos
ausus est. Consternatis affectibus gladium rationis

III.                                                                     6

intenta: coge illos mutare consilium, si consilium
abeundi placuit: alioquin fluctuantem siste animum, et
coge in meliorem iurare sententiam. Multa fert secum
dies: nulla fortuna perpetua est, multa remedia non
expectantibus pervenere. Nunquam desperatio sera
fuit: unde forte non putas, veniet auxilium tibi. Quod
ad me attinet communicare tecum omnia propositum
est, atque in primis amicitias. Qua in re nulli usquam
meæ sortis homini cesserim vel nobilitate, vel gratia
vel fide, vel numero. Scripsi iam nunc magno illi
amico de rebus tuis ut petisti, opemque eius minime
defuturam tibi persuadeas velim. Interim forte ipse
adero. Psyllum venturum credito: abrotanum erit in
manibus; spero fore ut vel afflatu ipso serpentum si-
bila conticescant. Sin omnino pro tempore subducere
caput invidiæ decrevisti, habes in tempestate hac vicinum et paratum portum. Scio te magno mei desiderio
teneri. Etsi enim animos virtute coniunctos, utque ait
Hieronymus, Christi glutino copulatos, nihil sit quod
separet, non locus, non tempus, non oblivio, non tædium, non spes, non metus, non invidia, non ira, non
odium, non fortuna, non carcer, non vincula, non divitiæ, non paupertas, non ægritudo, non mors, non
sepulchrum et resolutum corpus in cineres, ideoque
veræ amicitiæ immortales sint: est tamen dulcedo
quædam non parva præsentia. Ea nunquam ex quo
primum distrahi cœpimus tamdiu nobis ante hoc tempus erepta est. Iam mihi septimus sine te in hac regia
urbe annus agitur. Age ergo, quid cessas? Expeçtatus,
exoptatus, exoratus, adveni: sic tamen ut non metu
hostium pulsus, sed amici tractus desiderio videare,

vereque ita sit. Pelle moram, propera: mihi simul tibique morem gesseris, multisque præterea quibus pridem, carus, nondum notus, magnam tui opinionem, quam
præsentia, mihi crede, non minuet, præmisisti. Surge: non
te desuetudo segnem fecerit, nil te terreat, nil morétur.
Surge; breve est iter. Alterum fiet: aut ego te hic vin-
ciam, aut tu me hinc solutum tecum revehes: utrum-
vis accidat, haud irritus fuerit adventus tuus: nempe
et me reviseris, et Italiam inviseris, et tantisper interea quieveris frustra in ventos invidia sæviente. Diri-
ment te Alpes ab anguibus, quæ nunc dirimunt ab amico, et quem impediunt tuebuntur, et contegent, donec
veneni fons ac principium aruerit: quod propediem mihi
futurum spondeo. Tu, quæso, ne dubites: sed sive moram, sive iter elegeris, magno fiat animo quidquid
fiet. Quæ summa spei est, aderit Deus superborum
hostis, dux humilium, Deus, inquam, ipse aderit, et ego
pro viribus absens præsensque non deero. Proinde
quia facilitatem simul ac magnitudinem animi tui novi,
non instabo amplius, ne quod amicitiæ est, diffidentiæ
videatur: unum peto memorem te mei, nec oblitum tui.
Demum, ut Cæsareo verbo utar, iubeo te bene sperare.
Vive et vale.

Mediolani, IX. Kalendas Iulias.

## EPISTOLA X.

### FRANCISCUS PETRARCA NERIO MORANDO S. P. D.

Hortatur ut valetudinem curet, narratque magnum Ciceronis codicem
in lævum crus suum semel iterumque incidisse, et vulnere inde
accepto se adhuc laborare.

Gratum ut in malis habui quod ad me convale-
scentiæ tuæ prius quam ægritudinis fama perlata est.
Deo gratias, qui minatur crebrius quam ferit, tonat-
que sæpius quam fulminat, et sæpe nos concutit non
ut deiiciat, sed ut firmet, nostræque conditionis admoneat. Nullius unquam patris pietas tanta fuit, quæ patris æterni collata clementiæ, non severitas, imo vero
crudelitas videretur. Hanc ille clementiam in nobis iugiter, et sæpe non sentientibus nobis exercet. Cuius intermissio si ulla esset, nos nihil essemus: sed tunc
conspectius eminet quando gravi cuiquam præsentique
periculo eripimur. Et ubinam, quæso, mortalibus non
grave semper præsensque periculum? Nec unquam
certe, nec usquam sine periculo vivimus. Etsi interdum
alicubi sine periculi suspicione vivamus, par ubique
periculum, non par metus. Unde fit ut non semper
periculo liberati gratias agamus, ignari scilicet rerum
et ingrati salutis, ut Maro ait: alioquin nunquam mens,
nunquam lingua cessaret, nunquam cessante misericordia. Compresso autem metu aliquo insigni, tum demum grates agimus, tum vota persolvimus. Pro hac
causa et tu nunc in propria et ego in amici salute voti
reus sum, non profanis extorum sacris, sed sacrifi-

ciis laudis aram cordis restitutori tuo, servatori omnium
adolentes. Tibi vero præterea pauca subiunxerim. Sæpe
te monui ne corpus tuum necessariis satis attritum
atterendumque laboribus supervacuis premeres, ne ingenium ad litteras natum, ad arma converteres, ubi
et periculi amplius et minus delectationis aut gloriæ
est; quamvis, ut verum tibi præconium non subtraham,
vix norim cui magis hac ætate conveniat illud Catoni
seni a Tito Livio tributum, cui scilicet versatile ingenium sic pariter ad omnia fuit ut natum ad id unum
diceret, quodcumque ageret. Non tamen id mihi nega-
veris ipsum ingenium tuum si suam illi libertatem ad-
dideris, si frena laxaveris, etsi ad omnia possit, ad
litteras diversurum. At tu quasi consilii mei tuique
corporis immemor et tui desertor ingenii, per æstus et
glaciem, per imbres et pulverem, per vepres et lubricum
assidue volveris, nec ancipites casus vides, nec circum-
fusa discrimina. Oro te, opiniones hominum pessimas
atque falsissimas aversare et naturam sequere. Illa
te ducet ad tuum finem. Nunc aliena sectaris, non quia
tibi hæc placeant, cui nil penitus præter honestum
placet, sed ut tu aliis placeas quibus forte non placuisse
sit satius. Et de te quidem hactenus. Ad me ipsum redeo. Ruri habito haud procul Abduæ amnis ripa. Et
quoniam non aliter mei te quam tui me sollicitum scio
qualiter mihi nunc sit cum audieris, puto, miraberis.
Scis olim me ex omnibus, qui apud ullas gentes quocumque tempore scripserint, tecum in hoc, ut inmul-
tis unanimem singulariter Ciceronem mirari et amare. Neque enim vereor ne parum Christianus sim, si
Ciceronianus fuero. Nihil enim contra Christum Cicero

loquitur quod certe meminerim. Et si quid forte contra Christi doctrinam loqueretur, id unum est, quod
nec Ciceroni, nec Aristoteli crederem, nec Platoni.
Quando enim homini crederem, qui nec angelo crediturus sim Apostolico consilio fretus ubi ait ad Ga-
latas: *Sed licet vos aut angelus de cœlo evangelizaret
vobis præter quam quod evangelizavimus vobis anathe-
ma sit?* Neve a Cicerone digrediar, sæpe ille quidem
Deos nominat sæculi sui morem sequens: quin et volumine integro Deorum naturam tractat, ubi si acrius
attendatur, Deorum turbam et inania nomina non tam
celebrat quam irridet ac detegit. Et certe ubi ex proposito loquitur, unum Deum eumque principem mundique rectorem vocat. Et licet, ut sæpe dixi et scripsi,
forte paratum veritati periculum timeret, alicubi tamen
ingenue fassus est non convenire philosopho dicere
Deos esse. Quis mihi igitur veræ fidei obiicere Ciceronem statuat ut quasi peregrini, vel quod maioris inscitiæ sit inimici nominis conflet invidiam? Christus
equidem Deus noster: Cicero autem nostri princeps
eloquii. Diversa fatear: adversa negem. Christus verbum est et virtus et sapientia Dei Patris: Cicero multa
de verborum arte, deque virtutibus et humana sapientia loquutus est, vera utique et idcirco veritatis Deo
absque ulla dubitatione gratissima. Cum enim Deus
veritas viva sit: cum, ut ait pater Augustinus, omne
verum a veritate verum sit, haud dubie quidquid ab
ullo verum dicitur, a Deo est. Christum fateor, nosse
non potuit paulo ante rebus humanis exemptus, quam
Christus Deus homo fieret. Flenda nempe viri sors.
Nam ut altissimi et divini prorsus fuerat ingenii, si vi-

disset Christum aut nomen eius audivisset, quantum
ego opinor, non modo credidisset in eum, sed eloquio
illo incomparabili Christi præco maximus fuisset.
Quale aliquid de altero principe latinæ facundiæ Virgilio poeta cum ad eius tumulum venisset Apostolus Paulus, et flevisse legitur et dixisse. Cur autem id Christus ipse noluerit, non est quærenda ratio
ab illo cuius voluntas ratio summa est. Quantum
tamen ad altitudinem divini consilii humanæ se eri-
gunt coniecturæ, nec potentiam cum posset, nec mun-
danam sapientiam, nec eloquentiam quæsivit, cui non
persuadere dictione ut rhetoricos deceret, sed cœcis
et errantibus nudæ lumen veritatis ingerere propositum
erat, atque infirma mundi eligere, sicut scriptum est,
ut fortia quæque confunderet, et sapientiam sapientum
perdere, et prudentum prudentiam reprobare, denique
stultam facere sapientiam huius mundi, et per stultitiam
prædicationis salvos facere credentes; ne, si aliter fecisset, non cœlestis et divina veritas quam docebat, sed
terrena vis aut humanum artificium videretur, atque
in sapientia verbi, ut ait Apostolus, evacuaretur crux
Christi. Cæterum vir ille de quo loqui cœperam mihi
ab ineunte ætate tam carus semper et tam cultus Cicero qualiter modo mecum luserit hinc audies. Est mihi
volumen epistolarum eius ingens, quod ipse olim manu
propria, quia exemplar scriptoribus impervium erat,
scripsi, adversa tunc valetudine; sed corporis incommodum et laborem operis magnus amor et delectatio
et habendi cupiditas vincebant. Hunc librum, ut mihi
semper ad manum esset, in bibliothecæ ostio posti in-
nixum stare solitum vidisti. Dum vero ut sæpe, locum

aliud cogitans ingredior, accidit ut togæ fimbria inadvertens librum ipsum impingerem. Ille cadens lævum
mihi crus non multo supra talum ictu exiguo perstrin-
xit. Ego illum iocans: et quid, inquam, rei est, mi Cicero, cur me feris? Ille nihil, sed eodem postridie redeuntem rursum ferit rursumque cum iocis erigitur in
suam sedem. Quid te moror? Læsus iterum atque iterum expergiscor, et quasi indignantem humi esse, altius attollo, sed cum iam crebra concussione repetiti
loci fracta cutis nec spernendum ulcus extaret. Sprevi
tamen, potius rei causam quam rem ipsam librans. Itaque nec aquis abstinui, nec equestri vectatione, nec
pedestri itinere temperavi expectans finem. Paulatim
quasi se sperni dolens vulnus intumuit, et subinde
nescio quænam caro discolor et virulenta succreverat.
Tandem igitur cum iam dolor non iocos tantum sed
somnos requiemque lacesseret, ut non magni animi
contemptus sed amentiæ videretur, medicos coactus
accerso, qui multis iam diebus huic non amplius ludi-
cro vulneri incumbunt non sine cruciatu et periculo
læsi artus, ut perhibent. Etsi illorum prognosticis in
utramque partem quantum sit fidei apud me nosse te
credam, et fomentis tamen crebris urgeor, et solitis
cibis arceor, et insueta corporis quiete contineor. Invisa omnia, atque illud in primis quod voluptuosorum
epulis uti cogor; sed iam res ad salutem spectat, ut et
tu quoque prius convalescere quam ægrotasse me noveris. Una mihi frequens indignatio quod omnis ferme
collisio ac dolor in hanc unam corporis partem præ-
scripto de more incidit, ut non inepte famulus mecum
iocans inter familiaria servitia sæpe fortunarum tibiam

nuncupare soleat. Sæpe illa me per omnem vitam exercuit et multum tempus, a puero incipiens, id quo nihil
tristius facio, iacere compulit. Quid dicam? Parùm abest
quin, non dico admittam, sed lentius respuam fati nomen, quando non modo quisquis hominum, sed humani
quæque pars corporis atque animæ suam sortem habet.
Et sane suspectùm potius nomen hoc pro eo quod ad
impium sensum quibusdam pravis et obliquis ingeniis
trahi solet, quam res ipsa falsa est. Siquidem a fando
fatum dicitur, et, ut ait David, semel locutus est Dominus et quod ille locutus est, utique fatum est. Ut enim
propheticæ gravitati poeticum adsit eloquium, grave et
inimitabile sanctis pondus adest verbis:

>    Et vocem fata sequuntur,

ut ait Statius Papinius. Atque ita fatum ac divina providentia unum sunt. Quod qui ita intelligit, non fallitur,
licet propter eam quam dixi suspicionem nominis te-
nendam sententiam, corrigendam linguam admoneat
Augustinus. Nos autem verbi disputationibus omissis,
rem ipsam pia et minime pertinaci opinione teneamus,
ipsam in omnibus veritatem, non victoriam aucupan-
tes, et semper ex verbis animi præsidium elicientes,
intrepidi paratique simus, non ad hoc aut illud mali
genus, sed ad omnia. Nihil enim mali est, quod non
homini dum vivit impendeat. His malis omnibus, vitæque periculis sola mors liberat. Cœterum in hoc meo
casu de quo plusquam pro re dixerim suum forte impletur nomen, sic enim vulgo quod infaustum est lævum aut sinistrum dicitur: quamvis illud non me lateat
in auguriis læva eadem esse quæ prospera: unde est

apud Poetam: *intonuit lœvum*, lætumque est tonitru,
quod est lævum, ea scilicet ratione, quod quæ læva
sunt nobis, dextera sunt superis, unde omnis prosperitas expectanda est. Licet hic quoque inter nos Graios-
que et barbaros multa sit lis, quod, ut diximus, nos
sinistra, illi etiam in auguriis dextera putant esse feli-
cia. Quæ ambages quoniam procul ab incepto sunt, illud ad summam noveris hanc infaustam ac sinistram
tibiam passam modo quod solita est, sed insperato ab
hoste. Ita dilectus meus Cicero cuius olim cor, nunc
tibiam vulneravit. Tu integer et illæsus, vale.

      Idibus Octobris, nocte media.

---

## EPISTOLA XI.

### FRANCISCUS PETRARCA NERIO MORANDO S. P. D.

Narrat singularem Henrici Capræ in se benevolentiam,
cuius visendi gratia se Bergamum contulit.

    Iam satis rerum mearum minutias legisti, satis
Ciceroniani vulneris processit historia. Ne autem solum Ciceronem diligi ab ignotis credas, unum illis
adiiciam, quod licet vetus apud te, nova animum admiratione perfundat. Est hic semper in oculis Pergamum Italiæ alpina urbs. Nam, ut nosti, alia huius nominis in Asia est, olim Attali regia, Romanorum
post hæreditas. In hac nostra vir est unus litterarum
tenui notitia, sed ingenio acri, si tempestive litteris datum esset: artificio autem aurifaber, inque eo longe
eminens, quodque optimum habet hominis natura,

mirator amatorque rerum excellentium , auri vero
quod quotidie tractat, opumque fallacium, nisi pro necessitate, contemptor. Et hic quidem iam ætate provectior, cum forte meum nomen audisset famæ lenoci-
nio confestim in amicitiæ meæ studium vehementer
exarserat. Longius eam si quibus ille tramitibus ad
huius modestissimi voti successus ambierit, exequar ;
quid fidei honestarumque blanditiarum in me meosque
omnes exercuerit, ut ad me longe positum familiariter
atque ardenter accesserit, ignotus facie, sed iam proposito notus et nomine, quidve animo gereret in fronte
atque oculis scriptum habens. Quid putas? Num sibi
me negaturum, quod nulla barbaries, nullum ferox
animal negasset? Delinimentis et fido ac perpetuo flexus obsequio tota virum mente complector. Neque
enim sat me hominem rear, si honeste amanti sim durior ad reddendam vicem. Ille autem exultare, gloriari,
gaudium animi vultu, voce, gestu prodere, et quasi voti
compos augustissimi altiora respicere et totus in virum alterum repente converti; iam primam patrimonii
sui partem non exiguam in meum decus expendere ,
signum, nomen, imaginem novi amici in omnibus domus suæ angulis, sed in pectore altius insculptam
habere: partem alteram scribendis quæcumque mihi
stilo quolibet effluxerunt. Et ego negata maioribus sibi
haud duriter scripta largiri ardore hominis ac novitate
propositi delectatus. Quid vis? Paulatim ille priorem
vitam, actus et studia moresque dedidicit, et pene
omne quod fuerat, sic exuit, ut sui omnes mirentur
ac stupeant. Ad extremum, me dehortante et sæpius admonente, ne sero litterarum studio curam rei

familiaris abiiciat, ad hoc unum mihi surdus et incre-
dulus, fabrilem deseruit officinam, gymnasium et artium liberalium magistros colit, delectatione eximia,
mira spe, quam fortunatus studiorum nescio, sed vo-
tivo, nisi fallor, dignus eventu, qui tanto impetu tam
honestam rem tantoque reliquorum omnium contemptu
appetat. Et sibi quidem ingenium fervorque animi, civitati autem illi magistrorum copia semper fuit. Obstare sola videtur ætas hominis: quamvis et Platonem
et Catonem tales viros, illum provecta ætate philosophiæ, hunc in senectute litteris Graiis haud frustra
operam dedisse compertum sit: fortasse autem hic
meus ob hoc ipsum non indignus fuerit, qui aliqua in
parte mei operis inveniat locum. Est igitur viro nomen
Henricus, cognomentum Capra, animal expeditum, im-
pigrum, frondis amans, et natura semper in altum nitens. Inde autem dictum Varro æstimat quod virgul-
tum carpat, ut sit capra, transportata littera, quasi car-
pa. Quod si cuiquam, haud dubie huic nostro debitum
scias, qui si mane silvam attigisset, crede mihi, di-
stentum uber atque uterum retulisset. Hæc tibi olim
cuncta notissima, sed noscenda aliis dicta sint. Quod
sequitur adhuc nescis. Hic ergo talis in se, et erga me
talis iamdudum orare institit, ut seque suumque la-
rem adventu dignarer meo, et unius saltem lucis mora
sicut ipse aiebat, omnibus sæculis gloriosum ac felicem
facerem. Hoc eius desiderium non absque difficultate
aliquot iam per annos traxeram. Nunc tandem et
vicinitate loci et non precibus solum sed obsecratio-
nibus et lacrimis evicit ut flecterer, elatioribus licet
amicis obstantibus, quibus honore indigna videretur hu-

militas. Veni ergo Pergamum III idus octobris ad vesperam eodem illo viæ duce qui hortator fuerat, et subinde trepidulo ne me interim consilii pœniteret, atque ideo modis omnibus satagente per se perque alios,
ut a sensu itineris confabulando diverterer. Itaque
planum iter et breve non sentientes egimus. Quidam
vero me nobiles prosecuti erant ob id maxime ut tam
fervidi hominis secreta cognoscerent. Cum ad urbem
igitur ventum esset, et ab amicis obviam progressis
multo cum gaudio excipior, et a præside provinciæ, et
a belli duce, et a primóribus populi certatim pro se
quoque instante in palatium publicum et nobilium domos vocor: illo interim mire anxio et tantis precibus
pavente ne vincerer. Feci autem quod me dignum
credidi; ad humilioris amici domum cum sociis de-
scendi. Ibi vero ingens apparatus, cœna non fabrilis,
non philosophica, sed regia, thalamus auratus, cubile
purpureum, ubi nec iacuisse nec iaciturum esse alium
persancte iurat, librorum copia non mechanici sed studiosi hominis et litterarum amantissimi. Ibi noctem illam egimus: nec unquam puto lætiore hospite ulla nox
acta est. Tanta enim lætitia gestiebat, ut timercnt sui,
ne forte in morbum aut amentiam verteretur, sive
quod multis olim accidit, etiam in mortem. Inde vero
die proximo honoribus et concursu hominum pulsus
abii, præside ipso atque aliis multo plúribus longius-
que quam vellem comitantibus, et amicissimo hospite
vix serum lateri avulso sub noctem ipse rus redii. Habes, mi Neri, quod tibi non incognitum volebam. Hic
nocturnarum epistolarum limes sit. Iam enim hæc iugiter ad auroram scribendo tulit impetus, fessumque

matutinæ quietis admonet soporifera noctis pars. Tu
vale feliciter, nostri memor.

Scripta rurali calamo, Idibus Octobris, ante lucem.

———

EPISTOLA XII.

FRANCISCUS PETRARCA FRANCISCO PRIORI SS. APOSTOLORUM<br>S. P. D.

Suum studendi ardorem describit quo temporis angustias<br>laxare conatur.

Angustum vitæ spatium laxare proposui. Id quibus artibus fieri possit interroges: fugacissimum quidem tempus est, frænarique ullo ingenio non potest.
Seu sopito, seu vigili labuntur horæ, dies, menses,
anni, sæcula; omnia quæ sub cœlo sunt, mox ut orta
sunt properant, et ad finem suum mira velocitate rapiuntur. Nulla intermissio, nulla quies; non maior dierum quam noctium fuga est, ex quo soliciti procedunt
ac segnes, et qui videntur stare festinant. Non ut in
mari ventis alternantibus varia navigatio, sed unus
semper est vitæ cursus isque celerrimus: nunquam
regredi nunquamque subsistere est; tempestate qualibet et omni vento provehimur. His mollior, his durior,
his longior, his brevior via, omnibus una celeritas
est. Non eodem calle, sed iisdem passibus gradimur,
diversisque tramitibus omnes unum petimus finem:
nec ideo quod hic illo serius pervenit, lentius incessit:
sed viæ plusculum et meta remotior fuit, quæ quam-

vis remotissima videatur, haud dubie iuxta est. Ad
hanc imus magno impetu, omne momentum nos impellit et invitos ex hoc pelago in portum trudit viæ amantes, metuentes termini, præposteros viatores. Frustra
tergiversamur, ire oportet, immo vero pervenire. Iter
a tergo est, finis ante oculos. Quid faciam ergo, seu
quod istud laxandæ vitæ propositum est? Dicam tibi.
In primis, fateor componendum animum ad morem
finis. Nam quid, quæso, tam salubre quam discere ut
libenter facias, quod facere vel coactum oporteat? Ubi
didicerit animus inania non timere, amare naturalia,
inevitabilia etiam optare, tum securus atque alacer
expectabit, quod tam mœste, tam trepide humanum
genus expectat. Id ego nulli penitus possè contingere
arbitror, nisi qui peregerit omne id propter quod maxime vivere exoptabat. Rarum genus, soliusque virtutis studio deditum; hoc est enim illud *vivere vita pera-*
*cta,* cuius mentio apud Senecam est, quo vitæ genere,
ut opinor, nihil est dulcius, quando nihil terret, nihil
solicitat, nihil angit, nihil expectatur, nisi quod adeo
venturum esse certum est, ut nullo obice possit arce-
ri : quando præsens bonum, recordatio præteriti, ventu-
rique spes accumulant. Ad hunc finem non perveniunt
qui post concupiscentias suas eunt; nunquam enim
peragunt qui semper incipiunt, nunquam impletur fu-
tile aut pertusum vas, nullus infinito finis est; semper
autem recens, semper incipiens, semper vaga et infinita cupiditas est. Qui hanc igitur sectantur infinitum
iter arripiunt, atque ideo nec quiescunt, nec quiescere
quidem possunt, quia dux eorum concupiscentia non
quiescit. Horum vita non finitur sed abrumpitur, inter

ordiendumque succiditur. Illorum vero vitæ peractis
officiis felices otiosæque reliquiæ sunt. Horum igitur
imperfecta desinit, illorum perfecta durat vita, et tum
demum iucunda, tum vera vita esse incipit, dum perfecta est. Mihi uni ex eorum grege qui medium locum
tenent, cui nec dum peracta, nec in longum cupiditatis
imperio protrahenda, nunquamque peragenda vita est,
cui aliquid, cui multum desit, sed finitum tamen, cui
præterea ad peragenda quæ superant non multis sæculis sit opus: sed tantum tempore opus sit, et solæ
temporis angustiæ timeantur, ea quam dixi laxandi
temporis necessaria ars videtur. Id interim quonam
modo fieri queat percontabere. Totum in ipsius temporis dispensatione consistit. Fundunt vina ebrii, obsessi
etiam aquis parcunt; prodigalitatem copia, egestas
parsimoniam parit. Sæpe sub extremum quid ab initio
agendum fuisset apparere incipit, immo nunquam fere
consilium et facultas coeunt. Hebet illud dum hæc vi-
get, dumque illud intenditur, hæc lentescit: alioquin
feliciora essent humana negotia, et ceptorum exitus
lætiores. Nunc mihi nosse incipit, posse desinit; mallem prius, sed non est iuvenilis ingenii tempori pretium
imponere. Male enim æstimat quisquis abundat: par
est autem abundare, quantum ad hæc attinet, et abundare se credere. Siquidem error omnis non in rebus,
sed in opinione consistit. Nulli mortalium tempus
abundat, sed huiusce rei penuriam non ex æquo omnes
intelligunt. Equidem omni ætati caligo venturi temporis æque suffunditur, nihilque plus certi habet florentis-
simus adolescens, quam procurvus et capularis senex,
nisi quod plus sperat, eoque sæpius et gravius hac spe

fallitur, et sæpe tutior est qui minus sperat. Mille sunt
rerum, mille hominum species, sed in his omnibus
nihil magis quam spes una circumvenit. Hac ne in
finem circumveniar aperire oculos incipio. Satius est
enim sero quam nunquam sapere. Cuius rei primum
prodigus, exhinc largus fueram, iam parcus iamque
avarus et tenax fieri velim. Hora quidem admonet',
necessitas cogit; non est iocandi locus: præveniemur
et prævertemur in mediis, mihi crede, conatibus: nisi
expergiscimur et obstamus, et nisi totis animi viribus
assurgimus, opprimemur. Itaque iam me ipse mearum
status rerum, et intellecta iam tandem periculi magnitudo, non minus quam Themistoclem trophea Miltiadis,
e somno excitant. Sæpe me semisopitum adhuc clausis
oculis sed experrecto animo cura vigil stratis excutit,
ita ut lumen, quod mihi de more pernox excubat, non
videam, sed prætenta manu quasi per tenebras ad
proximum famulum excitandum proficiscar. Interdum-
que mihi accidit, quod rideas, ut apertis interim oculis, conspectum lumen extinxerim, ne superveniens famulus frustra quia se vexatum intuens secum ipse vel
tacitus meas rideret ineptias, et nescio quid aliud rerum nescius cogitaret. Sic sum, et quamvis moræ pœniteat, consilii non pudet. Utinam hæc iuveni mens
fuisset! Unum hoc saltem gratulor seni erit. Utile illud
et magnis principiis oportunum: sed hoc quoque non
inutile nec spernendum: et si in alterutro delinquen-
dum erat, mane dormitasse maluerim quam sero. Graviora sunt enim quæ ad exitum spectant: periculosis-
simus error extremus: de omnibus vitæ annis una
mortis hora pronuntiat. Ad hanc componi singularis et

summæ providentiæ opus est. Huc olim omne tempus
atque omne studium vertendum erat: quod si effusum
inutiliter dolemus, saltem reliquias relegamus, et quod
desidia periit, diligentia reparetur. In hoc nitor haud
veritus ne id mihi vitio detur, quod parcior irrepara-
bilis rei sim. Ut enim pecuniæ infamis, sic quarumdam
rerum exacta tenacitas gloriosa est. Quis cæremonia-
rum observantiam in religioso non laudet, tenacitatem
pudicitiæ in matrona, in studioso temporis parcitatem?
Hanc amplectar, hanc teneam, hac, qua datur, amissi
temporis damna restaurem. Hoc meditor, huc suspiro,
huc forsitan duce Deo et magna animi intentione, per-
veniam. Curabo ne quid pereat: si id non assequar, ut
minimum. Cum somno et voluptate tempus partiar:
non sinam ut ullam partem mei iuris occupent. Est ad
quam provocem si premar, virtus, incorrupti fons iudicii, et rationis arx inexpugnabilis atque invicta. Si
lis finium incesserit, huc quæstio referenda, hinc pe-
tenda sententia est. Optarem sine competitoribus agere;
sed non licet. Hos mihi consortes corpus dedit; communi dividundo iudicium experiar. Cogam si potero
tertia parte temporis esse contentos. Septem horas
dormiebat Augustus in deliciis stratoque aureo, easque sæpe interpellantibus somnum curis. Paciscar ego
cum oculis meis sex illis ut sufficiant. Horæ duæ in
reliquos necessarios usus eant: residuum mihi cedat.
Non poteris inquies. Pactus et expertus possum.

Nil mortalibus arduum

ait Flaccus. Ita est. Quædam nobis impossibilia torpor
fecit. Nihil prorsus impervium est virtuti; multa pos-

semus, nisi desperata prius quam tentata liquissemus.
Fuit, ut fama est, et qui cœlum pennis peteret, et qui
sub fluctibus animam conservaret. Rara sunt, fateor.
Sed talibus delectamur, omninoque fastidium frequentia, delectationem raritas parit. Habes non parvam
propositi mei partem, cui illud addendum est, quod in
hac parcitate temporis Augustum sequens, et inter co-
mendum radendumque legere aut scribere, aut legentes audire, et scribentibus dictare soleo. Et quod neque
de ipso neque de alio quod meminerim legi, inter
equitandum cœnandumque idem facere consuetudinem
feci: itaque sæpe, quod miraberis, equo sedens viam
simul carmenque complevi, et dum procul ab hominum
turbis sum, in alterutro Helicone nostro, nisi peregrini
convivæ respectus impediat, semper calamus agrestes
inter epulas eminet, nec ulla mihi mensa sine pugilla-
ribus tabellis instruitur. Sæpe etiam nocte media
experrectus, sopito lumine, ante omnia pulvinari hæ-
rentem calamum arripui, et ne concepta defluerent, inter tenebras scripsi, quod reversa luce vix legerem.
Hæ sunt curæ meæ. Gloriabundus forte aliis visurus
sim; tu in hoc familiari colloquio vitam atque animum
meum cernes, et intelliges me ex his pudorem potius
captare quam gloriam, quod scilicet hac ætate ullam
aliam quam animæ curam geram. Sic sum tamen, et
mihi persuadeo animæ etiam profutura quæ molior.
Procedo enim cum securior, tum lætior, quodque ait
ille, quotidie discens aliquid senesco. Et quid, inquies,
iam discendum censes? Multa quidem: disco qualiter
sponte mea iuvenis esse iam desinam, et quod semper
cupide didici, nec unquam nimis discitur, disco sene-

scere, disco mori. Quorum in altero quorsum studio
provectus sim, dies extrema testabitur: ancipitis enim
experimenti est, quod in omni tempore fieri nequit
amplius quam semel. In altero autem eo usque prodii,
ut accedente senio in dies uberius grates agam, ma-
lisque vinclis me absolvi, et gravi onere levari, et immerito convicio diffamatam ætatem illam rear. Profecto
enim non ætatis, sed ignaviæ est quod accusator naturæ excusatorque sui populus senibus imputat. Omnis
ætas et virtutis et vitii et gloriæ et infamiæ capax est,
ex quo primum intelligere ac ratione uti cœperit. Verum sicut humano victui per se ipsa bruma non sufficit, at si providentia æstiva præcesserit, haud inamœna
pars anni est, sic longæ senectus inertiæ succedens
inops, tristis et sterilis atque inutilis vitæ pars: eadem
iuventæ studiis præfulta, dives bonarumque ferax artium, atque utilis et iucunda est: quæ si ad nil aliud
prodesset quam quod præcedentium ætatum omnium
æstus lenit, abunde, ni fallor, causæ erit cur et optanda
esset et amanda. Quis etenim, nisi ingratus, non gratiam
habeat ætati consulenti meliora et consummanti ea quæ
ratio hactenus pigra neglexerit, denique quod est in
homine pessimum extirpanti, quodque est optimum in-
serenti? Sed redeo ad inceptum, et præcipuam illam
studiorum curam, in qua ego sic exerceor anxie quasi
nunc ceperim, et si nihil amplius, satis est quod multis interea curis gravibus abstrahor, et obliviscor temporum, et delector et iuvat vivere, et ea quibus maxime conflictantur homines vix sentio. Itaque divitiis
alii honoribus aut voluptatibus inhient. Ego in hoc divitias meas, in hoc honores voluptatesque reposui:

quod propositum nec puero defuit, nisi quod cum lentus ex commodo quasi matutinis ibam horis, nunc
gradum quasi pulsus ingenio, versa ad occasum die,
memorque quantarum rerum fundamenta iecerim festino laborum certus ambiguusque successuum. Serum
consilium non nego; sed quo serius sumptum, eo promptius exequendum. Accedunt exempla clarissimorum
hominum, quæ salivam excitant torporemque decutiunt,
totisque iam fessum noctibus agitant. Nolo enim æstimes unum Themistoclem, aut unum esse Miltiadem :
multi sunt. Plura deinceps et cum maiora, tamen, ut
spero, etiam tutiora sunt quæ restant. Nunc præsentem animi mei statum, cuius noscendi avidum te sciebam, nosti. His artibus nitor fugam rapidissimi temporis
frænare si liceat, et hos pauculos dies morti subripere
legendo, scribendo, cogitando, vigilando. Si enim, quod
magni dixerunt viri, somnus est mors, vita vigilia est,
sic saltem pluribus horis vivam. Vale.

Mediolani, Idibus Novembris.

---

## EPISTOLA XIII.

### FRANCISCUS PETRARCA FRANCISCO PRIORI SS. APOSTOLORUM
### S. P. D.

Suam vivendi rationem pandit amico.

Neque quod sæpius paucorum semitam, neque
quod interdum iter sequeris multorum miror. Alterum
ut philosophus facis, alterum ut homo. Nemo tam sapientiæ deditus, qui non quandoque ad humanitatem redeat

communem et publicis moribus condescendat. Quamvis, ut verum fatear, non vulgaris sed philosophicus
mos sit, quem in te hodie notare decreveram, atque
ideo prope iam principii pœniteat, semperque tu mihi
idem sis, semperque unus ex paucis. Siquidem vulgus
inscium quo plura quæsierit, pluribus indiget: pauci
autem, hoc est docti homines, quo plura didicerint,
pluribus inhiant: itaque ut habendi sic noscendi cupiditas inexpleta est. *An ubi ultro superiorem epistolam
hanc minime ut arbitror exegisses? (sic).* Ille haustus
hanc tibi peperit sitim, ut quoniam mei partem status
audieris, nosse velis et reliqua: quid de victu faciam
ac vestitu: de utroque dudum meis litteris edoctus, sed
opinor veritus ne quid tenori tunc descripto locus aut
tempus dempserit. Repetam ergo quem vitæ modum
in his teneam, et quod hominum genus sequar dicam.
Sunt qui nisi intra crustatos ebore parietes et nisi mol-
libus in plumis aut in recenti rosa nolunt membra
componere: qui nisi aureis ac gemmatis poculis leniri
sitim posse non putent. Quid ergo? Horum ne fieri iuvat ex numero? Ego vero longe non posse pati hæc
quam carere his non posse maluerim. Sunt quibus de-
liciæ bilem excitent: continuata voluptas nauseam ferat. Si gloriari licet apud te, ex his me non minus natura quam studium fecit. Ab annis teneris exquisitas
epulas nisi perraro, longas vero mensas et in noctem
tracta convivia semper exhorrui: semperque meum
fuit quod serius sibi Flaccus idem tribuit:

Cœna brevis iuvat, et prope rivum somnus in herba.

Semper, quod ut stupeas dico, voluptatem ac divitum

delicias, non tam studio virtutis, cuius amantior fuisse cuperem, quam illarum contemptu atque odio, et quod secum ferunt tædii metu, eiusque quam felicem vulgus iudicat, vitæ fastidio aspernatus sum. Rebellat tamen animus interdum, rebellantque oculi: animum subit æmulatio, oculos lassitudo, eosque in quibus aliquando mihi placui demens, nunc in speculo sæpe nocturnis vigiliis attritos, liventesque conspiciens miror: et an ille ego sim tacitus mecum quæro. Verum ita rebellant ut facile superentur. De vestibus et reliquo apparatu olim ex me, dum in Transalpino Helicone agerem, audisti. Ne falsam tamen opinionem plenæ frugalitatis indueris, cogita ruris incolam et rusticanæ faventem continentiæ dum id scriberem me fuisse. Cœterum quod fateri oportet, etsi non ad extremum solidos, duros tamen ac rigidos affectus vel frangunt loca, vel molliunt. Alexandrum Persis, Hannibalem fregit Capua, quem Roma non fregerat: ut illud ab hoste eius acerrimo eleganter ac proprie diceretur: Capuam Hannibali Cannas fuisse. Neque solum viri unius virtus loci mutatione, sed sæpe totius gentis robur elanguit. Macedonicum robur debilitavit Babylon, Gallicam feritatem mitigavit Asia, romanamque virtutem fregit Hispania, fregit Africa, non quidem ferro hostili, sed exercituum ignavia et disciplinæ militaris interitu. Hic ipse populus tantus et tantarum opum, cuius iam pene pars factus sum, haud dubie barbaram habet originem. Nunc (quid non mutatio loci potest?) nihil moribus gentis humanius, nihil est mitius. Transplantatæ succos mutant herbæ. Arbusta silvestria si inserta fuerint, loci mutatione primævam exuunt naturam, assumuntque

aliam. Quid intendam vides? Nam et ego (quid enim
tibi res meas celem quod non soleo?) prope alius rure
mihi videor, alius in urbibus. Nempe ibi naturam sequor, hic exempla. Inque hoc maxime sentio quam
adhuc remotus inde sim quo pervenisse iam debui,
uniformitatem dico votorumque constantiam, quam quisquis attigerit metam tenet, et in quem stultorum navigatio non penetrat tutum ac placidum vitæ portum. Vel
victor itaque vel invictus ad reliqua in hac parte belli
hæreo, et qui gulæ somnóque frænos dedi, qui libidinem non frænavi, sed ope divini roris extinxi, leviora
ægrius domo, et in eo plus mihi negotii est quod ad
communem, ne dicam philosophicum vestis modum,
vix dum inclinare animum incipio. Invaluit in me vetustæ consuetudinis durum iugum. In quo discutiendo
utique multus sum, multumque brevi tempore profecisse
videas: ita tamen ut et multum restet. Sed iam magis
adversus obsoletæ pudorem quam adversus pretiosæ
vestis inanem gloriam frons atque animus sunt arman-
di, et fortassis efficiam necubi magnopere armis indi-
geant. Tu vale nostri memor, et ora obsecro, ut sic vivam qualiter vellem vixisse dum moriar.

Mediolani extra muros, VII. Idus Novembris.

## EPISTOLA XIV.

### FRANCISCUS PETRARCA FRANCISCO PRIORI SS. APOSTOLORUM
### S. P. D.

Se Mediolano in cœnobium Sancti Simpliciani recepisse, cuius cœli-
colæ vitam ab ignoto auctore enarratam fastidit, eamque ex
Augustini operibus summatim ipse excerpit.

Potuit te in admirationem trahere superior data ,
quod adhuc tonante graviter bello extra muros ierim :
quamquam fieri possit ut intra urbem habitans extra
muros scripserim casu aliquo, ut fit, ad tempus, urgente urbis tædio, egressus. Sed non ita est. Itaque ut
rem noris, scito me ad tertio nonas novembris ex Ambrosii domo ac vicinia, ubi mihi iam septimus annus
agebatur, extra civitatis ambitum antiquum, ab Occi-
dua scilicet ad Arctoam plagam, ad Simpliciani clau-
strum commigrasse. Tantus est amor libertatis et solitudinis et quietis. Etsi enim, ut res sunt, vix hic
speranda solitudo videatur, ea tamen conditio novæ
domus est, ut latenti postico salutatorum importuna
acies facile falli queat : quæ facultas alteri habitaculo
deerat. Mille passus et eo amplius in directum habeo
secessus amœnissimi. Nam si extrema civitatis ambire
voluero multa sunt millia intra vallum, ubi fere semper verso in tabernas et in forum vulgo, solitudo ingens sit. Sed hos mille passus ita mihi cessisse totos
noveris, ut partem ager arduus et densior sepes cin-
gant, alteram apertam suapte natura secretus et infre-
quens inherbosus trames secet, per quem sæpe solus
aut uno comitatus, nemine obvio, nullo nisi exiguo

viæ flexu, sed apricis et umbrosis locis eam ac redeam,
ita ut, nisi me prospectus et strepitus vicinæ urbis admoneat, silvis in mediis esse mihi videar. Hæc me
opportunitas et fuga hominum ex urbe detraxit: nec
sum veritus ne ægre ferret Ambrosius, cum ab eo nequaquam mente discesserim, quod ad patrem eius
accesserim : sic enim Augustinus vocat Simplicianum
patrem in accipienda gratia Ambrosii episcopi, nec timui ne dedecori mihi esset ad illius domum pro quie-
tiore vita pergere, ad quem se pro vitæ consiliis per-
rexisse idem ipse commemorat Augustinus. Illico
autem ut hic fui nihil antiquius habui quam ut sancti
huius historiam flagitarem, non ultimam oblectationum
ratus tanti hospitis vitam nosse. Oblatum est mihi a
monachis novum quoddam scholastici nescio cuius
opusculum, sine gravitate, sine lepore, sine ordine,
quamvis, ut intelligere erat, sumptum ex Augustini
confessionibus, ubi illi scilicet viri huius mentio inci-
derat. Cœterum non ut ibi, sed huius novi litteratoris
arbitrio non modo inornata sed deformata et confusa
omnia. Stupens et stomachans librum pono. Nam quid
aliud agerem? Transacta res est: iamque talis apud
vulgus est vita Simpliciani quale fuit scribentis ingenium: sed apud omnia videntem longe alia. Unde legentis ad memoriam rediit litterati cuiusdam, sed non
æque boni viri, dictum unum qui aiebat: tantam esse
gloriam sanctorum quanta esset eloquentia scriptorum.
Venenatum plane verbum, licet consonum vel poetæ
dicto vel historici. Flaccus enim ait:

> Paulum sepultæ distat inertiæ
> Celata virtus.

Crispus ait: *eorum qui fuere virtus tanta habetur quan-*
*tum eam verbis potuere extollere præclara ingenia.* Sed
illorum evidens et vera, huius autem de quo loquor
occultæ hæresis suspecta sententia est. Illi enim de iis
agunt quibus virtute gloria quæritur, quibusque supremum virtutis opus est maioris poetæ consilio famam factis extendere: quæ profecto sine scriptis aut
nulla esset aut brevis. Hic vero de sanctis qui non in
strepitu popularis auræ, sed in Domino gloriantur,
quorum nomen in libro vitæ digito Dei scriptum mortalium scriptorum patrocinio non eget. Si omnis calamus iaceat, omnis lingua taceat, omnis hominum favor ac recordatio evanescat, nihilominus in memoria
æterna erit iustus, et terrisoni sermonis angustias
spernet cœlestis gloriæ magnitudo. Equidem Simplicia-
nus hospes meus apud Dominum magnus valde: apud
hunc suum historicum nimis familiariter et inculte habitus, limatioris stili operam merebatur, ex quo sibi
nihil omnino, sed legentibus imitandi studium et devotionis fervor accederet. Esto autem ut scriptor idoneus
non desit: ubi tamen rerum veritas quæretur, si ignota
domui suæ est? Constat ipsius Augustini testimonio
Simplicianum bonum Dei servum extitisse, in quo luxit
gratia divina, et qui a iuventute in senium devotissime
Deo vixit, virum longo studio dominicæ viæ sectandæ;
multa edoctum pariter et expertum, qui Victorino
claro primum rhetori urbis Romæ, post pio Christi
martyri familiarissimus, et ad veram fidem magnus et
efficax hortator fuit: qui deinde Augustinum ad se, ut
dixi, pro consilio venientem, quod utique magnæ virtutis opinione non caruit, ad humilitatem Christi et

spem vitæ melioris erexit: denique qui ætate extrema
omnibus aliis multis quidem et insignibus viris ad
episcopatum huius iam tunc magnæ urbis obeuntis
Ambrosii iudicio, sic prælatus, qui ut tanti suffragato-
ris sententiam honestaret, assumptum munus pastoralis
curæ summa rexit integritate atque eximia sanctitate.
Hæc mihi hactenus de hoc novo meo hospite nota
sunt: cœtera novit æthereus hospes suus. Et hæc tibi
dolore corporis cum animo decertante intempesto noctis silentio iacens scripsi difficillimo accubitu. Quid
vis dicam? Omnia cum labore: vel requies. Vale.

———

## EPISTOLA XV.

### FRANCISCUS PETRARCA IOHANNI DE CERTALDO S. P. D.

Obiectam sibi calumniam reiicit se gloriæ Dantis Allighierii
invidere.

Multa sunt in litteris tuis haudquaquam responsionis
egentia, ut quæ singula nuper viva voce transegimus.
Duo ex omnibus non prætereunda seposui. Ad hæc
breviter quæ se obtulerint, dicam. Primum ergo te
mihi excusas, idque non otiose, quod in conterranei
nostri popularis quidem quod ad stilum attinet, quod
ad rem haud dubie nobilis, poetæ laudibus multus
fuisse videare. Atque ita te purgas, quasi ego vel illius vel cuiusquam laudes meæ laudis detrimentum
putem. Itaque quidquid de illo prædicas, totum si pressius inspiciam, in meam gloriam verti ais. Inseris nominatim hanc huius officii tui excusationem, quod ille

tibi adolescentulo primus studiorum dux et prima fax
fuerit. Iuste quidem, grate, memoriter, et, ut proprie
dicam, pie. Si enim genitoribus corporum nostrorum
omnia, si fortunarum auctoribus multa debemus, quid
non ingeniorum parentibus ac formatoribus debeamus?
Quanto enim melius de nobis meriti sint qui animum
nostrum excoluere, quam qui corpus, quisquis utrique
iustum pretium ponit, intelliget, et alterum immortale
munus, alterum caducum et mortale fatebitur. Age
ergo, non patiente sed favente me, illam ingenii tui fa-
cem, quæ tibi in hoc calle quo magnis passibus ad
clarissimum finem pergis, ardorem præbuit ac lucem,
celebra et cole, ventosisque diu vulgi plausibus agita-
tam, atque ut sic dixerim fatigatam, tandem veris,
teque seque dignis laudibus ad cœlum fer: in quibus
omnia placuerunt. Nam et ille dignus hoc præconio, et
tu, ut ais, huic officio obnoxius: ideoque carmen illud
tuum laudatorium amplector, et laudatum illic vatem
ipse quoque collaudo. In excusatoria autem epistola
nihil est quo movear, nisi quod parum tibi nunc etiam
notus sim, cui me plane notissimum arbitrabar. Ergo
ego clarorum hominum laudibus non delecter, immo
et glorier? Crede mihi : nihil a me longius, nulla mihi
pestis ignotior invidia est; quin potius (vide quam
procul inde absim) scrutatorem mentium Deum testor,
vix me aliud in vita gravius pati, quam quod beneme-
ritos et gloriæ et præmii omnis expertes video: non
quod aut hinc damnum ipse proprium querar, aut
contrario lucrum sperem, sed publicam sortem fleo,
ad obscœnas artes honestarum præmia translata conspiciens. Etsi non sim nescius, quod quamvis merito-

rum gloria ad merendi studium animos excitet, vera
tamen virtus, ut philosophis placet, ipsa sibi stimulus,
ipsa est præmium, ipsa sibi cursus et bravium: proinde
quia tu mihi materiam obtulisti, quam quæsiturus
sponte non fueram, libet insistere, ut non tantum falso, sicut de se ipso et Seneca Quintilianus ait, sed in-
sidiose etiam penitusque malivole apud multos de me
vulgatam opinionem in iudicio viri illius apud te unum
et per te apud alios expurgem. Dicunt enim qui me
oderunt, me illum odisse atque contemnere, ut vel sic
mihi odia vulgarium conflent, quibus acceptissimus
ille est. Novum nequitiæ genus et mirabilis ars nocen-
di. His pro me veritas ipsa respondeat. In primis quidem odii causa prorsus nulla est erga hominem nunquam mihi nisi semel, idque prima pueritiæ meæ
parte monstratum. Cum avo patreque meo vixit avo
minor, patre autem natu maior, cum quo simul una
die atque uno civili turbine patriis finibus pulsus fuit,
quo tempore inter participes ærumnarum magnæ sæpe
contrahuntur amicitiæ; idque vel maxime inter illos
accidit, ut quibus esset præter similem fortunam, studiorum et ingenii multa similitudo; nisi quod exilio
cui pater in alias curas versus et familiæ solicitus
cessit, ille obstitit, et tum vehementius cœpto incubuit,
omnium negligens soliusque famæ cupidus. In quo illum satis mirari et laudare vix valeam, quem non civium iniuria, non exilium, non paupertas, non simultatum aculei, non amor coniugis, non natorum pietas ab
arrepto semel calle distraxerit, cum multi quam magni tam delicati ingenii sint, ut ab intentione animi
leve illos murmur avertat: quod his familiarius evenit,

qui numeris stilum stringunt, quibus præter sententias, præter verba, iuncturæ etiam intentis, et quiete
ante alios et silentio opus est. Odiosum ergo simulque
ridiculum intelligis odium meum erga illum nescio quos
finxisse, cum ut vides, odii materia nulla sit, amoris
autem plurima, et patria scilicet, et paterna amicitia,
et ingenium, et stilus in suo genere optimus, qui illum a contemptu late præstat immunem. Ea vero mihi
obiectæ calumniæ pars altera fuerat, cuius in argumentum trahitur, quod a prima ætate, quæ talium cupidis-
sima esse solet, ego librorum varia inquisitione delectatus, nunquam librum illius habuerim, et ardentissi-
mus semper in reliquis, quorum pene nulla spes
supererat, in hoc uno sine difficultate parabili novo
quodam nec meo more tepuerim. Factum fateor, sed eo
quo isti volunt, animo factum nego. Eidem tunc stilo
deditus vulgari eloquio ingenium exercebam. Nihil rebar elegantius nec dum altius aspirare didiceram, sed
verebar ne, si huius aut alterius dictis imbuerer, ut est
ætas illa flexibilis et miratrix omnium, vel invitus ac
nesciens imitator evaderem. Quod, ut erat animus annis audentior, indignabar, tantumque fiduciæ seu ela-
tionis indueram ut sine cuiusquam mortalis auxilio, in
eo genere ad meum et proprium quemdam modum
suffecturum mihi ingenium arbitrarer. Quod quam
vere crediderim alii iudicent. Hoc unum non dissimu-
lo, quod si quid in eo sermone a me dictum illius
aut alterius cuiusquam dicto simile, sive idem forte
cum aliquo sit inventum, non id furtim aut imitandi
proposito, quæ duo semper in his maxime vulgaribus
ut scopulos declinavi, sed vel casu fortuito factum es-

se, vel similitudine ingeniorum, ut Tullio videtur, iisdem vestigiis ab ignorante concursum. Hoc autem ita esse, si quid unquam mihi crediturus es, crede. Nihil est verius. Quod si mihi nec pudor, ut credi debeat, nec modestia præstitisset, iuvenilis animi tumor præstabat. Hodie enim ab his curis longe sum. Et postquam totus inde abii sublatusque quo tenebar metus est, et alios omnes et hunc ante alios tota mente suspicio. Iam qui me aliis iudicandum dabam, nunc de aliis in silentio iudicans varie quidem in reliquis, in hoc ita iudico, ut facile sibi vulgaris eloquentiæ palmam dem. Mentiuntur igitur me illius famam carpere, cum unus ego forte melius quam multi ex his insulsis et immodicis laudatoribus sciam, quid id est eis ipsis incognitum, quod illorum aures mulcet, sed obstructis ingenii tramitibus in animum non descendit. Sunt enim ex illo grege quem Cicero in Rhetoricis notat cum inquit: *legunt orationes bonas aut poemata, probant oratores aut poetas, neque intelligunt quare commoti probent, quod scire non possunt ubi sit, nec quid sit, nec quomodo factum sit id quod eos maxime delectet.* Id si in Demosthene et Tullio inque Homero et Virgilio inter litteratos homines et in scholis accidit, quid in hoc nostro inter idiotas in tabernis et in foro posse putas accidere? Quod ad me attinet, miror ego illum et diligo, non contemno. Et id forte meo iure dixerim si ad hanc ætatem pervenire illi datum esset, paucos habiturum quibus esset amicior, quam mihi. Ita dico si quantum delectat ingenio, tantum moribus delectaret: sicut ex diverso nullos quibus esset infestior, quam hos ineptissimos laudatores, qui

omnino quid laudent quidve improbent ex æquo nesciunt, et qua nulla poetæ præsertim gravior iniuria,
scripta eius pronuntiando lacerant atque corrumpunt :
quæ ego forsitan, nisi me meorum cura vocaret alio,
pro virili parte ab hoc ludibrio vindicarem. Nunc quod
unum restat, queror et stomachor illius egregiam stili
frontem inertibus horum linguis conspui fœdarique. Ubi
unum quod locus exigit non silebo, fuisse mihi non
ultimam causam hanc stili eius deserendi, cui adolescens incubueram. Timui enim in meis quod in aliorum
scriptis, præcipueque huius de quo loquimur, videbam,
neque volubiliores vulgi linguas aut spiritus molliores
meis in rebus speravi, quam in illorum essent, quos
vetustas et præscriptus favor theatris ac compitis urbium celebrassent. Meque non frustra timuisse res indicat, quando in his ipsis paucis, quæ mihi iuveniliter
per id tempus elapsa sunt, vulgi linguis assidue lace-
ror. Indignans quodque olim amaveram perosus, quotidie nolens et ingenio iratus meo in porticibus versor.
Ubique indoctorum acies, ubique Damœtas meum in
triviis solitus

> Stridenti miserum stipula disperdere carmen.

Sed iam satis multa de re modica nunquam mihi tam
serio agitanda : cum hanc ipsam horam minime amplius redituram curis aliis deberem : nisi quia excusatio
tua horum accusationi nescio quid simile sapere visa
est. Solent enim plerique mihi odium, ut dixi, alii contemptum viri huius obiicere, cuius hodie nomine scienter
abstinui, ne illud infamari clamitans cuncta audiens,
nihil intelligens vulgus obstreperet. Alii autem invidiam

obiectant, hi scilicet qui mihi meoque nomini invident.
Nam etsi magnopere invidiosus non sum, tamen quod
aliquando non credidi, quodque sero admodum adverti, certe sine invidis non sum. Atqui ante multos annos
quando equidem in me magnis affectibus licebat, non
verbo aut scripto quolibet, sed carmine ad insignem
quemdam virum misso, conscientiæ fidens profiteri ausus sum, me nihil ulli hominum invidere. Sed esto :
non sim dignus cui credatur. Quam tandem veri faciem
habet ut invideam illi qui in his ætatem totam posuit,
in quibus ego vix adolescentiæ florem primitiasque
posuerim, ut quod illi artificium nescio an unicum,
sed profecto supremum fuit, mihi iocus atque solatium
fuerit, ingenii rudimentum? Quis hic, precor, invidiæ
locus? Quæve suspicio est? Nam quod inter laudes dixisti, potuisse illum si voluisset alio stilo uti, credo
ædepol. Magna enim mihi de ingenio eius opinio est :
potuisse enim omnia quibus intendisset, nunc ex quibus intenderit palam est. Et esto iterum : intenderit,
potuerit, impleverit; quid tandem ideo, quæve inde
mihi invidiæ et non potius gaudii materia? At cui tandem invideat qui Virgilio non invidet? Nisi forte sibi
fullonum et cauponum et lanistarum cœterorumve, qui
quos volunt laudare vituperant, plausum et raucum
murmur invideam, quibus cum ipso Virgilio, cumque
Homero carere me gratulor. Novi enim quanti sit apud
doctos indoctorum laus: vel nisi mantuanus florentino
cive mihi carior est credendus, quod origo per se
ipsam, nisi quid aliud accesserit, non meretur: quamvis illud non inficier, inter vicinos potissimum invidiam
regnare. Sed suspicionem hanc præter multa, quæ

diximus, ætatum quoque diversitas non recipit; quoniam
ut eleganter ait ille qui nil inelegans ait; mortui odio
carent et invidia. Iurato mihi fidem dabis, delectari
me hominis ingenio et stilo: neque de hoc unquam me
nisi magnifice loqui solitum. Unum est quod scrupolo-
sius inquirentibus aliquando respondi, fuisse illum sibi
imparem, quod in vulgari eloquio, quam in carminibus
aut prosa clarior atque altior assurgit. Quod neque tu ,
neges, nec rite censentibus aliud quam laudem et gloriam viri sonat. Quis enim non dicam nunc extincta
complorataque iam pridem eloquentia, sed dum maxime
floruit in omni eius parte summus fuit? Lege Senecæ
declamationum libros. Non id Ciceroni tribuitur, non
Virgilio, non Sallustio, non Platoni. Quis laudem tantis
ingeniis negatam ambiat? Uno in genere excelluisse
satis est. Quæ cum ita sint, sileant, quæso, qui calumniam struunt. At qui forte calumniantibus crediderunt,
hi si libet, iudicium meum legant. His ego quibus pre-
mebar apud te depositis, ad secundum venio. Quod de
tua salute tam solicitus fuerim gratias agis: urbane
potius et vulgari more quam quod nescias supervacue
id fieri. Nam cui unquam pro sui ipsius cura proque
re propria bene gesta gratiæ actæ sunt? In te, amice,
mea res agitur. Etsi equidem in rebus humanis amicitia post virtutem nihil sanctius, nihil deiformius nihilque cœlestius, tamen referre arbitror, an amare incipias an amari, aliquantoque religiosius colendas amicitias in quibus amoris vices reddimus quam in quibus
accipimus. Nempe ut sileam multa, ubi me tuis obsequiis atque amicitiæ muneribus victum scio, unum illud oblivisci nunquam possim, quod tu olim me Italiæ

medio iter festinantius agentem, iam sæviente bruma,
non affectibus solis, qui quasi quidam animi passus
sunt, sed corporeo etiam motu celer, miro nondum visi
hominis desiderio, prævenisti, præmisso haud ignobili
carmine. Atque ita prius ingenii et mox corporis tui
vultum mihi quem amare decreveras ostendisti. Sera
tamen diei illius et ambigua iam lux erat, dum me
longo postliminio redeuntem, et intra muros tandem
patrios deprehensum, officiosa et supra meritum reverenti salutatione complexus, renovasti illum poeticum
cum Anchise congressum Regis Arcadii:

> . . . . . . . . cui mens iuvenili ardebat amore
> Compellare virum et dextræ coniungere dextram.

Quamvis enim ego non ut ille *cunctis altior irem*, sed
humilior, tibi tamen non minus ardens animus fuit.
Non tu me Phinei sub mœnia, sed amicitiæ tuæ sacris
penetralibus induxisti. Nec ego tibi *insignem pharetram
Lyciasque sagittas*, sed perpetuam et sinceram benevo-
lentiam meam dedi. Multis rebus inferior hac una nec
Niso unquam, nec Pythiæ volens cesserim, nec Lælio.
Vale.

FRANCISCI PETRARCÆ

# DE REBUS FAMILIARIBUS

## LIBER VICESIMUS SECUNDUS.

———

### EPISTOLA I.

**FRANCISCUS PETRARCA PANDULPHO MALATESTÆ S. P. D.**

Utrum expediat uxorem ducere, eamque e vicinia,
vel e longinquo petere.

An magis expediat uxorem ducere an vitam cæli-
bem agere consulis. Gratiam habeo quod me idoneum
tanto negocio consultorem ducis. Atqui, si experientia
artem facit, quanto tu de hoc certius loqui potes, qui
utrumque, quam ego qui alterum sum expertus, de
altero vero vel scriptis auctorum veterum, vel relatis
modernorum coniugum, vel proprio quodam motu animi
coniecturam facio? et idcirco responsum distuli veritus
de quæstione ambigua tanto sub iudice respondere.
Tandem omnibus circumspectis rudis malo quam contumax, vel tui tuarumque rerum negligens videri.
Historias igitur et argumenta seposui, libri opus non
epistolæ ; nempe cum de hoc ipso libros quidam scripserint, brevem ac nudam sententiæ meæ summam audies, in qua ingenium si fortasse culpaveris, laudabis
fidem. Ante omnia quidem meminisse profuerit Socra-

tici responsi illius ad adolescentulum, qui cum similiter
dubius ac tu, ex illo quæsiisset quod ex me nunc quæris, ait Socrates: utrum eorum fecisset pœnitentiam
acturum esse ; et adiecit causas quas sileo : notæ enim
sunt. Quo dicto satis ostendit quid de hoc quod inter
nos agitur sentiret, quamvis idem magna de parte rerum humanarum similiter dici possit, in quibus, quidquid eligis, undique labor tædium periculum. Nec miraberis si intendas vitam nostram, qua tantopere delectamur, quocunque te vertas non esse aliud quam
periculum et tædium et laborem. Quid inde enim aliud
speres quam quod ibi est? Quis ardenti fornace rorem
gelidum, quis mari medio dulcem fontem, aut vivas
altis sub nivibus prunas quærat? Unaquæque res suis
in sedibus est quærenda, et si alibi quæritur altam
quoque frustratur indaginem. Itaque cum in hoc fusco
scrupuloso et lubrico vitæ cursu nec requies vera, nec
mera dulcedo aliqua, nec certa possit esse securitas,
quotiens rei cuiuspiam ambiguitas orta erit, ut nunc
tibi, sæpe aliis, omni fallaciam spe reiecta, virtus sola
relinquitur. Illa dirigendi flectendique consilii signum
dabit, ad quod respiciens non errabis ; et quamvis forte
res effectu careat, ipse tamen electivi habitus gloria
non carebis. Cæterum in ipsa etiam utilium electione
dum quid expediat quæritur difficillima examinatio est;
quod sæpe tibi unum, domui autem tuæ vel patriæ vel
amicis aliud, unum patrimonio, aliud famæ, unum de-
lectationi, aliud valetudini expediat ac saluti. Quo in
bivio illud observandum censeo, ut communia privatis
et nobilia ignobilibus præferantur. Neve diutius te anxium dubio sermone detineam, huc rem traho. Satis

equidem credo et tibi et ocio et quieti tuæ aptius coniugio caruisse, verum tua domus et patria et amici
aliud ex te poscunt. Nec tibi natorum nec ætatis excusatio ulla est, cum et filiis careas et viridi sis ætate.
Quid ergo? Ex quo me in consilii partem vocas assen-
tior ut uxorem ducas. Quamquam enim nihil dulcius
cælibatu arbitrer, nihilque tranquillius, status tamen
tuus ac tuorum hanc tibi dulcedinem ac tranquillitatem
invidet. Non magis diu potest altior fortuna quam sublimis mons aut tumidum mare quiescere : suis et ipsa
ventis exposita est. Nec est quod dicas, me solum
respicio, mihi consulo : cum et patriæ et parentibus et
amicis, secundum laudatam illam Platonis sententiam,
natus sis. Age ergo, Christo auspice, duc uxorem, in
qua eligenda iudicium volo purum et semotum ab omni
opinione vulgari, ut non tam dotem ac divitias, quam
genus et pueritiæ rudimenta ; non tam ornatus elegan-
tiam quam pietatem ; neque omnino tam corporis quam
animi formam spectes. An vero vicinam an longinquam
potius (ea enim percontationis tuæ secunda pars fuerat) contra omnium fere sententiam loquar. Vicinam
nempe omnes, ego, cæteris paribus, longinquam præ-
fero. Alii enim favores metiuntur, qui et rari sunt et
multo constant, quorumque te non valde indigum tua
sors fecit. Ego animi libertatem et tædiorum, et sæpe
etiam odiorum fugam, quæ affinium præsentia frequen-
tissime secum affert ; nec vero illud ultimum facio quod
seu sapiens matrona (quem enim dedeceat quod nec
David Regem nec Magnum Pompeium dedecuit, nec
Augustum Cæsarem) seu rudis forte virguncula primis
tuum limen hymeneis attigerit, utile hoc consilium

reor, præcipue autem si coniugii tibi secunda sors fuerit. Si quidem puella nobilis a prima ætate tibi dedita
et suorum divulsa blanditiis ac susurris anilibus, castior
humiliorque et obsequentior fiet, et sanctior, lævitatem
quoque maturius puellarem exuens matronalem induet
gravitatem ; denique seu tibi virgo nupserit, seu vidua,
ex quo vos genialis thalamus contraxerit, unum illa te
audiens unum videns, unum cogitans, in te unum moresque tuos transformabitur, oblitaque comitum ac nu-
tricum, in solis coniugis requiescet affectibus. Hæc, vir
clarissime, sententia mea est, tam fausta utinam quam
fidelis. Tu quidquid elegeris secundet omnipotens. Vale
feliciter mei memor.

Venetiis, III Idus Septembris.

## EPISTOLA II.

### FRANCISCUS PETRARCA IOHANNI DE CERTALDO S. P. D.

Se scriptis alienis abstinentissimum nihil ex illis in operibus suis
scientem inseruisse : quocirca rogat amicum ut quædam Virgilii
et Ovidii inconsulto sibi usurpata emendet.

Statim te digresso, etsi abitu tuo angerer, quia
tamen nihil agere nescio, quamvis, ut verum loquar, totum ferme quod ago nihil aut nihilo proximum dici
possit, in opere tecum cœpto amicum illum nostrum
meo quodam iure detinui Bucolici carminis quod tecum
abstuleras exemplaribus revidendis. Quæ dum confero
cum eodem illo utique viro bono priscique moris, et
lectore quidem tardo, sed non segni animo, animadverti

aliquot verbula crebrius repetita quam vellem, et nescio
quid præterea nunc etiam limæ indigum. Itaque ne
transcribere festinares admonui, neu Francisco nostro
copiam dares, non ignarus ardoris vestri in omnibus
et præsertim meis litteris, quæ, nisi amor iudicio obstaret, nec digitis certe nec oculis quidem vestris dignæ
sunt. Acturum me quod in rem esset paucis horis ex
commodo speravi, cum rus commigrassem : quo para-
bam Kalendis Quintilibus proficisci, sed fefellit opinio.
Liguriæ enim crebri nimis et iam anniversarii motus
me ruris amantissimum et osorem urbium in urbe tenuerunt. Novissime cum periculo metus maior videretur, circa Kalendas Octobris, sero quidem, sed aliquando
moram trepidam vincente fiducia, Abduæ ampis ad ri-
pàm veni. His enim locis hoc tempore solitudo mea
est. Hic vero iam mihi dies octavus agitur, ubi breve
ocium perpetui imbres spondent et autumnus præceps,
seu verius præcox bruma. Inter hanc tamen ipsam mo-
rulam, quam cœli facies et intemperies angustant, ad
revidendum carmen illud recollegi animum, et sensi
sane corrigentis ingenio tarditatem prodesse lectoris.
Profecto enim sicut quod legitur ut delectet lepidus
expèditus intelligens lector facit, sic ut appareat et vitia detegat, durus hæsitans hebesque præstabit. Nec
hercle aliter hac in re quam in cæteris accidit. Da
equum vitiosum sessori industrio et equitandi perito,
latebunt vitia: adhibe inexpertum, apparebunt. Causam
iniustam patrono egregio committe, iniustitiam coloribus
obumbrabit : advocatum rudem ad rostra producito,
cum oratoris infantia causæ patescet iniquitas. An oblitus es ut Marcus Cato censorius Academicum Carnea-

dem principem philosophicæ legationis ab Atheniensi-
bus Romam missæ quamprimum censuit remittendum,
ratione addita quod, illo viro loquente, non facile quid
verum in rebus et quid falsum esset intelligi posset?
Sic est equidem : rerum mendas artificum celat industria, ruditas aperit. Vidi legente illo quod te legente
non videram, et nunc maxime didici, ubi voluptas operum quæritur promptum et dulcem adhibere lectorem,
ubi correctio tardum atque asperum. Quod autem in eo
carmine mutatum velim, ne stilum parvis obicibus implicem, seorsum leges. Unum nec tibi nec epistolæ
subtrahendum credidi mihi hactenus ignoratum, fateor,
et nunc quoque mirabile stupendumque. Si quidem
omnes nos quicunque novi aliquid scribimus sæpius
fallunt quæ melius didicimus, inque ipso scribendi actu
familiarius ludunt. Certius scimus quæ lentius sunt
mandata memoriæ. Quid ais? inquies ; non te pugnan-
tia loqui vides? Fieri non potest ut duo simul contraria vera sint. Quomodo igitur efficies ut quod scimus
amplius id sciamus minus, et quæ pigrius hausimus ea
firmius teneamus? Quæ Sphinx, quodve istud enigma
est? Dicam. Neque vero non hoc itidem in rebus aliis
evenit, ut et patrifamilias sæpe quod diligentius abdidit
minus ad manum sit, et quæ sunt altius obruta ægrius
eruantur. Sed hoc in rebus corporeis locum tenet. Itaque non prorsus hoc intendo. Neu te ambagibus
suspensum teneam, exemplum accipe. Legi semel apud
Ennium, apud Plautum, apud Felicem Capella, apud
Apuleium, et legi raptim, propere, nullam ibi ut alienis in
finibus moram trahens. Sic prætereunti, multa contigit
ut viderem, pauca decerperem, pauciora reponerem,

eaque ut communia in aperto, et in ipso ut ita dixerim
memoriæ vestibulo : ita ut quotiens vel audire illa vel
proferre contigerit, non mea esse confestim sciam, nec
me fallat, cuius sint, quæ ab illo scio, eo quod vere
sic ut aliena possideo. Legi apud Virgilium, apud Flaccum, apud Livium, apud Tullium, nec semel legi sed
millies, nec cucurri sed incubui, et totis ingenii viribus
immoratus sum. Mane comedi quod sero digererem ;
hausi puer quod senior ruminarem. Hæc se mihi tam
familiariter ingessere, et non modo memoriæ sed me-
dullis affixa sunt, unumque cum ingenio facta sunt
meo, ut etsi per omnem vitam amplius non legantur,
ipsa quidem hæreant actis in intima animi parte radicibus, sed interdum obliviscar auctorem ; quippe qui
longo usu, et possessione continua quasi illa præscripserim, diuque pro meis habuerim, et turba talium
obsessus, nec cuius sint certe, nec aliena meminerim.
Hoc est ergo quod dicebam notiora magis fallere, quæ
si quando forsan ex more recursantia in memoriam
redeunt, accidit ut nonnunquam occupato et in unum
aliquid vehementer intento animo, non tantum ut propria sed quod miraberis, ut nova se offerant. Quamquam quid dixi miraturum te, quod potius sic esse fa-
tebere, necessario, ut auguror, in te ipso tale aliquid
expertus? In his quidem discernendis non parvus mihi
labor oritur : nostrum enim testor Apollinem unicum
ætherei Iovis natum, et verum sapientiæ Deum Christum, me nec ullius prædæ avidum  et ut patrimonii
sic ingenii alieni spoliis abstinere. Si quid aliter inventum erit ac dico, vel in iis quos non legi similitudo
fecit ingeniorum, de quo epistola ad te superiore dis-

serui, vel in aliis error aut oblivio, de quo nunc agitur.
Vitam mihi alienis dictis ac monitis ornare fateor est
animus, non stilum ; nisi vel prolato auctore, vel mutatione insigni, ut mutatione apium e multis et variis
floribus mel unum fit : alioquin multo malim meus mihi
stilus sit, incultus licet atque horridus, sic in morem
togæ habilis ad mensuram ingenii mei factus, quam
alienus, cultior ambitioso ornatu, sed a maiore ingenio
profectus, atque undique defluens animi humilis non
conveniens staturæ. Omnis vestis histrionem decet, sed
non omnis scribentem stilus : suus cuique formandus
servandusque est, ne vel difformiter alienis induti vel
concursu plumas suas repetentium volucrum spoliati
cum cornicula videamur. Et est sane cuique naturaliter ut in vultu et gestu, sic in voce et sermone quiddam suum ac proprium, quod colere et castigare quam
mutare cum facilius tum melius atque felicius sit. Et
quem te facis? Dicet aliquis: non tu, amice, qui me nosti
funditus, sed unus aliquis ex iis tacitis, qui silentio
tuti securique repræhensorum observant alios, et e
singulis verbis nostris totidem aculeos conflare didicerunt. Audiant plane qui solo sæviunt auditu; non me
facio quem descripsit Iuvenalis egregium vatem :

> cui non sit publica vena
> Qui nihil expositum soleat deducere, nec qui
> Vulgari feriat carmen triviale moneta :

nempe quem ipse qui scriberet non monstrare sed cogitare se tantum posse fateretur. Non cum Horatio :

> Libera per vacuum posui vestigia princeps

aut

> . . . . . . . . patrios ego primum iambos
> Ostendi Latio,

nec cum Lucretio :

> Avia Pieridum peragro loca nullius ante
> Trita solo :

Nec cum Virgilio :

> . . . . . Iuvat ire iugis qua nulla priorum
> Castaliam molli divertitur orbita clivo.

Quid ergo? Sum quem priorum semitam, sed non semper aliena vestigia sequi iuvet. Sum qui aliorum scriptis
non furtim sed precario uti velim in tempore, sed dum
liceat, meis malim. Sum quem similitudo delectet, non
identitas, et similitudo ipsa quoque non nimia, in qua
sequacis lux ingenii emineat, non cœcitas non paupertas. Sum qui satius rear duce caruisse, quam cogi per
omnia ducem sequi. Nolo ducem qui me vinciat sed
præcedat : sint cum duce oculi, sit iudicium, sit libertas ; non prohibear ubi velim pedem ponere et præterire aliqua, et inaccessa tentare, et breviorem, sive ita
fert animus, planiorem callem sequi, et properare et
subsistere et divertere liceat, et reverti. Sed nimium
vagor, nimium distrahor ab eo quod hodiernum erat.
Est decima pastorii carminis Egloga, cuius quadam in
parte ita scripseram : *solio sublimis acerno* : postmodum
vero dum relegeretur attendi simile nimis esse Virgiliano carmini. Ille enim ait in septimo divini operis ;

> Solioque invitat acerno.

Mutabis ergo, et loco illius pones ita : *e sede verendus
acerna :* omnino enim acernam esse sedem volui Romani Imperii, cum equus Troiani excidii apud ipsum
Virgilium sit acernus ; ut sicut in theologicis lignum

humanæ prius causa miseriæ post salutis, sic in poeticis non modo lignum idem genere, sed arbor eadem
specie sit redivivi Imperii materia quæ ruinæ fuit. Habes intentionis meæ summam nec opus est pluribus.
In eadem Egloga scriptum erat aliud mirum inde quod
quia valde noveram ignorabam, et in eo fallebar, quod
si nossem parcius non fallerer, nec vero erat alieno
persimile, quoniam alienum prorsus : sed sic mihi ac-
cidebat, ut illi qui apertis oculis amicum coram positum
non videt : erat autem ad hunc modum. *Quid enim non
carmina possunt?* Tandem ad me rediens deprehendi
non meum esse finem versus. Cuius autem esset diu-
ticule hæsitavi, non aliam ob causam nisi quia ut dictum
est, iam mea illud in ratione posueram. Ad postremum
reperi esse Nasonis vII Methamorphoseos. Et hoc ergo
similiter mutabis, ponesque ita, *quid enim vim carminis æquet.* Nec verbis nec sententia versus inferior. Hic
igitur nostri sit, si tamen hic ipse vel sic etiam noster
est : ille alter ad dominum suum redeat et Nasonis sit,
quem illi eripere nec si velim possim, nec si possim
velim. Etsi enim non me lateat quosdam veterum Vir-
giliumque ante alios versus innumeros non modo e
græco in latinum versos, ubi abstulisse clavam Herculi
gloriatur, sed ut erant ex alienis in suum opus transtulisse, non ignorantia quidam ulla, quæ in tot tantisque
rebus hinc illinc ereptis fingi nequit, neque furandi quantum intelligitur, sed certandi animo, tamen aut plus illi
licentiæ fuit, aut mens alia ; certe ego, nisi res adigat
alieno sciens uti non patiar. Si quid adversus hæc ab
ignorante peccabitur, fac sentiam. Agnosco libens bonam
fidem et usurpata restituo. Et ex hoc quidem genere

duo hæc sunt quæ modo aderant. Tu si plura notave-
ris, vel iure tuo corrige, vel me familiariter admone.
Mihi enim nil gratius aut tu potes aut omnino quisquam
amicorum, quam in reprehensionibus meis vere amicum et liberum ac 'intrepidum animum habere. Nulla
vero hac acceptior nisi sola morum potest esse re-
prehensio : æquissimo animo paratus sum et stilum et
vitam non tantum amicorum vocibus moderari, sed
etiam latratibus æmulorum, si modo inter invidiæ tenebras scintillam aliquam veritatis adspexero. Tu vive
feliciter nostri memor et vale.

----

## EPISTOLA III.

### FRANCISCUS PETRARCA BARBATO SULMONENSI S. P. D.

#### Mittit espitolas poeticas ipsi inscriptas.

Diu multumque dubius fui, Barbate carissime, an
epistolas metricas olim tibi inscriptas aliquando mitterem, an vero supprimerem et penitus abderem. Alterum
desiderio tuo, alterum famæ meæ consentaneum videbatur. Nempe expectationem atque ardorem animi tui
novi, nil aliud in huiuscemodi rebus quærere soliti,
nisi an ego dictaverim ; cuius audito nomine prorsus
Pythagoreum in morem locum rationis auctoritas occupet, et, velo magni amoris interposito, iudicii acies
perstringatur. Equidem hæc ea vel ætate vel desidia
scripta sunt, ut non facile sub externis iudicibus tuta
sint ; quæ ego ipse dum relego in illius temporis me-

moriam sic retrahor, ut quod penitus nolim, repue-
rascere mihi videar interdum, et idem esse qui fueram, cum id unum iamdudum moliar ut alius sim. Sed
vehementissima pars animi nostri recordatio est, et quæ
levibus ex causis totum sæpe virum assumit, ut manu
iniecta eo nos cogat quo nollemus, ibique detineat re-
luctantes. Demum omnibus excussis famæ propriæ quam
vel tui (parce, oro) vel mei ipsius amantior occultare
ista firmaveram ; et fecissem, nisi quæ in prima operis parte perstrinxi ferme omnia in publicum exivissent,
iamque ad ipsius quam dixi famæ custodiam pertineat
ea domi amplius non esse, ut quæ penes amicos sparsa
quidem et ut auguror incorrecta sunt, normam qua
possibile fuerit horum capiant ab exemplo. Quid plura?
Do tibi quod libentius negarem, non quia meum aliquid
tuum esse nolim, sed quia per tuas manus ad alios
perventura hæc ægre fero, quæ tamen non pervenire
non possunt. Nec vero quia promiserim do, sed quia
sic oportet. Non hic bonæ fidei sed necessitati pareo,
famæque discrimen, quod iam nec latebris nec silentio
vitari potest, nequid coactus egerim, sponte subeo.
Unum est in omni necessitate remedium: consensus.
Vale.

---

### EPISTOLA IV.

#### FRANCISCUS PETRARCA BARBATO SULMONENSI S. P. D.

Dolet absentiam amici quem tamen brevi se revisurum sperat.

Aliquotiens, Barbate, queri soleo cum de multis
vitæ mortalis incommodis tum vel maxime de hoc uno,

quod tam coniuncti animis sic corporibus et conversa-
tione disiungimur, ut neque tu me neque ego te videam
senescentem, neque vel semel priusquam ex hac vita
seu verius morte discedamus, vivis nos vocibus invicem
compellare permittimur. Quamvis enim ut est animus
liber atque in primis amantium honeste ab imaginario
congressu nullis obicibus arceamur, quamvis inter bonos amicitia recens semper maneat, nec ego te mihi
sciam, nec me tibi minus hodie carum rear, quam quo
primum die apud regiam Neapolim per illum vere regem, qui mox cœlum petiit, in amicitiam vincti fuimus
(qui profecto nisi similitudinem aliquam insignem ani-
madvertisset in nobis, nunquam ut divino erat ingenio
sub unum iugum disparia colla iunxisset: etsi enim
quod nemo nisi tu solus neget, esses ipse candidior,
unum tamen studium, una ætas, unus mos, una mens
erat) quamvis hæc inquam ita sint, nec ullum in nostros
animos ius habeant loca vel tempora, tamen, si nostra
sors sineret mihi, pergratum credo itidem tibi esset
interdum etiam *ora tueri* ut est apud Maronem, et *notas audire ac reddere voces :* vicissimque nos ad ea quæ
restant et ad terminum cohortari. Id si fato vetitum,
quod vetari nequit animo et cogitatione supplebitur: tu
me tuis affectibus, ego te complectar meis : nulla dies,
nulla nox, nulla peregrinatio, nulla lucubratio, nulla
confabulatio, nulla iucunditas, nullus labor, nulla requies
alteri sine altero transigetur. Quem librum alter nostrum
arripuerit, alter aperiet: ubi alter oculos coniecerit, alter leget : quocunque alter cespite sederit assidentem
alterum habebit : quotiens secum aut cum alio loqui
cœpit absentem amicum intentis auribus adesse conspi-

III.                                                      9

ciet : denique quidquid alter egerit, ubicunque fuerit,
quocunque se moverit alter ad dexteram erit. Et quoniam extrema hominis dissimulari possunt non vitari,
ne differri equidem, quando alter obierit, alter illum
memoria prosequetur, illum vivere opinabitur; nec fal-
letur : vivet enim vere, illo præstante, apud quem fons
vitæ est : superstitem nondum vivere incipientem et mi-
serans et expectans : cumque ille consecutus fuerit, tum
demum si ante non possumus, una erimus sine divortii
metu; tunc alterutrum, tunc et tuam iuvabit despectare
Parthenopem et meam Romam, et nostram Italiam quam
parva sit, quæ nostro convictui distrahendo tam magna est, ut semel digressos congredi amplius non sinat:
neque vero tantum oculis sed litteris quoque neget aditum,
et ad summam brevi terrarum spatio ita nos separet quasi
alter Indum alter Iberum servet Oceanum. Animus, nobilissima pars rerum et naturæ opificium excellens, nec
cogi potest nec teneri : ille montes et maria transvolat,
carceres aperit, repagula disiicit, vectes frangit, quando
et ubi voluerit præsens est. Parvus illi saltus ab Alpibus ad Apenninum, aut a supero ad inferum mare est.
Hi sunt enim qui nos dirimunt fines ; exigui quidem :
sed quid refert quam breve interstitium sit si imper-
meabile est? Sæpe cogitavit pietas iter durum vincere,
ut pertingeret cum Ænea ad illum quem supra dixi
tui oris intuitum et tuæ notæ vocis auditum. Tentavi
amplius quam semel segnes moras frangere, ut tot annorum desiderio finem darem. Nil enim ferme magis
cupio in terris quam semel adhuc Romam et te et paucos qui in medio sunt amicos cernere ; id me olim tibi
pollicitum, non viarum labor hactenus non curarum

pondus, sed multos iam per annos verius ferme cum
floribus renascentis belli pericula tenuere : nec dum
ideo spem dimisi, fierique potest, ut quod expectavi
desiderio iuxta sit. Sicut autem malum omne quo im-
provisius eo durius, ita bonum quo insperatius eo dulcius. Interea fortiter feramus absentiam, quæ nonnisi
mortalia segregat, et hac arte, de qua multa loquutus
sum, hanc fortunæ violentiam retundamus. Vale nostri
memor.

Venetiis, XII Kalendas Maias.

————

## EPISTOLA V.

### FRANCISCUS PETRARCA PHILIPPO EPISCOPO CAVALLICENSI
### S. P. D.

Gratulatur reditum amici eumque a novis laboribus itineribusque
suscipiendis dehortatur.

Quantis laboribus quantisque periculis ereptum te
nobis revehit omnipotens Deus, cui beneficio pares
grates agere mens infirma non sufficit ! Agit tamen
mens devota quas potest, quia timui ne Rhenus, Mosa
et Mosella Rhodano Sorgiæ ac Ruentiæ nostris amni-
bus insultare ausi, te insignem illis accolam eriperent,
et sibi perpetuum usurparent. Licet autem longa dilatio
rapinæ proxima sit, tu tamen diu dilatus non iam ablatus es patriæ, quæ te meis verbis obtestatur, ne se
amplius deserendam putes. Itum satis ac reditum et
ambitum est ; dixi olim et in dies dici rectius videtur.
Advesperascit : de hospitio cogitandum. Sæpe inquam

hoc dixi : sæpe etiam scripsi : nunquam tamen opportunius. Nam quietis consilium iuvenibus utile, senibus
vero necessarium est. Oh ! si sit otium quantam hic loquendi materiam res dabat. Sed non magis me loquentem intelligis quam tacentem. Nil enim non dicam loqui, sed vel cogitare queam, quod tibi iam novum sit:
quamvis hac in re non modo ego certe, sed Cicero
frustra te moneat. Bonarum enim rerum omnium
doctissimus in hac una te ipsum tuumque ingenium
supergressus, in incude experientiæ exercitii malleo
artem eius tibi certissimam excudisti. Equidem quam
sit grata securitas nusquam certius quam in periculo :
quam quies dulcis nusquam melius quam in labore cognoscitur. Si hæc ergo vera sunt, quid iuvat totiens
experiri, quod periculo aliquid semper, notitiæ iam nihil adiiciat? Frustra dubios casus retentare temeritas
est, qua nihil minus doctrinæ professioni ætati ac statui et naturæ moribusque tuis convenit, quæ si a te
semper olim procul abfuit, vide ne cuius vitii expers
iunior fuisti eius suspicionem sponte subeas ætate hac,
cui et necessitas rerum minor, et veri iudicium maius
sit. Ultro enim periculis ac difficultatibus se offerenti
inevitabilis est ista suspicio. Nec excusat superioris
auctoritas, quæ utique si coegerit excusaret : sed Romanus Pontifex, etsi te diu fidissimo atque officiosis-
simo usus sit, huic ipse idoneos muneri multos habet.
Atque utinam non tot essent, quos avaritiæ stimuli et
flatus ambitionis in omne præcipitium impellunt, qui
nullum iter nullam horreant mundi plagam, qua ven-
tosi honores et perituræ divitiæ adcantur. Cede tironi-
bus, veterane inclite, et vicissim illi cedant tibi. Vidisti

aliquem sedendi simulque alium ambulandi fessum?
Fac officia permutent : uterque lætabitur. Idem vobis
eveniet. Illi enim sunt laboris avidi, tu quietis, unoque
actu geritur res duorum. Quod si Pontificis iussus premit (est enim imperiosum dominorum genus in iuben-
do, se solos suasque commoditates cogitantium) eloquium tuum ingeniumque te adiuvet. Excusa valetudinem atque ætatem. Non doceo te mentiri : sed evadere.
Finge te paulo seniorem. Cum in multis tum in ætate
ad utramque partem multa finguntur : testes enim veri
absunt obstetrices ac nutrices, ipsique parentes obie-
runt. Frontis comæque testimonium multos fallit ; de
se loquenti creditur, præcipue si plus dicat. Delicati
corporis imbecillitatem laboribus imparem, et defectus
abditos finge. Nam occupationes officii tui veræ sunt,
nec fingendi egent artificio. Nemo præsulum tam
mœstam et tam viduam sedem suam linquit quam tu
tuam. Sic te ovibus tuis approbasti, ut sine te pascua
læta non ruminent : in oculis tuis et in lingua pax ecclesiæ tuæ est : pusillus sed devotus et mitis grex
pastoris ab ore pendens vocem alterius non agnoscit.
Itaque non tam alteri creditur quam proditur. Atqui
non de illius qui te distrahit, sed de tuis manibus ratio
exigenda est. Non ille populi unius debitor, sed plurium,
sed maiorum. Tu de tuo grege respondeas oportet et
non alius. Potest ille, fateor, te cogere ut qui sui gregis
es portio. Sed mihi crede, si bona fide volueris, nunquam coget : ratiunculam enim tuam suis inferre rationibus et pro te debitor fieri nolet. Tuum illi gregisque
periculum expone acriter, explicite ; nihil omiseris, imo
si vera destituunt, simulata iungantur. Non est menda-

cio imputanda simulatio veri adiutrix. Ut sis liber, ut
sis tuus, ut sis salvus, ut sis bonus omni ingenio eni-
tendum est. Apud scriptorum aliquos Ulysses arguitur
simulasse insaniam quo militiam detrectaret; et sane
si vera simulatio, et accusatio iusta est, suæ opis et
consilii egentem Græciam inter maximos apparatus
belli iustissimi militarem virum deserere voluisse. At non
in regina Scytharum Thamiri simulatus metus, nec dis-
simulatus in Cæsare, nec in Ventidio simulata cupiditas ac formido reprehenditur; non in Themistocle simulatus morbus, non in Claudio Nerone inque aliis multis
dissimulata profectio: quippe quod his artibus decus
sibi quærerent, exercitibus salutem, et patriæ libertatem. Tua simulatio nulli damnum, tibi pacem animi fu-
gamque periculorum, patriæ requiem ac gaudium alla-
tura est. In tuis tam diuturnis tantisque laboribus non
tua vel tuorum salus, non tuæ vel universalis ecclesiæ
libertas agitur, pro qua viris iustis ac fortibus et laborare propositum est et mori: sed (patere me solita fiducia verum loqui apud illum cui nihil dixi unquam quod
in animo non esset, nihil tacui quod esset, permitte me
non minori fide quam audacia animum tuum ubi cu-
randus est pungere) ministerium agitur nescio quod
alienæ cupidinis, et negocium voraginis inexpletæ. Vis
tu ab omni cupiditate semper atque ambitione liberri-
mus, alienæ nunc avaritiæ servus esse, et alienis affectibus obsequi, qui tuis imperas? Non id tui ut puto
certe, neque consilii mei est. Ad maiora officia natus
es, quam ut cuiuscunque sis quæstor. Simplicitatis et
libertatis veniam peto. Tunc mihi verus eris Episcopus, verus pastor, cum quæstor esse desieris. Non est

tui animi cura tam humilis , et si a te reiicitur reper-
tura alios, et cuique melius credenda quam tibi. Ostende
Pontifici te non posse quod poteras. Ostende et posse
alios et optare quod tu fugis. Ora ut illis optata militia, tibi debita vacatione provideat : denique constanter
nega. Pluris ille te faciet: et si repulsam oderit, virtutem diliget constantiamque mirabitur, ac rogare desinet.
Verum est enim declamatorium illud apud Senecam
*nemo fortiter negantem iterum rogavit.* Hæc tibi tali
viro, clarissime mihi Pater et carissime, non auderem
loqui, nisi illinc modestia et humanitas tua, hinc meus
amor, mea fides, zelus, pavor animos darent. Has enim
peregrinationes tuas tam crebras tam difficiles simulque tam longas ac longævas metuo, et morte peius in
quo ipse periclitor periculum tuum odi. Subsiste, obsecro,
tempus est. Quanto autem nunc te videndi desiderio
trahar promptius tibi cogitando fuerit, quam mihi loquendo assequi. Ab annis teneris intus et extra tibi
cognitus quid a te semotus hoc septennio profecerim
dicam. Siquidem cum iam ætas vanis amoribus fere
omnia subtraxerit, infinitum quiddam iusto addidit
amori. Solebam mirari multa quæ nunc sperno, quædam amare quæ nunc ardeo, ita quo senior in dies eo
hinc algentior, hinc ardentior fio (*hic desunt nonnulla*). Et
fortassis implebit hoc pulcherrimum desiderium meum
Deus, ante quam moriar, dumque minus expectabor adero. Oh! si inter libellos tuos improvisus exoriar, oh! si
herbosa in ripa puri amnis, oh! si alta sub rupe unde ille
noster tanto cum murmure fontium rex erumpit! Interim Socrates meus ibi est, imo vero Socrates tuus. Illum precor ut facis, et in illo me solitis paterni animi

ulnis amplectere, atque omne quod de me aut pro me
faceres in illo exhibe ; et vale mei memor ut soles, tui
autem plusquam soles.

Mediolani, V Idus Augusti.

———

EPISTOLA VI.

FRANCISCUS PETRARCA ZENOBIO FLORENTINO S. P. D.

Narrat magnum Siciliæ Senescallum se visum venisse.

Mœcenas tuus Augustum meum, fidenter adiiciam,
et me visit. Bibliothecam meam ausus opes contemnere
bis adiit, nec occursus hominum, nec acervus rerum,
nec eum denique tenuit labor viæ: siquidem in extremo civitatis olim, nunc extra civitatem habito, loco cum
salubri tum solitario admodum ac reposto. Huc ille vir
tantus venit, et submissis fascibus, ut quondam Magnus Pompeius Possidonii parvam domum, atque ita
venerabundus hoc exiguum limen ingressus est, ada-
perto capite, prope affusus, quasi Apollinis ac Pyeridum
sacellum unus aliquis e Parnasi accolis, usque adeo ut
mihi et iis qui aderant illustribus viris, et devotum
quemdam tam generosæ humilitatis horrorem incute-
ret, et prope lacrimas tantæ pietatis excuteret. Ea maiestas oris, ea morum comitas inerat, ea primum silentii,
mox verborum gravitas fuit. Libellis ocii mei auctoribus comitibusque nunc omnibus nunc singulis tam suaviter inhæsit ut nil dulcius. Multus ibi de multis, sed
præcipuus de te sermo. Nec vero brevem moram traxit

ut viantium mos est, sed longam adeo ut coactum diceres abire: ad summam fecit locum quem cuncta re-
visant sæcula, quem non Romanus modo vel Florentinus
hospes, sed virtutis amicus quisque erit hac transiens
adoret. Et quid dicam? Totam hanc regiam urbem suo
lætificavit adventu, et fronte siderea serenavit mirum
in modum, et dominis gratus et populo, mihi vero quam
plurimum, quod iam impossibile factu rebar, antiquam
illam sibi pridem dati animi benevolentiam, cumulavit,
effecitque illud inter mortales eximium ac rarum, ut diu
cogniti sed nunquam visi hactenus famam viri non modo
non minueret præsentia sed augeret, quod fere de nullo
unquam vidi, de paucis legi. Tu tali amico felix vive
et vale nostri memor.

Mediolani, XVI Kalendas Septembris.

## EPISTOLA VII.

### FRANCISCUS PETRARCA ADOLESCENTI SUO S. P. D.

Graviter eum obiurgat, quem domo iam eiecerat, et frustra reditum
postulantem hortatur ut resipiscat.

Possem ego te amare, si amare tu te ipsum posses, si vel non odisses. Et quis est, inquies, qui se oderit? Quis omnino qui non quam maxime se amet? Scio
sic persuasum publice, nec mihi vox Pauli, nec sententia Ciceronis ignota est. Negare difficile est, hunc
malorum prope omnium fontem esse quod nimium nos
amamus. Nempe hinc furta, hinc adulteria prodeunt,
hinc rapinæ et quæ sunt generis eiusdem, ad quæ nos

præceps et nimius nostri amor impellit, dum pati non possumus deesse aliquid nobis omnium quæ delectant, et idcirco forte confitear multos esse qui se nimium ament: at qui satis, paucos. Quomodo enim quæso se satis, hoc est sobrie, amat qui sibi volens sempiternam mortem quærit? Quomodo se amat qui se inexpiabilibus probris obruit? Denique quomodo se amat qui Creatorem suum odit? Profecto enim qui se ipsum amat illum amet oportet, qui se fecit, quem si odit utique se non amat. Neque vero id in se tantum, quo nil est propinquius cogitanti, sed in rebus aliis cogitare promptissimum est. Quis umbris arborum et concentu fidium gaudens radices odit et citharam? Quis aquæ rivum diligit fontis osor? Atqui si amator uxorius tanto socerum veneratur affectu qui in filiam præter nomen ac peccatum nihil habet, quid debemus Deo qui uxorem qui filios et quæcunque amamus, qui denique nos atque animas nostras, quibus nos ipsos atque alia quælibet amaremus, condidit? Si dentur (*sic in Codicibus Florentinis, in quibus aliquid deesse manifestum est*) et intrepide repetam necesse est sese oderit, quia idipsum, quod dicebam, nimis amare odisse est. Contra amati salutem est enim, quam ut suum finem respicit verus amor; falsus in contrarium fertur, quod suum ac proprium est odii. Possem ego quoque te non spernere nisi tu Deum atque homines animamque tuam sperneres: possem te pati nisi tu patientia diu multumque esses abusus. Possem tibi mitior fieri, nisi tu meam nescio an dicam mansuetudinem an facilitatem an mollitiem stulte simul atque impie calcare non veritus, meos diurnos nocturnosque actus tuo diurno ac nocturno non ocio sed torpo-

re, meas tibi notissimas vigilias tuo iugi ac languido mor-
tique simillimo sopore, meum et amicorum cultum et
amicitiarum fidum ac perenne studium inepto risu, et
contemptu hominum, quos videre vel audire non es dignus, denique naturam, vitam, mores, studia et postremo
mea omnia contrariis moribus atque artibus deformas-
ses; ut quantum mihi gaudii mea mens dabat non
exactæ quidem innocentiæ neque magnæ virtutis, sed
hercle voluntatis optimæ sibi conscia, tantundem
plusque aliquid doloris animus tuus ac propositum quod
celare nec poteras nec sciebas, credo equidem nec volebas (tantus nescio unde mearum rerum atque opinionum contemptor evaseras) et inæstimabilis illa dissimilitudo naturæ, (quæ, si suspicio hominum vera esset,
persimilis esse debuerat) ac stupenda votorum omnium
diversitas daret. Quæ omnia dum potui tuli, sed tam
graviter ut ex omnibus sarcinis quas fert mundus et
vita hominum nulla mihi molestior, nulla esset aut fuisset indignior; nempe cui baculus imbecilli senio provi-
sus in pondus ac præcipitium versus esset. Substinui
tam gravi et indignante stomacho multos quidem per
annos, quod nunc miror: sed vires patientiæ pietas dabat, et obstabat nauseæ spes iam tenuis mutandæ vitæ, quæ ubi prorsus evanuit tandem te non fessus modo
sed fractus malis atque expugnatus evomui, et infaustum onus domo exegi. Et si finem exilii tui quæris,
idem, scito, non alius quam peccati erit. Victus amor,
exhausta spes, consumpta patientia mea est, nec ferre
te limen meum potest, nec murus capere, nec tectum
tegere, nec audire aures, nec videre oculi: proinde dum
is es qui hinc abisti, et optare reditum pudeat, et spe-

rare ut admitti queas. Alius redi, alio habitu, aliis
mentis affectibus, alio pedum incessu, alia manuum
iactatione, alio pectoris ac cervicis motu, alio vocis
sonu, alio flexu supercilii, alio frontis nutu. Cave nil
revehas illius quod te iis etiam odiosissimum fecit quibus fecerat natura carissimum: sed in primis illum, quo
turpissime tumes, fastum atque contemptum, quo nihil
indignius, nihil difformius statui tuo est, quo, dum fuerit qualis hactenus fuit, nihil humilius habet, nihil con-
temptibilius orbis terræ. Tu ne mihi creatorem tuum
patremque omnium Deum, tu ne homines fratres tuos,
eos maxime qui nos amant, tu animam salutemque tuam
spernens, hoc maior, hoc clarior fieri putas? Tumidior
fis; e tumore autem tuo, rogo, quid unquam nisi ridi-
culus mus nascetur? Minus dico: ridicula enim frontes
atterunt, ilia quatiunt, iocos movent. Tumor tuus aliis
ridiculum forte, tibi autem veros luctus et æternæ materiam mortis spondet. Colubro enim tumes flebili, non
mure ridiculo, atque ita cum sis te felicem reris. Cœce
falleris, cœce tota erras via, cœce, inquam, veræ callem
gloriæ non vides, quodque est pessimum, malo tuo
gaudes miser, tuoque dedecore gloriaris, nec intelligis
quo te error hic ducat, et his moribus vel latere forsan, vel placere insuper credidisti, et hanc spem va-
nissimam ex me fateor concepisti: eo scilicet quod suorum nemo esset amantior, quasi vero semper verum
sit amantum cœca esse iudicia, et non illud interdum
verius, nullius animo severius esse iudicium quam
amantis: sic enim exacta omnia a suis exigunt qui amant
ut sæpe delicatissimi sensus minimis etiam offendan-
tur. Tu utinam, non dicam exacta, sed vel communia

præstitisses, teque si non virum, at hominem, vel si id
nolles, at certe non belluam meminisses. Evanuisti autem in cogitationibus tuis, usque ad funestam tui ipsius
oblivionem, soporemque mortiferum, unde ut absolvi
possis non vocandus modo vel vellicandus, sed uren-
dus ac secandus es. Surge, amens, expergiscere, atque
ubi nunc iaceas vide. Non cessent oculi tui perditum
tempus flere, non cessent manus tuæ tumidum pectus
tundere, non cesset lingua simulque animus veniam
precari. *Numen confessis aliquod patet* inquit Naso. Quid
a quoquam verius dici potest, quid religiosius, modo
de numine conveniret? Patet equidem confessis et con-
tritis numen aliquod, illud scilicet de quo stupentes
Iudæi, *quid hic loquitur,* aiebant, dum peccata dimitteret;
quod cum solius Dei opus esset, fieri ab homine mira-
bantur, ignari et Deum esse qui faceret, qui peccata
hominum non modo post tergum suum proiicit, sed
etiam in profundum maris, qui quantum distat ortus ab
occidente longe facit a nobis iniquitates nostras, qui
prope est omnibus invocantibus eum, sed invocantibus
in veritate. Ille tibi aderit si vere invoces, si tumore
deposito, si præteriti dolens et futuri metuens, et de
te diffisus et de illo sperans, qui quamvis multos subito sæpe iustificaverit, nec tempore ad agendum egeat.
Tu tamen longa tibi purgatione opus credito. Diuturn-
næ et concretæ sordes non facile diluuntur. Bene tecum
agi putes si quantum tempus errasti, tantum redeunti
suffecerit ad rectum iter. Solet enim error pronus esse,
reditus non ita: remetiendum omne tibi viæ spatium,
quo tam procul a iustitiæ semitis aberrasti: repetendi
anfractus, relegenda vestigia, ut omnia in adversum

agas, proque effrenata libidine modestiam colas, pro contemptu Dei et hominum, quod tutius fiet, mundum spernas ac te ipsum, et hortatricem criminum carnem tuam, qua nil tibi inimicius vitæ est, cuius consilio et in me, et quod est longe gravissimum atque miserrimum, in Deum tuum nefarie rebellasti. Mecum tamen ut videbitur: cum illo prius in gratiam redeas velim: alioquin domini mei hostem volens meis sub laribus non videbo. Illum si rite placaveris (est enim supra fidem mitis ac placabilis) facile ipse meas iniurias obliviscar etsi multæ sint, et cui dominus pepercerit, conservus veniam non negabo; neque oblivisci potero illud Ecclesiastici. *Ne despicias hominem avertentem se a peccato, neque improperes ei: memento quoniam omnes in corruptionem sumus.* Sed hæc hactenus. Scripsi plura quam credidi. Misericordia hodie iram vicit; hæc tibi autem, infelicissime adolescens, frustra quidem ut puto, sed quia maxime meum erat sæpe tibi rectum iter monstrare, iterum atque iterum ne tuum crimen aliquam mihi culpæ suspicionem applicuisse videretur, si te in omne malum lapso in silentium ego collaberer, teque præcipitem tacitus spectarem; hæc tibi, inquam, vitæ perditæ et obiectæ spei remedia atque instituta præscripserim pro desperati ac neglecti veterni tui qualitate brevia, sed, ni respuis, nunc etiam fortassis utilia. Etsi enim acriter intuenti nullum in te mihi prognosticon salutis appareat, dat tamen spei aliquid ætas tua, sed multo amplius læsi domini clementia, quæ sibi sæpe de hostibus amicos fecit. Nec minus quam quod in multis potuit in te potest, modo illi ad te aditum præbeas, obicemque dimoveas. De hoc tamen ipse videris. Quod

meum erat, et verbo millies et nunc scriptis implesse
videor; quam ad extremum efficaciter, iterum dico, tu
videris. Deinceps enim tacere eligo, et rei exitum in silentio opperiri, ita ut si evaseris saluti tuæ, si perieris
fidei meæ gratuler, quæ, contumacem licet et ingratum, magnis tamen sæpe clamoribus atque in finem
tacitis notis, usque ad tumulum prosecuta sit, ut nisi
valde me fallit opinio, nec mea solum sed multorum,
immo omnium, nisi forte complicum tuorum, nunquam
de me iuste aliquid vivus aut mortuus quæri possit.
Cæterum quia te reditus avidum ut sentio, non mei
amor aut virtutis, sed exilii tui forsan incommoditas
facit, quamquam tibi perproprie dici posset quod Tiberio respondit Augustus e secessu in odio ad revisen-
das necessitudines reditum flagitanti, ut « dimitteres
omnium tuorum curam quos tam cupide reliquisses, »
respondebo tamen aliter. Dum te sanum et qualem esse
iubeo non tam opinaberis, quam scies, inque hac pagina quasi in speculo detersam animi tui faciem videbis, tum demum, nec volente me prius, vultum meum,
quem serenum tibi ac facilem contempsisti, non ut soles, sed ut tibi expedit, ut me decet, te visurum spera.
Scio enim quod te perdidit facilitas mea. Curabo ne te
amplius pietate impium fecisse, vel amando perdidisse
videar. Hoc tibi non ex oraculo Apollinis Pythii, ut ait
Cicero, sed Christi ore dictum puta: nihil certius, nihil
est verius.

Mediolani, III Kalendas Septembris.

## EPISTOLA VIII.

### FRANCISCUS PETRARCA SOCRATI SUO S. P. D.

De duobus qui se visum venere, quorum alterum importunum
alterum acceptissimum habuit.

Applicuit Bolanus noster ad vesperam ingenti pluvia sed multo maiore verborum copia. Quid vis? Solitudinem hanc fori instar turbidi suo fecit adventu. Scis
quid loquor : nihil homine quidem illo gravius: non ea
gravitate quæ sapientis est propria, sed alia quadam
importuna morum sarcina. Cui vero nunc hominem de-
scribo? Nosti omnia. Non est mihi elephantis aut cameli
dorsum: solo visu fessus inclinor, et quod ait Flaccus,

Dimitto auriculas ut iniquæ mentis asellus,

et sudare incipio quamvis algerem. Quid agerem quove
me verterem? Hora, locus, imber, urbanitas hortaban-
tur, ne abire sinerem, quem abiisse seu potius non
venisse valde cuperem. Sola pro me stabat verecundia
quædam, ut decora in multis, sic in illo monstrum. Nimis sibi comitatus videbatur, et sic erat: et vereri cœperat ne turbam hospitum solitarii hominis tecta non
caperent. Pendebat adhuc tamen fatum meum: proxi-
mæ noctis pervigilium ac requies in dubio erant: unius
comitum modestia me liberum fecit illum facile hospitio indulturum identidem vellicantis monentisque abitum. Quod ubi animadverti instare iam tutius et videri
velle liberalior incipio, utque per noctem maneat hortari. Oh ! artes moresque hominum ! Orare cuius contrarium fieri velis ! Sed sic est usus. Ille autem negare,

occupationes vel proferre vel fingere. Quid te moror?
Si fregisse me illi tunicam putas, falleris. Sino hominem,
lætior quam qui febribus liberantur. Laborasti, non dubitem, me loquente, et de fine dubius pependisti. Sed
ut dempta solicitudine iam hinc incunditate simul atque
invidia repleare, non ita multo post, hora illa quæ apud
veteres prima fax dicitur, supervenit noster ille lætis-
simus hominum. Oh! quanta diversitas! Nullum animal
æque ut homo a se ipso differt: alter nullius, alter in-
finiti pretii est. Mutata repente domus facies, timerique
cœptum quod optatum fuerat, ne qua illi scilicet abeundi
vel necessitas esset vel occasio; et vesperi et nubibus
actæ gratiæ, quibus hospes tàlis pernox fieri debuit: nec
sane compedibus opus erat: non ego tenendi hominem,
quam standi ille cupidior. Itaque nobis non modo noctem
illam, sed complusculos dies lætos præbuit. Sed habet
hoc insitum nostra lætitia: subito desinit, et cum desierit nulla est, et idipsum fieri posset, nisi lætitiæ locum dolor invaderet. Ille abiit, ego deiectior quam si
hominem non vidissem, substiti. Ita dictu mirabile, quod
illic timui hic speravi, et quo ille lætum, hoc iste me
mœstum fecit. Vale nostri memor.

---

## EPISTOLA IX.

FRANCISCUS PETRARCA SOCRATI SUO S. P. D.

Narrat se veniam cuidam licet immerito indulsisse.

Homo blandus et fallax, idemque si liceat et vio-
lentus et minax, quem mecum exitum invenerit quæ-

ris. Quid verum inficier et non potius cum Cicerone confitear qua mollitie sum animi ac lenitate? Nunquam illius lacrimis ac precibus restitissem. Sic est fateor. Illo enim loquente sentiebam nescio quid tenerum atque femineum oberrare præcordiis, parumque aberat quin supplici meo collacrimarer, et ipse personam offensoris ac deprecatoris induerem. Sed dum illud in animum veniebat; quisnam est iste qui tecum loquitur, quid egit, quid voluit, quid optavit, quid molitus est, quid pere-gisset ubi consiliis sceleratis occursum non fuisset, quam multorum iniuriæ se miscuit, quam nihil eum pœnitet, nihil pudet, nihil omnino præter impotentiam conatibus impiis nunc etiam obstat, quam fictæ sunt hæ lacrimæ, simulatæ blanditiæ, coactæ preces, qui spiritus, quæ mens illi est, qui lupus in hoc agno la-tet; hæc per se singula cogitans indurescebam sensim, et in silicem atque adamanta vertebar. Quid credis? Po-teram homo alter, et ipse mihi dissimillimus iam vi-deri. Iubebat ratio veniam pessimo homini negare; si-quidem indulgendi facilitas bonos lenit, malos asperat: et adstipulabatur iræ iustissimæ facultas præsens ac prompta vindictæ. Vicit tamen natura suavior: hac igitur lege veniam tulit ut dehinc nec amicus nobis ille, nec hostis sit: quorum primum haud dubie præstabit: de secundo viderit, dum sibi tam facilem secundam veniam nunquam speret. Ad hunc modum se res habet. Mallem medium tenere: sed si in alterutro labi oportet, malo malis etiam pius esse, quam trux bonis. Tu oratus da veniæ meæ veniam, et vale.

## EPISTOLA X.

**FRANCISCUS PETRARCA FRANCISCO PRIORI SS. APOSTOLORUM
S. P. D.**

Sacrarum litterarum studio se intentius vacare.

Animadverti ex epistola quadam tua placere tibi,
quod sæcularibus sacra permisceam. Idque vel Hiero-
nymo placiturum censes: ea varietatis amœnitas, is decor ordinis, ea est ut asseris vis iuncturæ. Quid vis
dicam? De reliquis ut videtur iudica, certe nec falli facilis, nec fallere solitus, nisi quod qui amant non facile
modo, sed cupide falli solent. His ergo omissis, de me
dicam deque affectu novo quidem sed iam valido, quo
ad litteras sacras stilus animusque meus agitur. Irri-
deant superbi, quibus divinorum eloquiorum sordet
austeritas, et ceu castæ matronæ cultus parcior offendit oculos meretriciis assuetos fucis. Ego non permit-
tentibus solum sed plaudentibus Musis, et secundo fieri
rear Apolline, ut qui iuvenilibus iuventam studiis dedi,
maturiorem ætatem melioribus curis dem; neque mihi
dedecori vertendum, si qui totiens ad inanis famæ
præconium ventosasque hominum laudes, ad laudes
Creatoris mei media nocte consurgens, quietis tempus
somnosque illi meos fregero qui non dormitat neque
dormit custodiens Israel, neque universali custodiæ contentus, me quoque custodit, et solicitus est mei, quodque ego in me clare admodum, in se omnes non ingrati sentiunt, ita singulos servat quasi omnium oblitus,
ita omnes regit quasi singulorum negligens; denique
sic statutum fixumque animo est, si ex alto dabitur,

inter haec studia et has curas spiritum exhalare. Ubi enim melius possim, aut quid agendo tutius hinc abeam, quam amando et memorando et laudando semper eum, qui nisi me semper amasset, nihil penitus vel, quod minus est nihilo, miser essem, et si eius amor erga me finem habuisset, mea finem miseria non haberet? Amavi ego Ciceronem fateor, et Virgilium amavi usque adeo quidem stilo delectatus et ingenio, ut nihil supra: alios quoque quam plurimos ex illustrium caterva, sed hos ita quasi ille mihi parens fuerit, iste germanus. In hunc amorem me amborum duxit admiratio, et familiaritas cum illorum ingeniis longo studio contracta, quantam visis cum hominibus vix contrahi posse putes. Amavi similiter Platonem ex Græcis atque Homerum, quorum ingenia nostris admota, sæpe iudicii dubium me fecere. Sed iam nunc maius agitur negotium, maiorque salutis quam eloquentiæ cura est. Legi quæ delectabant, lego quæ prosint. His mihi nunc animus est, immo vero iampridem fuit, neque enim nunc incipio. Neque vero me id ante tempus agere coma probat albescens. Iamque oratores mei fuerint Ambrosius, Augustinus, Hieronymus et Gregorius: philosophus meus Paulus, poeta David, quem, ut nosti, multos ante annos prima egloga bucolici carminis ita cum Homero, Virgilioque composui, ut ibi quidem victoria anceps sit, hic vero, etsi adhuc obstet radicatæ consuetudinis vis antiqua, dubium tamen in re esse non sinit victrix experientia, atque oculis sese infundens fulgida veritas. Neque ideo quia hos prætulerim, illos abiicio, quod se fecisse Hieronymus scribere potius quam sequenti stilo approbare visus est mihi. Ego utrosque simul

amare posse videor, modo quos in verborum, quos in
rerum consilio præferam non ignorem. Nam quid, oro te,
prohibet diligentis patris familias in morem supellecti-
lis aliam partem necessitati, aliam ornatui deputare,
servorumque alios nati custodiæ, alios iocis alere: insuper et argenti simul et auri divitem fieri, cum utriusque pretium sic noveris ne in alterutro falli queas,
præsertim cum veteres illi nil aliud a me requirant,
nisi ne oblivione deleantur, et primitiis studiorum con-
tenti, omne iam melioribus tempus cedant? Id sane cum
per me ipsum sic facere decrevissem, te auctore et laudatore fidentius faciam. Ad orationem, si res poscat,
utar Marone vel Tullio, nec pudebit a Græcia mutuari
siquid Latio deesse videbitur: ad vitam vero, etsi multa
apud illos utilia noverim, utar tamen iis consultoribus
atque iis ducibus ad salutem, quorum fidei ac doctrinæ nulla suspicio sit erroris. Quos inter merito mihi
maximus David semper fuerit, eo formosior quo in-
comptior, eo doctior discretiorque quo purior. Huius
ego psalterium et vigilanti semper in manibus semperque sub oculis, et dormienti simul ac morienti sub
capite situm velim; haud sane minus id mihi gloriosum
putans, quam philosophorum maximo, Sophronis Mi-
mos. Tu vive et vale feliciter.

  Mediolani, XIV. Kalendas Octobris.

## EPISTOLA XI.

FRANCISCUS PETRARCA GULIELMO DE PASTRENGO
S. P. D.

Hominem quemdam ex artifice senili iam ætate ad litterarum
studia conversum amico commendat.

Virum hunc si nosse cœperis et amare incipies et
mirari. Longa est historia. Summa est: quod honestis
ex causis familiarissimus et amicissimus factus est mihi:
et, sero licet, tantus eum discendi ardor cepit ut neglecto studio rei familiaris et deserta fabrili officina, in
qua insigniter eminet, totum se litteris dederit. Itaque iam nil nisi scholas, libros et magistros cogitat, inque hoc uno noctes insomnes et solicitos dies agit.
Amplectere eum, oro te, et proposito suo fave. Nihil est
deformius quam iustis desideriis opem non ferre. Et
quid putas ambiat? Non opes, non potentiam, non honores, non vulgi compedes ac venena mentium voluptates, sed unicum otii sui præsidium et vitæ solatium
libellos quærit sine tuo ductu tuisque auspiciis nil ausurus. Suspirabis intelligens quo aspiret, et tacitus dices;
utinam tempestivius cœpisses,[1] sola enim ætas obstat
ingenio, quamvis et Plato provectior philosophiæ et Cato
senex græcis litteris operam dedit. Hæc hactenus. Ray-
naldum nostrum mei memorem salvere iube, cui hoc

---

[1] Huius epistolæ codex Passioneianus bibliothecæ Angelicæ urbanæ
(*Vide Vol. I, p. xxiii, litt. C*) aliquantum diversam exhibet lectionem. Nam
pro *Nihil est deformius etc.* habet: *Nihil est Deo similius quam iustis desideriis opem ferre.* Epistola vero desinit in verba *tempestivius cœpisses*
adiecto *Vale.* Cætera quæ sequuntur, quæque nos e veteribus editionibus
descripsimus, in eo codice desiderantur.

ipsum scribere nec volui nec potui. Expecto enim
Calpurnii Bucolicum carmen et tuam Varronis agri-
culturam; valde enim memini si quid mihi promit-
titur. Vale.

Patavii, XVII. Aprilis, propere.

———

EPISTOLA XII.

FRANCISCUS PETRARCA ALBERTINO DE CANOBIO MEDICO
S. P. D.

Mortem fuga haud vitari posse. Furti domestici quod passus
est historiam enarrat.

Nil nisi pergratum in litteris tuis legi. Etsi enim
aliquid supervacui timoris inesse videatur, totum tamen puri amoris manat e fontibus, de quo magister
amorum scripsit :

Res est soliciti plena timoris amor.

Certe quem securum videas non amantem scito; nam
licet secura sui virtus sit, aliis tamen timet : quod inter illos civilis belli motus de Marco Catone legimus.
Sed ne quod apud te ultimum erat apud me sit primum,
ordinem tuum sequar ad hoc ipsum postea reversurus.
Læte audio quod excusatio, apud vulgus forte non ve-
risimilis, in se vera, et apertas aures tuas et facilem
animum invenerit. Signum bonæ mentis est fidere. Solent qui multa mentiuntur nihil credere, et qui nihil
omnia. Fere enim ita accidit ut qualem quisque se novit, tales alios opinetur, nisi inopinum forte aliquid

emerserit, quod mutare sententiam cogat: quod nostra
ætate quotidianum adeo est, ut Psalmistæ *in excessu*
suo dictum *omnis homo mendax* nunquam alias tam
certum tamque compertum fuerit; interque tot mendaces, quid paucis vera loquentibus credi possit subdif-
ficilis coniectura sit. Fecisti igitur ingenue quod amico
fidem habueris non fallenti. Nempe si indigis manibus
vacuus et inanis inveniar, durum; sed sic est, et ferendum quod mutari nequit. Ut enim re intelligo nihilo melior œconomicus quam politicus sum. Omnia hæc unus
solitudinis ac litterarum amor abstulit, nec deinceps
mutandi habitum spes est. Nam etsi semper aliquid in
dies discere moliar, artem tamen prorsus incognitam
aggredi serum est. Eat ergo res familiaris ut libet, sive
ut potest, modo ego integer nudus evadam. Peregre
rediens Anaxagoras, desertasque conspiciens possessiones suas, nihil damno motus: *Non essem* inquit *salvus ego, nisi istæ periissent.* Philosophice, graviter, magnifice. Quid autem refert quam prope seu quam procul
sim, dum mea diripiuntur ac pereunt? Improprie quidem nec sat Bianteo more me locutum fateor, mea enim
nec diripi possunt nec perire. Sed mea dixi quæ fortunæ sunt, vulgi potius errorem in loquendo, quam meum
certe iudicium secutus: vulgare sermonis malum. Quid
inquam refert dum hæc pereunt ubinam sim, si inter
ipsum thalami mei limen, sic ab omni custodia rerum
pereuntium peregrinor quasi trans Indiam extremam-
que Thaprobanem habitarem? Hanc occasionem nacti qui
dicuntur servi, cum sint hostes asperrimi, et suis usi
fraudibus, et facilitate mea abusi, impie atque nefarie
eo me non sentientem redegere, ut experrectus pericu-

lum meum viderem ; nihil enim ferme iam reliqui erat,
præter corpus ac libros, in quod avidi possent ac famelici sævire carnifices. Dum illos fugio, nullas latebras
nullas angustias recusarem. Tam latis enim tam remo-
tis in ædibus habitanti vel familiare discrimen de quo
dixi aderat, vel si illos eiicerem, erat in eo statu solitudo ipsa discrimen. Si quidem paucitas quæ ampla in
domo solitudo est, ad angustam si transeat, turba erit.
Sic hospitium et magna ex parte modum vitæ ad tempus mutare coactus sum : non sine cogentium gravi
tamen incommodo. Nam cum eo usque progressus esset
illorum furor avaritiæ, stimulis et rabie actus invidiæ,
ut me coram neque vultu meo, neque minis aut precibus inflexi sese gladiis usque ad mortem confoderent,
victa demum patientia, abdicavi illos a me. Utor enim
verbo patrio, quod ego illis vere pater fueram, quamquam illi mihi non filii sed insidiatores essent, ac sicarii furesque domestici. Et nunc habeant sane sibi
fructum scelerum suorum : nempe non sopitum modo
sed insensibilem me rati, eoque sibi perpetuam gras-
sandi licentiam promittentes, et furtorum, pro! Dii, nihil
sibi ex omni sua nequitia præter fluxum gulæ negocium ac libidinis quæsivere. Itaque bene habet: brevi,
ni fallor, esurient. Iam enim fastu deposito, submissi ac
deiecti reditum orant : quem si impetrent, plane omnis
præteritæ futuræque perfidiæ veniam licentiamque per-
cipient : ego autem non modo damnis, iniuriis, fastidiis
premar ut soleo, sed solatio etiam priver inutilium
querelarum. Multo quippe facilius inducar quibuslibet
hostibus me dedere, quam iis quorum ipse segnitiem
sævitiamque cogar alere ; nam ut te hostis lædat, com-

munis et vulgata calamitas ; ut hostem ipse tuum nu-
trias, ea vere singularis quædam et extrema miseria
est. Et quid, quæso, nunc cogitas, amice? Quam libenter
hoc furum genus satyra pungerem immortali, nisi quod
et sæpe alias et hodie satis multa de vilissimis pessi-
misque furciferis et indignis, qui calamum melioribus
destinatum diutius occupent, dicta sunt. Illud autem quod
ex hoc aere semper hactenus laudato nunc nescio cur
infami me ad patriam tuam saluberrimasque Alpium
radices anxius atque solicitus vocas, fideliter quidem
facis ut soles, utque in ipsa precum instantia splendi-
dior sole meridiano amor mihi tuus illuxerit. Sed vide,
oro, quale sit, ut homo licet indoctus, doctorum tamen
hominum libris ab infantia delectatus, iamque provectior mortem aut fugere cogitet aut differre. Nempe
iampridem et nobis et omnibus qui sunt, quique post
venient, constituti sunt termini, qui ut præteriri non
poterunt, sic et cum præterierint reparari et antequam
prætereant prævideri nequeunt. Neve nostris hoc solis
persuasum esse aut sacris tantummodo litteris scriptum
putes, audi quid sæcularium litterarum et Romanæ
facundiæ primi duces dicant. Alter enim *moriendum*
inquit *certe est, et id incertum an hoc ipso die, nec
est aliquis tam stultus, quamvis sit adolescens, cui sit
exploratum se usque ad vesperam esse victurum.* Alter ait :

> Stat sua cuique dies; breve et irreparabile tempus
> Omnibus est vitæ.

Possem multos veri huius auctores in medium adducere ; sed nota res est, neque egens testium ; ad hæc

non numerus sed auctoritas testibus fidem quærit.
Quid hæc igitur sciens agam nisi ut expectem, seu
progrediar vel lætus certe vel intrepidus? Lætum
mori enim nimis alta felicitas, trepidum vero nimis ima
fragilitas est : imperterritum inter terribilia quæ videntur stare, immotisque mortem oculis spectare, id medium quidem et profecto verum viri opus. Fuga autem
mortis cum in iuvene stulta, sic in sene ridicula, tum
in cunctis inefficax esse deprehenditur. Sive enim nos
ad mortem imus, ut quibusdam placet, sive illa ad nos
venit, ut aliis visum est, fieri potest crebroque fit ut
in illam dum fugimus incidamus, propterea quod non
semper sed perraro vel quæ, vel ubi creditur mors est:
quin sæpe alia, sæpe alibi, maiorque pars hominum et
alio loco et alio quam timebat genere mortis absumi-
tur : et verissime ait Flaccus quod :

> improvisa leti
> Vis rapuit rapietque gentes.

Ut ergo pestem fugiam, quæ hactenus urbem hanc terruit potius quam invasit, quot sunt alia, quam diversa
mortis spicula, quibus assequitur fugientes, et quorum
forte plurimis subductum, uni caput obiicio? Hic ferrum metuens naufragio periit, ille procellam dum vitat
æquoream hosti iugulum dedit in littore. Illum prælio
fugientem equi lapsus allisit, hunc parcentem laboribus
sopor et requies oppressere. Vide ut Alexander Macedo
pugnando invictus, bibendo vincitur. Magnus Pompeius
Thessaliæ superstes a se optatam in Ægyptum incidit,
tutiorque illi hostilis acies fuit quam clientis domus.
Iulius Cæsar externorum victor hostium a domesticis

circumventus est. Augustum fulmina metuentem morbus ac senium resolvit, et Domitianum fungis abstinentem invenerunt gladii, et cessantem a gladiis Claudium boletus sed medicatus extinxit. Africanus iunior,
quem nulla acies nullus hostis fregerat, non Numantia,
non Carthago, mortem reperit in coniugali cubiculo,
quod magno illi Græcorum regi Troiæque victori atque
eversori tanto prius acciderat. Sed quo pergo? Quid
impræmeditate morientium exempla coacervo, cum potius in contrario laborandum sit, et exemplorum non
copia sed raritas acervanda? Quotiens enim quisque
mortalium ut opinatus est moritur, et non, ut dictum
est, tempore, aut loco, aut ipso mortis in genere fallitur,
et interdum falsi fuga in verum impulit discrimen?
Unius fuga periculi alterius causa est : multos mali
metus in málum trusit, iuxta illud propheticum Isaiæ :
*Qui fugerit* inquit *a voce formidinis cadet in foveam, et
qui se explicuerit de fovea, tenebitur a laqueo.* Ut certissima quidem rerum omnium mors, sic circa illam
incertissima omnia, nihilque tam ambigue fit quam
quod non fieri non posse non ambigitur. Quænam vero
hæc cura est quando, ubi, seu quibus peream instrumen-
tis, an sit ignis, an laqueus, an febris, an gladius, an rudis, an lapides, an sitis, an æquor, an fluvius, an venenum. Non dico itidem an fames, an crapula, an honestus
labor, an turpis inertia : quoniam inter hæc prælargiter
differt. Sed dum cesset culpæ virus, conscientiæ vulnus, febris affectuum, insolentiæ tumor, livor infamiæ,
per se ipsam omnis mors una atque eadem est, illa
quidem evitabilis nulli, æqualiterque omnibus impendens, et opulento regi, et inopi agricolæ, et defecto

scni, et prævalido iuveni, et florido adolescenti, et
teneræ pueritiæ, et lacteæ communis infantiæ. Moriendum omnibus : atque omnia in hoc uno paria, cum
in reliquis tam multa sint varia. Nullum privilegium
ætatis, nullum loci, nullum dignitatis aut gloriæ. Mortem ipsam intueamur. Quid metiris adventitia, moritu-
rum ac mortale animal, quid trepidas, quid externa
circumspicis? Apud veros æstimatores rerum apparatus
exterior nihil ad rem: res nuda, si verum rei pretium
quæritur, æstimanda est. Si mors igitur una est, si
statutus locus præfixusque nascentibus mortis dies,
quid de locis atque temporibus angimur? De utrisque
iam cautum. Si audirem dicentem nobis Ieremiam: *Qui-*
*cunque manserint in civitate hac morientur gladio et fame*
*et peste, qui autem profugerit ad Chaldæos vivet, et erit*
*anima eius sospes*, non dubitarem ad Chaldæos usque
profugere. Contra autem si Moyses Deo iubente loqueretur et diceret: *Cavete ne ascendatis in montem, nec*
*tangatis fines illius: omnis qui tetigerit montem morte*
*morietur :* auderem te hortari ut quam primum e monte
descenderes. Nunc neutrum audio, sed mulierem illam
Thecuitem dicentem David regi: *Omnes morimur et quasi*
*aquæ dilabimur in terram.* Quod cum ita sit, nec exceptio sit ulla, quid nisi laborem irritum et peiorem morte
mortis metum fuga contulerit? Velox quidem metus,
sed velocior mors est et fortuna. Honestius invenimur
stantes quam profugi prævenimur. Expectemus ergo
æquis mentibus in terra quid de nobis cœlum statuit,
ne velut aviculæ visco seu laqueo implicitæ volitando
nitendoque amplius implicemur. Iam quod te perpetuum
comitem lateri meo spondes, et hoc rursus amantissime

facis ac gemino iure tuo, professionis tuæ scilicet, ami-
citiæque nostræ. Verum hercle medicinæ ars, etsi saluti
præservandæ morbisque minoribus aliquid conferat,
tamen ubi ad extrema perventum est, illico metu
subsistit. Hinc illa medicorum fuga desperatioque de
rebus ægrotantium humanæ vel inscitiæ vel imbecillitatis inditium : quo monemur medico illi soli fidere qui
ægros suos non deserit in extremis, de quo scriptum
est : *Et si ambulavero in medio umbræ mortis non timebo
mala, quoniam tu mecum es.* Oh! potentem medicum qui
mortis umbram discutit solo sacræ Sole præsentiæ,
eumque cum quo fuerit timere aliquid non sinit : qui
verbis curat et non herbis, neque curat modo, sed
suscitat. Non est enim illorum unus de quibus scribitur: *Numquid mortuis facies mirabilia aut medici suscita-
bunt?* sed ille est unus altissimus, qui creavit de terra
medicinam hanc in usus hominum, sibique aliam reservavit increatam, et divinæ suæ substantiæ coæter-
nam, qua et quatriduanum fœtentem ab inferis susci-
taret, et humanum genus ab æterna morte servaret.
Amicitiam sane ingens vitæ mortisque solatium non
nego, atque illud absens præsensque non respuo, sed
amplector ; et licet undique placeas, aliquanto tamen
dulcius te ut amico fruor quam ut medico, Proinde
non tam periculo meo quam desiderio tuo consulens,
neque tam medicum cogitans quam amicum, cupidissime nunc vocanti obsequerer, nisi et corporeo et aliis
impedimentis mille retraherer, et venirem te visurus
tuamque solitudinem mihi semper optatum laudatumque
portum vitæ, non mortem fugiturus memor ut nuper et
olim, quod est apud poetam, aerias Alpes et Norica

castella pestis sæva corripuit : alioquin si morti im-
perviæ Alpes essent, crede mihi, ut est vitæ cupiditas
innata mortalibus, multo et tu angustius habitares, et
nos latius. Vale.

Mediolani, VII. Kalendas Novembris.

———

## EPISTOLA XIII.

### FRANCISCUS PETRARCA PETRO PICTAVIENSI S. P. D.

Litteram, quæ hanc sequitur, se in itinere scripsisse narrat,
et suam de Fortuna sententiam aperit.

Anno altero, dum ad serenissimum omniumque
mitissimum Francorum regem legatione fungerer, tanto
licet impar muneri, colloquioque tuo, cuius insatiabilis sum, quotidie recrearer eo avidius quo diuturn-
niorem eius penuriam passus, ex te didici regem ipsùm
primogenitumque eius illustrem Normannorum ducem
ardentissimi spiritus adolescentem in verbis quæ coram
eis habueram, super eo maxime quod de Fortuna mihi
mentio incidisset fuisse permotos, quod ego ipse dum
loquerer ex vehementi illorum intentione notaveram :
sic erectos in me oculis animisque defixos ad Fortunæ
nomen vidi. Mirantur enim, ut intelligo, et quasi quibusdam magnis monstris attoniti sunt pro hac tanta
varietate Fortunæ, quæ cum sæpe parva et magna, nunc
maxima rerum sic afflixerit, ut regno felicissimo et
multa olim invidia laboranti, nunc miseratio deberetur.
Super quo tunc tibi respondi debere neminem admirari :

·quoniam seu Fortuna seu alius fuisset regni largitor,
licitum sibi non tantum quod dedisset atterere, sed
auferre : habendam tamen spem in Illo per quem reges
regnant, qui suos non interimit sed castigat, et pro
qualitate nostrarum ægritudinum sæpe fortassis ama-
rius, nunquam vero nisi pie ac salubriter nos exercet.
Cœterum orta hinc occasio regio erat adolescenti ut
die festo, quo cum collegis meis invitatus ad convi-
vium regis eram, tu ipse cum quibusdam clarissimis
viris atque doctissimis ad hoc opus electis, me post
prandii finem verbis aggrederemini, ut de hac ipsa Fortuna dicerem quid sentirem. Quod cum mihi sera iam
nocte nuntiatum esset per hominem famæ anxium so-
licitumque meæ, quamvis et indispositus ad hanc rem
et longe aliis implicitus, quia tamen non is erat cui
facile posset obstari, ne improvisa et subita re turba-
rer, recollegi animum quantum cum tot curis sine ullis
libris potui, ut qui uno verbo expedire sententiam
meam possem : credere me scilicet et semper credi-
disse dicentibus, nil omnino aliud quam nudum et
inane nomen esse Fortunam, tametsi in communi sermone populum sequi, et sæpe Fortunam nominare solitus coloratius aliquid dicens, ne eos, qui illam Deam
seu rerum humanarum dominam opinantur atque as-
serunt, nimis offenderem. Sequenti autem die, ut vidisti, rege multum in nostris seu verius suis honoribus
occupato, Duce quamvis in id unum quod optabat intento, regemque nunc verbo nunc nutibus admonente,
hora illi nostro destinata colloquio in aliis est absumpta :
et ego respondendi onere liberatus abii, ut lætus quod
contra publicam sententiam in publico loqui non essem

coactus, sic mœstus quod tantorum hominum de hoc
ipso sententias non audissem. Paratior enim multo eram
discere quam docere : quamquam illius diei ipsius quod
reliquum fuit ab hora illa sexta ad vesperam, tecum et
cum eisdem magistris tribus in thalamo meo, quo vos
urbanitas vestra contraxit, hoc ipso et alio quidem
vario sermone traductum sit. Sed postquam inde atque
ex illa regia urbe discessi per Alpes et glaciem hieme
horrida, de te tuisque de rebus sæpe mecum fervide
cogitans, dictavi tibi per hospitum thalamos inamœnos
atque incommodos epistolam longam valde, quam
idcirco non misi quia fidelis nuntii copia non fuit.
Nunc tandem, oblato hoc religioso et insigni viro
utriusque nostrum amantissimo, eam ipsam iam sepo-
sitam ac neglectam non sine labore transcripsi, in qua
quidem de Fortuna nihil, sed de causis quibus, ut reor,
et vestrum Galliæ et nostrum Italiæ regnum in hoc
statu sunt, multa dixi, non magna nec culta, fateor, sed
vera : tibique qui nugellas meas diligis forsitan placitura. Vale mei memor.

Patavii, VIII. Idus Septembris.

---

## EPISTOLA XIV.

FRANCISCUS PETRARCA PETRO PICTAVIENSI S. P. D.

De militia veterum, et Romanorum præsertim,
militiæ sui temporis comparata.

Admiratio inexperientiæ argumentum est. Miramur
insolita : communium stupor nullus. Pone igitur iam
stuporem : trita sunt et communia quæ miraris : mu-

tantur assidue res humanæ, et ut reliquarum sic militiæ gloria præterfluit, ac de gente in gentem sedem
transfert. Denique una est horum quæ videmus omnium
stabilitas, non stare : una fides, fallere : una requies,
circumvolvi. Non te longe oculos reflectere iubeo, sed
tuam patriam, tuum tempus aspicere. Adolescentulo me,
Britanni, quos Anglos sive Anglicos vocant, omnium
barbarorum timidissimi habebantur : nunc bellicosis-
sima gens Gallos diu bellica gloria florentes stravit
tam crebris insperatisque successibus, ut qui modo
vilibus Scotis impares fuerant, præter miserabilem et
indignum summi regis casum, quem sine suspirio meminisse non possum, sic regnum omne igne ferroque
contriverint, ut mihi nuper illac iter ex negotio agenti
vix persuaderi posset regnum illud esse quod videram.
Sic ubique solitudo infelix et mœror et vastitas ; sic
ubique horrida et inculta arva, sic dirutæ desertæque
domus, nisi quæ cinctæ arcium mœnibus aut urbium
evasissent; sic demum locis omnibus Anglorum mœsta vestigia et recentes fœdæque cicatrices gladiorum
extabant. Quid tibi vis? Ipsa Pariseos regni caput
usque sub ipsum portæ limen deformata ruinis et in-
cendiis tremere, extremosque casus horrescere ; quin
et ipse, qui muros interlabitur Sequana, non sine sensu
quodam quasi miseriæ suæ urbis eventum flere mihi
simulque metuere visus est. Ecce iterum in dies ignobilis ille tractus Illyrici sensim caput extulit, et diu
bellaci Germaniæ vult æquari. Nonne vides quod
nemo unquam divinasset, ut fugaces Histri sagittarii
post votivum unum atque alterum successum, non tam
virtute partum sua quam diffidentia lenti hostis inge-

stum, in eam fiduciam sunt evecti, ut Teutones contra
stare audeant, et terrori esse illis incipiant; experimen-
toque deprehenditur non tam verum esse quod Lucanus ait :

> Ensis habet vires, et gens quæcumque virorum
> Bella gerit gladiis,

quam quod ait Iulius Capitolinus, quod scilicet nulla
res magis contra Germanos valet quam expediti sagittarii? Cæterum hæc Fortunæ constantia est, sic eunt
res mortalium : nil cuiusquam proprium atque perpetuum. Cuius rei si doctrina brevior aut antiquior desi-
deratur auctoritas, Crispum audi: *Fortuna* inquit *simul
cum moribus mutatur, et imperium semper ad optimum
quemque a minus bono transfertur.* Ita est haud dubie,
et quidquid hic latius dici potest, brevitas ista com-
plectitur. Transferuntur ut opes hominum sic et vires
et ingenia et virtutes et nomina, quæve unius fuerant,
alterius fiunt. Nempe cum ponderosissima res aurum
sit instabile, quam putas fama ipsa volatilis ac vaga?
Est aura illa quidem inanis ac tenuis : hoc unum mo-
bilis et incerta fixum certumque sibi retinet: virtutem
sequitur, ignaviam fugit. Hinc effectum, quod Iustinus
ait, ut inter vitia Græcorum sordidum et obscurum
antea Macedonum nomen emergeret; hinc Carthago, ab
exilio et angustis sedibus pretio quæsitis, late omnibus
tremenda littoribus ; hinc urbs Roma e pastorali cul-
mo mundi culmen et regnatrix gentium facta est.
Harum vero varietatum quænam causa nisi unius
gentis inertia de prosperitate oriens, et ex conscientia
parti nominis priscæ indoli luxus obrepens, alterius

vigil industria, et inter difficultates rerum sese animus
erigens, patiens laborum, gloriæ appetens, contemptor-
que libidinum, qu ubi se vicerit, facile omnium victor
efficitur? Idem ipse lentescens veriusque destitui incipiens mox vincendus ab omnibus in luxum socordiam-
que resolvitur, quod in his tribus quas proxime me-
moravi, inque illis quatuor, quorum primo memineram,
aliisque quam plurimis regnis ac gentibus promptum
esset ostendere, nisi quia et longum et notum adeo
est, ut nil inter homines sit notius. Et hæc nimirum
illa est a minus bono ad optimum quemque imperii
quam dicebam Sallustiana translatio, fortunæque mutatio
cum moribus. Prima quidem victrix exercituum atque
enervatrix virium voluptas, contra quam sola virtus
invicta est. Qui hac armatus illi restitit, nulli hostium
cessurus immortales titulos celso fixerit trophæo. Scis
quid Scipio apud Numantiam edixit : et clarissimum
enim et notissimum est edictum, quo scorta scilicet
institoresque et lixæ castris eiecti, sive, ut breviter
quod est dicam, missa voluptas in exilium accitaque
virtus in auxilium, ac virtutis comes accersita victoria
est. Quem imitatus in Numidia Metellus pari consilio,
pari fine, voluptate itidem relegata, nervisque militiæ
restitutis, ad Romana signa insuetam tamdiu exulanti
victoriæ viam fecit. Nostræ autem militiæ disciplina
quænam sit non expectas ut loquar : qui mores, quæ
castrorum species, quæ ducum providentia, qui militum
vigor, quæ modestia. Non virorum castra putes ingredi
sed lupanaria meretricum, tabernasque ganeonum ac
popinas : neque hercle aliter est, neque vero æquanimiter vino quolibet barbarica madet ebrietas. Nisi pe-

regrinis poculis æstuet, inopiam ac defectum et sitim
vocat intollerabilem, quæ fugam quæque deditionem
sufficiehter excuset. Hic profectus rei bellicæ : sic ab
armis ad cyatos militaris ambitio processit : non qualiter pugnent, sed qualiter potent atque inebrientur est
quæstio, qua cum hostibus fœderati totos dies noctes-
que cum commilitonibus decertant suis, et ille victor
famosiorque qui vini capacior profusiorque est miles.
Venit in hoc genere hominum (solo utinam) quod venturum vaticinatus est Seneca: *habebitur* inquit *aliquando
ebrietati honor, et plurimum meri cepisse virtus erit.*
His tu institutis et his studiis magnum aliquid speres?
Iure tales exitus rerum sunt quales ebriorum decet.
Quamquam quod infelices Itali vel dissimulant vel non
vident, hæc latronum acies non ad prælium sed ad
prædam atque ad potum nostris degat in finibus. Vetus
malum. Legimus gentem illam frugum et præcipue vini
dulcedine primum olim in Italiam transcendisse, quod
utinam hodieque non tam cupide facerent, nosque prohi-
bitores in limine et non magis imitatores insaniæ repe-
rirent: quo fit ut paulatim cuncta degenerent, mos pa-
trius, sermo, habitus, vitæ modus domi militiæque,
quodque nequidquam queri soleo, faventibus nobis, Italia hæc, quam etsi non videris plane nosti, dictu mirum
et vel hostibus miserandum, in truculentam barbariem
transformetur : cuius monstri, prodigiosa licet delectatio
sit insanis, quam tamen patribus rationem reddituri
simus non intelligo. Sed de hoc sæpe multa nec unquam satis multa disserui. Nunc peragam quod incepi.
Quid est ergo quod miremur si apud nos et sepultum
imperium et libertas oppressa est, aut si nostro nunc

in orbe neque pax durat, neque bella finiuntur, cum
neque ipsi quiescere valeamus, neque his unquam
stipendiis debellare? Quando enim, oro, vincerent qui
vicisse iam nollent, immo quidem quibus vincere vinci
est? Horrent in patriam reditus : haud immerito : gu-
starunt enim Italiæ saporem, oderuntque et metuunt
belli finem, qui ebrietati ac licentiæ modum ponat.
Quamvis néc si valde cupiant hostem vincere, iam possint, suis ipsi vitiis ac moribus victi, capti, oppressi,
exarmati, servi degeneres voluptatum. Quid vero nunc
eis diceret prisca illa Romana militia masculorum militum, quibus præter arma cibum quoque dierum pluri-
morum, non hunc mollem multa arte confectum, sed
prædurum panem, vallumque insuper humeris ferre
mos fuerat, quo et famem diurnam sero pellerent, et
se inter cœcos hostium insultus nocte protegerent,
munirentque; audire soliti a ducibus suis si quando
sub fasce nimio, lentius incederent, *miles, cum te gladio*
*vallare scieris, vallum ferre desinito*, et ingentem clypeum
ferenti ægre exprobratum ita : *amplius iusto scutum*
*fers, neque id reprehendo, quando melius scuto uteris quam*
*gladio?* Nulla ibi epularum, nulla vini mentio : rivus
omnis, licet turbidus, sitientibus nectareos potus dabat.
Nullus usquam voluptati locus : omnia virtus occupa-
verat, et gloriæ studium et pudoris metus. Militabant
sub severis ducibus, qui mollitiem neque in se neque
in alio ferre possent. Habebant illos non luxuriæ magistros sed sobrietatis exemplar, in qua principem non
sequi militibus indecorum esset. Vini parcissimum
Iulium Cæsarem hostium quoque confessione didice-
rant, et adeo victus indifferentis, nec gulæ minus

quam hostium domitorem, ut in pace etiam, non modo
plebeios sed nec inamœnos quidem et insulsos cibos
aspernaretur. Augustum cibi minimi ac vulgaris fere,
et qui secundum panem et pisciculos minutos et caseum
bubulum manu pressum et ficus virides biferas maxime appetebat. Hadrianum parce ac militariter viventem
cibisque castrensibus in propatulo libenter uti solitum,
hoc est lardo, caseo et posca, exemplo Scipionis Æmi-
liani et Metelli et auctoris sui Traiani. Hæc enim de
iis, ut minores sileam, a præclaris auctoribus scripta
sunt. Quem vero non puderet turpium dominorum gulæ
ac ventris esse mancipium, dum audiret aut cerneret
tantos imperatores ita vivere? Assueverant præterea
milites pro qualitate facinoris pœnam aut præmium
sperare. Neque enim aut occultum aliquid, aut neglectum iudicum sub æstimatione tantorum fingi poterat.
Cernebant statuas insignium bellatorum, videbant coronas civicas, murales, obsidionales. Audiebant Cosium
Scævam ob inauditam et stupendam pugnam, qua totum
Britannici exercitus impetum uno pectore unoque victor
umbone propulerat, ab illo martiæ virtutis æstima-
tore præcipuo, cuius gesta sub oculis res erat, Centu-
rionatus insignibus exornatum. Lucium Dentatum ob
innumeras incredibilesque victorias, non unius militis, sed integræ legionis exuviis onustum. Ex diverso
autem propter ignaviam notatas infamia legiones, adem-
ptos equos, arma, patriæ conspectum, pugnæ copiam :
siquidem et promptus ad præmia est qui præmio digna
meditatur, et durus ad veniam qui vel nil veniæ egens
agit, vel si quid erraverit, nihil ipse sibi parcere soleat. Semper igitur et hostium spoliis et meritis terga

suppliciis, si ita res tulisset, semper aures ut honestis
laudibus sic iustis reprehensionibus præparatas habebant. Noverant Pescennium Nigrum in Ægypto vinum
flagitantibus respondisse: *Nilum habetis et vinum quæritis?* eumdemque aliis qui a Saracenis victi essent,
tumultuose vinum poscentibus, sine quo pugnare non
posse se dicerent, insultasse his verbis : *Erubescite : illi
qui nos vincunt aquam bibunt.* Marium nempe Pescennius
ante oculos habebat, cuius imitator in primis mirator-
que magnus fuit, qui non vinum sed aquam petenti
exercitui respondisset: *Viri estis: en illic habetis:* castra
hostium ostendens qui ripam fluminis obtinebant. Quo
responso inardescens virtus eo militem perpulit, ubi
neque vinum certe neque puram aquam sitiens inve-
niret, quoniam, ut ait Florus, tanto ardore pugnatum est
ut victor romanus de cruento flumine non plus aquæ
biberit quam sanguinis. Quid autem durissimi duces
aliud quidquam militibus suis in acie responderent,
quando mitissimus princeps Augustus domi in pace
querentem de inopia et caritate vini populum seve-
rissima oratione compescuit, ut Tranquillus ait, satis
provisum ab Agrippa genero suo dicens perductis plurimis aquis ne homines sitirent? Nigrum ipsum quoque meminerant tam infracti a voluptate animi, ut non
argentum modo detraxerit ex usu militiæ, ne forte
militaribus sarcinulis in manus hostium delatis, nostris
spoliis superbirent barbari, sed pistores sequi castra
vetuerit, vinique potum prorsus interdixerit, iubens
omnes aceto ac biscocto pane contentos esse, de quo
ita scribit Ælius Spartianus : *Nunquam sub eo miles
provinciali lignum, oleum, operam extorsit, et ipse a*

*milite · nihil accepit cum tribunatum ageret, nihil accipi*
*passus est. Nam et imperator tribunos duos, quos*
*constitit stellaturas accepisse, lapidibus obrui ab auxi-*
*liaribus iussit.* Neque alterum Marii miratorem obliti
erant Cassidium Avidium, qui, ut Vulcatius Gallicanus
ait in historiis, arma militum septima die semper re-
spexit, vestimenta etiam et calceamenta et ocreas, delicias omnes de castris submovit, iussitque eos hiemem
sub pellibus agere, nil omnino præter lardum et buc-
cellatum et acetum in expeditionem portare ; si quid
præterea luxuriæ reperiisset non levi puniens supplicio.
Atque ille quidem merito præfectus, cui princeps suum
de Cassio iudicium scribens curam commeatuum iniun-
xerat, in hæc verba rescripserit: « Recte consuluisti,
» mi domine, quod Cassium præfecisti Syriacis legio-
» nibus: nihil enim tam expedit quam homo severior
» Græcanicis militibus. Ille sane omnes excaldationes,
» omnes flores de capite, collo et sinu militi excutiet.
» Annona militaris omnis parata est, neque quidquam
» deest sub bono duce. Non enim multum aut quæri-
» tur aut impenditur. » Hæc præfectus principi de
Cassio, sub quo duce exercitium septimi diei fuit
omnium militum, ita ut sagittas mitterent et armis
luderent ; dicebat enim: « Miserum esse cum exerce-
» rentur athletæ, venatores et gladiatores, non exerceri
» milites, quibus minor esset futurus labor si consuetus
» esset. » Qui denique, ut historicus idem ait, cum
exercitum duceret, seque inscio, manus auxiliaria, cen-
turionibus suis auctoribus, tria millia Sarmatarum ne-
gligentius agentium in Danubii ripis occidissent, et cum
præda ingenti ad eum rediissent, sperantibus centurio-

nibus præmium, rapi eos iussit et in crucem tolli, ser-
vilique supplicio affici, dicens evenire potuisse ut
essent insidiæ, ac periret romani nominis reverentia.
Cumque ingens seditio in exercitu orta esset, processit
in medium sine armis, et : « Percutite me, inquit, si
» audetis, corruptæque disciplinæ cæsi etiam ducis
» scelus addite. » Quæ res tantum obedientiæ romanis
addidit, tantum terroris barbaris iniecit, videntibus da-
mnatos romani ducis iudicio etiam eos qui contra fas
vicerant, ut pacem centum annorum, absente Antonino
Romano tunc imperatore, deposcerent. Ad postremum
hic est ille vir quem unum corruptis ac perditis legio-
num moribus reformandis idem ipse Marcus Aurelius
Antoninus principum sapientissimus sano maturoque
consilio delegisse, cuique per epistolam severitatis
eximiæ verum et insigne testimonium reddidisse laudatur. Multa dixi de Cassio, quod et multa de eo legeram, et multum ille nostræ modernæ militiæ dissimilis,
multumque ideo vitiorum nostri temporis convicio idoneus videbatur. Cui hac in re similis Maximinus,
quamvis in reliquis crudelis ac barbarus, quinta qua-
que, ut in vita eius legitur, die iubebat milites decur-
rere, inter se simulacra bellorum agere, gladios, lori-
cas, galeas, scuta, tunicas, et omnia arma illorum
quotidie circumspicere, quin etiam ipse prospiciebat
prorsus ut verum se patrem militibus præberet. Pro-
bus quoque sub oculis erat qui, ut ait Flavius Vopi-
scus, nunquam militem otiosum esse perpessus est ;
siquidem multa opera militari manu perfecit, dicens
annonam militem comedere non debere. Ac ne leviora
gravissimis inseram, utque omittam Quintum Cincin-

natum, qui dictator Minutio, quod se atque exercitum
Romanum obsideri ab hostibus apud Algidum passus
erat, consulatum abstulit; ut Calpurnium Pisonem
sileam, qui consul præfectum equitum, quod arma
hostibus tradidisset, vario contumeliarum genere defor-
matum, succisis togæ laciniis, discinctum nudis pedibus a mane ad vesperam adesse ad primam aciem per
omne militiæ tempus iussit, ut qui omni iure sanguinis,
quo præfectus illi vinctus erat, potiorem duceret esse
rempublicam atque observantiam militarem : ut hos
ergo præteream, omittendus non est rigor acerrimus
Manlii Torquati, qui filium raræ indolis, quod iniussus
in hostem pugnaverat, quamvis egregie feliciterque
pugnasset, occidit : parque Postumii Tiburtii, ob eamdem causam in filium quoque imperii severioris atro-
citas, quamquam huius incertior fama sit. Nec multo
inferior Papirii Cursoris acrimonia, nisi quod non in
filium exarsit sed in Quintum Fabium magistrum equitum, quem dictator, quod iniussu eius alioquin prospere ac strenue decertasset, securi ferire voluit, et
fecisset, ni conceptam severitatem pietas publica tem-
perasset, et non insignis rei virtus aut dignitas, non
tumultuantis metus exercitus, non longævi patris lacrimæ, non senatus auctoritas, sed solæ ad ultimum piæ
preces populi Romani nobilissimum ac fortissimum
adolescentem ab interitu liberassent. Noverant sane
tam difficilem tam tremendam hoc duce militiam, ut
perpetuo labore ac metu corpora militum atque animos
attereret, atque, quod est apud Livium, aliquando ausis
equitibus ab eo petere ut sibi pro re bene gesta laxaret
aliquid laboris, sic illuderet: *ne nihil dimissum dicatis*

*remitto, ne utique dorsum demulceatis cum ex equis de-*
*scendetis:* et prætorem Prænestinum, quod per timorem
segnius suos duxerat in primam aciem, lictore cum
securi accito ludens quoque mortis terrore, confusum
increpitumque dimitteret. De reliquis succurrebat Quin-
tus Messius qui, quod a Livio prætermissum miror,
bello punico secundo, eo prælio quod ad Trebiam
gestum est, quinque cohortibus, ex ea statione cuius
custodiam illis commiserat, hostium vi deiectis, ut
eamdem illico repeterent imperavit, non quia id fieri
posse confideret, sed ut militarem culpam acri imperio
castigaret, desertique loci mors supplicium esset. Illud
enim præcepto additum erat, ut si quis ex eo numero
in castra refugeret, tamquam hostis occideretur ; quod·
ultimæ necessitatis acutissimum calcar adactum animis, et lassitudinem corporum et desperationem rerum
et loci difficultatem et hostium turbam vicit, quodque
impossibile duci invicto visum erat, victis militibus
pronum fecit. Obversabatur animo Iulius Cæsar qui, ut
Tranquillus ipse meminit, *inclinatam aciem solus sæpe*
*restituit, obsistens fugientibus retinensque singulos, et*
*contortis faucibus convertens in hostem, et quidem*
*adeo plerumque trepidos, ut aquilifer moranti se cu-*
*spide sit comminatus, alius in manu detinentis reliquerit*
*signum.* Sub iis ducibus militare durum fateor, sed
lenibat asperitatem gloria, quodque vitæ periculum ac
labor horrendum fecerat, sola virtus optabile faciebat.
Rari ibi transfugæ : rari desertores : fides et metus
leves animos frænabant. Erant exemplo Fabius Maximus, qui omnes quos cepisset transfugas, truncis manibus dimissos, fugam cogitantibus documentum dedit.

Erat Africanus maior, qui sic natura benignum ac
mitem animum necessaria severitate vel invitus arma-
verat, ut pendente bello gravissimo, cuius sibi confecti
gloria parabatur, defectionis auctores ad palum deli-
gatos ac virgis cæsos securibus obtruncaret, et Carthagine domita finitoque bello, transfugas, qui com-
prehensi essent latini nominis, securi quoque percuti
iuberet, romanosque et gravius iussisset crucifigi.
Erat et Minor Africanus qui, non victa tantum sed
eversa Carthagine, transfugas inter victoriæ ludos
populo spectante laniandos feris edacibus obtulit: et
Æmilius Paulus, qui Macedonici belli victor, similis
noxæ reos elephantibus proculcandos præbuit, salubri
omnes et memorabili documento, si modo ducum viro-
rumque illustrium iudicia eo trahimus, quo illorum
virtus et gloria merentur, neque livor interpres pessimus iustæ severitati superbæ crudelitatis nomen
imponere nititur, cuncta peiorem semper in partem
trahens. Libet enim huic loco adscribere unum Valerii
Maximi grave dictum, quod ipse iis ac talibus exemplis adnexuit: *Aspero enim* inquit *et abscisso castigationis
genere militaris disciplina indiget, quia vires armis constant, quæ ubi a recto tenore desciverint, oppressura
sunt nisi opprimantur.* Neque vero tantummodo in
suos duces atque exercitus, sed in socios incorrupta
constabat fides. Nam quis fallere, quis furari præda-
rive aliquid auderet, dum meminisset ut milites qui
regium in præsidium missi, mactatis nefarie principibus civitatis, ipsam sibi crudeliter usurparunt, et erant
millia hominum quatuor, ut Livius ait, ad unum omnes
virgis cæsos securibusque percussos inhumatos abiici

iussit flerique vetuit senatus? Dum ad memoriam revo-
caret ut Pescennius idem Niger, sicut in vita eius
scriptum est, ob unius gallinacei direptionem decem
commanipulones, qui raptum ab uno comederant, securi
percuti iussit, quamvis impendentem veritus seditio-
nem, toto exercitu deprecante, rigidam sententiam victus
inflecteret? quod non fecit Cassius, de quo ita scribitur:
milites qui aliquid provincialibus tulissent per vim, in
ipsis illis locis in quibus peccaverant, in crucem sustulit. Et ut supplicia severitasque cessarent, quem
quæso nisi omnis virtutis et gloriæ contemptorem non
moveret ac sociorum ab iniuriis abstinentem faceret
illa modestiæ laus eximia apud Ciceronem lecta in
oratione, quam de Magni Pompeii laudibus scripsit:
*Cuius legiones* inquit *sic in Asiam pervenerunt ut non
modo manus tanti exercitus, sed ne vestigium quidem
cuiquam pacato nocuisse dicatur? Iam vero quemadmodum milites hibernent quotidie sermones ac litteræ per-
feruntur; non modo ut sumptum faciat in militem
nemini vis affertur, sed ne cupienti quidem cuiquam per-
mittitur: hiemis enim non avaritiæ perfugium maiores
nostri in sociorum atque amicorum tectis esse voluerunt.*
Hæc Cicero, cæterorum enim sententiæ huius etiam
verbo venerabile pondus habent. Neque tantum in
socios innocenter, sed in hostes quoque fideliter se
gerebant fœderum ac pactorum servantissimi. Hinc
Veturius atque Postumius consules, quod iniussu Senatus et populi Romani pacem cum Samnitibus fecis-
sent, volentes hosti dediti privato periculo fidem publicam exsolverunt: quamvis eam deditionem hostis
argueret. Hinc decem illi qui Cannensi prælio capti

ad Senatum ab Hannibale missi erant, pro redimen-
dis seu permutandis captivis, iuratique se, nisi id
impetrassent reversuros, cum vel unus eorum vel, ut
alii volunt, omnes, peractis mandatis in urbe taciti
remansissent, a Senatu ad Hannibalem sunt remissi;
utque horum ac similium fraus iure reprehenditur,
sic Attilii Reguli spectata usque ad crudelissimam
mortem fides, cum omni temporis perennitate laudabitur. Nam ut hostem armis vincere præclarum, quamquam pietate præclarius, sic fallere, nisi bellicis artibus,
turpe est. Possem nunc exterarum nationum exempla
subtexere, sed neque ego hunc sermonem ingressus
alterius quam Romanæ militiæ mentionem feci, neque
ulla gens, quod pace omnium dixerim, hoc in genere
gloriæ par occurrit. Iis in castris enutritus miles atque iis
imperiis assuefactus exercitus, quid usquam tam difficile reperit quod non superaret, quid tam durum quod
non frangeret, quid tam altum quo non scanderet?
Omnia expertis novi nihil, nihilque formidolosi accidit.
Experientia mater est artium, et consuetudo discriminum metum premit. Nulla ex iis viris collecta acies
parva erat. Nam quod numero defuisset, et obedientia
militum et maiestas ducum et utrorumque vis animi
exercitatioque et vita carior semperque ceu numen
aliquod culta castrensis disciplina suppleverat. Tubæ
signum, seu in prælium excitantis seu receptui canentis,
ut nemo tam surdus qui non audiret, sic nemo tam
hebes qui non intelligeret, nemo tam segnis seu timi-
dus, qui non dicto citius exequeretur. Simul in hostem
ruebant, simul subsistebant, simul feriebant, simul
acie excedebant : ingens unitæ virtutis efficacia est, et

prope nihil inexpugnabile multis fortibus viris unius
more pugnantibus, ubi virtus et eruditio rei bellicæ
in unum coeunt. Hæc nempe acies dirum vicit Hannibalem, magnanimum Pyrrhum fregit, Syphacem in
carcerem, Persen in vincula, Mithridatem in mortem
egit: Antiochum regno, Cyrum opibus exuit, pira-
tas pelago: hæc Punicam classem toto regnantem
mari suis mersit in fluctibus: hæc Iugurtham parricidio-
rum perfidiæque pœnas pendere compulit: hæc Britanniam muro diremit, Rheni ripas ponte coniunxit,
Danubii vortices impetumque compescuit; hæc eadem,
cui modo Ciminiam silvam transiisse magnum fuerat,
mox iuga Alpium aperuit, Arduennam et Pyrenæi
saltus atque Hircinias latebras penetravit: nivalem
Caucasum, saxum Atlanta pertransiit, permeavit
ardentem Lybien, Euripi fremitum atque æstus Euxi-
nios et dubias Syrtes et tumidum navigavit oceanum:
hæc die uno Hispalim et Carthaginem expugnavit. Nam
in maiore altera plus negotii par eventus; hæc ipsa
Numantiam, hæc Hierosolymam, hæc Corinthum diruit,
hæc Syracusas, hæc Capuam, hæc Tarentum cepit,
hæc Hispanias, hæc Gallias, hæc Germaniam, hæc
Africam Asiamque. Sed quo feror? Hæc Italiam, hæc
Europam, hæc terrarum orbem armis domuit, atque
virtutibus, unoque capite iussit esse contentum: semper victrix et semper indomita, nisi illi victoriæ comes
insolentia nocuisset, et ut dixi, luxum semper ac fune-
stos mores paritura prosperitas in sua demum præcordià
ferrum vertens, in sese victi orbis iniurias vindicasset.

Et hæc quidem illi. Nostri autem exercitus
pleni furum prædonumque, crebriores sociorum quam

hostium prædas agunt, fugæque amplius quam virtuti, stimulisque quam gladiis fidunt : fallunt expeditius
quam pugnant, sæpiusque fidem suam violant quam
feriunt hostem. Nullus enim domi punitor scelerum,
castigator ignaviæ Senatus: nullus in castris Fabius,
nullus Africanus, nullus-Æmilius Paulus, nullus Magnus Pompeius, nullus Iulius Cæsar, nullus denique Niger aut Cassius, sed qui omne dedecus militiæ suis exemplis foveant et excusent. Unde fit ut
impunita omnia et pœnis meritis plus non modo licentiæ sed præmii sit. Innocentia probro datur, abstinentia
pavoris, fides stultitiæ, fraus vero prudentiæ et boni
ingenii nomen habet. Modestia sordium subit infamiam,
avaritiæ frugalitas, pudicitia feritatis, pluresque nunc
hostes virtus invenit quam olim perfidia. Itaque non
inhonorata tantum sed vix tuta est, et si forte odium
evaserit, in contemptum incidit. Sic bonorum princeps
honorabilium vel opprimitur vel ridetur. Quomodo autem hi nostri duces hanc militiam, nisi se, regant, aut
qua fronte alios corrigant quibus maxime necessarius
est corrector? Ideo hoc recipit natura ut det quisquam
quod habet, *neque*, ut ait Cicero, *potest exercitum is*
*continere imperator qui se ipsum non continet, neque*
*severus esse in iudicando qui alios in se severos esse*
*iudices non vult.* Nostri ergo ducibus ebriis milites
temulenti post crapulam quid agant, nisi quod consequens est? stertunt, sudant non virilem sudorem, sed
febrilem, neque militariter sed muliebriter sed scurri-
liter sub tentoriis senescentes, iocis student, cœnis inhiant, incumbunt aleæ, libidinibus se immergunt, mu-
liercularumque sarcinulas suarum fœdo agmine præ se

III.                                                  12

ferunt; negligentes ordinum ac vagi, quasi apes dissipatis
alvearibus, quisque sibi dux est. Amant umbras, ocia,
belli nomen, cui se stipendii debitores sciunt, cum bellum
ipsum oderint : de quo tamen, ut de sua arte non eru-
bescunt : pigri, inscii, timidi, loquaces, arma et equos
non ad obsequium dominorum, non ad patriæ tutelam,
neque ad gloriam, sed ad quæstum, ad ornatum corporis
et voluptatem habent : onusti auro, quo et amico gratius spectaculum, et hosti opimior præda sint. Cum suis
ducibus de virtute nunquam, sed si sui similes nacti
sunt, de somno atque ebrietate contendunt, et illorum
scholæ dignos sese exhibent discipulos, futuri mox
præceptores æque docilibus ingeniis : sui fortasse dissimiles contemnunt, invident, criminantur, vixque
sapientibus paucis tot inter stultos impune licet non
desipere. Neque vero nunc primum inter malos bene
agere capitale est. Quibus ita se habentibus, desine iam
mirari, non dico quod hæc gens attollitur, illa deiicitur,
et rursum illa concidit, hæc assurgit, quod, ut dixi, sola
varietas morum facit : sed quod nos, quibus uniformi-
tas mala est, in dies premimur ac nutamus, nostræque
res in extremo positæ, non fundamento aliquo virtutis,
sed pondere suo stant, magnique ruinam ædificii hiantibus rimis produnt. Mirum potius si quando causæ
suos non pariant effectus ; neque enim penitus fieri
potest quin his ducibus, his militibus, his moribus et
ruina iam proxima, et interim dum differtur, et mortale nobis bellum, pax extincta, virtus exul, atque
hinc externis hinc propriis manibus discerpta respublica serva semper ac misera sit. Vale.

III. Kalendas Martias ex itinere.

FRANCISCI PETRARCÆ

# DE REBUS FAMILIARIBUS

## LIBER VICESIMUSTERTIUS.

### EPISTOLA I.

#### FRANCISCUS PETRARCA AD IGNOTUM.

Adversus agmina militum, quæ Magnæ Societatis nomine Italiam misere vastabant, humanam et cælestem opem implorat.

Loquor quia cogor : urget enim pietas ardentesque stimulos anxio figit in pectore qui me tacere non sinunt. Et scio me nequidquam loqui, neque Ovidiano relevor solatio, quod scilicet perdere verba leve est; imo enim, nihil gravius homini silentium amanti. Loquor tamen, sed coactus ut dixi. Et loquor vobis.... Quibus? Heu! nescio. O libertatis et pudicitiæ ingens ultor Brute, qui superbos fœdi servitii auctores solio deiecisti, et impudicitiæ magistros usque ad inferos gladio vindice persecutus es, utinam viveres; tibi loquerer. O gloriose Camille, qui nostro sanguine despumantem Transalpinam rabiem in ipsis adhuc fumantis patriæ cineribus extinxisti, utinam viveres; tibi loquerer. O summe virorum Scipio, qui Hannibalem septimum decimum annum iam Italiæ incumbentem hinc vi detractum in propria patria,

virtute ac fortuna concurrentibus, mirabiliter confre-
gisti, utinam viveres ; tibi loquerer. O Paule Æmili,
qui reges Macedonum vetusto imperio elatos et adversus Italiam rebellantes vinctos ante currum in Capitolium egisti, et Romani iugum imperii ferre docuisti,
utinam viveres ; tibi loquerer. O Mari, ut compatriota
tuus ait Cicero, rusticane vir sed vere vir, qui barbaros in Italiam irrumpentes ipsis eorum in finibus tanto
impetu superasti, ut de cruentis fluminibus ab exercitu
sitiente non plus aquæ quam sanguinis biberetur, quique mox ad aliam mundi plagam mira celeritate con-
versus, ita furorem Cimbricum oppressisti ut vix cada-
veribus suis utrobique victa barbaries, vix agminibus
captivorum victrix Roma sufficeret, utinam viveres ;
tibi loquerer. O Magne Pompei, qui infamem prædonum
catervam Romanis classibus Italicisque litoribus infestam ac toto iam pelago sævientem brevissimo tempore
domuisti, atque in vincula coniecisti, utinam viveres ;
tibi loquerer, et precarer ut sicut omnia maria infecta
purgasti, ita nunc, non dico omnes terras, sed Italiam
saltem tuam nova prædonum manu miserabiliter inqui-
natam solita virtute purgares. O Iuli Cæsar, qui incursus hostium non expectans, raptim superatis Alpibus, Rheno, Rhodano ac Garumna fluminibus impigre
transmissis, incertum an fortunatior an fortior, victrici
acie Germaniam, Gallias, Britanniam atque Hispanias
peragrasti, utinam viveres ; tibi loquerer. O Cæsar
Auguste, qui Reges terræ et legationes populorum
omnium ad genua procumbentes, atque, ut proprie
dicam, ipsum orbem terrarum supplicem et affusum
ex altissimo solio vidisti, et pace terra marique com-

posita, bellicum Iani templum felicissime conclusisti,
utinam viveres ; tibi loquerer. O insigne par hominum
Vespasiane et Tite, digni alterutro et patre filius et filio
pater, qui uno curru, quod nunquam antea visum erat,
et Christi gloriosissimam ultionem, et triumphum clarissimum de Hierosolymis retulistis, utinam viveretis ;
vobis loquerer, et ut Christi iniurias iterum vindica-
retis hortarer. O fortissime vir Traiane, qui iam senio
frigescentis imperii membra multo spiritus fervore re-
fovisti, ac præter spem iuvenescere coegisti, nunquam
certe vel tam gelatum atque decrepitum imperium, vel
tam necessarius fervor tuus, utinam viveres; tibi loquerer, et rogarem ut moribundæ patriæ opem ferres, nec
ideo quod in Hispania natus esses, Italicæ oblivisce-
reris originis. O bone Theodosi, qui parva hominum
manu sed divino fultus auxilio, tibi militantibus elementis et coniurantibus tecum ventis, sagittas barbari-
cas ex immanibus pharetris adversus nos eductas, in
ipsas frontes atque exterminium barbarorum miraculose
et incredibiliter retorsisti, utinam viveres; tibi loquerer.
Nunc quid agam? Et loqui oportet, et cui loquar non
invenio. Effundam voces in nubila, si quis forsan amicior spiritus, et bonis favens e labiis meis eductas ad
aliquam generosam aurem illas perferat ubi fructificent,
ut cupio potius quam spero. Quid enim spei reliquum
est? Quid agitur? Summe Iesu, ubi sunt oculi tui,
quibus nos ab alto intuens, non modo claros sed invi-
diosos mundo feceras? Hanc tantam fortunæ vertiginem,
hanc tam subitam fati vim, sine aliquibus aliis verbis
quod mœstum animum premit expediam. Vidisti
equidem certe præsensque aderas quando patrum no-

strorum manus exigua nunc sub Arcton, nunc sub Austrum, nunc sub Orientis, nunc sub Occidentis solis extrema, stupentibus et attonitis gentibus ac regibus, victricia late signa circumtulit, hic avaritiæ frenum stringens, illic tumidam premens insolentiam : hic iracundiæ mitigans truces motus, illic sævæ libidini iugum ponens: postremo aliquid ubilibet semper agens, quo magnifici transitus gloriosa vestigia superessent, et orbis ipse perdomitus caput tamen vel veneraretur acceptum, vel dilatum silentio suspiraret. Quot maiorum nostrorum opera omnibus terris effulgent velut cœlo sparsa sidera? Quot mirifici actus? Quot exempla virtutum? Quantum nomen, quanta memoria gestarum rerum? Quot per orbem urbes? Quantæque coloniæ? Quot trophæa minacia horrifico marmore victis terris extantia: quis cuncta dinumeret, quæ mundus ipse, licet invitus, sentit indignansque recordatur? Quid nunc igitur rei est? Quid quæritur? Quid defleam? Quid accusem? En parva prædonum manus ex mille collecta fornicibus terrarum omnium dominam atque victricem Italiam pervagatur ; et provinciarum omnium reginam sibi ante alias provincias depoposcit. Heu quisnam consulet pudori nostro, quando iam de salute cogitare serum est? Quis vultibus nostris velum dissimulationis aut ignorantiæ prætendet, quando non est qui malis nostris auxilium ferat? Liceat saltem vel nescire quæ patimur, vel fœdissimas cicatrices nostrorum vulnerum non videre. Volebam te orare suppliciter, o vir ingens, quem nominare non audeo, ut nobis dexteram dares, quod et posse videbaris, et quam maxime tuum erat: sed, ut video, prorsus obsurduisti. Itaque postquam

nulli hominum loqui iuvat, ad te ultima et maxima
spes mortalium preces verto. Si tibi, creator omnium,
beneficiis tuis parum memoriter usi visi sumus, si supercilium altius forte quam decuit, tanto et tam præsenti
. divinitatis favore sustulimus, et contrario vis ulcisci,
rebus faciem muta. Tua est enim fortuna, tuæ sunt
sortes, tuæ successuum humanorum vices. Imperavi-
mus insolenter, serviamus humiliter. Averte latronum
iugum, si unquam latronum more pugnavimus. Si te
offendimus et si tibi libertas nostra non placet, at saltem illorum cædes, sacrilegia, rapinæ, furta, adulteria,
stupra displiceant : obsta tot malis, et te Dominum illis
ostende, qui dixerunt in corde suo: *Non est Deus*,
tuosque pater adiuva fortassis immeritos, sed de te
sperantes, tuumque nomen cum lacrimis invocantes,
et ingenue fatentes quod *non est alius qui pugnet pro*
*nobis, nisi tu Deus noster.*

Kalendis Septembris.

———

## EPISTOLA II.

### FRANCISCUS PETRARCA CAROLO IV. IMP. AUG. S. P. D.

Neglectam Romani Imperii curam iterum exprobrat, et novas
exhortationes eius caussa veteribus addit.

Lætum me fecit epistola tua, Cæsar. Quid ni autem, cum sola tui recordatio lætum facere soleat, dum
subit animum me, nescio quidem unde, nisi ex tua humanitate et fortuna mea, sive ut hoc ultimum sanius
loquar, non certe solari virtute sub qua essem natus

(qua mihi adhuc puero famosus quidam prædixit astrologus futurum ut fere omnium principum aut illustrium,
quos mea tulisset aut latura esset ætas, familiaritates
eximias atque insignem benevolentiam habiturus essem),
sed eius qui solem fecit et stellas omnipotentis Dei munere, maiestati Cæsareæ carum esse? Cuius rei argumentum habeo unum ex multis, quod e tam longinquo
seu temporum seu locorum, tibi magnanime imperator
usque adeo mei memoria recens est, ut prope ex æquo
summus hominum humillimo vices amoris reddere dignum putes. Nostra ætate monstrum ingens, qua ut vides, quisque pro exigui gradus eminentia solet esse superbior, atque infra se positos gravi fastu vel fastidire
vel premere. Quod ipse tacitus mecum librans, sentio
quanti pretii apud me hæc dignatio tua sit. Nam si pro
fortunæ fastigio, ut mos est, animi quoque fastidium
assumpsisses, nec nosse me dignareris. Sed generosum
pectus vereque Cæsareum nec inflat certe, nec contrahit,
nec attollit fortuna, nec deiicit. Itaque tu me non tantum familiari notitia, sed dulcibus insuper dignaris epistolis, quæ res inter meos, si qui sunt aut erunt tituli,
non extremum tenet aut tenebit locum. Si enim Virgilio, si Flacco gloriosum fuit Augusti Cæsaris et notitiam
et convictum et epistolas promereri, cur ego illorum,
etsi non ingenii successor, at tempore et opinione hominum fortasse aliqua, ab illius principis successore similia promeritum me fuisse non glorier? Nimirum et
humanitatis et litterarum tuarum non minor mihi unquam illis duobus sui imperatoris est copia. Ut convictu
superer non in te imperii altitudo, quam supra modum
humanæ conditionis extantem benemeritis aut certe

tuum nomen amantibus attollendis facile soleas liben-
terque submittere, sed in me vel animi tarditas vel
amor patriæ verior causa est. Ridebis forte mollitiem
et cognosces quantum ad veram philosophiam mihi
nunc etiam desit. Potui interdum, sed iam, fateor, non
possum æquanimiter esse diu procul ab Italia, sive ea
natalis soli sola dulcedo est, sive rerum æstimatio, nescio quam vera, sed constans et immobilis et a prima
ætate pectori meo insita, nihil omnino terrarum sub
cœlo esse quod Italiæ comparari queat, seu naturæ seu
hominum consideres ornamenta. Quod nisi sic mihi penitus persuasissem, facilior procul dubio fuissem, et tibi
olim quem sensi quamvis immeriti præsentiam optare,
et nudius tertius cognato tuo Francorum regi vere se-
renissimo mitissimoque regum omnium, qui non modo
prece fervida, sed manu amica pene mihi iniecta, tenere
me voluit abeuntem, denique litteris persecutus ardentibus, ad hoc per vicarios ac fideles suos ut suasu placido inflexum me sibi remitterent, postremo nihil omnino
omisit; quibus nihil mihi mentitus, multa mentiri solitus,
astrologus videretur. Nec eram nescius sine insolentiæ
quadam nota negligi non posse desiderium tanti regis,
ni me validior uncus obstringeret ille, quem dixi, patriæ amor, neve quid dissimulem eam animi sarcinam
ævi flexus iam ingravescentis exageraret, ut non facile totus loco movear. Accedit opinio illa, cuius paulo
supra memini, de Italiæ principatu, quæ una mihi animum fecit ut te sæpe hactenus verbis aggrederer, non
tantum hortari ausus, sed arguere, quod sic ultimam
facere videreris quam natura parens, me iudice, primam
fecit. Et si pergis scripto etiam, ne non prædictum

quæri possis, te notatum posteris tradere sum ausurus.
Quid enim agis, oro te, Cæsar? Quid moliris? Quid
cunctaris? Unde autem nisi tuo de labore gloriam speras? Mirum! tanti animi vim, tanti acumen ingenii non
dicam obtusum in te (absit ut id verear), sed situ nimio
rubiginem contraxisse. Undecimus, nisi fallor, annus
agitur ex quo primum moras tuas increpui, homo tunc
incognitus tibi, sed nosci cupiens et amator imperii: et
si libertatem meam tunc non tantum tulisti sed lauda-
sti, certe iam senioribus et mihi plus libertatis, et tibi
excusationis aliquanto est minus. Relege quæ tunc
scripsi. Videbis quanto tibi nunc singula convenientius
dici possint, eo quod et occasio ingens prætermittitur,
et plus vitæ abiit, minus restat. Nonne vides fluxum
temporis et prærapidam ætatis fugam? Non sentis quanto
studio virtuti primum conscientiæque, dehinc gloriæ
tuæ de posteritatis iudiciis vacandum sit? Non cogitas
ubi abieris solioque descenderis, quod utique faciendum
est, neque tibi reditus ullam spem, neque successoris
tui virtutem, quod Traiano dixisse fertur anus illa miserabilis, pudori tuo posse consulere?

> Cum semel occideris, et de te splendida Minos
>    Fecerit arbitria,
> Non, Torquate, genus, non te facundia, non te
>    Restituet pietas

inquit Flaccus. Non audis Virgilium :

> Optima quæque dies miseris mortalibus ævi
> Prima fugit?

eumdemque :

> Stat sua cuique dies : breve et irreparabile tempus
> Omnibus est vitæ, sed famam extendere factis
> Hoc virtutis opus?

Non audis Flaccum ipsum:

> Truditur dies die
>   Novæque pergunt interire Lunæ:
> Tu secanda marmora
>   Locas sub ipsum funus; et sepulchri
> Immemor struis domos?

Non audis Lucanum:

> . . . . . veniet quæ misceat omnes
> Hora duces: properate mori?

Et eumdem:

> . . . . . me nec oracula certum
> Sed mors certa facit: pavido fortique cadendum est?
> Hoc satis est dixisse Iovem?

Non audis Statium:

> Utere luce tua longamque indue famam?

Et eumdem?

> Immites scis nulla revolvere Parcas
> Stamina?

Non audis Iuvenalem:

> . . . . . festinat enim decurrere velox
> Flosculus angustæ miseræque brevissima vitæ
> Portio: dum bibimus, dum serta, unguenta, puellas
> Poscimus, obrepit non intellecta senectus?

Hanc si forte longam tibi seramque pollicitus, ut multi solent, iacturam temporis levem ducis, an eumdem ipsum non audis: olim, inquit,

> . . . . . . . . . . olim
> Prodigio par est in nobilitate senectus?

Id si olim, quid hodie? Et si in nobilitate, quid in imperio senectus? Cum omnium mortalium sit brevis, tamen brevissima principum vita est, et interno cura-

rum prælio oppressa et externis insidiis circumven-
ta. Itaque cum in cunctis segnis cunctatio fœda sit, tamen in imperatore fœdissima est, cui et rerum plus et
minus est temporis, atque, ut dici solet, via longior et
brevior dies. Ecce nunc, Cæsar (sentio enim hinc quid
ibi agitur: magnus quidem explorator amor est, et magnus excubitor), in consiliis vitam teris. Consilia vero
nisi in actum prodeant, nudi sunt cogitatus, et inanes
curæ. Cras incipiam, postridie movebor. Cur non quæso
hodie? Ita ne semper lux ventura serenior præsensque
nubilosior? Nempe vatum maximus, ut audisti, *optimam
primam* dicit: prima autem præsens est, quando in præteritis præter memoriam nil habemus, neque impossilium
consultatio ulla est: in futuris nihil præter augurium
et spei fallacis illecebras; ut sint pares in reliquis hæc
et sequens dies, quod saltem sit ista præsentior eoque
certior negari nequit; et illa quamquam ventura utique
nos an inventura sit dubium; hæc certe cum abierit:
non redibit. Quid semper absentia quærimus? Præsentia complectamur, neu nobis inutiliter effluant enitamur.
Id cum omnibus utile, tibi necessarium adeo, Cæsar, est,
ut sine hoc quantalibet industria seu virtute rationarium
imperii non absolves. Et cui, inquies, rationem imperii
redditurus sum? Tibi, Cæsar, ipsi, quam non dubitem
quin a te sæpe exigas. Parum dura tibi videtur exactio?
Nulla quam sui ipsius increpatio acrior, nulla salubrior.
Quin et huic ætati quæ te suspicit, et in te unum oculos defixit, et sequentibus sæculis, quorum et diutur-
niora erunt et liberiora iudicia, demum et imperatori
illi æterno qui huic temporali imperio te præfecit, non
ut solium, non ut sceptrum, non ut imperii nudum no-

men occupes, sed ut regnes, ut imperes, ut afflictis opem
rebus feras. Quid te subtrahis, quid in crastinum pro-
minens hodiernum prodigis? Nullus in hodierna necessitate crastino locus est. Fac tu hodie quod incumbit:
cras si quid emerserit, vel tu facies, vel alius: non dee-
runt temporibus sui duces, et ut desint, nunquam alienæ ignaviæ reus fies. Tu ne tempori tuo desis cura.
Porro cras istud quod suspensos tenet et inertes facit,
quodque quasi venturum expectatur, iam præteriit: nullus enim, præter primum, dies, non diei alterius cras
fuerit. Vis audire quid hic adolescens poeta quidam
dicat?

> Cras hoc fiet: idem cras fiet: quid? Quasi magnum
> Nempe diem donas? Sed cum lux altera venit,
> Iam cras hesternum consumpsimus: ecce aliud cras
> Egerit hos annos, et semper paulum erit ultra:
> Nam quamvis prope te, quamvis temone sub uno
> Vertentem sese, frustra sectabere canthum,
> Cum rota posterior curras, et in axe secundo.

Quid igitur? An ætate Persius inexperta et acerba publicam cœcitatem funditus introspexit, nostra id ætas
maturior non videbit? Aperire oculos et figere animos
oportet ne fallamur, et errore qui corrigi nequeat implicemur. Quid vero nunc ostiatim poetarum domos am-
bio, nisi ut quem forsitan mea vox auctoritatis inops
non movisset, tantorum testimonio moveare? Nemo poetarum aut philosophorum fuit, qui non idem et diceret
et sentiret: discordes et multi hic conveniunt. Quod si
omnes taceant aut negent, certe, ut dici solet, ipsa res
loquitur, et si dissimulare quisquam velit, sentiet vel
invitus. Sic in foribus experientia est, seque vel con-

tendentibus veritas ingerit: proinde ut reliqua sperni possint, quæ quidem sperni tali ingenio tamque incorrupto iudicio non possunt, an in ea ipsa saltem, quam mihi dictabas epistola, non animadvertisti sextum imperii tui annum agi? Quid tum igitur? An sextum forsan et quinquagesimum expectas? Augusto Cæsari dumtaxat id contigit, nescio an optandum, sed sperandum minime. Venisti, Cæsar, post exhortationes illas meas ad Italiam, cuius ego mihi particeps gloriæ visus eram, eo quod animosum quoque cornipedem calcar impellit. Venisti, inquam, atque ut tibi de cœlesti ope confisus repromiseram, invenisti aperta et prona omnia, quæ obstrusa et ardua videbantur. Intrasti Mediolanum. Inde Romam, in quibus geminum diadema sortitus, erectis in spem magnam populis atque urbibus, subito in Germaniam remeasti. Cur autem aut quis te error, seu quis horror perculit? An forte quorumdam seditiosorum motiunculas timuisti? At hoc affixum animis esse debet, ut quisque navigaturus tempestatem cogitet. Nesciebas quod nullum sine fluctibus mare est, nullus sine ventis mons, nullum sine curis imperium? Sileo Scipiones ab exercitibus desertos suis militumque perfidiam nunc proditorum nunc, quando ita res tulit, propria etiam morte vincentes. Alexandrum taceo suorum seditiones et latentes dolos ac molimina comprimentem. Iucundius tuorum exempla lecturus sis. Iulius Cæsar unus a toto circumvallatus exercitu non modo non timuit, sed timeri etiam promptissimo animo atque indomita virtute promeruit, paucorumque supplicio uniusque legionis ignominia et saluti omnium consuluit et decori proprio. Quem imitatus Alexander princeps Romanus et ipse, sæpe no-

xios milites supplicio dedisse et tumultuantes legiones
integras exauctorasse legitur, insigni fiducia et interdum memorando discrimine, ut aliquando frementibus
ferroque minantibus diceret: « Deponite dextras contra
» hostem erigendas, si fortes sitis : me enim ista non ter-
» rent. Si enim unum hominem occideritis, non vobis dee-
» rit respublica, non senatus, non populus Romanus, qui
» me de vobis vindicet. » Augustus Cæsar tot petitus insidiis, vel iusta severitate, vel levi misericordia tandem
omnibus finem dedit. Mitto alios ne occupatum animum
longis historiis implicem. Ad te redeo tantis sæpe periculis non cum salute solum sed cum gloria ereptum.
Quid vidisti, sive quid audisti, quod te talem virum,
tali stirpe progenitum, tantis assuefactum rebus, tamque
alto de culmine despectantem res humanas, e tranquilla
Cæsareæ serenitatis arce deiiceret? Nihil magnum, nihil grave videri debet animo, qui subire humeris imperii molem pondusque non timuit. Rem omnium maximam transegisti, quo die nomen Imperatoris ac titulum
suscepisti. Quid summis interritum parva perturbant?
Sed forte respondeas, non terrore te hinc pulsum, sed
amore illuc tractum: cur non enim et tibi licitum quod
mihi, patriam amare? Non obluctor, Cæsar, immo vero
suadeo ut patriam ames. At profecto sive a viro virtus,
ut vult Cicero, sive a virtute vir dicitur, nil hac vere
viro carius, nil amabilius esse potest, qua amissa , non
modo quod habeat optimum amissurus sit, sed desitu-
rus etiam esse quod fuerit. Licet igitur te nunc patria
vellicet, invicta te virtus huc pertrahit, iubetque de officio tuo, hoc est de imperio cogitare. Si enim de minoribus loquens, nullo casu arbitratur, apud Ciceronem,

Lælius hoc constanti homini posse contingere ut ulla intermissio fiat officii, quid nos de supremo et maximo officiorum omnium arbitremur? Nihil omnino evenire potest, quod in te oblivionem excuset imperii: curæ aliæ te exornant, hæc perficit, verumque facit Imperatorem. Itaque huius et reliquarum non una ratio est. Cæteras forte differre possis vel abiicere: hæc, dum tui memineris, ossibus semper ac præcordiis hæreat oportet. Illic enim decus, hic debitum, cui deesse præter curam gloriæ, fidei quoque respectus vetet. Nam quod ais, idem tibi licitum quod mihi, non ita est: multa mihi licent quæ non tibi: sic et famulis multa meis licent, quæ mihi sunt vetita. Quantum crescit honor, tantum licentia decrescit, quantumque iis gradibus adscenderis, tantum illis descendisse te noveris. Scis, imperator, quid fundator imperii dixerit? *In maxima fortuna minima licentia est.* Quid quod patriam ipsam tuam nullo modo magis amaveris, nullo studio magis ornaveris quam nomen ipsius quam latissime divulgando? Si Alexander se intra fines Macedoniæ tenuisset, non tam notum Macedonum nomen esset. Quis putas magis amet uxorèm, an qui omnium negligens diu noctuque in illius hæret amplexibus, an qui ut illam honeste ubertimque educet, nullam peregrinationem refugit, nullum renuit laborem? Est ubi magnus amor odium sit. Nunquam Romam magis amavit Africanus quam dum, illa relicta, adiit Carthaginem. Molles affectus et externi monitus coniugum natorumque ac vulgarium amicorum altis consiliis semper adversi sunt. Obserandæ aures Ulyxeum in morem, ut in portum gloriæ Sirenum inter scopulos evadamus. Quid quod hæc ipsa, quam tuam dicis, fuit quidem sed

iam non patria tua est, ex quo primum ad imperium
pervenisti, aliamque nascendo atque aliam renascendo
patriam es adeptus. Audisti ut Alexander idem Macedo,
regno accepto, non Macedoniæ se sed mundi regem dici
iussit, a quo ut multa præcipiti, sic unum hoc magno
animo gestum non inficier. Idem ne tu olim feceris, pa-
trii regni viduitas inhibebat, quod abitu tuo deseri videbatur; et si quid tibi humanitus accidisset, ad alienas
manus perventurum. Hanc seu iustam seu iniustam
excusationem propitia divinitate sublatam vides, quæ
tibi et imperio expetitum votis infantem ex augusta
tori consorte largita est. Habet iam Bohemia suum
regem, tu Italiæ mundique rex, post tergum linquendi
orbis iam securus, et patriam et solium tuum pete. Nam
etsi secundum Apostolicam sententiam manentem hic
non habeas civitatem, si qua tamen in terris patria est
tua propria, Cæsarum domus, ac vera patria Roma est:
quin et communis omnium est patria, rerum caput, orbis atque urbium regina, nobiliumque tam fertilis exemplorum, ut conspecta facile animos excitet detergatque
rubiginem. Quas vero nunc moræ causas aucupabere,
quibusve deinceps te compedibus tentum dices? Nescio
quid Romano Pontifici pollicitus, iureiurando interposito,
quasi muro valido seu monte invio, Romanæ urbis aditu
prohiberis. Sic et summo principi suum imperium, et
summo imperio suus princeps, quæque iacturarum
omnium maxima est, tua tibi libertas eripitur. Sed iura-
sti: quod utinam non fecisses! Sed fecisti. Dispensatione
opus est. Quid in plano hæsitas? Quem unus iunxit,
sæpe idem, sæpe alius solvit. Quid refert unde redeat
libertas, redeat modo? Qui impedivit expediet: si is no-

lit, veniet qui volet: quomodo autem, nihil ad rem,
modo ut velit, seu tua virtus amorem, seu stuporem
gloria, seu timorem paritura felicitas. Nemo qui iustum
ac famosum et felicem principem non vel amet mire-
turque, vel metuat. Incipe. Vetus est verbum: multis
itineribus Romam peti. Si torpes, nullus non satis tenax
laqueus est: si te moveas, vanæ circum exciderint ten-
diculæ, tuque non tantum liber, sed, ut par est, mundi
dominus atque hominum rector eruperis, neque soli
tibi sed humano generi quæsieris libertatem. Ægrotantem aprum ipse morbus alligat, validum frementemque
cohibere magnus est labor. Excute torporem, cernes
illico cuncta facilia: alioquin torpor ipse pro vinculis
erit. Nemo leonem aranearum telis, nemo visco aqui-
lam captam vidit. Quid tuæ nunc aquilæ morantur,
quid tui mussitant leones? Facile in servitium trahitur
qui libertate se indignum æstimat. At qui se liberum
novit, non ante libertate privabitur quam vita, immo
ne tum quidem: vita enim spoliari naturæ est, libertate socordiæ. Nunc vero quænam ista superbia est,
principem Romanum publicæ libertatis auctorem libertate privare, ut cuius esse debent omnia, ipse non sit
suus? Quomodo enim liber suique dominus est, cui sit
interdictum ire quo libeat, minus dico, immo quidem
cui suæ domus limen obstrusum sit, atque ipse, ut proprie dicam, quam longissime relegatus? Intelligis, Cæsar, non quæ dixi tantum, sed quæ dicere volui: multa
enim occursant, nisi verear ne supervacua tibi sit, mihi
etiam periculosa narratio. Sat odii iampridem pro veritate contraxi: studio inimicos quærere non simplex
amentia est. Itaque satis hodie dixerim: quam effica-

citer tu videris. Mihi, si ultra nequeam, satis est, et ætati
meæ et posteritati insuper fideli officio functum esse,
quod et sæpe olim fecisse videor, et si quid deerat, hæc
dies implevit. Nec dum tamen curam illam attigi quæ
animum tuum semper gravi pioque negotio urgere,
sæpe oculos lacrimis implere debuerat. Nonne enim
vigilanti sopitoque tibi occurrit Hierusalem vidua, inops,
captiva, serva, misera quæ nullum iam nisi ex te poscit ac sperat auxilium? Inter hæc tu somnum oculis,
aut palpebris dormitationem, aut requiem temporibus
tuis præbes. Expergiscere, imperator: hora est, immo
vero iam transiit: accelera, et virtuti calcar ingemina
ut segnitiem velocitate compenses. Surge, inquam, surge
iam Imperator, surge, et clamorem urbis atque orbis
te vocantis exaudi; confrica oculos et circumspice, Imperator; videbis multa quæ corrigi velint, et intelliges
non tibi hoc nomen impositum ut quiescas. Mihi quidem in epistolis omnibus ad te missis stilus idem ac
materia una est, exhortatio scilicet increpatioque, querimoniæ et verborum stimuli. Aude, oro, aliquid quo
mihi non semper exorandus atque urgendus, sed coer-
cendus aliquando videare, et interdum fræno, non semper calcaribus eguisse. Aristotelis disciplina est quantum mihi videtur non inefficax, ut qui in altero extre-
morum peccare solitus fuerit, sese in contrarium trahat,
quod tortuosa lignorum dirigentes faciunt, ut verbo utar
ipsius : sic enim ad medium et ad rectum facilius per-
venitur. Hactenus quod mens tulit. Nunc restabat ut
epistolæ tuæ satisfacerem : sed quoniam tu illud vis
secretum, ego autem hæc nota omnibus velim, dividam
res diversas, et quod ex me flagitas seorsum leges.

Vale, Cæsar invictissime, et sæpe, oro, cogita quid viro debitum, quid principi.

Mediolani, XII. Kalendas Aprilis.

———

## EPISTOLA III.

### FRANCISCUS PETRARCA CAROLO IV IMP. AUG. S. P. D.

#### Militem amicum suum Cæsari commendat.

Tacitus transire decreveram: sed cogit ut loquar non minus tui reverentia quam eius amor pro quo loquor. Miles hic tuus et amicus meus olim meis in litteris tibi fiducialiter commendatus fuit, non quia vel tu, vel ille, vel ego mihi sim ignotus, sed quod sentirem apud maiestatem tuam humilitati meæ gratiam non deesse, meum rebar non tacere quod scirem ad tuum decus pertinere. Dixi, Cæsar, et repeto: plurimum huic debes, nec tu modo sed imperium. Causas sileo: notæ sunt tibi solicitudo, fides et industria. De nullo hominum sperat nisi de te hic talis vir ita de te meritus, qui inter multa pericula cruciabili cum labore quotidie it et redit, nulla re auctior nisi ætate in dies senior. Cur non et in dies ditior? Da, obsecro, libertati fideique meæ veniam: nunquam, nisi fides multa esset, tanta suppeteret libertas. Tuum est, Cæsar, ut calcare improbos, sic bonos attollere. Fac ut hic vir fidus ac nobilis, qui iuventam suam pro tua gloria tot laboribus atterit, te duce teque auspice, possit in senectute quiescere.

———

## EPISTOLA IV.

FRANCISCUS PETRARCA BONINCONTRO S. P. D.

Gratulatur a servitute in libertatem restitutum.

Iam sero licet, optime vir, vivere incipis: gaude:
satis est enim, modo incipias antequam desinas. Quidam certe, ut Annæus ait, ante desierunt quam incipe-
rent. Iam classico non obstrepente nec stringentibus
curis, integros et tranquillos et placidos somnos carpis:
iam lætos dies securasque noctes agis: iam in portu
navigas et post terga respiciens, turbidas et ancipites
procellas cernis intrepidus. Præsenti statui tuo gratulor, præteritum miserabar, etsi forte vulgo felicior videretur. Potuisti in tempestatibus et in bello mori. Ecce
iam in pace morieris, in pace vives. Occultum divinæ
providentiæ munus agnoscito. Longæ consuetudinis visco explicitum, ac fortassis ut est animus hominum
sæpe rerum nescius et periculis suis favens, vel invi-
tum te ventus optabilis patriæ reddidit, ut ad æternam
illam patriam, unde nunc exulamus, liberior sit regres-
sus. O quanto tibi melius accidit quam sperabas! Et
pelagi monstra, et sirenum cantus surda tutus aure tran-
siisti, et salva puppi Scyllam et Charybdim ac multa cum
laude curiarum fluctus et scopulos evasisti. Iam in patria tua degis. Iam ad patriam pergis: iam denique
tuus es. O invidiosum, o beatum te, si quid fueris, quidve sis noveris!

Mediolani, VI. Kalendas Februarii.

———

## EPISTOLA V.

FRANCISCUS PETRARCA BONINCONTRO S. P. D.

Magni senectutem faciendam: nil mortem habere quod terreat.

Audio te in senium valde descendere. Quid loquor? immo equidem ascendere. Alta est enim et spectabilis et, quod omnes consentiunt, venerabilis senectus. Vis altitudinem veram nosse? Adolescentiæ lubricum iter ac libidinum et irarum nebulas supergressa, cœloque propinquior quæcumque suspicere reliqua ætas solet, iam sub pedibus habet ac despicit. Curvet illa humeros licet, generosos certe animos attollit, et quamquam qui nihil præter corpus cogitant, oculorum fallaci iudicio curvam ætatem ac depressam putent, vere sublimis et recta est. Itaque senuisse doleant qui spes omnes et felicitatis suæ summam in corpore posuerunt. Tu ad eam ætatem pervenisse gaude, cui maior sit animi cura quam corporis. Quod enim iuvenis, quasi in adversum remigans, summo nisu et magnis viribus faciebas, ecce ut secundo ætatis alveo navigans, et quibus oppugnabaris adiutus, nullo iam labore facis. Insisterem sane curiosius huic loco, ut omnes qui videntur angores ac molestias senectutis excuterem, nec graviter ferrem tibi hunc calamum et hanc unam dieculam præstare, qui mihi plurimas præstitisti, nisi quia et senectus satis apud Ciceronem a Catone non excusata tantum sed laudata est, et ego te fortissime senescentem nullis hortatibus induci posse arbitror ut fortiore animo senescas; supra summum enim nihil est quo sit locus ascensui.

His ergo sepositis, quæ sequuntur exequor. Quanto cum gaudio me illam epistolæ tuæ partem aspexisse æstimas, ubi ais, assidue mortem intrepidum expectare? Oh! docto viro, oh! vere te dignum verbum! Mori timeant qui vivere nescierunt. Tu qui sic vixisti, ut non inutiliter natus sis, non tibi, non patriæ, non amicis, cur quæso mortem timeas, quæ tibi quid aliud quam defessum corpusculum, et cum illo multum laboris ac tædii ablatura sit, animæ nil prorsus nocitura vel nomini? Mors quidem ut malis omnibus suppliciorum introitus, voluptatum exitus, sic bonis, quorum ego te numeris fidenter ascripserim, laborum finis et vitæ melioris initium est. It securus igitur, ut facis, nihil trepidaveris. Senectu se mors liberatrices sunt humani generis: animorum morbos, qui innumerabiles et pene incredibiles sunt, prima mitigat, secunda convellit. Prima a malis atque laboribus abstrahit. Secunda veris bonis et quieti nos inserit sempiternæ. Quod de morte præsertim, quam a multis ·infamatam video, forsan dicere non auderem, nisi Plotinus ille Platonicorum princeps, ut sileam cæteros, et secuti eum aliquot ex ducibus nostris, nominatim Ciprianus et Augustinus, id dicerent, misericordiam scilicet Dei esse nos fecisse mortales: et, ut Platonis utar verbis, misericordem patrem vincula nobis fecisse mortalia. Bona ergo senectus, quæ iam iuxta, iam tecum est; et mors melior quam expectas. Ut enim *mors peccatorum pessima*, quod Psalmista ait (eorum intelligo quos peccasse non pœnitet sed delectat, ne si prærupte nimis acceptum sit, omnes· homines peccatorum appellatio apprehendat), sic optima mors iustorum. Hæc haud dubie iam propinquat. Nam cum nulla ætas de vitæ longitudine certa sit, hæc de vicinitate mortis incerta esse non potest. Bonum ingens, sed ignotum vulgo, tibi nunc obviam venit: imple feliciter tuum nomen, et bonum contra non modo intrepidus sed exultans vade, repertumque non mœstus, ut magna pars mortalium quibus mori, hoc est naturæ obsequi, pœna est, sed lætus ut pauci, quasi magnum aliquod Dei munus amplectere, teque de multis vitæ tempestatibus votivis auris in portum non in scopulum vehi credas, neque quod, etsi malum esset, declinari nequit exhorreas. Ibimus quidem omnes: ibimus. Ire omnibus est necesse: sed ibimus impavidi. Pavere enim non natura rei sed opinio est animi, non communis acerbitas sed imbecillitas singulorum: alioquin omnes pavidi morerentur. Nec incomitati ibimus: e cunctis terris ac sæculis ante, retro, circum innumerabilis turba est, et qui nati sunt et qui nascentur diversis gradibus unum finem petunt. Ab egressu materni uteri omnes ad hoc iter destinati sumus. Hos ipsos vel ætate tumidos, vel regno, qui conditionis obliti immortalitatis spem ventosis erroribus conceperunt, vel sequi oportet, vel præcedere, eoque mœstius quo et radices hic altius egerunt, et illic culti provisique minus est. Quamobrem cum omnium vitæ finis densa nube obsitus, cumque omnibus certa necessitas, nulli præterea certi exploratique quidquam sit, sic instituendus est animus, ut hoc ipso die tranquillius expectet, et hac ipsa hora quidquid omnium annorum series minatur. Nam quid, oro te, refert hodie ne an cras, an vero nunc fiat, an tardiuscule quod utique cito fieri oportet, usque adeo quod impossibile sit differri? Hæc subterfugia et has morulas humana nequidquam

captat ignavia, quæ vivendi avida vixisse contemnit:
ingratorum more, qui quod importune ambiunt, fastidiunt consecuti. Sic est: longitudo vitæ concupiscitur,
etsi nihil in hac brevitate longum sit. Esto autem: utcumque contigerit exoptata vivacitas, postquam punctus
ille novissimus ingruit, et solutura longævum vinculum
manus mortis, quæro quid habet amplius qui centum
vixit annos, quam qui ab ubere ad sepulcrum rapitur: quandoquidem et utrique finis adest, tempus utrumque præteriit? Audivimus sæpe morièntes senes dicere
videri sibi vix unum diem integrum vixisse: profecto
inter brevissimum hibernum diem, ac longissimum Ne-
storeæ vitæ tempus tractu aliquid, exitu nihil intersit,
ubi ad metam et utriusque, ut sic dicam, ad vesperam ventum est. Atqui ita esse ut dixi, vitæque spem,
quam rem ipsam pluris fieri, facile de stultorum votis
lamentisque colligitur. Sapientium vero nec iniustæ querimoniæ nec inania vota sunt, ut quibus persuasum
sit felicem fieri non vitæ spatio sed merito, non fortunæ præsidio sed virtutis. Quæ cum ita sint ad summam
sic habeto, nil me lætius auditurum quam hunc talem
animi tui statum. Quid enim si opibus immensis auctum
an obsessum et oppressum dicam? Quid si factum Italiæ Regem scirem? Quam breve gaudium, quam caducum? Regna, opes, et quidquid omnino fortuna tribuit,
novit eripere. Fingatur fortuna liberalior, quodque per-
rarum est, usque ad exitum amica: figatur rota illa volubilis. Cuiuspiam inauditi favoris obicibus, morte saltem, cuius nulla talis liberalitas fingi potest, linquenda
imperia, deponendæ divitiæ, et nudis unde nudi veni-
mus redeundum. In hunc vero tuum animum nihil iuris

habet fortuna nec mors. Virtus quidem ipsa hic te in finem et post finem comitabitur, teque in cœlum, unde sibi origo est, virtutum alis attollet. Ego autem, magnanime vir, ut vicissim gaudeas, magno studio talem quoque animum nitor induere, et prope iam videor induisse. Vivo interim et valeo, si qua valetudo integra, si qua vita mortalibus vera est. Certe si cum legifero graiorum gloriari ausim, et ipse quotidie discens aliquid senesco, et minus in dies frustra formidatam inevitabilem illam horam metuo, paratus te in senium et in mortem sequi, vel, quia moriendi nullus est ordo, si ex alto datum est, ad mortem, nihil ipse quoque, nisi fallor metuens aut hæsitans, anteire. Cæterum dum hic sumus, utere me, precor, ut re tua, et si quid forsan ex me cupis, iubendi tuus labor, parendi delectatio mea sit. Vale memor nostri.

Mediolani, VII. Kalendas Martias.

---

## EPISTOLA VI.

### FRANCISCUS PETRARCA IOHANNI EPISCOPO OLMUTIENSI S. P. D.

Immeritas sibi laudes respuit: eique inscriptum mittit
Bucolicum carmen.

Unde hoc mihi ut dominus ac præceptor meus me magistrum et dominum suum vocet, nisi quia magnus amor sui obliviosus nihil meminit nisi quem diligit, illum sibi qualem vult fingit, illum attollere nititur; id si nequeat, ipse descendit, denique modis omnibus illum sibi æquare contendit? Tibi uni, nisi tuos e pulvere erutos supra verticem tuum loces, nihil est actum. Ego

vero quo me altius extuleris humilior fiam, neque me
unquam tanti viri favor meæ conditionis immemorem
faciet. Olim te in dòminum prælegi : magistrum te non
mea fecit lectio, sed ingenii tui vigor et industria.
Deinceps igitur quemcumque me facito: rem tuam in
alto, vel in imo ponere tuum fuerit. Meum est nosse me
ipsum, et res meas, neque cuiquam facile de me ipso
plusquam mihi credere, eoque minus fidei habere meis
laudibus quo plus me laudator amaverit. Gratiam tamen tibi tam pii affectus, tamque urbanæ dignationis
habeo, teque felicem tali animo, me tali iudicio fortu-
natum reor. Multa nunc cogito, sed occupatio ingens:
tempus breve est. Et præterea multis sæpe et magnis
ad Cæsarem epistolis abunde oculos tuos occupaturus
videor, ac linguam, quæ illas, ut auguror, sacris auribus invectura est. Huic calamo ardenti et plurima sata-
genti, si paulo liberius fræna momorderit, ut ignoscas
quæso. Accedit et Bucolicum carmen quod integrum
ante te nulli permiseram habere, videre autem multis,
cuius expositionem, vel potius expositorem, ut simul
habeas velim, quod non prius sperare incipiam, quam
Cæsarem nostrum meis tot mundique clamoribus ex-
perrectum audiero. Reliqua ex eo, qui has tibi litterulas
dabit, percontabere; omnium atque in primis mearum
rerum gnarus ad te venit. De quo nihil aliud: nam nosti omnia, nisi quod inter præcones tui nominis, quos
multos habes, non facile cuiusque altior tuba est. Vale
feliciter, nostrum decus.

Mediolani, XII. Kalendas Aprilis.

## EPISTOLA VII.

### FRANCISCUS PETRARCA IOHANNI EPISCOPO OLMUTIENSI S. P. D.

Commendat generosum adolescentem ut gratiam Cæsaris
illi conciliet.

Quod ex meis multis ad te litteris intelligere potuisti, vulgatus hic adeo erga me tuus est amor, ut
omnes quicumque favoribus tuis egent, meo itidem egere
se existiment interventu. In præsens generosum hunc
et sua mihi virtute carissimum ardentis ingenii iuvenem agilisque facundiæ, qui missus a patruo ad Cæsareos pedes venit, tibi et per te principi commendatum
cupio in iis quæ iuste optaverit. Cæsar quidem amare,
ni fallor, totam prosapiam illam solet; tu bonorum o-
mnium adiutor paterque et susceptor semper fuisti, et hic
nil magis quam tuorum unus esse ac dici expetit. Non
possunt homines creando similes Deo fieri, sed amando, adiuvando, sublevando, substentando, miserendo,
promovendo. Præclare Cicero *homines*, inquit, *ad deos
nulla re propius accedunt quam salutem hominibus dan-
do.* Quis vero mortalium propior Deo esse quam
summus hominum Cæsar debet? Nempe qui humanæ
naturæ verticem tenet, consequens est ut proximus sit
divinæ. Te sane proximior nullus est Cæsari: hic autem, pro quo rogo, vir industrius est, quique ope facili possit ascendere, et cui, si fortuna adsit, natura
non defuit, iuvenis tamen adhuc, in quo nondum est
quod futurum est. Sed quid loquor, aut cui loquor? Illico ut hominem videris, agnoveris, et an me amor fallat intelliges. Vale.

FRANCISCUS PETRARCA CAROLO IV IMP. AUG. S. P. D.

Maximas pro cratere aureo gratias agit, seque exacta
æstate eum invisurum promittit.

Suaviores multo quam pro utriusque nostrum fortuna litteras tuas, Cæsar, aliquot mensibus postquam
datæ erant ad me noveris pervenisse: simulque cratera
pretiosissimum, quem mihi *auro solidum atque asperum
signis*, ut Virgilii verbis utar, non meæ quidem sed tuæ
sortis munus eximium destinasti. Oh ! non hominum modo
sed rerum omnium sors stupenda! Vasculum insigne
materia, insigne artificis ingenio, sed super omnia ore
Cæsareo consecratum, a tuis in meos translatus usus,
quamvis ego illo quidem non tam utar hoc communi
usu, quam libabo, dicerem, ad aras, si nobis qui veteribus mos esset: nunc vero mensis lautioribus rarum
ad spectaculum adhibito dies festos exornabo, habebo
illum in deliciis, ostendam mirantibus amicis et gauden-
tibus; nec minus æque auream epistolam tuam, quam
ad tuæ humanitatis meæque licet immeritæ gloriæ certam fidem, dum vita comitabitur asservabo, quotiensque
quam tu bonus ego felix sim probare voluero, ad iudicium illa vocabitur: denique gemino semper tali munere gloriabor, pro quo grates agere tentarem, si aut
mihi sat virium ad expromendum tam vehementes animi
conceptus, aut tibi ad tuorum affectus intuendum verbis opus esset. Quid vero nunc ad litteras ipsas dicam?
Tu qui regibus iubes, qui gentibus imperas, tu me rogas, Cæsar? Ego autem tanto magis precibus moveor

quam præceptis, quanto maior tua est virtus quam imperium. Sed quid fiet? Hinc animi promptitudo, hic rerum perplexitas multa est. Huccine enim quæso tot
mearum epistolarum clamor irritus pervenit, ut vocatus totiens, tamdiu, tamque anxie, tamque a multis ex-
pectatus, ad extremum te vocantem ad te voces, quodque in litteris profiteri tua dignata clementia est, deside-
res, expectes? Quid hic, inquam, fiet Cæsar? Tu me in
Germaniam, ego in Italiam te voco. Tu auctoritate me
superas, ego te causa. Tu me ad delectationem honestam, non inficior, iucundamque, ego te ad virtutem
atque officium necessarium ac debitum usque adeo, ut
ob hoc unum in lucem editus videare: cuius executio
te felicem cœlo, clarum posteris trasmissura sit. Parere
tamen est animus, et causa victor, tuo imperio vinci
velim. Sed multa obstant. Primum æstas sic naturæ
meæ hostis, ut hac temporis parte non vivere sed lan-
guere quodammodo videar ac torqueri, quæ si molesta
mihi semper fuit, quid nunc putas quando minus æstum
forte metuam, sed laborem magis? Nunquam tam iuvenis quidem fui ut nescirem me senescere; sciebam
vero nec sentiebam: quin hactenus, ceu qui navi vectus
dormiens secundo alveo descendit, nil sentiens proce-
debam. Ecce iam sensim, Cæsar, incipio ætatem sentire, fragiliorque, et in dies tardior fieri. Accedit quod,
etsi tu omnium maior, etsi tuus ille penes quem iamdudum ago, non modo licentiam daturus videatur, sed ut
animum eius novi, ipse quoque venturus si tu iubeas,
mihi tamen, dum sub umbra eius sum, licentia opus est.
Verum hoc non magni facio, quia, ut dixi, nihil ille, ni
fallor, negaturus domino suo sit. Quid de libellis autem

meis faciemus, quorum mihi, etsi non nimium, at pro
ingenii ac doctrinæ inopia satis est, quibus etsi forte
onerer potius quam orner, longa tamen consuetudine
sic affectus sum, ut sine illis esse nesciam? His trans-
vehendis, ut vides, Cæsar, non Alpium sola obstat
asperitas et longissimi labor itineris, sed prædonum
metus, et viarum mille pericula, quorum æstimatio
sæpe quidem ad illud sapientis hæbreorum flectere animum me cogit, ubi *cunctas res difficiles* prægnanti brevitate pronuntiat. Sic est enim, et sic esse qui dubitat,
vivat modo, et ante senium intelliget: nam profecto si
senuit intellexit: alioquin, non senuit, mihi crede, sed
marcuit, atque oculis clausis iter longum egit. Dicam tamen inter tot difficilia ac perplexa quid cogitem. Si ce-
dente æstate, et superioris mei fidelis tui consensus, et
viæ comes adfuerint, venire, quantamque tibi placitum
moram trahere, et librorum et sodalium et patriæ absentiam sola Cæsarei vultus optata multum mihi præsentia
consolari. Vive feliciter et vale, Cæsar, nostri memor.

Patavii, XV. Kalendas Augusti.

---

## EPISTOLA IX.

### FRANCISCUS PETRARCA CAROLO IV IMP. AUG. S. P. D.

Se accinctum nuntiat itineri eius visendi gratia suscipiendo.

Vicisti, Cæsar, et longæ viæ duritiem et senescen-
tis animi segnitiem fregit humanitas tua. Expectabam,
differebam, dicebamque tacitus mecum: præcepti sui
promissique mei forsan obliviscetur: certe interim quie-

scam, et naturæ tantisper meæ et ætati et lassitudini
morem geram. Fessus enim rerum fessusque animi
sum, Cæsar, fessus omnium, fessusque negotiorum,
fessus ad extremum mei, utque afflictus ille senex ait:
*factus sum mihimetipsi gravis.* Et ut verissime dixerim,
ipse sum pondus meum. Sperabam, tot grandibus ac
profundis curis ex toto orbe quotidie in tuum pectus
ceu fluminibus undique in altissimum quoddam mare
fluentibus, exigui nominis mei facile opprimi posse memoriam. Mihi vero, præter imperium tuum, cui omnia
debeo, nil prorsus antiquius est quiete, quam cum ubique semper anxie a prima ætate quæsierim, nusquam
reperio: quodque est gravius, nunquam spero, donec
illam in huius vitæ tempestatibus quæram, quam tamen ipsam reperturum me illico, ut in sua sede quæri
cœperit, non diffido : sed illam ibi quærere quæ in alto
habitat, animæ vagæ atque in diversa distractæ, insuper et ponderibus suis pressæ et in terram pronæ subdifficile. Nitor sane, et sæpe sub hac spe verbis Davi-
dicis me cohortor: *committere anima mea in requiem tuam,*
*quia Dominus benefecit tibi,* nec viribus fisus meis, cir-
cumspiciensque auxilium externum, et cum eodem illo
rege suspirans dico: *quis dabit mihi pennas sicut colum-*
*bæ, et volabo et requiescam?* Sed interea laboriosam hanc
requiem qua datur amplector, illam alteram cogitans ac
suspirans. Itaque tibi, cui ut vultum meum sic animum
notum velim, meum crimen ingenue fateor: etsi nihil
sit quod libentius videam quam te, præsertim si cœlitus datum sit, ut in tua sede te videam, nemo cui devotius paream quam tibi, præsertim si non in extremis
terræ, sed expectantis te Italiæ claustris adesse me

iubeas, tamen interdum singula versantem atque omnia
librantem in animo habuisse ut meo silentio et tua
oblivione te fallerem. Oh! quid dixi? Oh! quem fallerem?
Meum atque universi dominum! Etsi utilis fallacia videbatur ignoranti cui usui tibi futurus sim, et ut dixi,
libentissime quiescenti. Verum id, ut video, frustra est:
nimis enim, ut acuti ingenii maturique consilii, sic te-
nacis quoque memoriæ es, Cæsar, in hoc, ut in multis, primum illum Cæsarem secutus, ad quem Cicero
loquens memoriam eius implorat, qua valere illum plurimum dicit, ut qui nil soleat nisi iniurias oblivisci. Quæ
cum ita sint, non est amplius dissimulandi locus; non
possum tertio me vocantem Romanum principem non
audire. Satis superque non insolentiæ, Deum testor,
sed inertiæ fuerit, non statim primo iussui paruisse.
Ecce me iterum, Cæsar, vocas: venio: teque utinam
inveniam paratum visere non semel, aut iterum, sed
sine intermissione diebus ac noctibus te vocantes. Vale,
Cæsar, et gloriæ et Italiæ tuæ memor et imperii.

    Mediolani, XII. Kalendas Aprilis.

---

## EPISTOLA X.

FRANCISCUS PETRARCA IOHANNI EPISCOPO OLMUTIENSI S. P. D.

Sua imminuens, eius merita extollit, et de proximo suo
in Germaniam itinere certiorem eum facit.

Mirus es, mi domine, mirus es valde: nam quid,
oro, mirabilius quam in hac tua excellentia rerum o-
mnium tam singularis tamque sublimis humilitas? In omni
sermone tuo modis omnibus te deprimis, quem natura,

quem fortuna, quem naturæ fortunæque dominus Christus attollit, quem summus hominum Cæsar amat, quem mirantur proceres, populi venerantur, Romanum colit imperium, et quorum primo sapientium an eloquentium choris æquet an præferat in dubio est. Contra autem me vix dum viciniæ notum meæ, non meis laudibus obrutum, in lucem rapis et fando tollis ad sidera. Quid vis? Novi quod in animis audientium omnipotens est disertus. Ipsis in rebus ubi veritas regnat nullum ius habet oratio. Ornare me facundiæ tuæ floribus potes, mutare non potes: non si me Cicero ipse laudaverit, non si Demosthenes, non si Maro. Etsi præstringere enim possint aliena iudicia, an et mihi oculos eruent ut me ipse non videam? Tuum ergo est, quod olim scripsisse tibi videor, rem tuam quantivis pretii facere. Meum est me nosse, de me nulli credere, et præsertim cui sim carus ut tibi. Humi fixus talibus auris non facile quatior, et si quatior, non convellor; parvitatisque meæ conscius tantum fidei nullis habeo quantum sine odio et sine invidia vitam meam famamque carpentibus; et ad summam nisi te plane nossem, aut si quæ dicuntur abs te ab alio dicerentur, illudi crederem. Sed absit ut de tanto viro tam mihi propitio, tam spectatæ fidei, tam notæ virtutis, quidquam suspicer, nisi rectum, candidum, sincerum. Credo ædepol te loqui quod in animo tuo est: sed in animo tuo esse quod in me non est. Ego quidem in reliquis tui mirator acuminis, huic uni gratulor errori tuo, quem non defectus ingenii, sed amor, pietas, urbanitas radices nobilissimæ peperere. Sed ut desinam, ecce venio, quando sic penitus Cæsari placet et tibi: et venio non, quod ais, ut doceam, sed ut discam,

tuisque doctrinis, et tuo proficiam ab exemplo. Siquidem Plato, et Aristoteles, et Xenophon, et tota illa philosophorum vetus ac nobilis familia non plus creditur
Socraticis disciplinis profecisse quam moribus. Vivacius
in anima est quod per oculos, quam quod per aures
introit. Moræ autem meæ tempus moderari vocantium
erit arbitrii. Auguror sane Imperatorem nostrum cito
mihi valedicturum, si cogitare cœperit quantum mihi
deinceps expediat de me ipso deque altera vita cogitantem ad Imperatoris ætherei stipendium me transferre. Ac ne forte tarditatem stupeas, morem nosti meum;
non tu hirundinem cœlo volantem, non cervum in montibus salientem, sed reptantem cum labore testudinem
cogitabis.

Mediolani, XII. Kalendas Aprilis.

———

## EPISTOLA XI.

FRANCISCUS PETRARCA IOHANNI PERGAMENSI CAUSIDICO S. P. D.

Nefas esse in Iudæa equestrem dignitatem
aureis calcaribus ostentare.

Malo consilium quam satyram meam legas. Hoc
enim amore ingenuo plenum est: illa, ut sunt mores
animique hominum, odio non vacat. Profecto autem quod
non fieri consulo, si factum erit arguam, quod ne accidat, iam hinc mihi tibique providendum est. Magis quidem cupio millies te laudatum quam reprehensum semel, idemque te optare non sum dubius: solet enim ut
gloria, sic et gloriæ cupiditas virtutem sequi. Ad hanc

ergo tendentibus vigili studio opus est per singulos vitæ passus, necubi animus labatur aut deviet. Audio
ego te Hierosolymam proficisci velle, sepulchrumque Do-
minicum invisere: audio, inquam, et probo, et laudo,
et qui valde te amabam validius amare hoc tam pio
proposito tuo cogor. Nam quid homini pietate prius?
Quid antiquius? Aut quæ pietas iustior, quam ut ei qui
pro te gratis sanguinem fudit, animam posuit, vitam
dedit utcumque tanti amoris vicem referas? Et si maior
occasio non adsit, at loca saltem ubi ille te amando se
neglexit, memori fletu et piis lacrimis riges? Sane
quod dehinc fama loquitur non laudo: decrevisse te
scilicet illic aurea quæ feruntur calcaria et militiæ insignia titulumque suscipere. Inolevit fateor hic mos
unde ortus nescio. Apud poetam enim utique ferratæ
calcis est mentio: auratæ vero, quod meminerim, nusquam. Sed esto: vera viri virtus non in animo sed in
habitu sit: neque in gladiis, sed in calcaribus sint vires, eaque nisi rutilantia fuerint, non possit esse vir
fortis; quod, ut puto, non tam scriptis authenticis, quam
inani et, ni fallor, brevi consuetudine cautum est. Certe
si ad militiam hanc ipsam, de qua loquor, quando ita
fert usus et opinio, te nunc genus, ætas, forma solicitant, non miror. Illud hortor ante actum cogites, an
idcirco deceat, ut ubi creator et Dominus tuus humilitate ineffabili ac stupenda pro tuis tuique generis peccatis coronam spineam gessit, crucem subiit, mortem
tulit, illic tu stimulis auratis, et nitido conspiciare cor-
nipede: atque ubi frons illa sanctissima, cuius nutu cœli
volvuntur, venti silent, maria conquiescunt; cuius signum felices Angeli expectant, infelices tremunt, fuso

sanguine rubuit, illic calces tuæ fulvo radient metallo.
Cæterum tu ut libet. Ego ne amico consilio res egeret
præstiti. Sic ne exemplo careat efficiam. Golfredus dux
virque adeo clarus, ut per ora hominum et per aulas
fere omnium Galliarum inter trium sectarum ternos, ut
perhibent, excellentes, ipse quidem scriptus et pictus
Christianorum tertium teneat locum, terram sanctam
adiit, expugnavit, domuit, et ad cultum veræ fidei reduxit; multoque illi felicius successit hæreditatem nostram
de manu fortissimi hostis eripere, quam posteris suis
eamdem ab ignavissimis custodire. Sed hæc transeo. Neque enim nova mihi, neque omnino nostrarum virium
querela est. Ad id vero quod sequitur cor intende. Nullo
equidem pacto duci illi et regii animi et victori persuaderi quivit ut Regis nomen ac purpuram assumeret.
Negavit enim posse ibi se coronam auream gestare, ubi
Christus spineam gestasset. Oh! præclaram modestiam!
Oh! virum vel ob hoc unum ante alios dignum qui Christi iniurias vindicaret! Quod si ille victor armatus, spi-
narum Christi memor, aurum victrici et emerita fronte
contigere renuit, qua fronte quove animo Christianus
homo nostri temporis, non terrarum victor illarum, sed
humilis et trepidans peregrinus, udis aut pulverulentis
calcibus aurum premet? Non agam pluribus, nec oportet; et licet forte quamplurimis, qui contrarium vel fecerunt vel facturi sunt, hac diffinitione displiceam, ego tamen
nihil ut diffiniam dico, sed ut consulam. Cœptis absti-
nuisse consilium meum est, tam sapientiæ plenum utinam quam fidei. Et si quid amico credis, nil ad gloriam
est necesse aureo capulo gladium vibrare, auro equum
et frenare et pungere, et quod sæpe iam diximus, cal-

ces aureas habere, quas nec Scipio habuisse legitur,
nec Cæsar. Aliquanto tamen honestius reverteris phale-
ratus victor ex acie iusta pioque bello aliquo pro salute
patriæ ad defensionem iustitiæ suscepto, quam a sepulcro Christi, unde toga humili, lætisque cum lacrimis sospes ut redeas malim. Vale.

— ‐

## EPISTOLA XII.

FRANCISCUS PETRARCA GUIDONI ARCHIEP. IANUENSI S. P. D.

Levius fieri patientia quidquid corrigere nequeas. Quam male de se
meritus omnique vitiorum labe coinquinatus suus adolescens evaserit. Sæpe uni parata in alterius utilitatem cedere.

Nemo miser esse vult aut unquam voluit: non enim
id recipit natura. Ex diverso autem felicitatis appetitum,
perdita licet felicitate, non perdimus, imo vero tum maxime felices fieri optamus dum miserrimi sumus, au-
getque boni desiderium mali præsentia, et si quando
aliud velle videmur, hoc volumus, neque omnino velle
aliud quisquam potest: et ipsi, quorum actus votis obstant, volunt tamen: sed hoc volentes in adversum agit
ignorantia, viatorum more, qui sæpe quam petunt animis, eam pedibus metam linquunt. Nam et qui peccant
faciunt quidem unde sint miseri, sed felicitatem quamdam in explenda libidine sitam putant; et qui sibi manus iniiciunt eo calle miseriam fugiunt: sed falluntur
non videntes brevium fuga in æternas miserias se rela-
bi. Profecto autem nunquam, nisi vel miseræ vitæ odio,
vel beatæ spe, ad voluntariam mortem itur: pernicio-
sum odium, stulta spes. Nam et illud in id quod fugit

incidit, et hæc quod cupit abiicit: nempe sicut ærumnam cupere animus non potest, neque si posset sani animi votum esset, sic eius, si res poscat, tollerantiam et optare prudentiæ, et consequi pars est una felicitatis. Esset quidem plena felicitas nil miserum pati, nil asperum, nil adversum, affluentem perpetuo lætis omnibus securumque. Quod cum sperari in hoc calamitoso et flebili non possit exilio, proximum est quidquid acciderit forti animo perferre, et fortunæ ictus patientiæ clypeo propulsare. Hæc volventi mihi quantum mœroris ægritudo tui corporis, tantum et plus gaudii attulit. æquabilitas ac sanitas vigorque animi; plus enim in hoc boni est quam in illa mali. Quin potius, si stoice loqui velim, multum in hoc boni, in illa autem mali nihil, etsi molesti aliquid. Sed facile est sanum et bene habentem de ægritudine ac dolore philosophari; malis sese autem solari, et a sensu proprii doloris avertere aliquanto difficilius. Non in omni grabato Posidonius iacet: ad quem graviter ægrotantem magnus Pompeius, tunc et Romæ verendus et terribilis terrarum orbi, visendi gratia cum venisset, ac superbus regibus se philosopho præbuisset, ille quam poterat tanto viro vicem ut redderet honoris, inter medios cruciatus atque aculeos dolorum, audiente et mirante Pompeio, de hac ipsa famosissima sententia disputavit: nil bonum nisi virtutem, nil malum esse nisi vitium: dumque loquentem dolor interpellaret, identidem ad se versus aiebat, ut Cicero meminit, si tamen ut sensum sic et verba teneo: *Nihil agis dolor: quamvis enim sis molestus, nunquam te esse confitebor malum.* Viden ubi vim sententiæ reponebat? In differentia mali scilicet et molesti: sicut vice versa inter

bonum et commodum differre autumant. Et profecto si
unum est bonum virtus, et nihil est malum nisi quod
oppositum bono est, cum vitium solum oppositum sit
virtuti, nihil omnino nisi vitium malum. Sed omittamus
ista magnifica, et loquamur ut cæteri, præsertim cum et
hæc vel vulgo vel sensu iudice non probentur, et adversa etiam philosophorum acies, duce Aristotele, magno clamore dissentiat. Leve est autem, ut dixi, assidentem ægro sanum disputare, et opinionum angustias
argumentorum flexibus ingredi, ac sonantia eructare
problemata. Sed fomentis non verbis dolor tollitur:
quamquam et verbis mitigatur dolor et frangitur. Sæpe
vel amica increpatio, vel virilis exhortatio pudore vel
ardore sic armavit animum, ut ingestum suo corpori
supplicium non sentiret. Sed enim tunc verba suum
pondus habent, dum adfuerit hinc docilitas audientis,
hinc loquentis auctoritas. Ea vero tunc magna est,
quando qui loquitur, præter ingenium, experientiam est
adeptus, ut qui quandoque tale aliquid passus, quod ab
alio exigit, in se ante præstiterit; tunc autem maxima
et consummata, quando dum loquitur patitur. Neque enim
arguit, sed demonstrat, et adstipulatur dictis fortibus
præsens dolor: et idcirco ad omnem patientiam effica-
cissimæ voces sunt quæ ex ipsis cruciatibus emittun-
tur; hæc mihi ratio, suasori alioquin forte non sat gravi,
auctoritatem fidemque nunc peperit. Siquidem non minores puto quam podagricos dolores, quos perferens te alloquor, tuis obsessum oppressumque doloribus iisque sic invicto et magno animo resistentem, ut utrique fides simul
ac docilitas non desit, uterque vel idoneus sit magister
vel discipulus. Ego in præsens magistri vicem assumpsi

futurus discipulus, cum voles: equidem de re loquor,
quæ nunc maxime in manibus est; nihil dico quod non
probem: certius quoque quam vellem loquor de dolore,
quem acerrimum sentio dum loquor, usque adeo ut
sæpe per hos dies Posidonii memor, de eius opinione
tantum hæsitaverim varie actus huc illuc. Nam si vera
complexio est, quam superius audisti, cur non hæc, oro,
itidem vera sint? si delectatio, si sanitas, si membrorum integritas bona sunt, et quæcumque bonis opposita
mala sint oportet, utique molestiam corporis et morbum
et dolorem mala esse consequens est. Inter hæc ergo
viri constantiam illius non tam facile assequor, quam
miror. Et ad summam sic me invenio, ut sæpe ratio
Stoica, sensus mihi Peripateticus semper sit. At ne super corporeum dolorem inquisitione supervacua etiam
animos affligamus, difficultatibus scholarum in limine
abiectis, atque sepositis in tempus aliud fortasse tranquillius, illud eximium inter tuos meosque nunc angores gaudium cepi, quod in litteris tuis non solum patientiæ scriptum nomen, quam exculptam vere patientiam
ipsam vidi. Quæcumque enim sit hæc philosophorum
nullum finem habitura discordia, in hoc unum et philosophi omnes, et experientia, et veritas ipsa consentiunt:
in rebus asperis, seu mala seu incommoda dici mavis,
patientiæ unicum esse remedium. Indignatio enim, et
querelæ, et muliebris eiulatio, et luctus præter quam
quod viros dedecent, ipsum quoque dolorem non leniunt
sed acerbant. Sicut contra prosperis in rebus, seu bona
illa seu commoda dici placent, unum est remedium, modestia, cuius freno lætitiæ gestientis impetum teneamus.
De quibus simul remediis ambobus nuper nescio quid

latiusculum ut scriberem mens incidit et feci. Quem li-
bellum habuisses, nisi quia et ego iam scribendi fessus,
et adiutor nullus. Amici enim vel absentes vel suis rebus impliciti, occupatam seu longinquam mihi dexteram
accomodare non possunt. Quanta vero sit scriptorum
fides, quanta constantia, quantus denique intellectus experti sumus. Pollicentur plurima, corrumpunt omnia, nihil expediunt: unde in multis, quod in me quidem sentio, in aliis auguror, tepescit novarum ardor inventio-
num, metu iniecto ne speciosas curas tuas aliena fœdet
incuria. Ille autem industrius adolescens noster, quem
inter tantas rerum difficultates tres et viginti annos edu-
cavimus, ut ingravescenti ætati et laborum levamen, et
domesticum decus esset et gaudium, ille mihi (oh! falsum
æque illis meis ad te litteris eradendum mentis augurium) ecce unicus vitæ labor, unicus pudor, unicus dolor est; contraque præsagium meum illud, et scientiæ
si velit aptissimus et virtuti, hostis utrique, pessimis moribus, iners, invidus, contumax ac rebellis
passionum servus sectatorque libidinum. Sed ferenda
omnia ne illa mihi, de qua loquor quamque in aliis laudo,
defuisse meis in rebus patientia videatur. Lætus dicere
non audeo, sed feram volens, ne coactus feram. Neque
vero ipse sim ferendus, si cum fortissimus et maximus
hominum Augustus tres, ut ipse vocitabat, vomicas suo
de sanguine tulerit, ego in meo unam ad laborem natus homo non feram. Sic undique destitutus ad illius
Frigii docti hominis fabellam vertor ut, conventis scilicet ac speratis desertus auxiliis, messem meam falce
metam propria; hoc minus habeo quam Æsopicus senex, quod illi filius, mihi nullus est comes. Itaque quod

et sæpe sum questus, et quotiens ad actum redeo queri
oportet, omnis labor, omne opus ad hos iam defessos
attritosque digitulos revertitur, omnis sarcina hos im-
becilles onustosque premit humeros. Et hoc ipsum magno animo ferendum : nam vepricosis callibus ascendi-
tur quo suspiro. Nunquam tam iuvenis fui ut ad requiem
me venisse crederem, quamvis illam sæpe, de quo hodie miror, ubi non erat infelix, et nescio quid cogitans
quasi per tenebras palpando quæsierim. Hæc dixi o-
mnia, ne me accuses quod rem ad te maxime pertinen-
tem nondum tibi transmiserim, cui etsi non plena cu-
ratio, at lenimen forte aliquod, et certe dum legitur
occupatio quædam, malorumque utilis insit oblivio. Cæterum quod præsentis epistolæ fuerit, morbum tuum
odi, patientiam amo, ut nesciam an optabile malum sit,
si tamen recte malum dicitur, quod te in experientiam
tui ipsius, et possessionem pacificam tanti boni duro licet tramite duxerit. Et sic, oro, age, neve defatigere,
sed insiste, teque inter ipsas angustias increpa et hor-
tare et obdura animum atque attolle. Non indiges adiu-
tore nisi æthereo. Ille aderit et dextram porriget laboranti, quotiens ad eum poeticum illud christiana pietate
clamaveris : *Eripe me his, invicte, malis,* modo ne dubites,
ne diffidas, neu te humi fessum inclines, sed ad cœlum
erigas, et memineris illius te opem implorare, qui multo
magis quam tu ipse tibi succursum velit, sed quibus id
optime fiat ignotas homini vias novit. Est ubi votorum
dilatio pars beneficii magna sit. Salutem optare nostrum
fuerit, modum ac tempus in illius arbitrio relinquamus,
cuius nec voluntas variatur, nec iudicium fallitur, nec
potentia fatigatur. Et nihil de illius auxilio desperes,

etiam si oblitus tui, si tibi iratus appareat: de ipso enim
scriptum est: *Cum iratus fueris misericordiœ recordaberis.*
Familiariter, confidenter et vere dicito illud ulcerosi
senis memorabile et devotum verbum: *Etiam si occiderit
me, in ipso sperabo:* ita dic, ita fac, ita cogita, ita spera.
Poteris omnia, si te posse credideris, non in te sed in
eo qui te confortat. Proinde, quod soles, age perseve-
ranter, eoque promptius quo proximior fini es. Breve
est iter, nihil autem breve difficile: nulla vel præceps
paucorum passuum via fatigationem elicit; contra autem
solo aspectu via longior fatigat, etsi plana sit. Et quid
putas? Magna pars lucis acta est falsis in gaudiis, in
laboribus veris, inter spes ambiguas, inter certa pericula; et quantulum est quod restat? Advesperascit,
mihi crede: dum confabulamur et circumspicimus, tran-
sit dies non sentientibus nobis. Respiciamus ad solem:
finem adesse videbimus, qui etsi dissimuletur, aderit
tamen, et quod plerisque viantibus accidit, iis præsertim qui vehuntur, ante expectatum hospes erit in limine, atque ultima nos domus excipiet. Eundum igitur
alacriter et caute, invictisque animis viarum reliquiæ
peragendæ, ac spe quietis permulcendus labor. Et quoniam huc loquendo pervenimus, ille mihi ex multis viatorum mos probatur, qui hospitio propinquantes eunt
lentius, ut diurno æstu collectus fervor temperetur. Itaque de industria gradum tenent, fumantesque frenant
equos, atque ita perveniunt quo pergebant, ut nulla in
parte vestigia festinationis emineant. Et nos qui ferven-
tibus animis per adolescentiæ pulverem iuventæ mon-
tana transivimus, iam plano et solido redditi, tempere-
mus ardorem, frenemus impetum, et ad finem sic

tranquilli et placidi et intrepidi veniamus, ut qui nos
sero viderit, vix illos putet qui sub meridie currebamus.
Si quid nunc etiam sub extremum duri est, dico iterum, difficultatem brevitas consoletur. Hæc te ita per
te ipsum facere gaudeo, ut vix lætius animo meo sit,
si quid ego fortiter egerim quam tu : et illud ad cumulum gaudii mei est, quod hac in re utilem tibi profiteris
epistolam unam, quam ante tot annos religioso illi seni
scripseram, qui pressum se podagra, paupertate, senio
et super omnia mei quoque, qui longe aberam, desiderio,
in litteris questus erat; quorum tu, duobus tantum, primo premeris atque ultimo, quod ego plane tibi auferam
mox ut belli fragor bona fide quieverit. Primum utinam
sic auferre possem : pati enim te diutius non paterer :
satis nam tuæ virtutis experimentum habes. Et licet,
ut incipiens dicebam, optanda patientia, tamen, quod
rigidissimi quique philosophorum fatebuntur, non optandus sed est ferendus dolor. In hoc vero te laudo, huc
currentem urgeo, quando aliud non possum, et epistolam tibi illam profuisse glorior : quæ an illi profuerit,
ad quem scripta est, ipse tunc senserit. Ego enim postea nisi semel hominem non vidi, idque perbreviter
Prænestina sub arce, et mihi solito lætior atque æqua-
nimior visus erat cum incommodis suis omnibus et cum
senectute luctari. Mihi autem sic gratias egit, ut diceret
meum esse quod-sine lamentis in pace senesceret, et
terribilem illum diem interritus expectaret : nec ita
multo post obiit. Quamquam illud quoque vulgatissi-
mum sit ut alii parata prosint aliis. Quærit opes filio
pater : alienus, et quod durius, hostis parto fruitur. Nec
in iis solum quæ fortunæ serviunt, sed in quibus nul-

lum ius habere dicitur: id novi, et stupui. Est enim haud
dubie res indigna, sed communis adeo, ut sit in talibus
iam admiratio ipsa mirabilis. Et quoniam nec longior
sermo meus tibi tædio esse solet, et res exemplo eget,
insistam. Nec attingam illos qui reipublicæ aut militiæ
disciplinam filiis ingerentes, omnibus profuerunt, præter
quam quibus ante alios prodesse decreverant; quod in
litteris quoque vel crebrius evenisse video, ubi illud
monstri instar, quod perraro summi viri filius summus
evaserit; sic natura vices alternante, ut quisque quod
fuerit Deo debeat non patri. Possem duos reges et Cæsares in testimonium adducere, sed non vacat. Ad illa
venio quæ litteris comprehensa, et in omne ævum
multis utilia, in iis ipsis quibus scripta erant parum
visa sunt virium habuisse. Scripsit Aristoteles Ethicæ
libros ad Nicomacum quemdam, sive ille scribentis
pater, ut quidam volunt, sive is filius, sive amicus
fuit : adeo enim nihil fuit, ut quid fuerit nunc etiam
dubitetur inter multos; quamvis Cicero filium indubi-
tanter affirmet; nulla re alia quam aliena notus industria : immo vero ne sic quidem notus: prorsus obscurum nomen, quod nec Aristoteles illustravit. Scripsit ad
Neronem Seneca, et quod miremur, *de clementia:* qui
liber quantum illi cui inscribitur profuerit, toto orbe
notissimum est. Scripsit Eustathio filio Macrobius in
Ciceronem commentarios, et Saturnalium libros: operosa
volumina. In alterius primordio, quidquid ipse per
omnem vitam legisset, totum filio esse vult doctrinæ
supellectilem et litterarum penu. Quid vis ? Ingenium, scientiam, eloquentiam, labores suos illi conse-
crat, successoremque illum sibi quasi testamentarium

facit, non parvi census aut angusti prædii, sed animi
bonorum omnium. Præclara hæreditas, sed obscurus
hæres, et nisi patris elogio nominaretur, incognitus.
Scripsit Virgilius Mæcenati Georgicorum libros, inge-
niosum et iucundum opus, quo an agricolam effecerit
incertum. Certe constantem illum ac modestum virum
non fecit Horatius, qui eidem utilissimas et succi ple-
nissimas epistolas sermonesque gravissimos scripsit.
Nunquid, oro, tot monitis tantisque consiliis obtinuit ut
altius erigeretur, ut maturius loqueretur, ut prosperitate levem animum iactantem consisteret? Longum est
ire per singulos : ad supremum transeo. Cicero tantus
vir Ciceroni fratri suavem atque artificiosam exhorta-
tionem scripsit. Nunquid illius animum ab ea, in quam
naturaliter pronus érat, iracundia retraxit, aut motus
inconditos oratione compescuit? Scripsit idem Officiales
libros ad Ciceronem filium nil patris habentem præter
nomen, oh! quanta refertos elegantia et gravitate. Omnia
præceptis salubribus plena sunt : nulla pars operis stimulis vacat, quibus excitet iuvenilem animum et ac-
cendat ad imitandam saltem domesticæ gloriæ claritatem. Quid expectas? Qui Iulium Cæsarem studio
partium infestum et elatum victoriis, et offensionibus
irritatum mollire quivit et flectere, qui iudices, qui
populum, qui senatum fando totiens movit, quem saxa
moturum voce diceres, dissimillimum patri iuvenem
movere non potuit, hac una maxime re infelix et
impar cæteris, quibus abunde clarus ubertimque felix
fuerat in vita. Sed non omnia uni data sunt : miscentur
læta tristibus, clara obscuris, tranquilla turbidis, adversa felicibus, et in magno acervo rerum humanarum

si ad cribrum veniant, boni minimum, mali plurimum
deprehendetur. Tibi, mi Cicero, boni multum, gloriæ
immensum, natus degener. Vere tibi, ut ait· Lælius
Spartianus, melius fuerat liberos non habere : habuisti
enim qui contemptis officiis, quæ in eis quos dixi
libris legerat, quæque ut credi debet, sæpius viva voce
et vere viva una ex omnibus, ut mihi videtur et Senecæ visum est, viva, inquam, voce paterni oris au-
dierat, non vivendi sed bibendi nobilitatus officio, duos
vini congios uno impetu hauriret. Egregius tanti patris
filius et præclarus vindex, qui interfectori eius An-
tonio, non vitam, non potentiam, non opes, sed quod
ille in libro quem de sui ipsius scripsit ebrietate conqueritur, bibendi gloriam et famam ebrietatis eripuerit. Oh!
portentum lævo sidere editum, oh! naturæ varietatem
incredibilem, talem tanta de luce caliginem! Heu, Marce
Tulli, vir insignis, sed infelix·pater, quanto studio laborasti ut ex te alterum Marcum Tullium exprimeres.
(Oh! quam sæpe maximorum artificum falluntur ingenia!):
Marcum Bibulum expressisti. Hactenus quasi præsens
cum Cicerone defleverim : ad te, pater, ad propositum
revertor. Siquidem, ut dicebam, tantorum hominum
studia sæpe illis inefficacia quibus instituebantur, sæpe
aliis post annorum millia profuerunt, proderuntque: in
quibus fortassis et nos sumus. Si forte igitur, ut me
tantis immisceam, epistola illa mea sive apud ipsum
efficax, quod magis puto, sive inefficax ad quem missa
est, tibi post tam longum tempus utilis fuit, gaudeo,
et illi calamo gratiam habeo, et illum diem amo. Nimis
te hodie detineo. Da veniam : tecum sum. Vale.

Mediolani, Kalendis Decembris.

## EPISTOLA XIII.

### FRANCISCUS PETRARCA SOCRATI SUO S. P. D.

Haud ægre ferendum quod nostrorum laborum fructus
alteris quærantur.

Ægre fers quod in labores tuos alter irrupit. Pone
indignationem: admirationem pone. His plena ludibriis
vita est, et communia non miramur ; immo quidem
vix aliud invenias. Pauca admodum iis a quibus facta
sunt serviunt. Sæpe ubi plus laboris minus est præmii.
Iacent sub exiguo marmore fundatores urbium maximarum quibus advenæ imperitant. Domum alter ædi-
ficat, alter inhabitat ; architectus sub divo. Hic serit,
ille metit, sator esurit. Alter navigat, alter æquoreis
mercibus ornatur, navita inculto. Denique alter texit,
alter induitur, nudo interim textore ; alter pugnat,
alter occupat victoriæ præmia, inhonorato victore ;
alter aurum fodit, alter expendit, fossore inope atque
egeno. Alter gemmas legit, alterius digiti radiant,
squalente gemmario : altera in labore parit filium,
altera in gaudio illi nubit, desertaque matre illum
suum facit. Dies ante deficiet quam exempla rerum
talium. Nosti tetrasticon illud Maroneum :

Sic vos non vobis nidificatis aves:

nota sunt reliqua. Vetus et populare præterea proverbium est: qui plura iugera vineæ foderit, pauciores
eum vini sextarios bibere : neque de nihilo est quod
propheta idemque rex ait, *labores manuum tuarum quia
manducabis, beatus es, et bene tibi erit.* Quæ secutus

filius: *Omnis homo*, inquit, *qui comedit et bibit et videt bonum de labore suo, hoc donum Dei est*. Rarum, inquàm, et insigne donum: sic enim, ut intelligi datur, et patri et filio visum erat: quod cui obtigit, ille gratias agat; cui negatur forte, ille se publica consoletur, neque ulla singulari iniuria se affectum sciat, neque illud eiusdem Salomonis dictum excidat: *Nam cum alius laboret, ait, in sapientia et doctrina et solicitudine homini otioso quæsita dimittit, et hoc ergo vanitas et magnum malum*. Magnum fateor sed commune. Tu vero quotiens aut naturam aut fortunam accusare voles, primum cogita an tu solus, an unus ex millibus patiare quidquid est quo premeris, ne si commune omnium aut plurium malum est, ad accusandam providentiam divinam unus querulorum omnium compareas procurator. Et de querelis hactenus. Ad id vero quod mihi tam obnixe gratias agis quasi fortunarum tuarum propugnatori unico, quia neque meum meritum verbis attollere, neque deprimere fidem velim, nil aliud dicam nisi Terentianum illud in Andria:

> . . . . . . . . . . . . . . . Gaudeo
> Si tibi quid feci aut facio quod placeat, et
> Id gratum fuisse adversum te habeo gratiam.

Vive et vale nostri memor.

## EPISTOLA XIV.

FRANCISCUS PETRARCA IOHANNI EPISCOPO OLMUTIENSI S. P. D.

Vituperat eam scribendi rationem qua unum uti plures alloquimur;
et narrat se Germaniam versus profectum, itineribus præclusis,
Venetias divertisse.

Non exiguum in stuporem tua me traxit epistola.
Novus enim in primis ac nobis insolitus stilus erat.
Pluraliter me compellas cum sim unus, integerque
utinam, nec in multa dissidentium sententiarum bella
distractus. Ego stilum non mutabo, quo et docti olim
omnes, et nos diu invicem usi sumus; modernorumque
blanditias ac meras ineptias execrabor, inque hoc ipso
verecunde tecum ac familiariter gloriabor, quod stilum
illum patrum, hac in parte femineum et enervem, unus
ego, seu primus saltem per Italiam, videor immutasse
et ad virilem ac solidum redegisse. Ita tamen hoc faciam, nisi te penitus aliud velle cognovero. Accessit
quod nullam mearum litterarum huius temporis ad te
video pervenisse. Nulli enim respondes admirans nec
immerito, quod ita te inscio, quem præcipuum semper
habui, tantam fecerim mutationem, ut fortunas domi-
ciliumque transtulerim. Ego vero non Venetias, sed ad
Cæsarem et ad te venturus, Mediolano abii. Iter autem
fortuna præcluserat; nec iter modo sed reditum. Quid ergo? Terentiano fretus consilio, quum quod volebam non
potui, cœpi velle quod poteram. Itaque circumspiciens
et multa considerans, propinquum diversorium, et hunc
publicum, ut ita dixerim, humani generis protum petii,
nihil præter libellos et calamos mecum ferens. Hæc et

alia multa tuam in notitiam perferenda curaveram :
sed ut video non sat fortunatus in nuntiis. Tuus hic,
quem meum factum esse gaudeo, noster hic inquam,
si rite præsagio, nos non fallet, qui ut nunc etiam
nescio quid Cæsari nostro scriberem celerans, occupatum dulci instantia et profundo suspirio me coegit.
Vale.

———

### EPISTOLA XV.

#### FRANCISCUS PETRARCA CAROLO IV IMP. AUG. S. P. D.

Hortatur iterum ne res Italiæ despiciat, seque Romanum imperatorem
esse meminerit.

Vereor ne tam creber hic epistolarum clamor
apud multos mihi vel inopportunæ superbiæ vel ridi-
-culosæ detur amentiæ, qui tranquillum serenissimi
pectoris habitum quibusdam quasi nubiferis flatibus
impleam ac perturbem. Nam quis ego aut unde mihi
hoc animi? Profecto de sola conscientiæ puritate, quam
mihi non in aliis nisi tuis in rebus, Cæsar, arrogo: non
ignarus tui, non ignarus mei, non ignarus rei loquor
tamen. Etsi sæpe Davidicum illud occurrat: *Quid enim
mihi est in cœlo, et a te quid volui super terram;* solatur
me atque erigit humanitas tua et integritas veri potius
appetens, licet acris, quam blandi alloquii ac mulcentis.
Tibi quidem, providentissime imperator, medullitus
notus esse confido, non quia magna tibi animi experimenta præbuerim, sed quia talem te æstimo, talemque
me scio ut translucere tibi arbitrer fidem meam.
Itaque non metuo ne offendam quem sincere amem,

fideliter horter atque arguam. Tui autem certus aliena
et præsertim falsa iudicia parvipendo, et si nulla innocentia tanta est quæ reprehensionibus careat, malo
procacitatis mea fides, quam perfidiæ silentium reprehendatur. Quamvis mihi quidem pene iam nihil est
reliqui : exhausisse animum videor, dumque te tuum
in solium, Cæsar, voco, raucæ factæ sunt fauces meæ :
nil iam lingua, nil calamus, spretæ totiens preces,
fusæ voces, arefactæ lacrimæ, consumpta suspiria :
solo corde iam loquor. Sed spero me audias raucum
licet ac tacitum : dum magis enim tacere videor, tunc
altius loquor, teque diebus ac noctibus obsecro, obtestor, adiuro, increpo. Ita vero mihi accidit ut fesso
amanti, cui consumptis omnibus quæ ad persuadendum
valeant, solum in labiis, iamque nec in labiis, sed in
præcordiis, amati nomen sonat. Et mihi et tuis omnibus
hoc unum superest, ut te in animo habeamus numinis
instar, sed aversi et nostras miserias non curantis.
Quod si quid est spiritus, nihil est artificii, nisi quod
affusi et supplices non semel sed millies te vocamus.
Est ubi artis in locum nudæ voces atque adeo nudi
subeant affectus, et carum nomen sæpius iterasse efficacissimum ad movendum animos habeatur. O gloriosissime Cæsar, patere æquis auribus, æquiore animo
importunitatem nostram, neque te sæpe vocantibus
irascaris. Satis est supplicii non audiri. Clarum ac
suave nomen est Cæsar, verendumque omnibus gentibus ac regibus : nobis vero etiam salutare. Sine illud
in nostro ore dulcescere, seu illud clamantes, seu taciti
invocemus ; audi vel in silentio tuorum voces. Tua te,
Cæsar, vocat Italia, idque tantis clamoribus, ut si au-

ribûs audiantur, non principem modo suum, sed Indorum reges ultimos sint moturi: tua te, inquam, Italia,
Cæsar, vocat; Cæsar, Cæsar, Cæsar meus ubi es? Cur
me deseris? Quid cunctaris? Certe ego nisi immobilis
forem, et dextra lævaque mari gemino, a tergo autem
Alpibus circumsepta, ipsa iampridem meum Cæsarem
longe trans Danubium petiissem. Vale, Cæsar, et vigila
dies.

Venetiis, V. Idus Martii.

## EPISTOLA XVI.

FRANCISCUS PETRARCA IOHANNI EPISCOPO OLMUTIENSI S. P. D.

Carere se litteris eius ægre fert, et quamdam spem suam
in irritum cessisse minime dolet.

Ergo quia non potes quod velles scribere, nihil
scribis? Noli, obsecro, noli damno damnum addere.
Gravius multo mihi est litteris tuis quibus assueveram,
quam successu spei ambiguæ caruisse. Illa enim
externam corpori sufficientiam exoptatam forsitan, ut
est inexplebilis animi infinita cupiditas, sed certe non
necessariam promittebat: hæ animæ cibum internum
ac solatium afferebant. Hoc me ne privandum censeas,
per temetipsum, tuumque mihi cultum semper et co-
lendum caput, et si quis unquam tibi mei nominis amor
fuit, oro anxius atque obtestor. An quia non vales quod
optabas dare, aufers quod solebas? Et quia nequis esse
beneficus, eris nocens? Quid hoc aliud fuerit quam
infirmum, quem curare non possis, occidere? Vide,

pater optime, semperque mihi (si latine dicitur) piis-
sime, ne affectu nimio tua pietas exorbitet. Volebas me
magnum aliquid facere : non successit : at quod nemo
vetuerit, parvum ama. Nil novi postulo : fac quod
soles, meque tuum in hac magna, quod stupeas, urbe
solivagum, etsi rite olim a me ipso mundus alter Ve-
netia dicta est, toto semotum orbe ne deseras, sed
optatis scriptis refove sitientiem animam, et sacris ac
dulcibus solare colloquiis : denique unum hoc iure
meo postulo, ut si nulla mei erga te animi mutatio
facta est, apud te ego talis inveniar qualis eram, dum
me alium facere voluisti. Et certe novi animum quoque
tuum ad me similem sui semper; sed si affectus idem,
cur diversus effectus? Doles puto quod nunc primum
non valuerint pro me apud Cæsarem preces tuæ. Ne
doleas precor. Ego namque non doleo : doleant amici,
quibus quidquid id erat subsidii quærebatur ; mihi
iam pauca sufficiunt. Si naturam meque sequor non
sat modo sed abunde, usque quoque ad invidiam locuples sum. Si quid et forte nunc deforet, en senectus
in limine expetita votis hospes, morsque illi a tergo
adæquatrix optima, secumque, divitiæ ingentes, nulla
scilicet amplius re egere. Voluntati ego igitur tuæ
gratias ago : inefficaciam fortunæ meæ imputo, non
tibi, non Cæsari, cui semper supra meritum carus fui,
quique, vel quod nunc negat mox præstabit, vel fortasse quod ab illius altissima providentia non abhorret, negando mihi consulit : qui postremo quamvis
hoc semper neget, tam multa tamen olim præstitit,
ut ex debito tenear, dum vivo, pedum eius adorare
vestigia. Hæc hactenus. Is sane qui hanc tibi litteram

dabit, semigermanus semique italus, dilectus meus, homo vigil atque acer in litteris poeticisque artibus satis exercitus, ad solius famæ sonitum, quod si imitatores invenerit nostro non ultimum studio decus erit, posthabito Patavio, Pragam petit, discendi avidus docendique : nullius quidem rei egens, sed tui appetens favoris. Peregrino homini faciem tuam videre potuisse multum fuerit. Id se meis litteris adepturum sperat, cui si se dignum præbuerit, et si placet, tua nulli bono difficilis condescendat humanitas. Vale feliciter, et, si quod est amoris nudi meritum, rescribe aliquid, quo me nondum e memoriæ tuæ arce deiectum læter.

Venetiis, VI. Kalendas Septembris.

———

## EPISTOLA XVII.

### FRANCISCUS PETRARCA HUGONI SANCTI SEVERINI COMITI S. P. D.

Flocci se facere quod res suæ Neapoli secus ac optabat acciderint ex culpa aulicorum hominum quos valde vituperat.

Litteras tuas, inclyte vir, diu expectatas et sæpe forsan interceptas tandem hodie recepi legique libens. Erat enim stilus ingenio meo mirifice coaptatus. Recognovi equidem in verbis tuis Curiæ mores olim mihi cognitos atque invisos. Neve in longum exeam, quod valetudine inquieta et occupationibus multis vetor, quod ad illustrem attinet reginam voti compos debitorque omnium sum. Quam vere enim nescio, sed sic mihi persuasi, nihil se meque dignum sponte sua generosum illum serenumque ac beneficum animum

negaturum; sed habet sub iure Photini affectus enses-
que suos : doleo propter ipsam, propter te, propter
bonos, raros licet, denique propter Italiam, in qua
ægyptia monstra regnare molestissimum animo meo
est ; propter me autem nihil : quod et tam procul
inde absim ut me ista non tangant, et ante annos plurimos præsens apud ipsam in confinio felicitatis ac
miseriæ positam Parthenopem pene oculis malum hoc
omne præviderim, atque prædixerim, deque hoc scripserim quod mens tulit : proinde divinum ac sidereum
illum regem olim terris ereptum, cœlo redditum, qui
grandævus iuventutem meam quamvis ultra meum
meritum, longe tamen citra suum desiderium ac propositum, nescio quam claris, certe admodum raris insignibus honestavit, nomenque eius et cinerem et quidquid suo de sanguine ortum erit fide perpetua venerabor.
Id me sibi pollicitum et implesse scio, et impleturum
saltem spero. Nil ad hoc recentibus beneficiis opus
est, cum abunde sit veterum. Quod ad te autem idem
dico : nempe quod in te fuit præstitisti, etsi caritatem
livor vicerit, ut mos est, cariorque mihi multo est
inefficax fides, quam efficax perfidia. At quod ad au-
licos canes, nihil dico aliud nec video quod altius dici
possit, modo mihi conveniat, quam Cæsareum illud :
*nihil*, enim inquit, *malo quam et me mei similem esse et
illos sui*. Certe ego paupertate mea dives sum, neque
id meo tantum sed multorum iudicio et consensu : illi
opibus suis inopes ac mendici, atque utinam dolituri
acrius si scire possent, quanto mihi uni tranquillior
feliciorque dies unus, quam illis omnibus tota est vita
obsessa curis pessimis, voluptatibus fœdis marcens,

tremula, nutans spe, vanis elusa gaudiis, veris et
oppressa mœroribus et gelata terroribus et cupiditatibus inardescens, quamque nemo est eorum cum quo
statum meum ullis conditionibus permutatum velim.
Licet enim inter vasa aurea miserum esse, inter fictilia
felicem, neque ad bene vivendum aut argilla auro
melior, aut Samos est inferior quam Corinthus. Tu
vale, et si bonus esse vis, stude illis esse dissimilis,
neu te contagia morum lædant cave.

---

## EPISTOLA XVIII.

### FRANCISCUS PETRARCA NICOLAO ACCIAIOLO MAGNO
### REGNI SICULI SENESCALCO S. P. D.

Laudat, grates agit, commendat amicum, et loquitur de morte regis.

Te quidem, vir omni ætate rarissime, nostra unice,
totum ulnis animæ venerabundus amplector, possideo-
que civiliter, thesauri instar inventi, seu tu præsens
sacrum os vivo aperis sermoni, seu tu absens stilum
aureum scripturæ applicas mellifluæ, et rursum seu
idipsum militariter et vulgari more, seu oratorie verbis
atque sententiis exquisitis, quod nunc altius multoque
divinius, quam inter armorum strepitum posse te crederem, fecisti. Aliis licet atque aliis rivis et sapore
vario fontem unum tui cœlestis ingenii recognosco,
mirorque mecum cogitans quid hic esset, si his tantum
studiis animum innutrisset, qui ex minimis temporum
reliquiis tantus sit, quas maximarum rerum curis
sparsim furtimque subripiens, huc convertit ; ut maiora

illa præteream, non hoc calamo inopi sed Homerico
digna præconio, neque epistolæ materiam sed libri,
quemadmodum vel bella armis et castrensi peritia, vel
legibus vel civili iustitia pacem regas. Quarum tibi
hactenus artium Neapolis, et illa ante alios laudata
Campania ; nunc Sicilia est testis, et Arethusa iam
lætior, atque Æthna tepentior, et Carybdis reverentia
tuæ frontis et tuorum actuum admiratione placatior.
Macte virtute multiplici, atque in primis omnes animi
dotes adornante modestia, qui tibi apud posteros non
minorem ex his nugis meis quam ex omni tua magnitudine famam speres, idque persæpe tuis ad me litteris
fateare : error fortassis honestior, sed non minor ex
amore oriens. Ego vero non dicam apud illos qui post
me nascentur, ad quos nescio an vestigium aliquod
mei nominis sit venturum, sed apud præsentes utique
tanti viri gratiam non diffido gloriæ mihi fore : nam
gaudio quidem et honestissimæ voluptati non spero
illam mihi esse, sed sentio. Sane quod parvitati meæ
magnitudinem tuam offers, quodque affectum meum,
qui quam efficax fuerit exitus arguet, sed haud dubie
fidelis fuit ac fervidus, ad Priorem nostrum Sanctorum
Apostolorum, et quod pro illo tentavi mixtum gloriæ
tuæ dicis, puto nec falleris, inque hoc tuo more ver-
saris commemoratione gratissima, facis non quod mihi
debitum, sed quod tibi, ut ab omni scilicet parte per-
fectus sis. Proinde crebris atque magnificis oblationibus
tuis, si res tulerit, utar ingenti fiducia. Ille autem, de
quo loquimur, ut tecum de te sileam, non est in
quem possim quasi in alterum pius dici : nempe pars
mei est, atque unus ex paucis, qui mihi in hoc rapi-

dissimæ vitæ cursu, moribus et ingenio probati, meis
alte præcordiis insederunt. Restat ut te precer, ne
mihi anxio statum tuum sinas incognitum, et an morte
regis tecum aliquid fortuna patraverit : quem utinam
ut ad regnum sic ad regias virtutes attollere potuisses:
in quo vereor, ne multam ego operam scribendo per-
diderim, tu loquendo. Optimum verbum viri pessimi,
*virtutem verba non addere*, quod ita demum recte
dicitur si nulla usquam audientis in animo sit scintilla quam suscites. Oh! si se ille tuis monitis docilem
præbuisset (da veniam, urget animum ac calamum
dolor), profecto diutius vixisset, felicius obiisset, nomen
clarius reliquisset. Vale, meum decus ac patriæ.

Patavii, VI. Idus Iunii.

## EPISTOLA XIX.

### FRANCISCUS PETRARCA IOHANNI DE CERTALDO S. P. D.

De quodam adolescente Ravennate in suam familiaritatem
recens accepto. De imitatione, et plagio litterario.

Anno exacto post discessum tuum generosæ indolis adolescens mihi contigit, quem tibi ignotum
doleo, etsi ille probe te noverit, quem sæpe Venetiis
in domo tua, quam inhabito, et apud Donatum nostrum vidit, utque est mos ætatis illius, observavit
attentius. Ut vero et tu illum noris qua datur eminus,
et in litteris illum meis videas, ortus est Adriæ in
litore ea ferme ætate, nisi fallor, qua tu ibi agebas
cum antiquo plagæ illius domino eius avo, qui nunc

præsidet. Adolescenti origo ac fortuna humilis. Verum
abstinentia et gravitas vel in sene laudabilis, acre ingenium ac facile, rapax memoria et capax, quodque est
optimum, tenax. Bucolicum meum carmen, duodecim ut
scis distinctum eglogis, undecim continuis diebus di-
dicit, memoriterque servavit ita, ut singulis diebus ad
vesperam unam mihi eglogam, novissimeque duas tam
constanter, nilque hæsitans recitaverit quasi sub oculis
liber esset. Est sibi præterea, quod raro nostra habet
ætas, inventionis magna vis ac nobilis impetus, et
amicum Musis pectus, iamque, ut ait Maro, et ipse
facit nova carmina, et si vixerit atque, ut spero, cum
tempore creverit, quod de Ambrosio vaticinatus est
pater, aliquid magni erit. Multa de illo iam nunc dici
possunt: pauca de multis. Audivisti unum. Nunc etiam
audi et virtutis et scientiæ fundamentum optimum.
Non vulgus tam pecunias amat atque expetit, quam
hic odit ac respuit. Nummos illi ingerere irritus labor
est. Victui necessaria vix admittit. Solitudinis studio
ieiunioque et vigiliis mecum certat; sæpe ille superior.
Quid multa? Iis me moribus sic promeruit, ut noħ
minus mihi quam filius quem genuissem carus sit, et
fortassis eo carior, quod filius, ut mos est adolescentium nostrorum, imperare vellet, hic parere studet,
nec suis voluptatibus sed meis vacat obsequiis, et hoc
quidem nulla cupidine seu spe præmii, sed solo amore
tractus, et fortasse sperans nostro fieri melior convictu. Iam ante biennium ad me venit, venissetque
utinam maturius; sed per ætatem non multo ante potuisset. Familiares epistolas meas soluto sermone
editas, quæ ut multæ numero, sic et multi utinam

pretii essent, inter confusionem exemplarium, et occupationes meas pene iam desperatas, et quatuor ab
amicis opem mihi pollicitis tentatas, et ab omnibus
calle medio desertas, iste unus ad exitum perduxit,
non quidem omnes, sed eas quæ uno non enormi nimium volumine capi possent, quæ, si hanc illis inse-
ruero, numerum trecentarum et quinquaginta comple-
bunt, quas tu olim illius manu scriptas, præstante Deo,
aspicies, non vaga quidem ac luxurianti littera (qualis
est scriptorum seu verius pictorum nostri temporis
longe oculos mulcens, prope autem afficiens ac fati-
gans, quasi ad aliud quam ad legendum sit inventa,
et non, ut grammaticorum princeps ait, littera quasi
legitera dicta sit), sed alia quadam castigata et clara
seque ultro oculis ingerente, in qua nihil orthographi-
cum, nihil omnino grammaticæ artis omissum dicas.
Et de his hactenus. Ut vero in his ultimum sit litteris
quod primum in animo meo fuit, est hic quidem in
primis ad poeticam pronus, in qua si pergit usque
adeo ut cum tempore animum firmet, ad certum aliquid
et mirari te coget et gaudere. Adhuc tamen per imbecillitatem ætatis vagus est, nec dum satis quod dicere
velit instituit, sed quidquid dicere vult, alte admodum
dicit atque ornate. Itaque sæpe illi carmen excidit non
sonorum modo, sed grave et lepidum maturumque, et
quod poetæ senis putes, nisi noscas auctorem. Firmabit,
ut spero, animum ac stilum, et ex multis unum suum
ac proprium conflabit, et imitationem non dicam fugiet,
sed celabit, sic ut nulli similis adpareat, sed ex veteribus novum quoddam Latio intulisse videatur. Nunc
usque autem imitationibus gaudet, quod suum habet

ætas illa, et interdum alieni dulcedine raptus ingenii,
contra poeticam disciplinam sic in altum desilit, ut
operis lege vetitus, referre pedem, nisi visus et cognitus,
non possit. In primis sane Virgilium miratur. Mire id
quidem ; cum enim multi vatum e numero nostrorum
laudabiles, unus ille mirabilis est. Huius hic amore et
illecebris captus, sæpe carminum particulas suis inserit.
Ego autem qui illum mihi succrescentem lætus video,
quique eum talem fieri qualem me esse cupio, familiariter ipsum ac paterne moneo videat quid agit. Cu-
randum imitatori, ut quod scribit simile non idem sit,
eamque similitudinem talem esse oportere, non qualis
est imaginis ad eum cuius imago est, quæ quo similior eo maior laus artificis ; sed qualis filii ad patrem,
in quibus cum magna sæpe diversitas sit membrorum,
umbra quædam et quem pictores nostri aerem vocant,
qui in vultu inque oculis maxime cernitur, similitudinem illam facit, quæ statim viso filio, patris in memoriam nos reducat, cum tamen si res ad mensuram
redeat, omnia sint diversa ; sed est ibi nescio quid
occultum quod hanc habeat vim. Sic et nobis providendum, ut cum simile aliquid sit, multa sint dissi-
milia, et idipsum simile lateat, nec deprehendi possit,
nisi tacita mentis indagine , ut intelligi simile queat
potius quam dici. Utendum igitur ingenio alieno, uten-
dumque coloribus, abstinendum verbis. Illa enim similitudo latet, hæc eminet. Illa poetas facit, hæc simias.
Standum denique Senecæ consilio, quod ante Senecam
Flacci erat, ut scribamus scilicet sicut apes mellificant,
non servatis floribus, sed in favos versis, ut ex multis
et variis unum fiat, idque aliud et melius. Hæc dum

sæpe secum agerem, et ille semper intentus ceu patrios
monitus audiret, incidit ut nuper ex more illum admo-
nenti tale responsum daret. « Intelligo enim, inquit, et
» fateor ita esse ut dicis. Sed alienis uti, paucis quidem
» et id raro, multorum atque ante alios vestri permi-
» serim ab exemplo. » Hic ego admirans : « Si quid un-
» quam, fili, tale meis in carminibus invenis, scito id
» non iudicii mei esse, sed erroris. Etsi enim mille
» passim talia in poetis sint, ubi scilicet alter alterius
» verbis usus est, mihi tamen nihil operosius in scri-
» bendo nihilque difficilius se offert, quam et mei
» ipsius et multo maxime præcedentium vitare ve-
» stigia. Sed ubi nam, quæso, est unde hanc tibi licen-
» tiam ex me sumis? » Sexta, inquit, tui bucolici
» carminis egloga est, ubi, haud procul a fine, versus
» unus ita desinit, *atque intonat ore.* » Obstupui : sensi
enim, illo loquente, quod me scribente non senseram,
finem esse Virgiliani versus sexto divini operis, idque
tibi nunciare disposui, non quod ullus correctioni amplius locus sit, carmine illo late iam cognito ac vulgato, sed ut te ipsum arguas, qui mihi errorem meum
hunc indicari prius ab alio passus sis, vel si id forsan
ignotum tibi hactenus fuit, notum esse incipiat, simulque illud occurrat, non solum mei studiosi licet hominis,
multa tamen litterarum et ingenii penuria laborantis,
sed nec ullius cuiuslibet, docti viri studium sic par
rebus, quin multum semper humanis desit inventio-
nibus, perfectionem sibi reservante illo, a quo est
modicum hoc quod scimus aut possumus. Postremo
et mecum ipse Virgilium ores det veniam, nec moleste
ferat si, cum ipse Homero, Ennio, Lucretio multisque aliis

multa sæpe rapuerit, ego sibi non rapui, sed modicum inadvertens tuli. Vale.

Ticini, V. Kalendas Novembres.

———

## EPISTOLA XX.

FRANCISCUS PETRARCA FRANCISCO BRUNO FLORENTINO S. P. D.

Ignoto ex alterius voluntate scribit, et se profert amicum.

Sat magnum, vir egregie, iam hinc tuæ virtutis argumentum habeo illius magnanimi viri verbum, cui omnia crederem, qui nuper nobis redditus magnoque mihi pro munere novi nomen afferens amici, inter multa de te, quem valde diligit et quem cupide nominat, hoc etiam dixit, optare te amicitiam meam: quin et an aliquando me videris quærentibus, respondere solitum et vidisse et mei notitiam habere, atque hoc urbanissimo mendacio sæpe hactenus pudori tuo consuluisse: quasi te pudeat me non nosse coætaneum et concivem tuum, quem et nonnullius pretii facias, et ames incognitum. Gratulor affectui tuo, et ingenuo gratulor errori. Non est turpis error et pulchra oriens radice. Natura mitis atque ad amandum prona mens, multos fecit in iudicio rerum labi. Satius est autem amare .multos immeritos, quam unum benemeritum non amare. Institit sane ille vir, ut tibi tali viro, et erga me sic affecto, quique nescio cur primus mihi scribere verearis, familiare aliquid scriberem. Negavi vel scribendi materiam adesse, vel solere me ignotos verbis aggredi: itaque ferme quidquid epistolariter

scripsi unquam, vel ex responsionibus constare, vel
ad eos esse, quibus me familiaritas arcta coniungeret:
neque vero me aliis audaciorem, neque mihi hanc
scribendi novitatem minus suspectam esse quam tibi.
Ille autem quid putas egerit? Quievit forte, et oratione
repressus est mea? imo vero ad dominum civitatis adiit,
magnum etiam amicum tuum, eumque manu duxit ad
meam domum hoc ingenio, ut tanto sub teste, dicam
verius, præceptore (nam et ipse precaturus aderat et
sunt præcepta preces principum), negare nil penitus
auderem. Me quidem omnino quæ molirentur ignaro,
soli nostros inter concedimus libellos. Ibi multa de
multis, ultimum de te fuit. Cum vero certatim et urgeret qui cœperat, et a transverso improvisus alter
erumperet, agnosco insidias. Sed quid agerem contra
tales duos unus? Tanti blanditias amici dominicæque
frontis pondus ferre non valui. Cessi igitur, atque illis
hac ipsa hora pariter hinc digressis, promissi memor,
calamum arripio scripturus quidquid occurreret. At
cum rebus obsessus et curarum plenus cogitare novi
aliquid nunc non possem, et idipsum scribere satis
habui, et reliqua hæc quo gesta sunt ordine, quibus
hic erit finis. Amicitiam tu meam, ut intelligo, parvam
valde rem, cupis; sed quo modestius votum, eo inho-
nestior est repulsa. Precibus ergo tuis obviam eo;
accipe plenis manibus quod petisti, meque fidenter in
amicis numera, et si quis mei usus est, utere: si nullus
est alius, at saltem novos inter amicos me, interque
ævi viridioris epistolas hunc pene ultimum possidebis
locum. In senescentem namque, si nescis, et amicum et
calamum incidisti. Si quid nunc etiam vitæ restat, est

minus utique tacitum quo loquacior est senectus, ut
Catoni seni optimo videtur. Haud dubie crebrior illic
eris. Interea tuam sortem fer æquanimis, non mediatori
tuo, qui tibi strenue vereque militariter morem gessit,
non mihi, qui sibi quamvis hæsitanter parui, sed tibi
dumtaxat imputaturus, si quid minus inveneris quam
sperabas, tam facile utinam compos semper omnium
votorum, sed in electione felicior. Vale.

Patavii, VI. Idus Septembris, hora nona.

---

## EPISTOLA XXI.

### FRANCISCUS PETRARCA CAROLO IV IMP. AUG. S. P. D.

Rursus hortatur ad Romani Imperii gloriam restituendam.

Fessus præteriti nec futuri fidens, Cæsar, calamum tuis in exhortationibus pene attritum recusan-
temque seposueram. Alit inter difficultates refovetque
animum spes successus, qua sublata, quis est amens
adeo, ut non infructuoso labori requiem anteponat?
Ut ad stilum redeam Sacer Amor cogit, sive miles hic
tuus huius nominis, sive ille sacer animi calor, qui
mihi a parentibus relictus atque erga tuam semper ex
quo mihi primum notus es, erga vero Romani Imperii
maiestatem ab infantia nutritus, in præcordiis meis
vivit, et in dies crescit, sive quod est verius, uterque.
Nam neque meus amor, tot iam clamoribus totque conatibus perditis, ultro ad laborem inutilem rediisset;
neque hic miles, quamvis amicus et facundus et
sapiens me movisset, nisi intus in anima vivas adhuc

favillas priscæ fidei, quas admoto magnæ spei fomite
levi folle suavissimæ orationis accenderet, invenisset
multis et validis argumentis excusans tarditatem tuam,
multis et magnis indiciis generosas animi tui curas,
vereque Cæsareos apparatus cupidis et libenter felicitatis ac gloriæ tuæ credulis auribus insusurrans,
quibus de præterito conceptum diffidentiæ gelu novæ
spei fervore dissolveret. Eia igitur, Cæsar, duce Deo,
qui non frustra suum tibi commisit imperium, surge
et dilatum munus honestissimum dum potes, imple
fortiter, imple feliciter. Gloriosus finis lentum principium
excusabit. Omnes te alto consilio distulisse consentient,
quod nondum messis Hesperia plene maturuisset, in
quam utiliter falx Cæsarea mitteretur : quamvis nostra
fames moræ omnis impatiens murmuraret. Nihil intempestivum bene, nihil bonum sero agi, verumque
illud Augusti Cæsaris: satis celeriter fieri quicquid fiat
satis bene. Arripe, Cæsar, hanc occasionem dum adhuc
potes. Neque enim semper poteris. Age, oro te, Cæsar,
nondum enim tuum nomen invocare, tuumque te decus
poscere atque orare dedidici. Etsi ego quoque unus
impatientium, parumper invisa mihi rerum dilatione
tepuerim, ecce iterum recalesco. Noli meam et multorum spem pulcherrimam rursus extinguere. Sæpius
spes oppressa vix attollitur. Si qua nomini tuo nubes
hactenus incubuit; si quid infamiæ ex primordii obscu-
ritate contractum est, totum, crede mihi, non modo
consummationis splendore purgabitur, sed, ut dixi, in
gloriam convertetur, dum seu error ille, seu consilium
fuerit, opinione hominum consilium et non error fuisse
videbitur. Sæpe honestus finis segne principium hone-

stavit, nunquam finis obscurior claro principio illu-
stratus est. Denique si cœperis ut doluimus, dum sic
finias ut optamus, Fabii Maximi nomen promereberis.
Cunctator fueris, sed sapiens, sed salutis publicæ stu-
diosior quam vulgaris famæ. Ut libet se tibi prætulerit
ventosa loquacitate Minutius, dum re edoctus mox se
imparem fateatur, dicent de te hostes impii quod de
illo dixit Hannibal : semper credidimus nubem illam
magno tonitru e montibus erupturam. At si, quod divina pietas omen auferat, finis quoque languidus fuerit, quis te unquam vel præsentium vel sequentium
excusare poterit? Audi me, oro, Cæsar, parvum hominem sed tui amantem, de te solicitum ac sperantem.
Naturæ debitor non aliter es quam ego, quam quicumque unus e populo. Tempus fugax et non rediens,
fortuna instabilis, vita brevis, hora mortis incerta,
unum hic remedii genus, tempori parcere, fortunæ non
fidere, vitam rebus extendere, morti paratum semper
corpus atque animum habere : quod non potest qui
suum principale negotium non implevit. Vitæ finis
quamvis incertus sit, illud tamen est certum, quod
longe esse non potest. Is cum venerit, e cunctis opibus
tuis atque imperii nil tibi supererit, nisi quantum ad
æternam animæ vitam et nominis immortalem gloriam
bene vivendo quæsieris. Bene autem vivere non potest
qui id, ad quod unum et summum et maximum natus
est, negligit. Tu quod olim dixi, ad imperium natus es, amplum excelsumque opus : illud age fideliter, bene si vixisse vis videri : alioquin quid iuvat
illas tuas ultimas mundi horas composuisse magnifice?
Hoc et sine imperio potuisses, et fortasse facilius. Minus

fuisset invidiæ ac laborum tibi. Aliud infinite maius
restat : illud aggredere. Nec te rei terreat magnitudo.
Nihil est quod imperii maiestas ac providentia atque
iustitia, et his viribus armata, non possit. Quod si
forsan negatus tibi cœlitus rerum finis ; tamen glorioso in actu, quam in quiete languida mori, multo
melius multoque felicius opinor. Et hoc est quod divæ
memoriæ avum tuum omnibus sæculis gloriosum fecit.
Ecce, Cæsar, et nunc et sæpe olim, non blanditus sed
vero studens, neque verborum cultui sed expressioni
sensuum intentus, dixi anxie quod in animo meo fuit,
quod ne frustra dixerim Deum precor et te. Vale, decus
et gaudium et spes nostra.

Patavii, III. Idus Decembris.

FRANCISCI PETRARCÆ

# DE REBUS FAMILIARIBUS

## LIBER VICESIMUSQUARTUS.

———

### EPISTOLA I.

FRANCISCUS PETRARCA PHILIPPO EPISCOPO CAVALLICENSI
S. P. D.

De brevitate vitæ.

Ante hos triginta annos, ut ætas furtim labitur,
qui mihi in tergum verso dum cuncta simul intueor,
vix dies vixque horæ totidem, at dum singula metior
et meorum cumulos laborum explicare incipio, totidem
sæcula videri solent; scripsi ad venerabilem et egregium illum senem Raymundum Superantium, qui
verum Iurisconsulti nomen habuit, quod ut vides,
multi falso occupant, iureque sapientis et aspectum et
affectum præstitit, quique liberrima contumacia ad
extremum usus, pro veritate et iustitia adversus Romanum quoque Pontificem stetit alto animo atque invicto, propter quod, multis longe imparibus evectis,
unus ille gloriosissime non ascendit, sed multa cum
laude propriaque non adventitia maiestate, suum semper tenuit locum, nec promoveri appetens nec promotus. Ad hunc ergo talem senem, qui ætatulam,
quique ingeniolum meum et amare et fovere atque

omni opere consilioque et verborum stimulis attollere
cœperat, familiariter, ut solebam, scribens in epistola
quadam, quæ pro ratione temporis in prima acie stans,
procul hanc præit, ingenue professus sum cœpisse me
iam tunc orientis vitæ fugam cursumque cognoscere.
Nunc autem miror quidem; sed fateor, verum scripsi.
Quod si illa ætate verum fuit, quid nunc putas, quando
quod præsagiebam accidit? Erat in oculis mihi ætas
florentissima lumenque iuventæ purpureum, ut ait
Maro. Sed legebam apud Flaccum:

> Insperata tuæ cum veniet pluma superbiæ,
> Et, quæ nunc humeris involitant, deciderint comæ,
> Nunc et qui color est puniceæ flore prior rosæ
> Mutatus, Ligurinum in faciem verterit hispidam:
> Dices: heu (quotiens te in speculo videris alterum)
> Quæ mens est hodie, cur eadem non puero fuit?
> Vel cur his animis incolumes non redeunt genæ?

Legebam apud alium Satyricum:

> Festinat enim decurrere velox
> Flosculus angustæ miseræque brevissima vitæ
> Portio; dum bibimus, dum serta, unguenta, puellas
> Poscimus, obrepit non intellecta senectus.

Hæc et his similia legebam, non ut mos ætatis est
illius soli inhians grammaticæ et verborum artificio,
sed nescio quid aliud illic abditum intelligens, quod
non modo condiscipuli, sed nec magister attenderet,
primitiarum licet artium doctus vir. Audiebam divino
clamantem ore Virgilium:

> Optima quæque dies miseris mortalibus ævi
> Prima fugit, subeunt morbi, tristisque senectus,
> Et labor, et duræ rapit inclementia mortis.

Et alibi :

> Breve et irreparabile tempus
> Omnibus est vitæ:

Et iterum :

> Sed fugit interea, fugit irreparabile tempus.

Vix satis fugam temporis exprimere posse videbatur irreparabilemque iacturam, nisi sæpius repetendo. Audiebam Ovidium, cuius quo lascivior Musa, eo mihi severior graviorque confessio, et incorruptius testimonium veri erat. Dicebat ille autem :

> Labitur occulte, fallitque volatilis ætas
> Et nihil est annis velocius.

Et alio loco :

> Tempora labuntur, tacitisque senescimus annis;
> Et fugiunt fræno non remorante dies.

Ipsum quem dixi Flaccum audiebam ;

> . . . . . Currit enim ferox ætas,

dum de adolescentia loqueretur : et iterum de omni ætate :

> Eheu ! fugaces, Posthume, Posthume,
> Labuntur anni, nec pietas moram
> Rugis et istanti senectæ
> Afferet, indomitæque morti.

Et iterum :

> Vitæ summa brevis spem nos vetat inchoare longam.

Et rursus :

> spatio brevi
> Spem longam reseces : dum loquimur fugerit invida
> Ælas :

Et præterea :

> fugit retro
> Levis iuventus, et decor, arida
> Pellente lascivos amores
> Canitie, facilemque somnum.

Et ne quando redituram cum semel fugisset expectarem audiebam,

> Nec Coæ referunt iam tibi purpuræ,
> Nec clari lapides, tempora quæ semel
> Notis condita fastis
> Inclusit volucris dies.

Nimis apud Flaccum moror. Audiebam Senecam : *Corpora nostra rapiuntur fluminum more. Quidquid vides, currit cum tempore. Nihil ex his quæ videmus manet. Ego ipse dum loquor mutari ista, mutatus sum.* Audiebam Ciceronem : *volat enim*, inquit, *ætas.* Et iterum : *quis est tam stultus, quamvis sit adolescens, cui sit exploratum se ad vesperam esse victurum?* Nec multo post : *moriendum enim certe est : et id incertum an hoc ipso die.* Et rursus idem alibi : *an id exploratum cuiquam potest esse quomodo sese habiturum sit corpus non dico ad annum sed ad vesperam?* Mitto alios : operosum est enim singulos et singula prosequi, et puerile potius quam senile studium flosculos decerpere. Verum hæc et his mille similia sæpe ex me, sæpe mecum in his ipsis quorum erant auctorum pratis, ex commodo decerpsisti. Ego autem adolescens quanto his intelligendis ardore flagraverim aliquot per annos, quando nec dum aliud scriptorum genus tam familiariter noram, libelli indicant, qui mihi illius temporis supersunt, et signa meæ manus talibus præsertim affixa sententiis, ex

quibus eliciebam et supra ætatem ruminabam præsentem futurumque illico statum meum. Notabam certa
fide non verborum phaleras sed res ipsas, miseræ scilicet vitæ huius angustias, brevitatem, velocitatem,
festinationem, lapsum, cursum, volatum, occultasque
fallacias, tempus irreparabile, caducum et mutabilem
vitæ florem, rosei oris fluxum decus, irredituræ iuventutis effrænam fugam, et tacitæ obrepentis insidias
senectutis, ad extremum rugas et morbos et tristitiam
et laborem et indomitæ mortis inclementiam implaca-
bilemque duritiem. Quæ cum scholæ atque ævi comitibus quædam quasi somnia viderentur, mihi iam tunc,
omnia videntem testor Deum, et vera et pene præsentia videbantur. Et seu ille oris verus decor, seu
error esset ætatis (ferme enim omnes adolescentes
sibi formosissimi videntur, etsi deformes sint), mihi
non alteri dictum rebar, quotiens pastorium illud vel
legerem vel audirem :

O formose puer, nimium ne crede colori.

Scio ego me verum loqui. Scit et ille melius, quem
testem feci: quo magis id reputans miror me tales
inter curas iuvenilibus tamen amoribus et erroribus
potuisse raptari• Sentio : fumus rerum hebetavit visum, et ætas impetuosior prævium illud animi lumen
extinxit.[1] Sed bene habet, si vel nunc videre aliquid
incipio : felicissimus quidem est quem nullus error

---

[1] Primam hanc libri XXIV. epistolam unus edidit Crispinus (*Lugduni* ,
*1601, p. 469*), sed illam verbis: *lumen extinxerit*, subiuncto *Vale*, terminavit.
Omnia quæ sequuntur ibique penitus desiderantur, ex codice Passionciano
Bibliotecæ Urbanæ Angelicæ (V. 1. 17) fideliter decerpsimus.

avertit. Sed quoniam rara est sine exceptione felicitas,
ille est abunde felix, cui inter fuscas errorum nubes
cœlestis tandem lux affulserit. Quid nunc igitur reris?
Ecce quæ tunc videbantur, præsentia iam sunt. Video
nunc tantam et tam rapidam vitæ fugam, ut vix illam
animo metiri possim : et cum imcomparabilis sit animi
velocitas, prope velocior vita est. Sentio singulos dies
horasque et momenta me ad ultimum urgere : quotidie
ad mortem eo: imo ædepol, quod iam tunc, dum ado-
lescere videbar, inceperam, quotidie morior ; et parum
abest quin iam mihi præterito sit utendum. Magna
enim ex parte actum est quod agendum erat. At quod
superest, minimum id quidem, ut auguror, nunc dum
tecum loquor agitur : vetus sententia mea est. Fallunt
aut falluntur procul dubio qui nescio quam ætatem
consistentem dicunt. O vos qui huic corpusculo tam
multa promittitis, ut libet in reliquis: unum hoc nolite
promittere, stabilem rei statum. Curate fideliter, solicite, prudenter, præstate quod in vobis est, pellite
morbos e vestigio reversuros, differte senium, quod
auferri nisi mortis ope non potest : obstate morti mox
venturæ, frænate viridem ætatem, sed fræna mor-
suram interque manus frænantium abituram; at cavete
quin stare illam extimetis. Si enim vita brevis est,
quæ prima vestræ professionis est vox, quomodo vitæ
partes longæ sunt? Essent longæ autem si consisterent.
Fugit ac rapitur ætas omnis, nulla consistit. Omnis itaque ætas fugit æquis passibus, sed non æque perpendi-
tur, quia adscendentium descendentiumque conspectior
motus est. Ego hæc quæ olim opinabar scio et video,
et vos, si non obstruitis oculos, videtis. Quis enim non

videat vitæ cursum, præsertim ex quo viæ medium
transivit? Certe ego tunc (memini) ante dumtaxat inten-
debam oculos, nimiumque retro erat: quod restabat
plusculum, ut res docuit, sed incertum et expositum
infinitis casibus, inter quos, fessis itinere ac dimissis
medio calle comitibus, sæpe me solum circumspectans,
non sine gemitibus ad hunc diem veni. Hoc intra me
et coæquevos meos, quin etiam senes nostros inte-
rerat: quod idipsum illis certum et immensum erat,
mihi exiguum atque ambiguum videbatur : deque hoc
crebri sermones et iuvenilis altercatio, in qua senum
præponderabat auctoritas, et ego prope iam amentiæ
suspectus eram. Nam nec quod in animo erat exprimere noveram, et si nossem, nova ætas, nova opinio
parum fidei merebantur. Itaque fando victus in arcem
silentii confugiebam. Tacitis tamen ex actibus quænam
essent utrorumque sententiæ apparebat. Illis enim non
pueris modo, sed senibus longæ spes, onerosa coniugia, laboriosa militia, anceps navigatio, avara studia
instituebantur; mihi, rursus in testimonium Christum
voco, iam ab illa ætate nulla ferme spes, iam tunc
teneros cogitatus fallere incipiente fortuna. Itaque
quidquid fortunatius accidit, quod Deo præstante
multum est, non speranti accidit : si quid interdum
animosius speravi, credo ut sperare dediscerem, non
accidit. Et sane dedidici usque adeo, ut licet in dies
auctus fortunæ muneribus, et illa grato animo perci-
piam et nihil ideo plus sperem quam si nihil perce-
pissem : atque hæc mihi cum amicis una lis maneat,
qui morituro longas spes obiiciunt, quas, ut dixi, vivere incipiens respuebam. Hæc me seu debilitas, seu

bonitas naturæ, a coniugio in primis atque ab aliis
vitæ difficultatibus, in quas me parentum amor et
amicorum consilia urgebant, liberum et immunem
tenuit. Ne tamen ad unum cuncta parentibus negarem,
de sperante nihil multa sperantibus, uno me passus fui
civilis studii fasce curvari, unde maiores provectus,
præter me solum, ab omnibus sperabantur. Ego in ea
facultate quid possem et quid vellem sentiebam, neque
ingenio diffidebam, sed ægre ferebam lucrum ex ingenio meo quæri. Quamobrem ut primum mihi relictus
sum, fessus invitæ sarcinæ subduxi humeros, meoque
more sine solicitudine, sine spe iter inceptum agere
institui, multa demum supra spem consequutus, multa
passus. Neve forsan ab ignaris hoc sermone despera-
tionis arguar, de his tantum loquor, quæ fortunæ res
dicuntur, in aliis ut peccator multum spero. Hæc mihi
cum illo qui ab initio me novit, dulce fuit recordari.
Neque vero ab re ipsa longe digredi visus eram, quia
mihi totum hoc intellecta iam inde vitæ brevitas consilium dabat. In quo ipso, nisi fallor, aliquantulum vivendo provectus sum : tantumque inter hanc et illam
ætatem refert, quod tunc doctis viris, ut præfatus
eram, nunc et illis et mihi et experientiæ fidem do :
tunc ante prospiciebam in limine dubitans incertusque
animi : nunc ante retroque respiciens quod legebam
video, quod suspicabar experior. Video me ad finem
tanto impetu propinquare, quanto ne dici quidem possit,
nec facile captari. Non mihi poetæ, nec philosophi quidem munus ad hanc rem : ipse mihi testis, ipse auctor
idoneus. Brevi mutatus oris, nec minus animi habitus,
mutati mores, mutatæ curæ, mutata studia : nil est

mihi quale tunc fuerat, non dico dum epistolam illam
scripsi, sed dum hanc scribere incepi. Nunc eo, et
sicut calamus hic movetur, sic ego moveor, sed multo
velocius : hic enim pigre dictanti animo obsequitur :
ego dum naturæ legem sequor, propero, curro, rapior
ad extrema, iamque oculis metam cerno. Quidquid
placuit displicet, quidquid displicuit placet. Ego ipse •
mihi placui, me dilexi : nunc, quid dicam? odi. Sed
mentior : nemo unquam carnem suam odio habuit.
Dicam non me diligo? Id quoque quam vere sim dicturus nescio. Illud intrepide dixerim : non diligo peccatum meum, neque mores meos diligo, nisi qua mutati in melius correctique sunt. Imo, quid hæsitem? et
peccatum, et mores malos, et me ipsum talem odi. Ab
Augustino enim didici neminem fieri posse qualis cupit,
nisi se odit qualis est.

Ecce ad hunc locum epistolæ perveneram delibe-
ransque quid dicerem amplius seu quid non dicerem,
hæc inter, ut assolet, papyrum vacuam inverso calamo
feriebam. Res ipsa materiam obtulit cogitanti inter
demersionis morulas tempus labi, meque interim col-
labi, abire, deficere et, ut proprie dicam, mori. Continue morimur, ego dum hæc scribo, tu dum leges,
alii dum audient dumque non audient. Ego quoque,
dum hæc leges, moriar, tu moreris dum hæc scribo,
ambo morimur, omnes morimur, semper morimur.
Nunquam vivimus dum hic sumus, quamdiu virtuosum
aliquid agentes sternimus iter nobis ad veram vitam,
ubi contra nemo moritur, vivunt omnes, ubi quod
semel placuit semper placet, cuius ineffabilis et in-
exaustæ dulcedinis nec modus animo capitur, nec mu-

tatio sentitur, nec timetur finis. Memorata mihi sæpius et laudata naturalis historia repetenda est. Hypanis septentrionalis fluvius æqui dexter (*sic*) Tanais fertur in pontum : ibi bestiolas quasdam nasci scribit Aristoteles, quæ nonnisi diem unum vivunt. Et quanto nobis, oro te, longior vita est? Quædam mane obeunt, hæ quidem iuvenes ; quædam vero sub meridiem, hæ iuventæ medio ; aliæ inclinata iam ad occasum die, hæ iam perfectiores ; aliæ occidente sole, hæ demum decrepitæ moriuntur, eoque magis si forte solstitium sit æstivum. Confer nostram longissimam ætatem cum omni æternitate, ut ait Cicero: in eadem propemodum brevitate qua illæ bestiolæ reperiemur. Sic est hercle! nec quidquam ad contemplandam vitæ brevitatem die reor efficacius. Distinguamus ut libet ; multiplicemus annorum numeros : fingamus ætatum nomina. Tota vita hominis dies unus est, nec æstivus quidem, sed hibernus dies, in quo mane alius, alius die medio, alius tardiuscule, alius autem sero moritur : hic tener ac floridus, hic durus, hic iam aridus atque consumptus. *Mane*, inquit Psalmista, *sicut herba transeat, mane floreat et transeat, vespere decidat, induret et arescat.* Multi moriuntur senes, et si sapientibus credimus, nemo non senex non moritur, quia sua cuique fit senectus vitæ finis. Maturi autem pauci: qui diu vixerit nullus ; nisi cui persuasum sit inter brevissimum atque longissimum, sed finitum tempus, nihil interesse. Qua in re meo veteri iudicio nihil additum est, nisi quod, ut dixi, quidem doctis viris ante credideram, mihi iam credo, et quod opinabar scio : nam nec illi aliter quam videndo et observando didicerunt

quod velut malæ fidei pontem in transitu cavendum
sequentibus proclamarent. Certe ego epistolam illam
meam nunquam hodie nisi admirans lego, et attendens
mecum dico : generosæ sementis aliquid habebat iste
animus, si eum in tempore diligentius coluisses.

Hæc tibi ideo, prudentissime virorum, scribenda
credidi, non ut novi aliquid afferrem ; si enim per te
ipsum ista non nosses, vix mihi ut crederes impetra-
rem ; sed ut tuam meamque memoriam, situ obsitam
et implicitam rebus excuterem : ut quod tacito me
facere te et fecisse non dubito, mecum ad contemptum
vitæ brevis, et inevitabilis fati tolerantiam accingaris :
et sic animum formemus, ut quidquid supervacuum
has inter angustias inclusis, et ad alta nitentibus ultro
licet obtulerit fortuna, quod, Deo gratias, sæpe iam
fecimus, magnifice contemnamus. Vale.

.  . —

## EPISTOLA II.

### FRANCISCUS PETRARCA PULICI VICENTINO S. P. D.

Narrat se in contentionem adductum cum aliquo qui Ciceronem
nullo modo reprehendi non patiebatur.

In suburbano Vicentino per noctem hospitatus
novam scribendi materiam inveni. Ita enim accidit ut
sub meridiem Patavio digressus, patriæ tuæ limen
attingerem, vergente iam ad occasum sole. Ibi ne
igitur pernoctandum an ulterius procedendum (quod
et festinabam et longissimæ lucis pars bona supererat), deliberaturus hærebam : dum ecce (quis se celet

amantibus?) tuus, et magnorum aliquot virorum, quos abunde parva illa civitas tulit, gratissimus interventus dubium omne dimovit. Ita enim fluctuantem animum alligastis varii et iucundi fune sermonis, ut ire cogitans staret, et non prius labi diem quam noctem adesse perpenderet. Et illo die et sæpe alias expertus sum, nulla re alia magis tempus non sentientibus eripi, quam colloquiis amicorum. Magni fures temporis sunt amici, etsi nullum tempus minus ereptum, minus perditum videri debeat, quam quod post Deum amicis impenditur. Illic ergo, ne infinita recenseam, meministi ut forte Ciceronis mentio nobis oborta est, quæ crebra admodum doctis hominibus esse solet. Ille tandem vario colloquio finem fecit : in unum versi omnes : nihil inde aliud quam de Cicerone tractatum est. Symbolum confecimus, et palinodiam sibi, seu panegyricum dici placet, alternando cecinimus. Sed quoniam in rebus mortalium nihil constat esse perfectum, nullusque hominum est, in quo non aliquid, quod merito carpi queat, modestus etiam reprehensor inveniat, contigit, ut dum in Cicerone, velut in homine mihi super omnes amicissimo et colendissimo, prope omnia placerent, dumque auream illam eloquentiam et cœleste ingenium admirarer, morum levitatem, multisque mihi deprehensam indiciis incostantiam non laudarem. Ubi cum omnes qui aderant, sed ante alios senem illum, cuius mihi nomen excidit, non imago, conterraneum tuum, annis verendum litterisque, attonitos viderem novitate sententiæ ; res poscere visa est ut codex epistolarum mearum ex arcula promeretur. Prolatus in medium addidit alimenta sermonibus : inter

multas enim ad coætanos meos scriptas, paucæ ibi,
varietatis studio et amœno quodam laborum diverticulo, antiquis illustrioribus inscribuntur, quæ lectorem
non præmonitum in stuporem ducant ; dum tam clara
et tam vetusta nomina novis permixta compererit.
Harum duæ ad ipsum Ciceronem sunt: altera mores
notat, altera laudat ingenium. Has tu intentis omnibus
cum legisses, mox amica lis verbis incaluit, quibusdam
scripta nostra laudantibus, et iure reprehensum faten-
tibus Ciceronem, uno autem illo sene obstinatius
obluctante, qui et claritate nominis et amore captus
auctoris, erranti quoque plaudere, et amici vitia cum
virtutibus amplecti mallet, quam discernere, nequid
omnino damnare videretur hominis tam laudati. Itaque
nihil aliud vel mihi vel aliis quod responderet habebat,
nisi ut adversus omne quod diceretur, splendorem
nominis obiectaret, et rationis locum teneret auctoritas. Succlamabat identidem protenta manu : « par-
» cius, oro, parcius de Cicerone meo : » dumque ab
eo quæreretur an errasse unquam ulla in re Ciceronem
opinari posset, claudebat oculos, et quasi verbo per-
cussus, avertebat frontem ingeminans: « heu ! mihi,
» ergo Cicero meus arguitur? » quasi non de homine,
sed de Deo quodam ageretur. Quæsivi igitur : an
Deum fuisse Tullium opinaretur an hominem : in-
cunctanter « Deum » ille respondit, et quid dixisset
intelligens, « Deum, inquit, eloquii. » Recte, inquam !
» nam si Deus est, errasse non potuit. Illum tamen
» Deum dici nondum audieram. Sed si Platonem Ci-
» cero suum Deum vocat, cur non ut Deum tuum
» Ciceronem voces, nisi quia deos pro arbitrio sibi

» fingere non est nostræ religionis. » Ludo, inquit
» ille: hominem, sed divino ingenio fuisse Tullium
» scio. « Hoc, inquam, utique rectius. Nam cœlestem
» Quintilianus dicendo, verum dixit. Sed si homo fuit,
» et errasse profecto potuit et erravit. » Hæc dum
dicerem, cohorrebat, et quasi non in famam alterius,
sed in suum caput diceretur, aversabatur. Ego vero
quid dicerem, Ciceroniani nominis et ipse mirator
maximus? Senili ardori et tanto studio gratulabar
quiddam scilicet Pythagoreum redolenti: tantam unius ingenii reverentiam esse, tantam religionem, ut humanæ
imbecillitatis in eo aliquid suspicari sacrilegio proximum haberetur gaudebam, mirabarque invenisse
hominem, qui plus me illum diligeret, quem ego
semper præ omnibus dilexissem, quique quam mihi
puero fuisse memineram, eam de illo senex opinionem
gereret altissime radicatam; nec cogitare quidem posset
ea ætate, homo si fuit Cicero, consequens esse ut in
quibusdam, ne dicam multis, erraverit: quod ego certe
iam partim cogito, partim scio, etsi adhuc nullius
æque delecter eloquio; nec ipse, de quo loquimur,
Tullius ignorat, sæpe de propriis graviter questus erroribus, quem nisi sic de se sensisse fateamur, laudandi libidine, et notitiam sui ipsius, et magnam illi
partem philosophicæ laudis eripimus, modestiam. Cæterum nos die illo, post longum sermonem, hora demum
interpellante, surreximus, atque inde integra lite discessum est: sed exegisti ultimum, ut quod tunc brevitas temporis non sinebat, ubi primum constitissem,
exemplum tibi epistolæ utriusque transmitterem, quo
re acrius excussa, vel sequester pacis inter partes,

vel si quo modo posses, Tullianæ constantiæ propugnator fieres. Laudo animum, ac postulata transmitto,
dictu mirabile vincere metuens, vinci volens. At unum
noveris : si vincis, plus tibi negotii superesse quam
putas : pari etenim duello Annæus Seneca te poscit
athletam, quem proxima scilicet carpit epistola. Lusi ego
cum his magnis ingeniis, temerarie forsitan, sed aman-
ter, sed dolenter, sed ut reor vere, aliquanto, inquam,
verius quam vellem. Multa me in illis delectabant,
pauca turbabant. De his fuit impetus ut scriberem,
qui hodie forte non esset. Quamvis enim hæc propter
dissimilitudinem materiæ ad extrema reiecerim, ante
longum tamen tempus excuderam : adhuc quidem virorum talium fortunam doleo, sed non minus culpem.
Nec te prætereat non me Senecæ vitam, aut Ciceronis
erga Rempublicam damnare propositum. Neve duas
lites misceas. De Cicerone nunc agitur, quem vigilan-
tissimum atque optimum et salutarem consulem ac
semper amantissimum patriæ civem novi. Quid ergo?
Varium in amicitiis animum, et ex levibus causis alie-
nationes gravissimas atque pestiferas sibi, et nulli rei
utiles, in discernendo insuper suo ac publico statu
iudicium reliquo illi suo impar acumini : ad postremum
sine fructu iuvenile altercandi studium in sene philosopho non laudo, quorum scito, neque te, neque alium
quemlibet æquum iudicem fieri posse, nisi omnibus
Ciceronis epistolis, unde ea lis oritur, non a transcur-
rente perlectis. Vale.

III. Idus Maias. Ex itinere.

## EPISTOLA III.

FRANCISCUS PETRARCA M. TULLIO CICERONI S. P. D.

Reprehendit naturam eius incostantem et contentiosam.

Epistolas tuas diu multumque perquisitas, atque
ubi minime rebar inventas, avidissime perlegi : audivi
multa te dicentem, multa deplorantem, multa varian-
tem, Marce Tulli, et qui iampridem qualis præceptor
aliis fuisses noveram, nunc tandem quis tu tibi esses
agnovi. Unum hoc vicissim a vera caritate profectum
non iam consilium sed lamentum audi, ubicunque es,
quod unus posterorum tui nominis amantissimus non
sine lacrimis fundit. O inquiete·semper et anxie, vel
ut verba tua recognoscas, o præceps et calamitose
senex, quid tibi tot contentionibus et prorsum nihil
profuturis simultatibus voluisti? Ubi et ætati et professioni et fortunæ tuæ conveniens otium reliquisti?
Quis te falsus gloriæ splendor senem adolescentium
bellis implicuit, et per omnes iactatum casus ad indignam philosopho mortem rapuit? Heu! et fraterni consilii immemor, et tuorum tot salubrium præceptorum,
ceu nocturnus viator lumen in tenebris gestans, ostendisti secuturis callem, in quo ipse satis miserabiliter
lapsus es. Omitto Dionysium, omitto fratrem tuum ac
nepotem, omitto, si placet, ipsum etiam Dolabellam,
quos nunc laudibus ad cælum effers, nunc repentinis
maledictis laceras. Fuerint hæc tolerabilia fortassis.
Iulium quoque Cæsarem prætervehor, cuius spectata
clementia ipsum lacessentibus portus erat. Magnum

præterea Pompeium sileo, cum quo iure quodam fami-
liaritatis quidlibet posse videbare. Sed quis te furor in
Antonium impegit? Amor credo Reipublicæ, quam funditus iam corruisse fatebaris. Quod si pura fides, si
libertas te trahebat (quod quidem de tanto viro licet
opinari), quid tibi tam familiare cum Augusto? Quid
enim Bruto tuo responsurus es? Si quidem (inquit)
Octavius tibi placet non Dominum fugisse sed ami-
ciorem dominum quæsisse videberis. Hoc restabat
infelix, et hoc erat extremum Cicero, ut huic ipsi tam
laudato malediceres, quod tibi non dicam malefaceret,
sed malefacientibus non obstaret. Doleo vicem tuam
amice, et errorum pudet ac miseret tantorum: iamque
cum eodem Bruto iis artibus nihil tribuo, quibus te
instructissimum fuisse scio. Nimirum quid iuvat
alios docere, quid ornatissimis verbis semper de virtutibus loqui prodest, si te interim ipse non audias?
Ah! quanto satius fuerat philosopho præsertim in tranquillo rure senuisse, de perpetua illa, ut ipse quodam
loco ais, non de hac iam exigua vita cogitantem,
nullos habuisse fasces, nullis triumphis inhiasse, nullos
inflasse tibi animum Catilinas. Sed de hoc quidem
frustra. Æternum vale, mi Cicero. Apud superos, ad
dexteram Athesis ripam, in civitate Transpadanæ Italiæ Verona. XVI Kalendas Quintiles, anno ab ortu Dei
illius quem tu non noveras MCCCXLV.

## EPISTOLA IV.

### FRANCISCUS PETRARCA M. TULLIO CICERONI S. P. D.

Ingenium eius laudibus effert: Virgilio eum comparat: opera eius
enumerat: deflet cœcitatem ætatis suæ eorum incuriosæ.

Si te superior offendit epistola (verum enim, ut
ipse soles dicere, quod ait familiaris tuus in Andria :
*Obsequium amicos, veritas odium parit*), accipe quod
offensum animum ex parte mulceat, nec semper odiosa
sit veritas ; quoniam veris reprehensionibus irascimur,
veris laudibus delectamur. Tu quidem, Cicero, quod
pace tua dixerim, ut homo vixisti, ut orator dixisti, ut
philosophus scripsisti. Vitam ego tuam carpsi, non ingenium aut linguam, ut qui illud mirer, hanc stupeam. Neque tamen in vita tua quidquam præter constantiam re-
quiro, et professioni philosophicæ debitum quietis studium, et a civilibus bellis fugam, extincta libertate, ac
sepulta iam et complorata Republica. Vide ut aliter
tecum ago, ac tu cum Epicuro multis in locis, sed
expressius in libro de Finibus agebas. Eius enim
ubilibet vitam probas, rides ingenium. Ego nihil in te
rideo, vitæ tamen compatior, ut dixi, ingenio gratulor
eloquiove. O Romani eloquii summe parens, nec solus
ego, sed omnes tibi gratias agimus, quicumque latinæ
linguæ floribus ornamur ; tuis enim prata de fontibus
irrigamus, tuo ductu directos, tuis suffragiis adiutos,
tuo nos lumine illustratos ingenue confitemur : tuis
denique, ut ita dicam, auspiciis ad hanc, quantulacumque est, scribendi facultatem ac propositum perve-

nisse. Accessit et alter poeticæ viæ dux : ita enim necessitas poscebat, ut esset et quem solutis et quem
frænatis gressibus præeuntem sequeremur, quem loquentem, quem canentem miraremur, quoniam cum
bona venia amborum, neuter ad utrumque satis erat,
ille tuis æquoribus, tu illius impar angustiis. Non ego
primus hoc dicerem fortasse, quamvis plane sentirem :
dixit hoc ante me, seu ab aliis scriptum dixit magnus quidem vir Annæus Seneca Cordubensis, cui te,
ut idem ipse conqueritur, non ætas quidem sed bellorum civilium furor eripuit. Videre te potuit, sed
non vidit, magnus tamen operum tuorum atque illius
alterius laudator. Apud hunc ergo quisque suis eloquentiæ finibus circumscriptus collegæ suo cedere
iubetur in reliquis. Verum expectatione te torqueo ;
quisnam dux ille sit quæris? nosti hominem, si
modo nominis meministi: Publius Virgilius Maro est,
Mantuanus civis, de quo egregie vaticinatus es. Cum
enim, ut scriptum legimus, iuvenile quoddam eius
opusculum miratus, quæsivisses auctorem, eumque
iuvenem iam senior vidisses, delectatus es, et de
inexhausto eloquentiæ tuæ fonte, cum propria quidem laude permixtum, verum tamen præclarumque ac
magnificum illi testimonium reddidisti. Dixisti enim :

Magna spes altera Romæ.

Quod dictum ex ore tuo auditum, adeo sibi placuit
inseditque memoriæ, ut illud post annos viginti, te
pridem rebus humanis exempto, divino operi suo
eisdem penitus verbis insereret, quod opus si videre
licuisset, lætatus esses, de primo flore tam certum te

venturi fructus præsagium concepisse. Nec non et
latinis gratulatus Musis, quod insolentibus Graiis vel
reliquissent ambiguam, vel certam victoriam abstulis-
sent : utriusque enim sententiæ auctores sunt : te, si
ex libris animum tuum novi, quem noscere mihi non
aliter quam si tecum vixissem videor, ultimæ asser-
torem futurum, utque in oratoria dedisti, sic in poetica
palmam Latio daturum, atque ut Æneidi cederet Ilias
iussurum fuisse non dubito, quod iam ab initio Virgiliani laboris Propertius asseverare non timuit. Ubi
enim Pierii operis fundamenta contemplatus est, quid
de illis sentiret, et quid speraret aperte pronunciavit
his versibus :

> Cedite Romani scriptores, cedite Graii;
> Nescio quid maius nascitur Iliade.

Hæc de altero latinæ duce facundiæ, magnæque Romæ
spe altera. Nunc ad te revertor. Quid de vita, quid de
ingenio tuo sentiam audisti. Expectas audire de libris
tuis quænam illos exceperit fortuna, quam seu vulgo
seu doctioribus probentur? Extant equidem præclara
volumina, quæ ne dicam perlegere, sed nec enumerare
sufficimus. Fama rerum tuarum celeberrima atque
ingens et sonorum nomen : perrari autem studiosi,
seu temporum adversitas, seu ingeniorum hebetudo et
segnities, seu quod magis arbitror, alio cogens animos
cupiditas causa est. Itaque librorum aliqui (nescio an
irreparabiliter) nobiscum, qui nunc vivimus, nisi fallor,
procul dubio periere : magnus dolor meus, magnus
sæculi nostri pudor, magna posteritatis iniuria. Neque enim satis infame visum est ingenia nostra negli-

gere ne quid inde fructuosum perciperet sequens
ætas, nisi laboris etiam vestri fructum crudeli prorsus
et intoleranda corrupissemus incuria. Namque quod
in tuis conqueror et in multis virorum illustrium libris
accidit: tuorum sane, quia de iis mihi nunc sermo
erat, quorum insignior iactura est, hæc sunt nomina :
Reipublicæ, Rei familiaris, Rei militaris, de Laude
philosophiæ, de Consolatione, de Gloria, quamvis de
hoc ultimo magis mihi spes dubia, quam desperatio
certa sit. Quin èt superstitum librorum magnas partes
amisimus, ita ut, veluti ingenti prælio oblivione et
ignavia superatis, duces nostros non extinctos modo
sed truncos quoque vel perditos necesse sit lugere. Hoc
enim et in aliis multis, sed in tuis maxime Oratoris,
atque Academicorum, et Legum libris patimur, qui
ita truncati fœdatique evaserunt, ut proprie melius
fuerit periisse. Reliquum est ut urbis Romæ ac Romanæ Reipublicæ statum audire velis, quæ patriæ
facies, quæ civium concordia, ad quos rerum summa
pervenerit, quibus manibus quantoque consilio frœna
tractentur imperii? Ister ne et Ganges, Iberus, Nilus
et Tanais limites nostri sint? An vero quisquam
surrexerit

     Imperium Oceano famam qui terminet astris,
aut

        super et Garamantas et Indos
    Proferat imperium,

ut amicus ille tuus Mantuanus ait. Hæc et his similia
cupidissime auditurum te auguror ; id enim pietas tua
suggerit, et amor erga patriam usque in tuam perniciem notissimus. Verum enim tacere melius fuerit.

Crede enim mihi, Cicero, si quo in statu res nostræ
sunt audieris, excident tibi lacrimæ, quamlibet vel
cœli vel erebi partem teneas. Æternum vale. Apud
superos, ad sinistram Rhodani ripam in Transalpina
Gallia eodem anno, XIV. Kalendas Ianuarii.

---

## EPISTOLA V.

### FRANCISCUS PETRARCA ANNÆO SENECÆ S. P. D.

Laudat eius de moribus doctrinam: obiurgat quod in aula Neronis
Augusti constiterit, eiusque familiaritatem in pretio habuerit.

Petitam a tanto viro impetratamque veniam velim,
si quid asperius dixero quam aut professionis tuæ reverentiam deceat, aut quieti sit debitum sepulchri. Qui
enim me Marco Ciceroni, quem latinæ eloquentiæ lumen ac fontem, teste te, dixerim, non pepercisse le-
gerit, si te et reliquis itidem vera loquens non peper-
cero, indignationis iustæ materiam non habebit. Iuvat
vobiscum colloqui, Viri illustres, qualium omnis ætas
penuriam passa est, nostra vero ignorantiam et eximium patitur defectum. Certe ego quotidie vos loquentes attentius quam credi possit audio, forte non inepte
ut ipse a vobis semel audiar optaverim. Inter omnes
quidem, qui clara nomina habuerunt tuum nomen ad-
numerandum esse non sum nescius, idque si aliunde
nescirem, magno quodam et externo teste cognovi. Plutarchus siquidem Græcus homo et Traiani principis magister, suos claros viros nostris conferens cum Platoni et
Aristoteli (quorum primum divinum, secundum dæmo-

nium Græci vocant) Marcum Varronem, Homero autem
Virgilium, Demostheni Marcum Tullium obiecisset, ausus
est ad postremum et ducum controversiam movere, nec
eum tanti saltem discipuli veneratio continuit: in uno
sane suorum ingenia prorsus imparia non erubuit
confiteri, quod quem tibi ex æquo in moralibus præceptis obiiceret non haberet. Laus ingens ex ore præsertim hominis animosi, et qui nostro Iulio Cæsari
suum Alexandrum Macedonem comparasset. Sed nescio
quomodo sicut corporum sic animorum egregias formas,
aliqua sæpe gravis iniuria naturæ variantis insequitur,
sive quod omnium parens perfectionem mortalibus invidet (eoque magis, quo ad illam propius videntur accedere), sive quod inter multa decora deformitas omnis
apparet, et quod in obscura facie facilis nævus, in præclara cicatrix fœda est; tanta lux in rebus ambiguis ex
contrariorum vicinitate suboritur. Tu vero, venerande
vir et morum, si Plutarcho credimus, incomparabilis
præceptor, errorem vitæ tuæ, si non molestum est,
mecum recognosce. In omnium sæculorum crudelis-
simum principem incidisti, et tranquillus nauta pretiosis mercibus onustam navim ad infamem et procello-
sum scopulum appulisti. Cur autem illic hæsisti quæso
te? An ut in tempestate aspera magisterium approbares? Sed hoc nemo nisi amens eligit; neque enim ut
fortis perpeti, sic prudentis est optare periculum: quin
etiam si libera prudentiæ relinquatur electio, otiosa semper erit fortitudo: nihil enim incidet, adversus quod illius
auxilium implorandum sit. Modesta potius suis utens
partibus et lætitiam frænabit et votiva moderabitur. Sed
quoniam innumerabiles casus eveniunt, et multa fert vita

hominum quibus consilia nostra vincuntur, idcirco virtus
invicta furenti opponitur fortunæ, non quidem secundum
electionem, ut dixi, sed secundum necessitatis inevita-
biles ac ferreas leges. At ego numquid sanus satis videar si diutius cum magistro virtutum de virtute di-
sputem, et probare nitar, id cuius contrarii probatio
impossibilis sit, utile vel te iudice vel quolibet, qui
inter vitæ huius fluctus mediocriter navigare didicerit, non fuisse consilium Syrtibus inhærere? Quod si
laudem ex difficultate captabas, hoc ipsum summæ laudis erat, emergere, et in portum aliquem salva puppi
confugere. Impendentem iugiter cervicibus tuis gladium
videbas, nec timebas, nec tam ancipitis rei exitum pro-
videbas, præsertim quando, quod moriendi miserrimum
genus est, intelligere poteras mortem tuam et fructu
quolibet et gloria carituram. Veneras, o miserabilis senex, in hominis manus, qui quidquid vellet posset, nil
nisi pessimum velle posset. Somnio iam a prima illius
familiaritate deterritus, vigilans deinde multiplicibus
argumentis fidem turbidæ quietis acceperas. Quid igitur tibi cum his laribus tam diu? Quid cum inhumano
cruentoque discipulo? Quid cum dissimillimo comitatu?
Respondebis : effugere volui, sed nequivi, et illum
Cleantis versiculum prætendens, quo in latinum verso
uti soles :

> Ducunt volentem, fata nolentem trahunt.

Illud insuper proclamabis voluisse te opibus tuis renun-
ciare, vel ut sic laqueum ubertatis abrumperes, teque
in tutum ex tanto naufragio vel nudus eriperes. Res et
veteribus historicis nota est, et mihi ipsi illorum ve-

stigiis incedenti haudquaquam silentio prætermissa.
Verum si tibi palam loquens secretiora conticui, nunc
autem quando ad te mihi sermo est, putasne silebo
quod indignatio veritasque suggesserint? Adeas modo,
et accede propius, ne qua externa auris interveniat
sentiens non nobis ætatem rerum tuarum notitiam
abstulisse. Testem nempe certissimum habemus, et
qui de summis viris agens nec metu flectitur nec
gratia, Svetonium Tranquillum. Is igitur quid ait?
Avertisse te Neronem a cognitione veterum oratorum, quo scilicet in tui illum admiratione diutius de-
tineres. Illi igitur pectori carus esse studuisti, cui
ut fieres vilis et irrisione dignus habereris, vel
simulato certe vel inaccersito linguæ vitio curare debueras? Prima est miseriarum tuarum radix ab animi
levitate ne dicam vilitate profecta. Inanem studiorum
gloriam, dure senex, nimis molliter, ne rursus dicam
pueriliter, concupisti. Ipsum quod ad immitis viri magisterium accesseras, fuerit vel alieni iudicii, vel erroris,
vel fati cuiuspiam, quando excusationem errorum studiosius aucupamur, et culpas nostras in fata reflectimus.
Hoc votum hoc utique iudicii tui fuit; non potes accusare
fortunam; quod optaveras invenisti. Sed quo pergis? Ah
miser! postquam in admirationem tui vesanum iuvenem
eo usque perduxeras ut nulla libertatis aut commea-
tus occasio superesset, numquid æquanimius saltem
pati poteras iugum quod sponte subieras, et hoc saltem
præstare ne domini tui nomen immortalibus maculis in-
signires? Non equidem ignorabas Tragœdiam omne genus scripti gravitate vincere, ut ait Naso? Hanc tu quam
mordaciter, quam venenose, quam acriter in illum

scripseris notum est. Ut est animus veri impatiens eo
iniuriosius plectitur quo verius. Nisi forsan opinio vera
est quæ tragœdiarum non te illarum, sed tui nominis
alterum vult auctorem. Nam et duos Senecas Cordubam
habuisse Hispani testes sunt, et Octaviæ......... tragæ-
diæ illi esse nomen. Locus aliquis hanc suspicionem
recipit, quam si sequimur, quod ad te attinet, expers
tu culpæ huius. Quod ad stilum nihil ille te inferior,
quisquis est, ævo licet secundus ac nomine. Ita quantum morum demitur infamiæ, tantumdem ingenii famæ
detrahitur. Omnis alioquin excusatio, nisi fallor, famosi
carminis nulla est. Non quod ego sim nescius nullam vel
ingenii vel sermonis acrimoniam nefandis actibus æquari
posse hominis.... illius, si modo hominis nomine dignus
est. Vide tamen num te deceret id scribere, de imperatore subiectum, de domino familiarem, de discipulo
præceptorem : postremo de illo cui tam multa blandiri
ne dicam blandiendo mentiri solitus eras. Relege libros
quos ad eum ipsum de Clementia: revolve quem ad
Polybium de consolatione dictasti : cætera denique tua
rum vigiliarum monumenta percurre, si modo vel libros vel librorum memoriam Lethæi gurgitis unda non
obruit. Pudebit credo laudati discipuli. Qua enim fronte
de tali talia scripsisse potueris ignoro certe: ego illa sine
pudore non relego. Sed hic rursus occurres, et adolescentiam principis, atque indolem multum spei melioris
præferentem obiiciens, errorem tuum repentina morum
eius mutatione tutabere: quasi vero hæc nobis ignota
sint. Verum ipse considera quam sit inexcusabile, pau-
cula personati principis opuscula, vel simulatæ pietatis voculas, obliquasse animum ac iudicium tibi tali viro,

tali ætate, tanta rerum experientia ac doctrina. Quid
enim oro, tibi placuit ex illius actis, quæ ab historicis (ut
eorum verbis utar) partim nulla reprehensione, partim
non mediocri laude memorantur, prius scilicet quam
se totum in probra et scelera demergeret? Au aurigandi
potius, an citharizandi studium? Quibus tam curiose
deditum accepimus, ut secretius primum coram servis
ac plebe sordida, deinde etiam in publico, universo
populo spectante, princeps auriga decurreret, et quasi
numen aliquod oblatam sibi citharam adoraret egregius citharista; quibus tandem successibus evectus et
velut Italicis non contentus ingeniis Achaiam petiit, et
Græcorum Musicorum adulationibus inflatus solos Græcos studiis suis dignos asseruit? Ridiculum monstrum,
ferox bellua. An illud omen certum magni simul et religiosi principis habuisti, quod barbæ primitias et illas
inhumani oris exuvias in capitolio consecravit? Ii certe
sunt actus Neronis tui, Seneca: ea ætate qua historici
adhuc eum inter homines numerant, tu eum inter deos,
nec laudante nec laudato dignis præconiis conaris inserere, et, cuius an te pudeat nescio, sed me pudet, optimo
principum divo Augusto præferre non dubitas : nisi
forte illud maiori gloria dignum putas, quod Christia-
nos, genus hominum revera sanctum et innocuum,
verum ut sibi videbatur et Svetonio referenti, su-
perstitionis novæ ac maleficæ, suppliciis affecit, omnis
pietatis persecutor atque hostis crudelissimus. Ego
quidem de te ista non suspicor, eoque magis propositum animi miror: nam et superiora illa frivola nimis et
vana sunt, ultimum hoc nefarium etiam et immane.
Et ita tibi visum : una quidem epistolarum tuarum ad

Apostolum Paulum non modo innuit sed fatetur. Neque
tibi videri potuisse aliter certus sum illis tam sanctis
ac cœlestibus monitis aurem non neganti, oblatamque
divinitus amicitiam complexo ; quam utinam arctius
tenuisses ne divellereris in finem, ut cum illo præcone
veritatis pro veritate ipsa et pro æterni præmi promissione, tantique promissoris pro nomine morereris. Sed
progressus sum longius dicendi impetu, et intelligo
me ad hæc exaranda serius processisse, quam ut ulla
tempestivæ frugis spes appareat. Æternum vale. Apud
superos in Gallia Cisalpina inter sinistram rapacis Entiæ
et dextram pontifragi Parmæ ripam. Kalendis Sextilis
anno ab ortu eius quem an tu rite noveris incertum
habeo. MCCCXLVIII.

## EPISTOLA VI.

FRANCISCUS PETRARCA M. VARRONI S. P. D.

Ingens laus eius, et de amissis operibus lamentatio.

Ut te amem ac venerer tua singularis virtus et
industria, tuum me clarissimum nomen cogit. Sunt quidem quos licet extinctos, superstitibus tamen beneficiis
ac meritis amamus ; qui scilicet cæteris conspectu et
odore graviter offendentibus ipsi doctrinis instruunt
exemplisque delectant, quique licet hinc abierint in communem locum, ut ait Plautus in Cassina, tamen absentes prosunt præsentibus. Tu nihil aut modicum prodes,
non tua quidem, sed omnia corrumpentis ævi culpa.
Ætas nostra libros tuos perdidit. Quid ni autem unius
nummorum custodiæ studiosa? Quis usquam invisæ rei

custos bonus fuit? Tu cognitioni rerum supra fidem et
sine exemplo deditus, non ideo tamen actuosæ vitæ
semitam declinasti, utroque calle conspicuus, et illis
summis viris Magno Pompeio ac Iulio Cæsari merito
tuo carus. Itaque sub altero militasti: ad alterum scripsisti libros mirabiles omnisque disciplinæ refertissimos,
inter bellorum et publicorum munerum diversissimas
curas. Magna est laus non ingenii modo sed propositi
in actu perpetuo corpus simul atque animum habere,
et posse et velle non ætati tuæ tantum sed omnibus
sæculis prodesse. Ii equidem tanto studio elaborati libri digni non sunt habiti, qui per manus nostras ad
posteros pervenirent: ardorem tuum nostra vicit ignavia. Nemo tam parcus pater unquam fuit, cuius non
longævam parsimoniam brevi tempore luxuriosus filius
posset evertere. Quid nunc libros perditos enumerem?
quot librorum tuorum nomina totidem famæ nostræ sunt
vulnera. Præstat igitur siluisse: nam et contrectatione
recrudescit vulnus, et sopitus dolor damni memoria
excitatur. Sed oh incredibilis famæ vis! vivit nomen
sepultis operibus, et cum de Varrone prope nihil appareat, doctorum tamen omnium consensu, doctissimus Varro est, quod sine ulla dubitatione amicus tuus
Marcus Cicero in iis ipsis libris in quibus nihil affir-
mandum disputat, affirmare non timuit, ut quodammodo luce tui nominis perstringente oculos, videatur
interim dum de te loquitur suum principale propositum
non vidisse. Quod Ciceronis testimonium quidam lati-
nitatis angustiis circumscribunt, apud quos Romanorum
doctissimi nomen habes, alii ad Græcorum metas exten-
dunt, præcipueque Lactantius vir ex nostris eloquentia

et religione clarissimus, qui nullum Varrone doctiorem, ne apud Græcos quidem vixisse non dubitat. Sed inter innumerabiles præcones tuos famosissimi duo sunt: primus est ille cuius supra mentionem feci, coætaneus et concivis et condiscipulus tuus Cicero, qui multa tibi, et cui tu multa servata ex Catonis præcepto ratione otii scripsisti, cuiusque ut vivaciora sint opera, stili forsan dulcedo præstitit. Secundus vir quidam sanctissimus et divino ingenio Augustinus origine Afer, eloquio Romanus, cum quo utinam de libris divina tractantibus deliberare potuisses: summus nempe theologus futurus, qui eam quam poteras theologiam tam scrupulose tam anxie divisisti. Ut vero rerum tuarum nihil ignores, quamvis de te ita scriptum sit, legisse te tam multa ut aliquid tibi scribere vacasse miremur, tam multa scripsisse quam multa vix quemquam legere potuisse credamus, nullæ tamen extant vel admodum laceræ tuorum operum reliquiæ, e quibus aliqua pridem vidi, et recordatione torqueor summis, ut aiunt, labiis gustatæ dulcedinis. Et eos ipsos præcipue divinarum et humanarum rerum libros, qui nomen tibi sonantius peperere adhuc alicubi forsitan latitare suspicor; eaque multos iam per annos me fatigat cura, quoniam longa quidem ac solicita spe nihil est importunius aut laboriosius in vita. Hæc hactenus. Tu vero solare animum, et laboris egregii fructum ex conscientia percipiens mortalia periisse non doleas. Sciebas peritura dum scriberes: mortali enim ingenio nihil efficitur immortale. Quid autem refert an statim, an post centum annorum millia pereat quod aliquando perire necesse est? Est quidem illustris simili studio flagrantium cohors haudquaquam fortunatior la-

borum; quibus exemplis, quamvis nemo tibi par fuerit,
tamen utcumque sortem tuam æquanimius ferre debes;
ex qua nunc aliquos numerare delectat, quoniam clarorum nominum vel sola commemoratio dulcis est. Sunt
igitur hi: Marcus Cato Censorius, Publius Nigidius Antonius Gnipho, Iulius Hyginus, Ateius Capito, Caius
Bassus, Veratius Pontificalis, Octavianus Herennius,
Cornelius Balbus, Masurius Sabinus, Servius Sulpitius,
Cloacius Verus, Caius Flaccus, Pompeius Festus, Cassius Hemina, Fabius Pictor, Statius Tullianus, multique
alii quos enumerare longum est, olim clari viri nunc
cinis ambiguus; et præter primos duos vix cognita nomina, quos omnes meis verbis tuo ore salutatos velim.
Iulium et Augustum Cæsares et aliquot alios ex illo
ordine quamquam studiosissimos atque doctissimos,
teque nonnullis horum familiarissimum sciam, æquius
tamen fuerit, nostris imperatoribus salutandos linquere,
si tamen hos non illorum pudet, quorum studio ac virtute fundatum imperium everterunt. Æternum vale, vir
clarissime. Apud superos in capite orbis Roma, quæ
tua fuit, mea patria facta est. Kalendis Novembris
anno ab ortu eius, quem utinam novisses, MCCCL.

---

## EPISTOLA VII.

FRANCISCUS PETRARCA QUINTILIANO S. P. D.

De illius institutionibus oratoriis quas libris rhetoricis M. T. Ciceronis
ut sermonis elegantia sequiores, sic doctrinæ diligentia potiores
habendos affirmat.

Olim tuum nomen audieram, et de tuo aliquid legeram, et mirabar unde tibi nomen acuminis. Sero in-

genium tuum novi. Oratoriarum institutionum liber heu!
discerptus et lacer venit ad manus meas. Agnovi ætatem vastatricem omnium et dixi mecum: Facis ut solita es: nil bona fide custodis, nisi quod perdere lucrum
erat. Ætas segnis et insolens tales mihi remittis insignes
viros cum ignavissimos colas. Oh! sterilis et fœda pars
temporum, tot rebus ediscendis ac scribendis dedita quæ
melius nescirentur, opus hoc habere integrum neglexisti?
Cœterum hic mihi de te veram liber opinionem attulit.
Diu tuis in rebus erraveram: errori finem advenisse
gratulor. Vidi formosi corporis artus effusos: admiratio
animum dolorque concussit. Et fortasse nunc apud aliquem totus es, ' et apud talem forsitan qui suum hospitem habet incognitum. Quisquis in te reperiendo fortunatior fuit, sciat se rem magni pretii possidere, quamque
si noverit primas inter divitias locet. Tu quidem in his
libris, qui quot sint nescio, sed haud dubie multi sunt,
rem a Cicerone iam sene summo studio tractatam re-
fricare ausus, quod factu impossibile iudicabam, post
tanti viri vestigia novam non imitationis sed doctrinæ
propriæ præclarique operis gloriam invenisti; adeo diligenter ab illo instructus orator a te comptus ornatus
que est, ut multa ab illo vel neglecta vel non ani-
madversa videantur. Atque ita singulatim omnia colligis
duci tuo elapsa, ut quantum vinci eloquio, tantum diligentia vincere recto ni fallor iudicio dici possis. Ille
enim suum oratorem per ardua causarum ac summos
eloquentiæ vertices agit, et iudicialibus bellis ad victoriam format. Tu longius repetens oratorem tuum per

---

' Ad hæc verba in Codice Passioneiano legitur. « *Hoc verum fuit
quia Costantiæ repertus est totus.* »

omnes longæ viæ flexus ac latebras ab ipsis incunabu-
lis ad supremam eloquii arcem ducis. Placet, delectat
et mirari cogit, eo namque aspirantibus nihil utilius,
Ciceroniana claritas: provectos illuminat, et celsum validis iter signat. Tua sedulitas ipsos quoque fovet in-
validos, et optima nutrix ingeniorum lacte humili te-
neram pascit infantiam. Sed ne tibi veritas blanda
suspecta sit, mutandus est stilus. In te igitur re apparuit verum esse quod Cicero idem ait in rhetoricis
oratori minimum de arte loqui, multo maximum ex arte
dicere. Non tamen ut ille Hermagoræ de quo agebat,
sic ego tibi horum alterum eripio: utrumque concesse-
rim: sed hoc mediocriter, illud eximie, atque adeo
excellenter ut vix quidquam adiici iam humano posse
videatur ingenio. Equidem quantum hoc tuo magnifico
opere collato cum eo libro quem de causis edidisti (qui
idcirco non periit ut constaret ætatem nostram optimarum rerum præcipue negligentem mediocrium non ita)
satis intelligentibus patet, multo te melius cotis officio
functum esse, quam gladii, et oratorem formare potentius quam præstare. Id ne ad iniuriam trahas velim:
sed intelligas in te ipso in que aliis nunquam sic ingenium unum par ad omnia, ut non aliqua in parte se
vincat. Magnus fateor vir fuisti, sed instituendis for-
mandisque magnis viris maximus: et qui si materiam
idoneam nactus esses, te maiorem ex te facile gigneres;
doctus nobilium cultor ingeniorum. Fuit autem tibi
æmulatio non levis magni cuiusdam alterius viri, An-
næum Senecam dico. Quos ætas, quos professio, quos
natio iunxerat, sciunxit parium pestis livor. Qua in re
nescio an tu modestior videare; siquidem nec tu illum

pleno ore laudare potes, et ille de te contemptissime
loquitur. Ego si tantas inter partes iudex sim, quamquam indicari a parvis magne verear, meum iudicium
dicam tamen. Ille uberior, tu acutior, ille altior, tu
cautior: et tu quidem ingenium eius et studium et doctrinam laudas, electionem ac iudicium non laudas:
stilum vero corruptum et omnibus vitiis fractum dicis.
Ille autem te inter eos numerat quorum cum ipsis fama
sepulta est, cum nec dum tua fama sepulta sit, nec tu
illo scribente aut sepultus esses aut mortuus. Ille etenim sub Nerone abiit, tu post illius et Neronis abitum
sub Galba Romam ex Hispania venisti, multosque ibi
post annos sororis Domitiani principis nepotum curam
ipso mandante suscipiens morum studiorumque iuvenilium censor factus, utriusque rei eximia spe, quod
in te fuit, credo, fidem implevisti; tamen, ut statim post
Plutarchus ad Traianum scribit, tuorum adolescentium
temeritas in te refunditur. Nihil modo quod scriberem
aliud fuit. Opto te incolumem videre, et sicubi totus
es, oro ne diutius me lateas. Vale. Apud superos,
inter dexterum Apennini latus et dexteram Arni ripam,
intra ipsos patriæ meæ muros, ubi primum mihi cœptus
es nosci, ' eoque ipso tempore VII. Idus Decembris.
Anno eius quem Dominus tuus persequi maluit quam
nosse MCCCL.

---

' In Cod. X Plut. XXVI Bibl. Laurent. manu Iacobi seu Lapi de
Castiglionchio legitur ad hæc verba « *Verum dicis, quia ego illum tibi donavi
dum Romam peteres, quem ante, ut dixisti, nunquam videras.* »

## EPISTOLA VIII.

FRANCISCUS PETRARCA TITO LIVIO S. P. D.

Ingenium eius exaltat, librosque deperditos lamentatur.

Optarem, si ex alto datum esset, vel me in tuam vel
te in nostram ætatem incidisse ut ætas ipsa, vel ego
per te melior, et visitatorum ex numero tuorum unus
forem, profecto non Romam modo te videndi gratia, sed
Indiam ex Galliis aut Hispania petiturus. Nunc vero qua
datur te in libris tuis video, non equidem totum, sed
quatenus nondum sæculi nostri desidia periisti. Centum
quadraginta duos rerum Romanarum libros edidisse te
novimus: heu quanto studio, quantis laboribus! Vix
triginta ex omnibus supersunt. Oh! mos pessimus nos
metipsos de industria fallendi. Triginta dixi quia omnes
vulgo id dicunt. Ego autem deesse unum iis ipsis invenio; novem et viginti sunt: plane tres decades, prima, tertia et quarta cui librorum numerus non constat.
In his tam parvis tuis reliquiis exerceor quoties hæc
loca, hæc tempora vel hos mores oblivisci volo, et sæpe
acri cum indignatione animi adversus mores hominum
nostrorum, quibus nihil in pretio est nisi aurum et argentum, atque obscœna corporum voluptas, quæ si in bonis
habenda sunt, multo cumulatius multoque perfectius
non tantum mutæ pecudis sed immobilis et insensibilis
elementi, quam rationalis hominis bonum erit. Sed de
hoc alias. Nunc tibi potius tempus est ut gratias agam
tum pro multis tum pro eo nominatim quod oblitum
sæpe præsentium malorum sæculis me felicioribus inseris, ut inter legendum saltem cum Corneliis, Scipioni-

bus Africanis, Læliis, Fabiis Maximis, Metellis, Brutis,
Deciis, Catonibus, Regulis, Cursoribus, Torquatis, Va-
leriis, Corvinis, Salinatoribus, Claudiis, Marcellis, Ne-
ronibus, Æmiliis, Fulviis, Flaminiis, Attiliis, Quintiis,
Curiis, Fabriciis, ac Camillis, et non cum his extremis furibus, inter quos adverso sidere natus sum,
mihi videar ætatem agere. Et oh! si totus mihi contin-
geres, quibus aliis quantisve nominibus et vitæ solatium
et iniqui temporis oblivio quæreretur. Quæ quoniam
simul apud te nequeo, apud alios sparsim lego; profecto et eo in libro ubi te totum sed in angustias sic
coactum video ut librorum numero nihil, rebus ipsis
infinitum desit. Tu velim de antiquioribus Polybium, et
Quintum Claudium, et Valerium Antiatem, reliquosque
quorum gloriæ splendor tuus officit: de novis vero Pli-
nium secundum Veronensem, vicinum tuum atque æmu-
lum quondam tuum Crispum Sallustium salutes, quibus
nuncia nihilo feliciores eorum vigilias fuisse quam tuas.
Æternum vale rerum gestarum memoriæ consultor
optime. Apud superos, in ea parte Italiæ, et in ea urbe, in qua et ego nunc habito, et tu olim natus ac sepultus es, in vestibulo Iustinæ virginis, et ante ipsum
sepulcri tui lapidem VIII. Kalendas Martias: Anno ab
ortu eius, quem, si paulo vixisses diutius, cernere vel
natum audire potuisses, MCCCL.

## EPISTOLA IX.

FRANCISCUS PETRARCA ASINIO POLLIONI S. P. D.

Amplissima eius doctrinæ et rerum belli domique gestarum laus.
Obiurgatio invidiæ qua laboravit in Ciceronem.

Dum venisset in animum ut familiaribus epistolis
aliquot procul absentes eloquii duces, et rara quædam
linguæ Italæ ornamenta complecterer, silentio tuum
nomen obruere nolim, quod magnorum testimonio su-
premis quoque nominibus par videbam : sed quoniam
pene nuda rerum ad nos tuarum fama pervenerat, magisque aliorum scriptis adiuta quam tuis, quod ipsum
merito inter ævi nostri pudores ac damna quis numeret, breve fuerit quod tecum loqui habui. Tibi quidem
consulari pariter ac triumphali viro, cum pro summi
ingenii floridæque facundiæ laudibus proque aliis multis
corporis atque animi fortunæque dotibus, tum pro eo
expressim gratulor, quod sub optimo et studiorum ac
virtutum amantissimo principe vixisti, æstimatorem
rerum nactus idoneum. Oh! felix qui adhuc incolumi Augusto iustam vivendi mensuram assecutus, octuagesimo
ætatis anno in Tusculano rure præclaram vitam tranquillo claudens exitu, evasisti cruentas Tiberii manus,
in quas Asinius Gallus orator incidit, infausta progenies
tua, quem diris ab illo suppliciis enecatum legimus.
Bene quod in tantas miserias vergenti iam fato perop-
portuna mors adfuit, quæ oculos tuos saltem tam tristi
spectaculo liberaret. Paucis expectandum annis erat,
ut mæstissimus nati comes aut spectator fieres. Cuius
eventu 'si, ut quibusdam sapientibus visum est, extin-

ctos tangit fortuna superstitum) non parva felicitati tuæ
portio subtrahitur. Unum tacita dissimulatione transire
fidelis amicitiæ lex vetat, qua clarorum omnis ævi hominum cineri ac famæ non aliter ac præsentium ob-
stringor. Illud ergo tuum mihi displicuit quod Marco
Tullio, cuius nomen tuo in primis præconio celebrari
par fuerit et attolli, censor acerrimus, ne dicam repræ-
hensor, asperrimus esse volueris. Quod si tibi iudicii
libertas præstitit, ut iudicium non probo, sic ipsam
tibi non invideo libertatem : sed ea certe parcius utendum fuisse denuncio, sero licet : etsi eadem adversus
ipsum mundi Dominum sæpe usus ab aliis veniam facile merearis. Et sane in tanta fortunæ indulgentia frænare animum ac linguam subdifficile est : sed ex te ut
exacta omnia requiram, ætatis et doctrinæ tuæ gravitas facit, utque te liberius hac in re quam vel filium
ipsum tuum qui patrem secutus idem sensit, vel Calvum
cœterosque participes eiusdem iudicii reprehendam.
Neque vero tam mei ipsius oblitus sum, ut tibi in coe-
taneo tuo negem viso et cognito, quod ego mihi post
tot sæcula in homine tam antiquo tantique nominis
usurparim. Nullus hominum est cui non aliquid desit.
Quis te talem virum vetet in vicini tui moribus notan-
dum aliquid advertere, cum ego de longinquo in scriptis
eius invenerim quæ notarem? At quod illius eloquentiæ
famam tentas, facundiæque principatum vis eripere
cœlitus illi datum, et totius pene nostri orbis consensu
sine litigio permissum, vide ne aperta nimis iniuria sit.
Vide, tecumque Calvus videat, ne cum illo viro non
æqua bella sumpseritis de eloquentiæ principatu, quæ
nobis spectantibus vestra certamina facillimum est

videre. Itaque pridem coronæ iudicio victi estis. Vos
tamen frustra nitimini et obstatis, nec verum cernere
interni luminis tumor sinit : magni fateor viri si maiorem pati possetis. At humana superbia, dum supra id
quod est opinionibus falsis attollitur, infra id quod esse
poterat vero iudicio deiecta redigitur. Plerique mortalium alienæ gloriæ appetitu propriam amisere. Quod si
vos huc forte livor impulit, quamvis utrobique et tu-
moris et livoris multi sint comites, eo tamen id ægrius
in te fero quo in Calvo aliquam certe nec exiguam
non livoris sed odii, in te nullam odii causam scio, et
aliquanto mihi quidem indignius videtur in tam altum
ingenium humi serpere solitam invidiam adscendisse.
Aeternum vale, et ex Graiis Isocratem, Demosthenem
et Aeschinem, ex nostris oratoribus Crassum et Antonium salvere iube, Corvinum quoque Messalam, et
Hortensium, si modo illi memoria quam biennio antequam hinc migraret amiserat, carnis fasce deposito,
restituta, huic alteri non erepta est. Mediolani in subur-
bio, Kalendis Sextilibus anno ætatis ultimæ, millesimo
tercentesimo quinquagesimo tertio.

---

## EPISTOLA X.

### FRANCISCUS PETRARCA HORATIO FLACCO S. P. D.

Se captum admiratione carminum eius quorum ex industria
poeticam veluti syllogen contexit.

Regem te Lyrici carminis Italus
    Orbis quem memorat, plectraque lesbia
    Nervis cui tribuit Musa sonantibus,

Tyrrhenum Adriaco, Tuscus et Appulo,
Quem sumpsit proprium Tibris ab Aufido,
Nec fuscam atque humilem sprevit originem;
Te nunc dulce sequi saltibus abditis,
Umbras et scatebras cernere vallium,
Colles purpureos, prata virentia,
Algentesque lacus antraque roscida.
Seu Faunum gregibus concilias vagis,
Seu pergis Bromium visere fervidum,
Fulvam pampineo sive Deam Deo
Affinem tacitis concelebras sacris,
Amborum Venerem seu canis indigam,
Seu Nymphas querulas et Satyros leves
Et nudas roseo corpore Gratias,
Seu famam et titulos Herculis improbi,
Incestique aliam progeniem Iovis
Martem sub galea, Palladis Ægida
Late Gorgoneis crinibus horridam:
Ledæos iuvenes mitia sidera
Tutelam ratium fluctibus obrutos,
Argutum citharæ Mercurium patrem:
Verbis auricomum pectis Apollinem,
Et Xanto nitidam cæsariem lavis.
Germanam pharetra conspicuam, et feris
Infestam, aut choreas Pieridum sacras:
Sculpas, seu rigido marmore durius
Heroas veteres; sique faves, novis
Æternam meritis et memorem notam
Affigis calamo, ne qua premat dies:
Sic vatum studiis sola faventibus
Virtus perpetuas linquit imagines.

Quarum præsidio semideos duces
Drusum, et Scipiadas vivere cernimus,
Nec non et reliquos inclyta gentibus
Per quos edamitis Roma iugum dedit,
In queis præradians lumine vivido
Ut sol emicuit Cæsareum genus.
Hæc dum tu modulans me cupidum præis,
Duc aut velivolo si libet æquore;
Duc aut aerio vertice montium;
Duc et per liquidi Tiberis alveos
Qua ripis Anio rura secans ruit,
Olim grata tibi, dum superos colis,
Unde hæc te meditans nunc tibi texui
Nostrum, Flacce, decus; duc per inhospitas
Silvarum latebras, et gelidum Algidum,
Baianique sinus stagna tepentia,
Sabinumque lacus, ruraque florea
Soractisque iugum dum nivibus riget:
Duc me Brundusium tramite devio:
Lassabor minime et vatibus obvius
Congressus placidos excipiam libens.
Non me proposito temporis aut loci
Deflectet facies. Ibo pari impetu
Vel dum fæta uterum magna parens tumet,
Vel dum ros nimiis solibus aruit,
Vel dum pomifero fasce tremunt trabes,
Vel dum terra gelu segnis inhorruit.
Visurus veniam littora Cycladum,
Visurus Thracii murmura Bosphori.
Visurus Lybies avia torridæ,
Nimbosique procul frigora Caucasi.

Quo te cumque moves, quicquid agis iuvat:
Seu fidos comites sedulus excitas
Virtutem meritis laudibus efferens,
Seu dignis vitium morsibus impetis,
Ridens stultitiam dente vafer levi;
Seu tu blandiloquens carmen amoribus
Dum comples teneris; sive acie stili
Obiectas vetulæ luxuriem gravi;
Sive urbem et populum dum scelerum reos
Culpas, et gladios et rabiem trucem;
Mæcenasque tibi dum canitur tuus
Per partes operum primus et ultimus;
Dum calcas veteres, et studium recens
Natum magnanimi Cæsaris auribus
Infers; dumque Floro carminis hispidi
Limum seu tumidi carmine conficis;
Fuscum ruris opes et mala turbidæ
Urbis, curve homini servit equus ferox,
Crispum divitiis quis color edoces;
Longis Virgilium luctibus abstrahis
Atque ad lætitiam ver ubi panditur
Hortaris placide et stultitiam brevem;
Hirpinum profugi temporis admones,
Torquatum et parili carmine Postumum
Dum noctes celeres et volucres dies,
Obrepens tacito dum senium gradu,
Aut vitæ brevitas ad calamum redit,
Aut mors præcipiti quæ celerat pede.
Quis non præterea dulciter audiat
Dum tu siderea sede superstitem
Augustum statuis? Dum tunicam suis

Marti, nec satis est texere ferream,
Acceditque adamas? Dum cuneos Ducum
Vinclis implicitos curribus aureis
Per clivum atque sacram victor agis viam?
Quam pompam mulier dum cavet insolens
Haud quaquam rigidas horruit aspidas?
Ius fractum hospitii dum memoras dolis
Pastoris Phrygii, nil Nerei minis
Pacatum Paridi vaticinantibus?
Dum Danae pluvia fallitur aurea?
Dum virgo egregiis regia fletibus
Tergo cornigeri fertur adulteri?
Lætus solicitus, denique mœstior
Iratusque places; dum dubium premis
Rivalem variis suspicionibus;
Aut dum vipereas iure veneficas
Execraris anus, vulgus et improbum;
Dum cantas Lalagem nudus et asperum
Tu solus tacita fronte fugas lupum;
Infaustamque humeris effugis arborem;
Fluctusque Æolio turbine concitos.
Pronum te viridi cespite, fontium
Captantem strepitus et volucrum modos,
Carpentem riguo gramine flosculos,
Nectentem facili vimine palmites,
Tendentem tenui pollice barbiton,
Miscentem numeros pectine candido,
Mulcentem vario carmine sidera
Ut vidi, invidiam mens vaga nobilem
Concepit subito, nec peperit prius
Quam te per pelagi stagna reciproci,

Perque omnes scopulos, monstraque fluctuum
Terrarum sequerer. Limite ab Indico
Vidi solis equos surgere nitidos,
Et serum Oceano mergier ultimo;
Tecum trans Boream transque Notum vagor;
Iam seu fortuitas ducis ad Insulas,
Seu me fluctisonum retrahis Antium,
Seu me Romuleis arcibus invehis
Totis ingenii gressibus insequor.
Sic me grata lyræ fila trahunt tuæ,
Sic mulcet calami dulcis acerbitas.

——

## EPISTOLA XI.

### FRANCISCUS PETRARCA PUB. VIRGILIO MARONI S. P. D.

Quærit de statu eius: quid Mantuæ, quid Neapoli agatur aperit: de
Roma tacet, eumque de pretio tribus maximis eius operibus
universorum iudicio addito certiorem reddit.

Eloquii splendor, Latiæ spes altera linguæ,
Clare Maro, tanta quem felix Mantua prole
Romanum genuisse decus per sæcula gaudet,
Quis te terrarum tractus, quotus arcet Averni
Circulus? An raucam citharam tibi fuscus Apollo
Percutit, et nigræ contexunt verba sorores?
An pius Elysiam permulces carmine silvam
Tartareumque Helicona colis, pulcherrime vatum,
Et simul unanimis tecum spatiatur Homerus?
Solivagique canunt Phœbum per prata poetæ,
Orpheus ac reliqui, nisi quos violenta relegat
Mors propria conscita manu, sævique ministri

Obsequio, qualis Lucanum in fata volentem
Impulit : arterias medico dedit ille cruento
Supplicii graviore metu mortisque pudendæ :
Sic sua Lucretium mors abstulit ac ferus ardor
Longe aliis, ut fama, locis habitare coegit.
Qui tibi nunc igitur comites, quæ vita, libenter
Audierim, quantum vero tua somnia distent,
Et vagus Æeneas portaque emissus eburna:
An potius cæli regio tranquilla beatos
Excipit, ingeniisque arrident astra serenis
Post Stygios raptus spoliataque Tartara, summi
Regis ad adventum, magno certamine victor
Impia qui pressit stigmatis limina plantis,
Stigmatisque potens æterna repagula palmis
Fregit, et horrisono convulsit cardine valvas?
Hæc ego nosse velim. Tu, mundo si qua silenti
Umbra recens nostra veniet tibi forsan ab ora ,
Quis tria cara tibi loca nunc, totidemque libellos
Exitus excipiat nostris simul accipe verbis.
Parthenope infelix rapto gemit orba Roberto,
Multorumque dies annorum sustulit unus
Prospera; nunc dubiis pendet plebs anxia fatis,
Innocuamque premunt paucorum crimina turbam.
Optima finitimo quatitur sine fine tumultu
Mantua, magnanimis ducibus sed fulta, recusat
Invicta cervice iugum, civilibus usa
Illa quidem dominis, externi nescia regni.
Hinc tibi composui quæ perlegis, otia nactus
Ruris amica tui. Quonam vagus avia calle
Fusca sequi, quibus in pratis errare soleres
Assidue mecum volvens, quam fluminis oram,

Quæ curvi secreta lacus, quas arboris umbras,
Quas nemorum latebras, collisque sedilia parvi
Ambieris, cuius fessus seu cespitis herbam
Presseris accubitu, seu ripam fontis amœni,
Atque ea præsentem mihi te spectacula reddunt.
Quæ patriæ fortuna tuæ, pax quanta sepulchri
Audisti. Quid Roma parens, hoc quærere noli :
Hoc melius nescire puta ; melioribus aurem
Ergo adhibe, et rerum successus disce tuarum.
Tityrus ut tenuem senior iam perflat avenam,
Quadrifido cultu tuus ut resplendet agellus,
Ut tuus Æeneas vivit totumque per orbem
Et placet et canitur, tanto quem ad sidera nisu
Tollere conanti mors obstitit invida magnis
Principiis: miserum Æneam iam summa premebant
Fata manu, iamque ore tuo damnatus abibat,
Arsurumque iterum pietas Augusta secundis
Eripuit flammis, quem non morientis amici
Deiecti movere animi, meritoque supremas
Contempsisse preces ævo laudabitur omni.
Æeternum, dilecte, vale, nostrosque rogatus
Mæonium Ascræumque senes salvere iubeto.

## EPISTOLA XII.

### FRANCISCUS HOMERO GRAIÆ MUSÆ PRINCIPI SALUTEM.

Respondet litteris eius nomine sibi missis: multa de eius operibus cura et impensa sua latine redditis. De suo græcarum litterarum studio, deque iis qui per Italiam tunc temporis eas colebant. Excusat Virgilium quod nullam eius in Æneide mentionem fecerit, eumque super cæteris de quibus scripsit, bono animo esse iubet.

Dudum te scripto alloqui mens fuerat, et fecissem, nisi quia linguæ commercium non erat. Nam nec ego græcis litteris discendis satis felix, et tu latinas, quibus olim per scriptores nostros adiutus uti solebas, sequentium negligentia dedidicisse videbare. Utrinque exclusus conticueram: unus vir nostro te latinum sæclo revehit. Non hercle avidius neque diutius Ulyxem tuum sua Penelope expectavit quam ego te. Iamque mihi sensim spes abibat: præter enim aliquot tuorum principia librorum, in quibus velut exoptati amici supercilium procul ambiguum et raptim vibrans, seu fluctuantis comæ apicem intuebar, latini nihil obtigerat, nihil denique sperabatur ubi te cominus contemplarer. Nam libellus ille vulgo qui tuus fertur, etsi cuius sit non constet, tibi excerptus tibique inscriptus tuus utique non est. Vir iste si vixerit, totum te nobis reddet: et iam cœpit, ut non modo divinorum fructu operum eximio, sed tuarum quoque confabulationum illecebris perfruamur. Quarum unius ad me nuper latinis vasis græcus sapor allatus est. In quo plane sensi validum et velox ingenium posse omnia. Itaque Ciceronem licet eloquentia sua in carminibus destitutum, et Virgilium

oratione soluta illa felicitate ingenii derelictum scribat
Annæus Seneca, quorum alter in multis interpres, alter
in pluribus imitator tuus fuit, ambo autem latini duces
eloquii sunt, utrumque tamen sic accipio ut quisque
secum non cum alio collatus, ipse sibi impar seque inferior habeatur : alioquin et Ciceronis versiculos non
ineptos, et Virgilii epistolas oratione libera non ina-
mœnas legi. Quod in te quoque nunc experior, cuius
etsi carmen proprium atque præcipuum opus sit, etsi
Hieronymum quemdam ex nostris linguarum peritia
insignem virum secutus aliquando scripserim, te non
modo ad verbum in nostram linguam versum sed in
tuam ipsam resolutum, videri de poeta eloquentissimo
vix loquentem, nunc tamen, quod mirari compulit, et
solutus places et latinus. Quidquid idcirco præfatus sim
ne quem forte moveat, quod qui ligatis Virgilium, te
solutis verbis alloquar : illum enim compellabam : tibi
vero respondeo, atque ideo illic communem ipsius, hic
non tuum illum veterem, sed epistolæ ad me missæ
novum quemdam, et mihi quotidianum, tibi, ut reor,
insolitum stilum sequor. Quamquam quid me utrique
vestrum loqui dixerim? Strepere est quidquid ab ullo
vobis dicitur : nimis excellitis, supraque hominem estis
et toto vertice itis in nubila. Sed dulce mihi velut in-
fanti est cum disertissimis nutritoribus balbutire. Et de
stilo quidem hactenus : ad rem venio. Quereris de quibusdam, cum de omnibus prope iure optimo queri possis. Nam quid in rebus, quæso, hominum est quod querimoniis iustis vacet, nisi quod querelæ, ubi inefficaces
esse cœperint, quodam modo iustæ esse desinunt? Carent enim non causa quidem iustitiæ, sed effectu, qui

est ut damnando præterita præsentibus consulant, futurisque provideant. Quia tamen interdum luctuosam animam exonerant, non usquequaque semper supervacuæ videri debent. His tu nunc, summe vir, affluis, ex quibus longam licet epistolam texueris, ut longior ta· men esset optavi : ita nihil animo longum sentias, nisi tædio adiuncto. Sed ut iam singula qua visum erit expediam, supra modum supraque fidem delectavit animum sciendi discendique avidum quod scripsisti de præceptoribus tuis olim mihi ignotis fateor, at deinceps tanti merito discipuli verendis : de poeticæ ortu quam longissime repetito, deque vetustissimis musarum cultoribus in quibus, præter notos Heliconis accolas, Cadmum, Agenoridem, et Herculem quemdam nescio an Alcidem locas : de patria demum tua, cuius apud nos opinionum nubes multa erat, nec ut video apud vos multa serenitas : de peregrinationibus insuper studiosis in Phœniciam atque Aegyptum ubi post te aliquot sæculis peregrinati sunt philosophi illustres et Pythagoras et Plato et Atheniensium legifer, idemque Pieridum serus cultor ille doctissimus senex Solon, qui tibi, quem vivens mirabatur, puto post obitum familiarissimus factus sit : denique de tuorum numero librorum quorum magna pars Italis ipsis, vicinis ac proximis tuis, inaudita est. Nam hi barbari quibus utrinque contingimur, et a quibus non Alpe tantum aerea, sed toto utinam quoadusquam est pelago disiuncti essemus, vix non dicam libros sed nomen audiverunt tuum : ut intelligas quantula est hæc fama mortalium ad quam tanto anhelitu suspiramus. In iis sane tot dulcibus amarissimum illud de ipsorum librorum interitu miscuisti. Heu mihi ter et

amplius! Quam multa pereunt, imo quam nihil manet
omnium quæ sub sole versabili cœca texit industria. Oh
labores curasque hominum! Oh tempus breve sed perditum! Oh vanitatem superbiamque de nihilo quod sumus, quod agimus, quod speramus! Quis vero nunc
lumini fidat ambiguo? Summus eloquii Sol eclipsim patitur : quis quæri audeat perire sibi aliquid, aut quis
omnino mansurum sibi quidquam spondeat ex omnibus
studiis suis? Non parva ex parte Homericæ vigiliæ
perierunt, non tam nobis, nemo enim perdidit quod
non habuit, quam Graiis, qui ne qua nobis in re cede-
rent, ignaviam quoque nostram in litteris supergressi,
Homeri libros multos quasi totidem alterius suorum
luminum radios amisere : indigni qui hac tanta cœcitate fulgur illud habuisse glorientur. Movit præterea
suspenditque animum legentis quod de tuo fine memorasti. Quamvis enim etiam apud nostros illa mortis
fama vulgata sit, atque ipse ego alibi famam sequens
idem scripserim, sed nota ambiguitatis adhibita; iuva-
bat tamen, et, si sinis, iuvat de te simul ac Sophocle
melius opinari, quam ut turbulentissimæ passiones
animi mœror et gaudium tantum in tam cœlestibus
potuisse videantur ingeniis. Nam de Philemonis exitu,
si famæ credimus, ridiculo, graviora tandem et opina-
biliora didicimus, non risu illum ut dicere solebant,
sed vi quadam contemplationis altissimæ consopitum
expirasse. Sed ad te unum sortemque tuam redeo,
quam copiose admodum et graviter deplorasti. Solare
autem quæso animum, faciesque, certus sum, si discus-
sis passionibus ad te redis. Multa de imitatoribus, multa
de indoctis insultatoribus questus es : iuste quidem in

omnibus, si solus hæc patereris, neque humana, quin
et trita inter homines essent quæ te premunt: unde fit
ut conquiescere debeas, summus in hoc numero, fateor,
sed non unus. Iam vero de imitatione quid dicam? De-
buisti præsagire, dum tam alte alis animi te sublatum
cerneres, nunquam tibi defuturos imitatores. Gauden-
dum vero talem te cui multi similes fieri velint, sed
non multi possint. Quid ni autem gaudeas tu primi
semper certus loci, cum ego ultimus hominum gaudeam, nec gaudere sat est, glorier quoque, tanti me
nunc fieri, ut sit aliquis, si tamen est aliquis, qui imitari optet ac fingere, illud magis gavisurus tales imitatores fore qui me superent? atque illum non Apollinem
tuum, sed meum verum ingenii Deum precor, ut si
quis me imitatione dignum duxerit, nisu facili quem
sequitur consequatur ac transeat. Ego mecum bene gloriose feliciterque agi credam, si ex amicis (nemo enim
nisi amet imitabitur) multos mihi pares, aliquantoque
felicius si superiores aspexero, quique ex imitatoribus
sint victores. Si enim genitor, carnis filium se maiorem
cupit, quid optare debeat pater ingenii? Tu qui maiorem victoremque non metuis, imitatores æquanimis fer.
Quamquam et de victoria inter te et eum de quo multa
quereris Virgilium, in libris Saturnalium magna lis
pendeat, et quidam propterea nostrorum inter vos du-
biam palmam velint, alii certam illi tribuant victoriam;
quod non tam ut cuiusquam sententiæ faveam aut ad-
verser, quam ut noris quid de te posteritas, et quam
varie sensit, apposui. Ex his autem admoneor ut ante
quam longius abeam Virgilium ipsum, cuius anima, ut
Flaccus ait, non candidiorem aliam terra tulit, tibi,

optime dux noster, excusem. Profecto equidem quæ de illius imitatione dixisti, non vera modo sed vulgo etiam nota sunt, et multa alia quæ, verecundia dicam an modestia, siluisti, quæ tamen ex ordine ipsis in Saturnalibus scripta sunt, quamvis hoc loco ille suus iocus innotuerit, cui cum obiiceretur ab æmulis quod versus tibi tuos eriperet, magnarum virium esse respondit auferre clavam Herculi : nec sim dubius quin latentem salem ioci huius intelligas. Ne vero, quod multi faciunt, quem excusaturum me profiteor accusem, fateor plane quæ dicis omnia, neque ideo querelam tuam totis auribus accipio : quod scilicet nulla usquam tui nominis mentio apud illum sit exuviis onustum et ornatum tuis, cum Lucanus, ut vere memoras, Smyrnæi vatis honoris grata narratione meminerit. Adiuvare querimoniam tuam libet : et Flaccus sæpe tui meminit semperque magnifice ; nam et quodam loco te philosophis ipsis præfert, et alio primam tibi inter poetas sedem tribuit. Meminit tui Naso et Iuvenalis et Statius. Sed quid memores memorem? Nemo fere nostrum tui immemor fuit. Quid ergo, inquies, unum illum tam ingratum patior quem omnibus gratiorem merui? Ante quam tibi respondeam, addam etiam nunc querelæ. Nequis enim ingratum æque forsitan in omnes putet, et Musæi et Lini et Orphei non semel ille quod meminerit, quodque humilius fuit, et Hesiodi Ascræi et Theocriti Syracusii poetæ : postremo, quod nunquam si quis in illo esset livor sineret, nec Varum, Gallumque, neque alios coætaneos suos tacet. Quid vero? Num satis auxisse iam videor querelam quam vel minuere vel auferre decreveram? Utique si nil amplius dixero. Sed attendenda

rerum ratio, et, quidquid agas, in consilium evocanda,
præsertimque si iudices. Nempe ille Theocritum in Bu-
colicis ducem nactus, in Georgicis Hesiodum quemque
suis locis inseruit. Et cur, inquies, tertium in heroico
carmine ducem habens, nulla eius operis in parte me
posuit? Posuisset, mihi crede, mitissimus verecundis-
simusque mortalium, quodque de illo scriptum scimus
omni probatus vita, nisi mors impia vetuisset. Licet
autem alios, ubi occurrit atque ubi commodum fuit, ad-
notasset, tibi uni cui multo amplius debebat, non for-
tuitum sed certum certoque consilio destinatum reser-
vabat locum. Et quem reris, nisi eminentiorem cunctis
atque conspectiorem? Finem ergo præclarissimi operis
expectabat, ibi te suum ducem tuumque nomen altiso-
nis versibus laturus ad sidera. Ubi enim, quæso, dignius
quam in fine viæ dux laudandus? Multum habes igitur
quod de morte festina nimis merito queri possis, habet
et Italus orbis tecum : de amico nihil. Quod sic esse,
vicino et simili coniicies ab exemplo. Nam ut te ille,
sic illum imitatus est Statius Papinius, cuius supra
mentio incidit, vir præter ingenii laudem insigni morum
urbanitate conspicuus. Nec tantum ingenii ducem sui
nisi in fine poetici itineris recognovit. Licet enim alio
quodam loco se stilo inferiorem secretius designasset,
illic tamen bona fide totum grati animi debitum bene-
meritæ persolvit Æneidi. Si et hunc mors igitur prævenisset, ut te Virgilius, sic iste Virgilium siluisset.
Hæc ita esse ut dico tibi persuadeas velim. Certe enim,
ni fallor augurio, ita est, et si forte aliter sit, in dubiis
tamen opinio est anteponenda benignior. Et hæc quidem
pro excusatione maiorum Virgilii operum dicta sint.

Nam si ad eos quos iuveniles ludos vocant, primos scilicet adolescentiæ suæ libellos oculum deflectis, scriptum
ibi tuum nomen invenies. Reliquum est ut sparsa per
totum epistolæ tuæ corpus querelarum tuarum frag-
menta perstringam. Discerptum te ab imitatoribus tuis
doles. Sic oportuit. Nemo in totum tanti ingenii capax
erat. Indignaris illos tuis indutos spoliis insultare. Sic
est usus: non potest valde ingratus esse nisi qui magno
beneficio præventus est. Luges nomen tuum apud pri-
scos iurisconsultos ac medicos gloriosum, successori-
bus esse contemptui, nec advertis quantum hi quidem
omnes dissimillimi sunt illorum: nam si similes essent,
similia colerent atque amarent. Cesset indignatio, cesset
dolor, optima spes assurgat. Sunt primitiæ virtutis et
ingenii displicuisse malis et indoctis. Tam clara frons
ingenii tui est ut eam lippæ acies ferre non valeant.
Idemque tibi accidit quod Soli, cuius non infamia sed
excellens laus est quod infirmi oculi, et nocturnæ illum
fugiunt aves. Apud antiquos quidem et modernos, si
qui sunt in quibus scintilla vel tenuis priscæ indolis
adhuc vivat, non modo philosophus sacer ut ipse ais,
sed, ut dixi, philosopho maior atque sublimior haberis :
ut qui pulcherrimam philosophiam ornatissimo ac te-
nuissimo tegas velo. Quisnam apud hæc portenta hominum habeare tua non interest: imo vero quam plurimum optandum ne placeas, quibus displicere primus
ad gloriam gradus est, proximus non agnosci. Pone,
iam precor, solicitudinem ac mœrorem, et ad campos
Elysios pristinam illam tuam tibique debitam sedem
redi, unde te talibus ineptiis pulsum dicis. Non decet
animum sapientis stultorum contumeliis frangi: alioquin

quid fiet aut quis erit huius mali modus, cum verissime
dicat hebræus Sapiens quod *stultorum infinitus est nu-*
*merus*, et nihil verius dici posse, vici, atria plateæque
omnes consonent? Illud sane iocosum penitusque festi-
vum in auribus meis fuit, quod tamen acerrime quere-
baris (adeo quidem palato, stomacho amaro, dulcia
etiam amarescunt), flens unde ridere par fuerat, quod
communis amicus quem tu Thessalum facis, ego By-
zantinum rebar, te intra florentes patriæ meæ muros
peregrinari, sive ita mavis, exulare coegerit, quod illum
summa fide, summoque tui amore et fecisse et facere
certum habe, unde omnibus amicis tui nominis, qui
perrari licet adhuc aliqui supersunt, ob hanc præcipue
causam cœpit esse carissimus. Vide ergo iure ne succenseas cui nos omnes tui amantes tuo simul ac nostro
nomine gratias agimus, quod te nobis ac Musis Auso-
niis ereptum, si qua fors cœpto faverit, restituet. Quod
autem Fesulana vallis et Arni ripæ non nisi tres tibi
amicos tulerint mirari desine: satis est, multum es,
plus est quam sperabam in patria lucro dedita tres
Pierios spiritus invenisse. Et tamen ne diffidas: magna
frequensque est civitas: quartum si quæris, invenies.
Quintum his adderem et meretur, Peneia seu Alphea
redimitus lauro; sed nescio qualiter transalpina Babylon illum nobis eripuit. Parum ne tibi videtur tales
quinque viros uno tempore atque in una urbe concur-
rere? Quære alias. Tua illa Bononia quam suspiras, studiorum licet hospes amplissima, funditus ut excutias,
unum habet. Verona duos, Sulmo unum, atque unum
Mantua, nisi illum cœlum terris abduceret: tuis namque desertis ad Ptolomæi signa transfugit. Ipsa rerum

caput Roma, mirum quod pene ad unum talibus incolis
sit exhausta. Perusia unum tulit, futurum aliquid nisi
se ipse negligeret; sed ille non Parnaso tantum, verum
Apennino etiam atque Alpibus relictis, lucrosamque
calamo papyrum sulcans, nunc senior Hispanias pervagatur. Tuleruntque alios urbes aliæ, sed omnes quos
ego noveram, in communem illam et æternam urbem
ex hoc mortali domicilio commigrarunt. Proinde quod
velim vides, ne scilicet de amico pergas queri, quod te
in terram duxit, etsi paucis, pluribus certe quam ulla
hodie amicis ac miratoribus habitatam tuis. An nescis
quanta etiam apud nos huius generis raritas semper
fuit? Nostra enim ætate, nisi fallor, amicus hic noster
iam tota in Græcia solus est. Erat alter modo præceptor meus, qui cum iucundissimam me in spem erexis-
set, in ipso studiorum lacte destituit moriens; quamvis
iam ante destituisset ad episcopalem curam, me qui
deserebar adiuvante, plusquam illum quam me ipsum
cogitante, promotus. Quibus ita se habentibus rarita-
tem hanc patere tuorum, et ignosce sæculo senescenti
quod florenti etiam ignovisses. Pauci olim, nunc pau-
cissimi, mox, ut auguror, nulli erunt, quibus in pretio
sint honesta studia. Cum his ipsis licet avide versari,
neque tibi in mentem veniat nostrum amnem maiore
alveo permutare. Non tu nauta, nec piscator quidem :
quin imo, si quam falsam cupio, vera est fama non sat
faustum ea tibi cum gente colloquium fuit. Parva tibi
Castalia placuit, humilisque Helicon. Noster tibi Arnus
nostrique colles placeant, ubi et nobiles ingeniorum
scaturigines erumpunt, et dulces nidificant philomenæ ;
paucæ ille quidem fateor : sed, si, ut dictum est, vicina

pariter ac longinqua circumspicis, multæ sunt; extra
quas quid te in populo reperturum speras-nisi fullones,
textoresque et fabros, ut sileam impostores, publica-
nos, fures diversorum generum, et mille fraudum species, et quæ fraudibus nunquam carent popularia studia, et avaritiæ anxium atque inane negotium, totasque
olidas mechanicarum fœces artium, ubi te quasi aqui-
lam noctuis aut leonem simiis irrisum alto animo ferre
debes, et dicere quod tanto inferior Ennius dixit: *Nam
volito vivus docta per ora virum.* Ora indocta suam ignorantiam insulsosque sermunculos ruminent; quod ad te
tuasque res, vel nesciant vel illudant, quorum laus
honoratum infamiæ genus est. Verum ut ingenio et
ætate novissimus in extremo sedeam, ad me redeat
oratio. In hac quidem tua fortuna meum poscis auxilium. Oh sors dura et immitis! et oh! utinam opis aliquid
in me esset, quo tanto succursum viro ante omnes
partos aut speratos titulos perpetuo gloriarer. Nam (Christum tibi incognitum Deum testor) præter piam commiserationem ac fidele consilium, nihil penitus est quo
tibi subveniam. Quid enim præstare potest alteri qui
sibi nihil potest? An forte non audisti et sequaces tuos
tecum sola tui nominis invidia lacerari, haberique pro
insanis in consiliis insanorum? Quod si tua ætate stu-
diosissima Athenarum in urbe tibi accidit, quid volu-
ptuosis in urbibus nunc aliis eventurum arbitraris? Horum ego unus, miror et nescio quamobrem, vulgo videor
inscio, veræ utinam, sed nihil ad rem quam vera sit,
invidiæ causa, si invidia vera est. Refugium meo petis
in gremio? Oh! fati vertigo insolens cui nulla usquam
regia satis ampla satisve sit fulgida, si quales fortuna

gradus affert, tales honores ambiat ingenii altitudo. Sed
non ita est: illa turres et aulas spernit indoctas, et
deserto tugurio delectatur. Quod ad me attinet, etsi
tanto hospite non me digner, tamen te vel græcum, vel
qua licuit, latinum domi habeo, brevi, ut spero, totum
habiturus, si Thessalus tuus cœpta peregerit. Et ut
secretiore aditu te locandum scias, animæ medio re-
ceptaculum tibi avidissime prorsus ac reverentissime
præparavi: ad summam amor ad te meus sole clarior
ferventiorque est, æstimatio ingens ut nullius maior.
Hæc tibi, dux paterque, quia potui et præstiti: liberare
te vulgari ludibrio, præter quam quod tuæ singularis
atque unicæ laudis imminutio futura sit, non meum
certe nec alterius est: nisi qui possit vulgi furoribus
finem dare: quod quamquam possibile Deo sit, nec fecit
tamen hactenus, puto nec faciet. Multa dixi quasi ad
præsentem; sed iam ab illa vehementissima imagina-
tione rediens, quam longe absis intelligo; vereorque
ne tam multa in tenebris ægre legas, nisi quia multa
mihi etiam scripsisse te video. Æternum vale, Orphea-
que et Linum et Euripidem ac reliquos comiter, cum
in tuam sedem veneris, salvere iube. Apud superos:
medio amnium clarissimorum Padi, Ticini, Abduæ alio-
rumque unde quidam Mediolanum dici volunt. VII Idus
Octobris anno ætatis ultimæ millesimo trecentesimo
sexagesimo.

———

## EPISTOLA XIII.

### FRANCISCUS PETRARCA SOCRATI SUO S. P. D.

Epistolas hasce de rebus familiaribus, de quarum ordine quædam
enarrat, illi rursus inscribit.

A te principium, in te finis. Habes ergo, mi Socrates, quod optasti. Librum e meis nugis multa rerum
ac verborum imparitate contextum, haud immerito de-
licatas aures offensurum opus: quamvis, ut est animus
mortalium vagus et varius, et velle suum cuique est,
quibusdam fortasse, quibus qualitas rerum non placebit,
ipsa hæc sit placitura varietas. Ignoscent vero alii si
meminerint huc me non mea sponte sed amicis tractum
precibus descendisse, parendique cupidine, nec aliena
iudicia nec occupationes meas atque irreparabilem huius
exigui et incerti temporis pertimuisse iacturam. Nam
tu, si quid offenderit, non mihi, sed tibi veniam dabis,
et dices: hoc volui: negare ille nil potuit tanto mei
amantior quanto negligentior sui. Sed quidem nullus pluris est amicus, quam cui famæ propriæ constat impen-
dio. Multis, et præsertim bonis, vita atque operibus
carior fama est, quam qui pro amico spreverit, haud
dubie viliora contemnet, si res exigat. Et hoc quidem
opus adolescens cœpi, senex perago: imo vero cœptum
prosequor. Unum est enim hoc ex omnibus, cui supremam sola mors imponet manum. Quomodo ego alium
amici colloquii quam vitæ finem sperem? Aut quænam
dies me spirantem inter eos tacitum efficiet, cum quibus ore gelido sepultusque loqui cogito? Hinc sane non

rerum, sed temporum rationem habui. Præter has enim
ultimas veteribus inscriptas illustribus viris, quas propter similitudinem novitatis sciens unum simul in locum contuli, ac præter primam, quæ dictata serius præ-
venit comites et locum præfationis obtinuit, cætera
pene omnia quo inciderant scripta sunt ordine. Ita enim
et progressus mei seriem (si ea forte cura fuerit), vitæque cursum lector intelliget. In quibus fateor, ne semel
dicta repeterem, bisque vel sæpius idem ponerem, quod
incipiens promiseram ad plenum præstare non potui.
Volui quidem, sed multitudo rerum obstitit, varietasque
ipsa, et occupati interim intentique aliis animi violenta
distractio. Nunc quoniam et hinc calamum multa cir-
cumsonant atque in diversum vocant, et quantum vitæ
restet incertum habeo, et hic liber satis crevit, nec nisi
iusti voluminis meta transcenditur, plurium capax est;
quæ huius quidem generis scripta iam supererant, his
avulsa extra ordinem alio quodam digessi volumine.
Quæ scribenda autem, si quid tale nunc etiam sum
scripturus, ab ætate iam nomen habitura, rursus alio
venient claudenda volumine, quando et vos eo estis
animo, sodales, ut meum aliquid vobis subtrahi nolitis:
et ego ita sum ut vota vestra semper anteponenda
meis arbitrer. Illud vobis in medio precum fervore
providendum erat, ne dum sine delectu mea omnia probatis, dum nil penitus mihi vultis effluere, dum quæ
privatis rebus meis vix respondent laudandi studio ef-
fertis in publicum, invitus in illorum manus cogerer,
qui aliena omnia stomachantes sibi plaudunt, sua sola
suspiciunt ac mirantur, felices æstimatione domestica.
Horum me iudiciis imparatum et inermem obiicitis, ami-

ci. Non possum de affectibus vestris queri, nempe quibus carius nil habeo. Sed est, ut cæterarum rerum, sic
amandi modus, ne scilicet dum prodesse vis, noceas.
Nimis mihi faciles, nimis in me proni estis, nimis tri-
buitis, nimis urgetis, nimis amando me premitis. Te in
finem, lector candidissime, quisquis es, obtestor atque
obsecro per communis studii amorem, per si qua tibi
famæ propriæ cura est, ne aut varietate rerum, aut verborum humilitate movearis, memor quid de hoc ipso
prima operis huius in parte præfatus sim. Vale.

EXPLICIT LIBER XXIV. IDEMQUE
ULTIMUS DE REBUS FAMILIARIBUS.

# FRANCISCI PETRARCÆ

# EPISTOLÆ VARIÆ.

LIBER UNICUS

———❦———

## EPISTOLA I.

### FRANCISCUS PETRARCA LUDOVICO GONZAGÆ DUCI MANTUANO
### S. P. D.

Est littera apocrypha a Possevino edita qua Franciscus a Ludovico
Mantuam fuisse accersitus, eidemque gratias egisse dicitur.

Accepi litteras tuas, et coram respondere quam
absens volueram; sed senescens, ut vides, inter ludos
atque præstigia Fortunæ multa mibi promittentis ob-
temperare non possum. Pecuniam cum Petro de Crema
familiari tuo remitto, quod animi desiderio inservire
nequeam, non contemptu. Ætas hæc profundo decur-
rentis ævi rotatu ad finem properat non laborum, atque
eo minus longi itineris patiens. Neque Avinione avelli
integro spiritu possum infelici amoris ictu et ætate
fatigatus. Si accederem, oneri non solatio essem. Nam
frequentes morbi et mœror assiduus fomenta potius
requirunt, quam obsequium permittunt. In futurum ver,
si Columnensis annuerit, hospitem me forsan habiturus es. Cave beneficio et gratia meritum, atque adeo

desiderium meum superare. Quod enim imprudentia peccatur munificentia non excusatur. Vale.

Avenione 1369, XII Kal. Aprilis.

NOTA. Quum in Archivio Ducum Mantuanorum repertam hanc epistolam ediderit Antonius Possevinius e Soc. Iesu, eamque operi suo *(il Petrarca redivivo)* inseruerit Tomasinus, nos etiam aliis accensendam duximus : quamvis indubiis ineluctabilibusque argumentis apocrypham esse in cap. 1, § 13. Lib. 1, Hist. Litter. iamdiu demonstraverit Tiraboschius.

———

## EPISTOLA II.

### FRANCISCUS PETRARCA ZENOBIO DE STRADA FLORENTINO
### S. P. D.

Homericum fragmentum, et suæ cuiusdam Epistolæ particulam se missurum promittit.

Ad ea quæ scribis brevi responso, ni fallor, opus est. In primis suspicari nullo modo debueras ad amicos, quos in patria mihi carissimos ac prædulces illorum virtus et meritum fecit, familiares epistolas dictanti, tuum nomen excidere potuisse. Necdum enim aut tanta segnities incessit, aut pectus hoc de tam fluxa memoria amicorum sibi fingit imagines. Amice igitur fecisti, et ut res decuit vere, quod omnem culpam in nuntium reflexisti.

Homericum illud, ne dubites, mittam cum primum facultas adfuerit. Cæterum ex eo tempore Parmense domicilium, et quam ille nunc incolit bibliothecam nostram non revisi. Scito brevissimum opus esse, quoque facilius ad scribendum, eo laboriosius ad quærendum ( sed hanc tibi libens divinam operam dictabo,

neque *quod parvo admodum fragmento timere)* , [1] et minus metuendum est ne ille divini vir ingenii, audito
quo mittendus est, fugiat et profundioribus caput
abdat: illud potius spero ut ubicumque fuerit, ad tuum
nomen exsiliat. Postremo parum abfuit quin *modo pro
moderamine stili tui ut me omnino deinceps singulariter
ad loquendum crederes* [2] cum sim unus; et oh! utinam
integer, nec in multa passionum ac cupiditatum mearum
frusta discerptus. Epistolæ cuiusdam meæ ad Tribunum
quondam urbis Romæ, qui spem publicam, ut vidisti,
tam claro principio fefellit, tibi mitterem particulam,
misissemque, sed laborem timui. Tu vale, et me illi
viro optimo tuis litteris quam familiariorem potes ef-
ficito. Patavii, VIII Idus Aprilis. FRANCISCUS tuus.

———

## EPISTOLA III.

### FRANCISCUS PETRARCA URBANO V. PONT. MAX. S. P. D.

Enixe hortatur ut Romæ consistat, nec Sedem Apostolicam
reducat in Gallias.

Ad motum sponsi astra moventur, spondent pluvias, ventus incitant, turbant maria, æra lugubria
reddunt, ingurgitant gramina campi, emolliuntur et
madent undique aspera terræ. Nec mirum si omnia
lugent, quia a principe monarchiæ loco universalis
monarchia recedit, deserens urbem caput orbis, dere-

---

[1] et [2] Locum utrumque erroribus implexum quisque videt: fideliter tamen ex Codice Marciano descriptus est. Germanam lectionem a nobis frustra
quaesitam acutioribus ingenio restituendam relinquimus.

linquens Italiam provinciam principem tyrannorum
faucibus verisimiliter lacerandam. Et ut secundum Apostolum reverenter adloquar, luctuose sed forsitan fru-
ctuose tuam obsecro sanctitatem, Pater Urbane. Memento
quæso, quod Paraclitus te præposuit, quin imo et præposuit Filius, qui manus Patris dicitur, per quem omnia
facta sunt, et per fratres tuos vel suos dignissimos digitos te cunctorum scripsit in patrem ; auctorizavitque
quoque Pater quod de te dictavit Filius, et Spiritus
Sanctus spiravit. Tota Trinitas, cuius opera separabilia
sunt, operata est in tui assumptione miraculum. Quod
si fas esset in hoc amplius immorari, quæ in te et de
te mirabilia gesta sunt, clarius·explicarem. Sed illi loquor qui hoc novit apertius, nec nunc sermone opus
est blando. Ingemiscens tua inquit Italia : « Quum ul-
» ceribus essem sauciata mortiferis, ad me et mea
» curare vulnera descendisti, et cum Petro dixisti :
» ego sum Apostolus Christi, nihil in me filia mea ve-
» rere : et incipiens vinum et oleum infundere, plagis
» meis nondum circumligatis et medicamine fotis, re-
» cedis a me. Tentasti putrida recidere ferro, et dum
» illud profundius impressisses, invenisti forsitan quæ
» tibi incurabilia visa sunt. Et ob hoc fortasse me de-
» seris desperantis more medici, qui expectare mor-
» tem erubescit ægroti. Sed quis scit si tecum super
» me apponet suam ille manum, qui ab omnibus lan-
» guoribus curabat infirmos? Quis novit si ille tecum
» erit, cuius verbum membra sanabat ægrotis? Illius
» vicem geris, istius successor existis ; claves habes
» regni cœlorum. Sub te est utrumque imperium: ter-
» renorum utriusque principatus ad te pervenit in me,

» vel verius ad Principes meos. Et ne evagantes in
» latius transgrediamur, incepta ad recessum tuum
» mihi flebilia et tibi obstacula parare videntur. Incipiunt
» genua debilitari fidelium, fortium colla flecti, seu
» insolescere rabies tyrannorum. Angustiæ sunt un-
» dique, mihi utinam, et non tibi. In silvis milites, in
» campis prædones, in viis latrones: insidiantur hi,
» tibique tuum recessum ut ad illa pertingas me-
» diis imbribus impediunt. Sic elementa turbantur
» et pene in antiquum chaos universa vertuntur, quæ
» pericula etiam mihi exterminia comminantur. Et ut
» patentiora non expectemus indicia, ostensa respi-
» ciamus insignia. Hiantibus faucibus piratæ circum
» circa discurrunt; sed mira res, ad eorum remiga-
» tionem freta mitescunt, ad tuam vero repatriationem
» contra solitum intumescunt. Sed forsan de his quos
» peperi tuis est auribus intimatum : *Audaces sunt et*
» *duplices animo, mendaces sunt et variabiles corde.*
» *Fuge murmurationes Romanorum, versutias Tuscorum,*
» *insolentias Lombardorum. Ad gentem quietam regre-*
» *dere, populum simplicem et devotum in quo delecta-*
» *batur anima tua, in pascuis uberibus, in multitudine*
» *pacis.* Fateor ego Italia malos peperisse quamplures;
» sed si infirmiores sunt cæteris, rogito, mihi serva
» quod in Ecclesiaste sæpe legisti : *quod perierat re-*
» *quiram, quod abiectum reducam, quod confractum fue-*
» *rat alligabo.* Aliter si ad compatriotas tuos, ut adse-
» ritur, probos, quietos, simplices et devotos redire
» delectet, quando servabis quod dixi tibi Magistro:
» *non est opus benevalentibus medico?* Immorare igi-
» tur mecum, beatissime Patrum, ut utriusque na-

» tos valeas percurare languentes: et si qua ferro vel
» ustu curata non sunt, tuis orationibus cum Moyse
» leva manum ad cœlum pugnaturus precibus et non
» telis. Aaron et Iosue, fortitudo scilicet animi et di-
» lectionis caritas, te sedere faciant super petram,
» manusque sustentent tuas ut ad infima non decli-
» nent. Venenosum monstrum humanum sanguinem
» vorans Constantini, Silvester vicit et alligavit in
» eremis. Sic tu Silvester alter, si non recedis a me,
» istic alligabis aspidem virulentum, et cum Iosue
» gentes Amalechitas conculcabis. Expressum myste-
» rium sed latius alias exprimendum. Quod si meo
» non adquiescas hortatui, in viam tibi obviet qui re-
» spondit Petro recedenti: « Quo vadis domine? » Vado
» Romam iterum crucifigi. Deo gratias. Amen. »

---

## EPISTOLA IV.

### FRANCISCUS PETRARCA MODIO PARMENSI S. P. D.

De obitu Azonis de Corrigio. Queritur epistolas suas intercipi,
et nonnulla de scriptis suis mandat.

Amice, quibus oculis, quo animo litteras tuas do-
minæque nostræ ac iuvenum dominorum legerim, ut
sileam, nosti; quamvis infelicissimum rumorem diu
ante fama narrante cognoscerem, quo audito inter sin-
gultus et lacrimas scripsi nescio quid longiusculum,
quod non misi veritus eorum tædia, qui cum nil de-
gustent, omnia mortificant, et quæ non capiunt, cupiunt
ac rapiunt: bellatores Ligurum loquor, qui importuna

cupidine litterarum, sæpe mihi, credo itidem aliis,
calamum excusserunt. Piget enim, nec immerito, illa
scribere quæ quo velim non perveniant, et eo perveniant quo nolim. Illud equidem nunc usque mecum
substitit hanc ob causam; atque hoc ipsum, quod nunc
scribo, quando sim missurus nescio: expectabo idoneum latorem; malo differatur quam perdatur. Nil
amplius de hac re, nam in aliis et olim ad te litteris,
et nunc ad communem dominam atque adolescentes
nostros, satis multa, et forsitan nimis multa scripsi.
Delector enim materia lacrimarum, sic affectus ut malo
meo pene mulcear, nunquamque mihi sit melius quam
dum fleo, æstuantemque animum oculorum largifluus
imber lenit. Sed ne rursus hoc impetu rapiar ultra
quam destinavi, omissis aliis: Vale.

Venetiis, XV Kal. Decembris.

FRANCISCUS.


Reliquum est ut rogem reculas illas meas vobis,
frater carissime, curæ esse, si vacat; saltem Vitam
Solitariam, quæ si transcripta erit, ut spero; minietur
ligeturque solemniter per Magistrum Benedictum, et
mittatur ad me exemplum, et exemplar, diligenter
panno cereo obvoluta inter ballas Iohannolo de Como:
et quidquid opus fuerit ad hæc solvet dominus Dani-
solus, et Franciscolus meus diriget vos in his, qui
prædictos amicos meos bene novit. Vale iterum, et
pensate, oro, non importunitatem sed fiduciam meam.
Pots haec venit Bergaminus et loquutus est mecum
multa, quem e vestigio remittam. Scriptum hoc IX Decembris. Aliud dominæ meumque vulnus, fratris eius,

qui et ipse dominus meus erat benignissimus, miserabilem casum non fui ausus in literis eius attingere.
Heu! satis absque illa nunc accessione gemituum erat.

———

## EPISTOLA V.

### FRANCISCUS PETRARCA NICOLOSIO BARTHOLOMÆI LUCENSI
### S. P. D.

Litterarum quas a Senatu populoque Florentino recepit,
et responsionis suæ mittit exemplar.

Amicus noster communis, quo nihil fidelius, nihil
potest esse sincerius, sæpe admonuit ut te meis litteris visitarem. Excusavi nunc occupationum variarum
turbam adesse dictitans, nunc scribendi deesse materiam. Nunc autem occasionem nactus, omne mearum
excusationum dimovit obstaculum, petens ut Floren-
tini Senatus litteras humanitatis eximiæ, novo quodam
et insolito et inaudito genere honoris, publicum erga
me testantes affectum tibi mitterem, commoda et honores meos præcordialiter gavisuro. Digna res visa
est, in qua sibi morem gererem. Mitto igitur et illorum
exemplar epistolæ, et responsi mei, ut intelligas quanto
adhuc esset in pretio vera virtus, si usquam appareret,
quando falsum eius nomen non despicitur. Vale.

———

## EPISTOLA VI.

### GALEACTIUS VICECOMES GUIDONI CARD. EP. PORTUENSI.

Galeatii Vicecomitis nomine Fr. Petrarca conqueritur casum regis
Galliarum in Anglorum servitutem una cum filio redacti.

Reverendissime pater et domine. Audito rumore
flebili ac stupendo super casu miserabili et inaudito
illustrissimi domini mei regis, tanto sum mœrore simul ac horrore concussus, ut vix aliquid loqui sciam.
Quis enim sibi hanc vitam, ac incertam fortunæ aleam
tutam speret, quando in summo ac unico Francorum
rege tantum facinus ausa est: quem glorioso e solio
ad terram, et usque ad manus hostium detrahere
manu impia et temeraria non expavit? Lugere debet,
nisi me fallit amor, totus terrarum orbis, atque omne
genus hominum, maxime qui in altiori aliquo statu
sunt. Singularis autem dolor et inconsolabilis est suorum, quorum ego me numero adscribere audeo, quin
etiam teneor, recolens quam benigne quamque suaviter visus atque tractatus fui olim, tam per ipsum dominum meum regem, quam per inclytæ memoriæ patrem eius, nec non etiam per hunc filium eius primo-
genitum, quem Deus omnipotens ad salutem regni et
tranquillitatem fidelium reservavit: qui, quantum in
illa tunc puerili ætate sua fieri potuit, tanto me favore
complexus est, ut imaginem suam præcordiis meis
affigeret perpetuo duraturam. Illi nunc igitur, ut dignum
est, sincera fide compatior. De ipsius tamen egregia
indole atque virtute confido, quod divino fulta præsi-

dio et patrem liberet, et destituti regni gubernacula
moderetur. Et tibi ergo devotionis ac fidei meæ testes
litteras misi, et vobis, quos post ipsum solum mœstos
his rumoribus et turbatos scio, hoc quod inter luctum
et occupationes meas licuit scripsi, quo me vestri doloris participem indicarem. Persuadere sibi dignemini,
·ut me suo in omnibus fiducialiter velit uti. Altissimus
vos promoveat et conservet.

NOTA. Litteram hanc itemque alteram quam sub num. LXIV profe-
remus, in Codice quodam Biblioth. Collegii Romani repertas edidit primum
Petrus Lazerus e Soc. Iesu (*Miscellaneor. Romæ 1754 ap. fratr. Palearinos
T. 1, p. 145.*), nec eas in hac nostra editione desiderari passi sumus, etsi non
bene nobis persuasum sit illas reapse a Francisco Petrarca fuisse dictatas.
Nulla enim extant documenta, ex quibus erui possit Galeactium aliosve Vice-
comites opera illius in epistolis scribendis usos unquam fuisse, nec ea dictio-
nis et still ratio est, ex qua procul dubio earum auctor Petrarca dici debeat.

———

## EPISTOLA VII.

### FRANCISCUS PETRARCA AD IGNOTUM.

Narrat se Avenione redeuntem Iohannis Vicecomitis Archiepiscopi
et dynastæ Mediolanensis precibus victum Mediolani constitisse.

Babylonicis tandem vinclis, et carcere vix explici-
tus Transalpino, lætus ac liber in patriam revertebar
vobiscum ex voto vitæ reliquias acturus. Sed pervertit
dulce propositum dominatrix rerum Fortuna mortalium.
Qui me pontificibus romanis, qui Galliæ Siciliæque regibus aperta toties me fronte negaveram, huic Italico-
rum maximo, satis humane postulanti, negare non potui.
Subitis et inexpectatis precibus ac maiestate viri circumventus obstupui. Consilia hominum inania! Quod

impossibile amicorum arbitrabar, huius victus instantia cessi, et desueta iugo colla submisi. Tanti est libertatis et ocii nomen, quæ sub illius imperio promittuntur, quorum me ita cupidum norunt omnes, ut quisquis me capere decreverit, non voluptates, non divitias, non honores, sed hæc duo tantum velut escam laqueis adhibeat dulciorem. Tu vero tibi persuadeas me sive sub Austro, sive sub Arcto agam, tamdiu vobiscum animo futurum, quamdiu mecum fuero, nec unquam ab illius optimi viri fide atque obsequio discessurum, nisi a me prius ipse discessero.

---

## EPISTOLA VIII.

### FRANCISCUS PETRARCA MODIO PARMENSI S. P. D.

Adolescentem litteris instituendum eius curæ commendat.

Amice. Carmen egregium quod misistis responso, non inficior, dignum erat. Verum occupatus mirabiliter et distractus, tempus ad ista non habeo. Agite modo summo studio pueri insignis et divinæ indolis curam. Ego, si quid in me opis est, in tempore adero: et ut Apostoli verbo utar: *tu plantabis ego rigabo: Deus autem incrementum dabit.* Litteræ vestræ XV dierum spatium in itinere posuerunt: quod ideo dixerim, ne forsan in admirationem aliquam responsi tarditas vos compellat. Valete feliciter. XVIII Septembris. Mediolani. FRANC. vester ser.

## EPISTOLA IX.

Dolet mortem uxoris et fratris eius. Excusat se quod vocatus illum
non adeat, et mittit carmina quæ vulgari sermone dictaverat.

Colende ante alios et amande domine mi. Plenam
solitæ humanitatis epistolam tuam non sine suspirio
ne dicam lacrimis, legi. Renovavit enim mihi eam, quæ
senescere in præcordiis meis nequit, memoriam tui, et
ignotæ quidem facie, sed dilectæ mihi venerabilis et
præclaræ atque in æternum memorandæ coniugis, simulque magnanimi et egregii fratris tui domini mei,
et amici optimi non verbalis sed realis, qualium est
hodie summa penuria. Et, Christum testor veri Deum,
vix alii duo mori poterant, qui cor meum pari cuspide
vulnerarent. Sed non est, præter patientiam, remedii genus ullum: id tibi suadere non expedit prudentissimo
atque expertissimo casuum humanorum. Accedit et illa
consolatio, quod et benedicta uxor et frater amantissimus rectum iter ad superos tenuisse credendi sunt:
ea fuit amborum vita, ea insignis matronæ pietas, fides
et castitas, ea viri illustris excellentia. Cessat ergo
altera dolendi causa: profecto enim illis, ut spero, nihil mali accidit: si quid mali fuit, nobis contigit, quod
ipsum magnitudine animi superandum est. Et hæc quidem hactenus. De reliquo autem gratiam tibi habeo,
et quas possum gratias ago, quod in omnium discrimine, inque omnium sive elementorum sive hominum
bello, memoriam mei habes, et mihi·quo nullum gra-

tius animo meo est, refugium tuum offers. Cæterum de
adventu meo breviter sic habe. Libentissime venirem
ut et tuo pio desiderio satisfacerem, et meo. Sed multa
obstant: corpus ultra modum fragile, tempus forte
nimis asperum, iter durum, intractabile, et super
omnia pudor hoc in statu rerum abeundi. At si
res istæ mitescerent, fieri posset, quod circa veris
adventum te inviserem, quod in rebus nunc humanis
unice cupio, neque est opus ut locorum amœnitate
solliciter. Scio loca esse qualia in litteris tuis lego, et
ipse aliqua puer vidi, et præterea locus omnis, ubi tu
es, nunquam nisi amœnissimus ac iucundissimus animo
meo videri posset. Iuvenis tuus et studio mihi iunctus
et nomine, iampridem et propter tui reverentiam, et
propter sui industriam mihi carus acceptusque esse
cœpit. Nolo tamen cum huc mittas ad nil aliud quam
tædia et angores; nam nec ego sum cuius ex contubernio boni aliquid sit sperandum., et si quid unquam
fuisset, nunc certe et temporum, et locorum, et innumerabilium occupationum circumventus atque oppressus
mole, prorsus in virum alterum evasi. Non sum qui
fueram: mihi ipse gravis in dies ac molestus fio: de
omnibus Deo gratias agens, annosque meos mecum
ipse remetiens, et divinam magis ac magis in me misericordiam recognoscens. Nolo igitur veniat amicus
meus unde libenter abscederem, ubi nec mihi, nec sibi
usui sim futurus, ubi caros meos alios esse doleo. Accessit enim ad molestias quod familiola mea, quæ
Papiæ mecum erat, hic est; unde angustissime habita-
mus, pœnitetque nunc me eos huc vocasse. Sed minime ista præsagiebam, quamvis, ut audio, ibi quoque

turbidæ res sint, de quo valde et supra quam credi
posset mœstus sum. Nugellas meas vulgares, quæ utinam tuis manibus, tuis oculis, tuoque iudicio dignæ
essent, per hunc nuntium tuum ad te familiariter venientes videbis. Non patienter modo, sed læte, non dubito,
atque aliqua vel extrema bibliothecæ tuæ parte digna-
bere. In quibus multa sunt excusationis egentia; sed
benigni censoris iudicium subitura, veniam non de-
sperant. In primis opusculi varietatem instabilis furor
amantium de quo statim in principio agitur; ruditatem
stili ætas excuset, nam quæ leges magna ex parte adolescens scripsi. Si excusatio ista non sufficit, excuset
me tuæ petitionis auctoritas cui negare nil valeo. Non
potes queri : habes quod petiisti :

> Tu modo te iussisse, pater romane, memento,
> Inque meis culpis tu tibi da veniam,

ut ait Ausonius Magnus ad Theodosium Augustum.
Plebeios apices, scriptorum raritas absolvat, qui huic
fere studio nulli sunt: tarditatem scribentis inertia et
bellorum fragor. Diu enim ante missurus hoc fueram,
nisi Mars circumtonans vetuisset. Et nunc tandem per
Pancaldum simplicissimum hominum mittebam, nisi
tuus hic nuntius advenisset. Incorrectionem operis si
qua erit, mea excuset occupatio, qua obsessus feci
hæc per alios revideri, quamquam ego ipse vix demum semel raptim oculo trepidante perlegerim : denique habitus paupertatem mea excuset absentia; profecto enim si fuissem præsens, fibulas saltem argenteas
habuisset. Multa nunc, domine, de tuorum casibus mihi
pro virili parte flebilius latius dicenda, multa etiam de

tua gravi ægritudine, quæ me vehementer exterruit et afflixit, stilo sese offerunt; sed tam multa et tam magna sunt ut ea fessus calamus reformidet: ideoque prætereo, eoque maxime quod, si ingenium tuum novi quidquid de his essem dicturus, me tacente, cognoscas. Ad postremum de negociolo illo familiari, facies quod tibi occurret: quidquid tibi, placuerit et mihi. Vale feliciter fortiterque, Vir clarissime, mei memor. Padua IIII. Ianuarii algentibus digitis. Franciscus Petrarca recommendationem.

Sunt apud me huius generis vulgarium adhuc multa, et vetustissimis schedulis, et sic senio exesis ut vix legi queant. E quibus, si quando unus aut alter dies otiosus affulserit, nunc unum nunc aliud elicere soleo, pro quodam quasi diverticulo laborum; sed perraro, ideoque mandavi quod utriusque in fine bona spatia linquerentur: et si quidquam occurret, mittam tibi reclusum nihilominus in papyro.... Magnifico et prædilecto domino meo domino Pandulpho de Malatestis.

## EPISTOLA X.

FRANCISCUS PETRARCA BENINTENDIO S. P. D.

Mittit epitaphium Andreæ Dandoli, sepulcro inscribendum, seque iamdiu a carminibus abstinere dicit.

Colende semper atque honorabilis amice. Litteris vestris primum acceptis, super epigrammate claræ e gloriosæ memoriæ domini ducis nostri ( ut quid se-

gnitiem meam celem?) excusationem non Epitaphium
meditabar, ut qui multumque alia curarum acie obsessus et occupationum mearum mole obrutus vobis, ut
reor, animi saltem augurio non ignota, nec cœptis
ipse sufficiam meis, et usque adeo ab huiusmodi iuvenilibus exercitiis sim distractus, ut non iam antiqua
repetere videar, sed nova prorsus et insueta tentare,
vitæque metiens brevitatem et fundamentorum ampli-
tudinem quæ ieci sedulo mecum ipse remetiens, con-
tremiscam. Ideoque iampridem semel mente firmaveram, nihil unquam vel ingenii exercitio, vel cuiusquam
precibus, vel qualibet seu necessitate seu delectatione
materiæ novi carminis aggredi, satis superque existimans si notive vota successerint. Quod præru-
ptum animi decretum, neglecta interim ingenii asperioris infamia, contra fervidam amicorum instantiam
inexorabilem sæpe me tenuit. Quid multa? Iam calamus
erat in manibus, iamque excusatio texebatur, dum
secundæ interventus epistolæ iniiciens manum diffi-
dentiam abstulit, pudorem attulit, duritiem fregit: itaque calamum, quem ad negandum cœperam, ad parendum verti, quid, et per quem, et pro quo posceretur,
quidve et huius amicitiæ et illius memoriæ debeam,
acriter mecum volvens. Eadem hora igitur eademque
sessione quatuordecim elegos dictavi, qui si mei non
videbuntur, nolite mirari; nam nec ego ut cuperem
meus sum, nec sum ille qui fueram: ita me multa
circumstrepunt: quamquam hoc ita velim accipi verum
esse, ubi me vivum measque res intueor. Nam ubi
alios et humanum genus omne contemplor, multa fateor
occurrunt unde mei status cum alienæ sortis colla-

tione consoler, neque facile quisque me liberior aut
magis suus appareat. Quod si forte versiculi plures
sunt quam petiti erant, remedium præsto est : duos
abiicite quos videbitur, et numeri ratio constabit. Sin
omnino non placent, eo me magis vestrum credite, qui
ut vobis obsequar mihi adversor, neve aliquid vobis
aut natis inclyti Ducis negem, sciens ac volens inglorio
labori, id ipsum, cuius mihi penuria ingens est, tempus impendo. Ascripsi autem in margine si quid est
ubi vel dubitem, vel res eadem varie dici posse videatur, ut sic electio vestra sit. Mihi enim cum omnes
Musæ hodie, tum præcipue illam abesse perpendi quam
Graiam Graii vocant. Valete. Scripta rurali calamo in
domo Carthusiæ Mediolanensis, ubi æstatem ago.

Kalendis Septembris ad vesperam. MCCCLVII.


En domus Andreæ Veneti Ducis ultima quanta est?
    Alta : sed assurgens spiritus, astra tenet.
Publica lux iacet hic, et quartum sidus honorum
    Stirpis Danduleæ, gloria prima ducum.
Hunc animi vigilem temeraria Græcia sensit,
    Et levis antiquo reddita Creta iugo:
Hunc, comes Albertus Tyrolis, nostra perurgens
    Vastatis propriis, qui meruit veniam.
Hunc, Iustinopolis fervens et Iadra rebellis,
    Pertimuere trucem, percoluere pium.
Hic Genuam bello claram, pelagoque superbam
    Fregit ad Algerium, servitioque dedit.
Iustus, amans patriæ, magnos cui fecit amicos,
    Ingenio præstans, eloquio omnipotens.

## EPISTOLA XI.

Adolescentem litteris instituendum commendat.

Compater et amice optime. Lator præsentium amici mei dilecti, virique boni filius et ob id mihi carus est: de cuius conditionibus Donatus noster latius tecum aget. Summa est: quod aliquandiu vagus ac discolus adolescens, alioquin non mali ingenii, ut perhibent, ad te quasi æger ad fidelem et expertum medicum mittitur. Impende illi curam quantam potes, obsecro, ut si qua via est patri reddas doctum et bene animo valentem. Denique dum spes profectus affulserit, persuade hunc tibi filium meum esse. Et vale : nihil enim hodie tibi aliud sum scripturus, nisi quod quum in principio ieiunii tecum esse decreverim, ero, Deo volente, in medio. Tu mitte hanc præsentem annexam litterulam sacerdoti meo domino Iohanni simulque vas tuum ( vasculum dicere debui) ut accipias portionem, imo portiunculam vini illius, imo villi, voluptatis hostis modestiæ amici. Venetiis XVIIII. Februarii properanter.

F. tuus.

## EPISTOLA XII.

### FRANCISCUS PETRARCA MODIO PARMENSI S. P. D.

Narrat belli difficultatibus iter sibi in Germaniam interdictum:
et quædam in libro suo De Vita Solitaria emendanda committit.

Amice. Deo duce incolumis huc perveni VI. die
postquam a vobis discesseram, quo in hoc rerum statu
vix volucris penetrasset. Hinc ulterius non est transitus, nisi aliud appareat; nam et bello clausum iter
undique, atque his diebus capti mercatores aliique: et
præterea litteræ domini-Imperatoris, quas hic invenire
sperabam, non venerunt, neque hic dominus vult mihi
*conductum*, ut vulgariter loquar, dare, imo non consulit, imo penitus non vult quod ulterius nunc pro-
cedam. Ad summam valde perplexus sum, et sæpe
Terentianum illud in animum redit *nec quid agam scio;*
expectatur tamen in dies domini nuntius quidam ab
Imperatore venturus. Ille forte novi aliquid nuntiabit.
In hoc dubio anxius essem nimis, nisi quia in animum
induxi quidquid evenerit in meliorem partem accipere.
Recommendate me, quæso, domino meo et dominæ
et Ghiberto. Ludovicum vero benedicite. Francisculum
meum salutate, dicentes sibi nova de me ista
quae vobis scripsi. Si ulterius vixero, vel per famam,
vel per meas literas audietis. Recommendo vobis reculas illas meas quas dimisi vobis, nominatim Solitariam Vitam. Libro I. ubi agitur de Paulo, ad finem Ca-
pituli illius posueram signum additurus aliquid. Mutavi
consilium: amoveatis signum illud. Post illud, libro

eodem, est capitulum magnum valde de Petro Eremita,
quod non memini quotum sit. Ibi non nimis a principio
procul est ita : *tam nihil est animi nervorum*. Nolo usque
adeo famam Cæsaris urgere ; et ideo in utroque libro
mutetis et ponatis sic : *quasi sub cœlo aliquid sit pulchrius*.
Valete mei memores, et orate Deum pro me. X. Iunii.

Fr. Vr.

Item eodem libro post Tractatum de Benedicto
est de quodam Eremita « *Marsici* montis accola etc.
debet esse *Massici* » licet fere.... ( *Desunt reliqua* ).

———

## EPISTOLA XIII.

### FRANCISCUS PETRARCA GULIELMO DE PASTRENGO S. P. D.

Absentiæ suæ ab urbe Avenione causam pandit amico.

Digne quidem admirans, quibus ego latebris de-
litescerem quærebas, aut quid novæ rei contigisset,
propter quod tibi oris mei præsentia solito rarior occurreret : et nunc aliquanto dignius miraberis, quid hic
præstigii sit, quod cum relicto rure, mihi hac præsertim anni parte gratissimo, faciem tuam visurus ad
odiosam semper civitatem rediissem, te insalutato, sic
repente discesserim. Utriusque ergo rationem accipe
quam brevissimis verbis, digerendam forte latius apud
te, mihi enim et nuncius hic et sol ad Oceanum properans breviloquium suadent. Subegerat me sibi pridem
vita lautior ea quæ in urbibus agitur, et in ea urbe
potissimum ubi tu nunc es. Illic multos per annos quas

miserias, quosve labores pertulerim infelix, non epistolæ brevis opus est: quibus tandem exagitata mente
cernens nullam nisi in fuga libertatis spem relictam,
retrahentibus quamquam his quibus me amando perditum ire mos fuerat, profugi et eripui meipsum periculis quacumque patuit via : atque omnes Fortunæ
minas perpeti decrevi, dum mihi vel prope mortem
aliquantisper viverem. Cœperat enim sensim quod
optabam contingere, et animus ex diuturnis compedibus relaxari inenarrabili quadam dulcedine et cœlesti
vitæ simillima. Sed quanta est duratæ consuetudinis
vis! Sæpe adhuc infaustam mihi civitatem repeto, nec
ullius unco necessitatis tractus, ultro in laqueum redeo,
et ex portu totiens naufragium passus, relabor in pela-
gum, quibus urgentibus flatibus incertum est. Mox omne
mei ius eripitur, mihi undique ventorum rabies, undique fluctus et scopuli, *cælum undique et undique
pontus*, postremo mors undique, et peius morte vitæ
præsentis tædium, et venturæ metus ante oculos. Quod
itaque me his proximis diebus videre nequiveris, scito
nullam causam fuisse aliam, nisi curæ veteres exeden-
tes cor miserum, quæ confestim ut me in mœnibus
suis invenerunt, tamquam fugitivo et contumaci servo
iniecerunt manum, et iam mihi flagra nota cernebam,
iam carcerem, iam catenas et verbera, cum velut experrectus noctu, quia luce non poteram, evasi. Ignosces
igitur si cum videre possem, te non viso abii, et adversus vulgum insanum causam meam ages, a quo
dementiæ arguor, quod quietem ruris urbanis, ipso
reclamante, prætulerim. Vale memor nostri.

## EPISTOLA XIV.

Cavendum esse ne quis offensionis causam nostris e scriptis capiat.

Duos Solitariæ Vitæ libros scripsi olim ad Phi-
lippum Cavallicensem suæ patriæ et pontificem et virum optimum, nobis et hospitem et patrem. Hos cupienti et oranti mittere diu distuli, et iam iam causam
dilationis intelliges. Ego enim et illos sibi non negare
nec subtrahere amplius institui (quos idem ipse dum
fierent ante multos annos ad Fontem Sorgiæ legit, fe-
citque quod solitus est, mei enim semper amantissimus
meorum operum amorem facile concipit), et te similiter
horum participem facere in animo est: sed ea lege ut,
vivo me, nemo alius particeps per vos fiat. Ut enim
quadam in parte operis advertere erit, summos hic hominum stilo attigi. Quid ergo inquies? Adeo ne mihi
solito timidior factus es? Ego vero nihil minus: imo
equidem quo vicinior morti sum, eo et pavoris minus,
et plus animi est. Non est necesse ut inter litterulæ
huius angustias tibi illos infarciam quos fecisse fertur
intrepidos senectus; neque id mirum, cum omnem pene
degenerem metum, omne humile delectumque consilium
fuga mortis et vitæ spes afferre soleant; quarum prima
turpis in sene est, secunda etiam stulta ac ridicula.
Non ego pluris facio quam soleo horum offensiones ac
iudicia, qui et vero offenduntur, et falso iudicant. Sed
cum innumerabilium plena discriminum sit hæc quam
agimus vitæ via, præstat, etsi ad nil aliud, ad quietem

maxime optabilem sapienti, non irritare animos ut
pigerrimos ad omne bonum, sic ad malum omne prom-
ptissimos. Satis odiorum nec minus invidiæ est. Enitamur quod superest in pace agere; quod neque iam
multum, et certe pronum ac declive est; neque quod
natura fecit expeditum et facile, accersitis ultro difficultatibus intricandum. Pax bona bonis omnibus, atque
omnibus utilis, nobis et necessaria est. Vale.

## EPISTOLA XV.

### FRANCISCUS PETRARCA FRANCISCO BRUNO S. P. D.

Opem aliquam ferri rebus suis domesticis a Pontifice Maximo desiderat,
quin tamen ullam exposcere ab illo velit.

Epistolam tuam apostolicis litteris insertam non
tantum lætus ut soleo, sed solito lætior vidi; gravibus
enim me curis explicuit. Nam, ne quid te non actuum
modo sed cogitatuum meorum lateat, suspicari, fateor,
nondum quidem plene cœperam, sed iam incipere meditabar, te mei oblitum, non quia id naturæ tuae, seu
moribus conveniret; sed Fortunæ prosperitas certe, quæ
nunquam tanta tibi esse potest quantum cupio, oblivionem amicitiarum parere solita, parumper mihi esse
incipiebat annuo iam suspecta silentio. Fecisti optime
quod me hoc labore animi liberasti. Quievi illico lecta
excusatione tua, quam prius ex ore amici prævenientis
audieram, sed magna apud me est calamo tuo fides.
Ad rem venio. Sanctissimus dominus noster mihi scribere dignatus est, et quod scribat nosti: litteras enim

tu dictasti, filius tuus qui et meus est filius, nisi fallor, scripsit. Litteris tanti patris reverenti metu, sed non sine quadam fiducia concepta, non de ullis meritis meis, sed de sola ipsius et olim et nunc maxime cognita mihi humanitate respondeo; quid non dico: tu qui suas dictasti, literas meas leges. Permisi mihi paulo liberius evagari, quam considerata ipsius magnitudine debuissem; sed humanitatem solam et clementiam cogitavi: ne tamem nimium multiloquio importunus fierem, frænavi impetum, et in finem remisi eum ad has tuas litteras ut videbis. Summa autem hæc est. Ego, frater, si quid mihi ad vitam unius canonici deesse dicam, mentiar; sed si dixero, me plures habere notos et plura inde gravamina quam totum fere capitulum, cuius ego pars sum, forsitan non mentiar; quæ an declinare ulla arte valeam ignoro. Sæpe certe tentanti nunquam hactenus successit, unde mihi non exiguus vitæ labor, et quamvis forsitan gloriosa, tamen haud dubie tædiosa perplexitas. Si quæras, num quod restat, transire possim, ut nunc usque transivi; possum plane, sed haudquaquam facilius quam olim, immo vero difficilius, quod et sarcina in dies augetur, et vires minuuntur. Habeo hic præbendam, quæ mihi panem et vinum dat non solum ad utendum, sed etiam ad vendendum. Residentia mihi aliquid valeret, sed ego urbes, uti ergastula fugio, et magis eligo solitario in rure si oporteat esurire, quam in urbibus abundare: quamvis nulla fuga, nullæ me latebræ a concursu protegant. Habeo famulos, sine quibus utinam vivere possem aut scirem: habeo equos quando pauciores, duos saltem: et ut sileam quæ sunt historiæ longioris, soleo habere

scriptores quinque vel sex; habeo tres ad præsens, et
ne plures habeam causa est, quia non inveniuntur
scriptores: sed pictores utinam non inepti. Habeo unum
presbyterum venerabilem virum qui dum in Ecclesia
sum assiduus mecum est, cum quo sæpe ubi solus
prandere disposui, ecce subito e transverso conviva-
rum acies, vel cibo pascenda vel fabulis: vitari enim
prorsus nequit, ne vel superbior appaream, vel avarior
quam sum. Sic me Deus amet, ut nonnunquam spectare
mihi videor illos Penelopæos Homericos Procos, nisi
quod hostes illi fuerant, hi autem sunt amici. Exonero
animum loquendo tecum, immo mecum, et ideo te
tamdiu hoc inutili sermone occupo. Quando autem de
me, frater, hæc crederes? Et totum hoc mihi facit le-
nitas mea, quæ me, natura licet vulgo abstractum, in
commune restituit. Cupio præterea et dispono, Deo
dante, non templum Marti quantum nusquam esset ut
Iulius Cæsar, sed unum hic parvum oratorium Beatæ
Virgini extruere; iamque opus aggredior: etsi deberem
libellos meos pignorare vel vendere. Et si ad opusculum hoc explendum Christus mihi vitam et facultatem
dederit, statim si venire ipse non possim, sicut non
posse arbitror defectus viribus corporeis, famulum
unum ad dominum meum Sabinensem et ad te mittam
ad retentandum istic quod olim me frustra voluisse, et
ipse scit et tu etiam non ignoras. Hæc, amice, curarum mearum pars millesima est. Si his ergo atque
aliis, et quod mihi a prædecessore suo promissum erat,
ut nosti, dominus noster quieti meæ consulere digna-
retur, non teneretur, fateor, indigno et immerito, nisi
ad imitationem forsan illius cuius vicem gerit, qui multa

bona quotidie confert immeritis et indignis. Et si quidem hoc velit, ut litteræ eius indicant, potest perfacile
profecto uno verbo. Nullus enim dominorum, tam facile potest benefacere quibus vult, quam Romanus Pontifex, qui si forte mihi facere vellet secundum suam
condecentiam, quod dixisse fertur Alexander Macedo,
multum esset aut nimium; si vero secundum meam
insufficientiam, nihil esset aut modicum. Temperet hæc
igitur ut sibi videbitur. Sive enim multum faciat, sive
nihil, sive modicum, contentabor. Quin tu potius, dicat
aliquis, pete quod videtur, quando paratum habes
animum largientis. Hoc, amice, non possum triplici
ratione: primum nempe quid petam prorsus nescio,
sicut ille qui raro si unquam, de talibus cogitavi : omnia
fere vitia mihi obiici vel ab amico patiar, vel ab hoste,
dum dolus malus dumque ambitio sequestrentur. Deinde,
esto quod amicorum indagine aliquid quod peterem in-
venirem; ante tamen quam nuncius meus ad pedes
Apostolicos perveniret, esset de facili idipsum petitum
ab alio et concessum. Non est enim, ut opinor, dominus noster in illa duritie qua fuerunt aliqui in diebus
nostris, negare omnia parati, dum nonnisi perfectis
viris dare aliquid volunt; quod si fiat aut omnia beneficia vacabunt, aut paucissimis omnia conferentur; tam
rara est humana perfectio. Postremo fieri posset ut
aliquid peterem, quod eidem domino non placeret, sed
propter incomparabilem benignitatem suam supplica-
tionibus meis condescenderet, quando ego nullo modo
vellem habere aliquid, quamvis magnificum, et mihi
utile quod sibi non penitus gratum esset. Quid fiet
igitur dicam tibi. Si voluntas domini est, qualis vide-

tur esse, ipse sit et benefactor et consultor, nec miretur id sibi dici quod felicis recordationis domino
Clementi patruo suo dixi. Cum enim sui gratia, officium quod tu nunc industrie geris, mihi obtulisset,
quod, me nolente, tunc habuit magister Franciscus de
Neapoli, et deinde me sæpe, licet indignum, Episcopum
facere voluisset, et ego indignantibus dominis et amicis,
continue recusassem, ultimo mihi dixit: *Pete quod vis
et faciam tibi:* cui ego respondi; *si bene facere mihi
vultis, non solum beneficentia sed electio, Pater sanctissime,
vestra sit. Vos scitis optime quanti me facitis. Quando
aliquid petente alio, vel quomodolibet ad notitiam vestram
venit, quod me dignum videatur, mei si placet memoriam
habetote:* quod ipse se facturum clementissime repro-
misit, et fecisset, non dubito, nisi eum mors multis, et
inter alios mihi damnosa, prævenisset. Ita ergo mihi
expedit ut dominus noster faciat, si mihi aliquid vult
facere. Nam si expectatur ut ego senex nunc solicitus
sim petitor, quod iuvenis nunquam fui, actum est, nil
penitus unquam fiet. In hoc sane domini mei Sabinensis interventio, et tua sedulitas efficacissima erit, et
neutram defuturam certe spero. Alios ibi non habeo;
nam quos habui vel defuncti, vel alienati sunt. Solus
ipse dominus Sabinensis tribus et triginta annis in
eodem proposito erga me mansit, nec ulla unquam
sive propter occupationes eius inextimabiles, sive
propter silentium meum, sive propter abscessum suum
facta mutatio est, nisi de bono semper in melius. Secum de his ergo delibera, et ipsum ad omnia fidenter
require, animum eius ad me verbis, ut puto, tibi cognitum, factis animi testibus recognosces. Ego enim

sibi breviter scribam, et eum quoque ad has litteras
remittam, ne minutias et fabellas meas sæpe repetam,
de quibus scis quod nunquam tibi aliquid scripsi, neque nunc quidem fueram scripturus, nisi quia sic res
poscere visa est. Et nunc, frater, habes totam hanc
historiam necessariam potius quam iucundam, si unum
addidero quod posset forsan in colloquium venire. Nam
si roget in hunc modum: *quamvis nominatim nescias
quid petendum sit, cuius generis tamen beneficia optares
edicito*: dicam quod apud Ciceronem Cotta: *omnibus
fere*, inquit, *in rebus quid non sit citius quam quid sit
dixerim*. Prælaturam itaque nullam volo, nec volui
quidem unquam; similiter nec beneficium curatum
quodcunque, quamvis opulentissimum; satis est mihi
unius animæ meæ cura: atque utinam illi uni sufficiam!
De reliquo faciat dominus noster, ut sibi placuerit, ut
unum sciat quod sive mihi provideat, sive non, servus
suus sum, quamvis ad nihil utilis, at fidelis saltem,
meque suis iussis obnoxium fateor, et suis olim alto-
quiis, et nunc suis litteris insigniter honoratum, ita ut
sibi non iam sua liberalitate devotior, sed obligatior
fieri possim. Illud quoque sibi persuadeas quod, si quid
mihi contulerit, idipsum cito alteri conferre poterit. *Ego
enim iam delibor*, et, ut æstimo, *tempus meæ resolutio-
nis instat.....* Heu! mihi misero quia quæ sequuntur
dicere non possum. Certe ego, frater, præter naturalem
vitæ legem, quæ non est aliud quam cursus ad mortem brevis et lubricus, sentio me in dies ultra etiam
ætatis exigentiam rapi, et vehementer imminui, atque
umbræ in morem evanescere. De quo miror quidem,
quia non ita vixi, nisi fallor, ut id adhuc mihi deberet

accidere. Sed, Deo teste, non doleo, et si pro peccatis
meis accidit, valde etiam gaudeo : ita enim dudum me
adeo poposcisse bis in devotiuncula quadam memini
his verbis: *Fiat mihi thalamus meus purgatorium meum,
et lectulus meus lacrimarum conscius mearum, et in corpore meo doleam priusquam præceps corruam in tartara:*
et iterum, *sit mihi pars purgationis labor meus; quo hic
per singulos dies exerceor: reliquum in hac vita et in his
membris exige, priusquam veniat tempus egestatis.* Si
quod bis petii semel assequor, bene habet. Tu vive feliciter mei memor, et vale. Arquadæ inter colles Euganeos : in vigilia Pentecostes.

---

## EPISTOLA XVI.

### FRANCISCUS PETRARCA GIBERTO ET LUDOVICO DE CORRIGIA
### S. P. D.

Lamentatur mortem patris, seque eos constanter
amaturum promittit.

Epistolam vestram, carissimi Domini dulcissimi-
que filii mei, legi mœstus et lacrimans, damni ac miseriæ meæ plenam. Super qua quoniam et præclarissimæ genetrici, et magistro vestro fidissimo magistro
Modio fratri meo multa scripsi, agam brevius. Equidem
immortalis memoriæ patris vestri domini mei obitus
quanto cor meum dolore transfixerit, vobis in ætate
tam tenera arbitror non ignotum. Perdidi propter quod
præcipue me vivere delectabat. Verum quia nec vos,
nec me ipsum consolari scio, ne loquendo amplius ir-

ritem lacrimas nobis inutiles et, ut reor, illi quem ge-
mimus etiam odiosas, finem faciam hoc addito. Vos me
quidem, ut literæ vestræ sonant, in patrem habere
disponitis, et urgente calamum pietate, additis atque
in dominum. Primum libens et gloriabundus amplector,
etsi talibus filiis non sim dignus. Secundum, licet ab
ingenti benevolentia prolatum, respuo. Habetote me,
quæso, quod vere sum: ego enim non nunc noviter,
sed ex quo primum vitæ limen in lucem editi conti-
gistis, animo vos in filios ac dominos adoptavi. Non
muto sententiam: sic filios memini ne dominos obliviscar. Quod domino meo fui, hoc et filiis eius ero
dum vivam. Rogo autem atque hortor, vos udisque luminibus obtestor ita vivere, sic ad virtutem veramque
gloriam niti, ut quod pridem mihi indoles vestra pol-
licita est, e flore conspecto fructum videam ante quam
moriar; et tantus pater dignos se filios genuisse videatur, et ego patientius vulnus meum feram, pro
uno duos illi similes mihi atque aliis qui memoriam
eius amant intelligens remansisse. Quod ut maximum
utque optimum, sic Deo duce, facillimum ac iucundis-
simum vobis erit, si prudentissimæ matris vestræ consiliis monitisque salubribus, ut debetis, prorsus in
omnibus obedientes ac doeiles animos præbeatis. Custos
vobis directorque et erepti patris in locum sit ille
omnium in se sperantium Pater Christus.

Venetiis XV. Kal. Decembris.

F. Vr.

## EPISTOLA XVII.

Quod equum suum custodierit sanumque remiserit gratias agit :
et patientiam in adversis suadet.

Equus meus stabulis tuis pastus ad me rediit solito vegetior atque lascivior : ita quem fessum atque
ægrum recreandum sanandumque susceperas, uberiori
indulgentia saginasti. Multa ille dicturus de te si loqui
posset, nunc liberalitatem tuam fronte testatur, ac tacitus clamat optimum se et qualem semper optasset
hospitem habuisse. Venit secum tua de successibus
meis parva quidem sed vere gravis epistola, cuius est
illa summa, qua præclarissimus ducum Africanus apud
Livium usus, *omnia*, inquit, *quæ agimus subiecta esse
mille casibus scio*. Sciebat ille rebus in maximis expertus : scimus et nos qui idipsum assidue rebus licet in
levioribus experimur. Dicerem quod magni dixerunt
viri : *Fatis agimur*, et iterum, *Fata regunt homines :*
et illud Mantuani vatis : *inevitabile fatum*, nisi *Fati*
nomen suspectum esset apud nostros : sed certe quod
dixi satius dicitur *Fortunæ rotamur imperio;* quam licet
apud Virgilium ipsum legam, omnipotentem dicere non
audeo, cum in litteris sacris non nisi unus sit omnipotens; multipotentem dixisse non vereor : sæpe quidem
infirma consiliorum nostrorum acies illius adamantina
soliditate retunditur. Parendum rebus, obsequendum
tempori, cedendum necessitati, patientia durandus
armandusque animus meditatione continua, et sic insti-

tuendus ut ad quælibet aspera, licet etiam impedimenta,
sese præparet. Iam vero, ut tanta futurorum caligine
circumsepta immeditatum nihil possit accidere, hoc
unum inter vitæ tenebras remedium noris: expectare
omnia, scire nihil non evenire homini posse, nihil horum omnium consistere, nihilque ideo magnopere metuendum, nihil optandum; de his loquor quæ miserum
genus humanum mulcendo fugiunt, fugiendo solicitant.
Quidquid undequaque contigerit immota fronte suscipere, et rerum suarum propriam portionem credere,
et dicere: hoc me latebat; quid ad rem? non latebat
illum, cui præsentia et clara sunt omnia: hoc equidem
me manebat, hæc mihi sors, hic votorum exitus debe-
batur: placet, amplector, insuper et gratias ago. Deus
solicitus est mei; carior illi sum quam mihi; cæcum
ille me regit ac dirigit, non in iucundiore forsan calle
sed tutiore: aliud optabam, sed inconsulte: non desiderio nunc consulitur sed saluti. Illud delectabat, hoc
proderit: meliora largitus est qui in electione non fallitur: recipiam non tantum æquo sed læto gratoque
animo, et in reliquum permittam ipsum expendere,
iuxta Satyrici consilium, quod

Conveniens nobis rebusque sit utile nostris.

Longius ferebar: sed ut desinam hic brevior papyrus
admonuit: et præterea sequi impetum temporis vetor
angustiis. Hoc ipse die iter arripio, et hac ipsa hora,
qui procellas perosus Parmensium simultatum, sedem
otio Italico Mantuam Pataviumque delegeram, Mediolani mihi sedes est! ut appareat vera esse quæ loquimur, quamque nihil ex consilio succedat. Vale. F.

## EPISTOLA XVIII.

FRANCISCUS PETRARCA AD IGNOTOS.

Dolet mortem patris eorum, et ab eius epitaphio se excusat
ob malam sui valetudinem.

Excellentiæ vestræ litteras, magnifici et carissimi
domini mei, non sine suspirio legi. Quamvis enim pridem famæ testimonio didicissem transitum claræ memoriæ domini patris, aliter tamen ex ore tantorum
filiorum tanti patris sonat obitus, quam cuiuscumque
alterius ore sonuerit. Est, fateor, grave damnum quodque non soli vos et amici vestri, sed omnis Italia que-
ratur et lugeat, nisi quod conditio nostra mortalis
omnem luctum debet et potest efficaci ratione opprimere ; dum occurrit id sibi accidisse, ut ait Seneca,
quod omnes ante se passi, omnesque passuri, et præsertim ubi est iucunda recordatio gloriosæ vitæ feli-
cisque exitus, qua se superstites consolentur. Quæ si de
ullo nostræ ætatis clara fuit, de vestro utique genitore
clarissima est. Ego unus ex multis tanti particeps sum
doloris. Licet enim facie incognitus, sperabam sibi non
vilis esse, quem talibus filiis carum sciret. Et idcirco
si quid possem ad cumulum gloriæ suæ stabilius quoque solidiusque quam marmor, vere domini mei, ro-
gandus non essem: ultro enim me non expectatis precibus obtulissem. Etsi enim occupatissimus, et a talium
dudum consideratione distractus intentusque aliis, tamen et occupationes omnes reiecissem, atque huic uni
cedere coegissem, et ad desuetum iter iniectus, ut sic

dicam, manibus ingenium retraxissem, gloriosum mihi
æstimans et talibus tamquam familiaribus dominis meis
obsequi, et tantæ virtuti testimonium perhibere. Sed in
præsens aliud vere maius obstat impedimentum corporis grave et molestum. Quo coactus et Paduam veni
prope balnea ; et quotidie inter manus medicorum sum
sic affectus, ut ipse mihi displiceam atque ipse me
oderim, nec ulli rei alteri quam mœrori possim animum applicare; quod mihi non accideret, si morbus
brevis esset ad mortem; sed vereor ne sit longus ad
tædium. Sit tamen quidquid Deo placitum. Omnia ferrem æquo animo, si interim non a solito studio prohi-
berer : sed prohibeor. Et hoc etiam ferendum fortiter:
laete dicerem, sed mentirer : et de hoc inter multa
dolco, quod vestræ nunc parere non valeam iussioni;
sic enim vocare debeo preces vestras. Parcat mihi
quæso vestra nota benignitas, cogitans verum esse quod
ait ille:

Carmina proveniunt animo deducta-sereno.

Mihi et turbidum esse animum et corpus invalidum,
atque ideo totum hoc morbo imputet, et non mihi, et
utatur hac in re ingeniis aliorum , quæ multo altiora
ac vivaciora sunt meo ingenio occupato nimium ac
defesso : et præcipue *ser Chechi Meleti* de Forolivio
viri admodum singularis et amici mei. Cuius epitaphium si habetis, consilium meum est ut aliud non
quæratis. Quidquid ille scribit ego approbo. Si quid
forsan auctoritatis in meo iudicio reponitis, ecce, domini
mei carissimi, petitis auxilium, consilium do. Sed non
possum amplius. Valete: Christus vos unanimes atque

incolumes in statu prospero custodiat ac soletur. Paduæ X. Octobris cum labore scripta. F. P. vester recommendationem.

·  ———

EPISTOLA XIX.

FRANCISCUS PETRARCA MODIO PARMENSI S. P. D.

Demortui Azonis de Corrigio memoriam sibi carissimam laudibus,
lacrimis et desiderio prosequitur.

Heu mihi! Quid hoc mali accidit inopinum, subi-
tum, repentinum? Quamvis nihil mali, nihil inopini, accidat sapienti : sed mihi accidit ut multis argumentis
intelligo, ex plurimis adhuc uni quia, quod valde nolim, adhuc portio vulgi sim ; cuius est mos bona sua
sibi perpetua polliceri : et quidquid vehementer amaverit immortale. Hoc sæpe olim sed nunquam magis
quam quando minus debuit me fefellit. Et heu! misero.
Quis hic animi mei status, quæ confusio rerum, quæve
perplexitas atque vertigo est, quando neque quo
gaudeam quove me soler habeo, neque quid lugeam
doloremque meum quibus promam verbis invenio? Si
dicam quod bonum dominum amisi, amicus idem erat
optimus. Dicam patrem perdidi? Frater erat : Dicam
ornamento vitæ spolior? Et præsidium fuit : Dicam
familiaritate privor utili? Et delectabilis et honesta
erat, omnibusque simul ex causis appetenda, quarum
quæque per se magno sufficiens sit amori. Dicam rerum mearum summum culmen excidit; angularis quoque ruit lapis, et compago optima; iam mortis ariete

et hiantis ædificii bases tremunt, et tristis vitæ pondus fessa vix perferunt fundamenta. Dicam vero quod
animæ meæ oculis ac lumine careo? Et cor meum fuit
et virtus mea. Totum ergo illud mihi Davidicum iure meo
vindico : *Cor meum conturbatum est, dereliquit me virtus mea, et lumen oculorum meorum et ipsum non est
mecum:* et ad summam aut mearum calamitatum iniquissimus mensor sum, aut nemo unquam unius morte
hominis plus habuit quod lugeret. Cæteri enim unum
aliquid, ego in uno simul omnia perdidi. Quid infelix
tam invidiose damnum meum queror? Quid tam graviter meum vulnus exagito? Immo vero quam vulgaris
et pusilla miserorum omnium consolatio est? Non amisi
ego illum sed præmisi. Secum enim divitias ac thesau-
ros meos, vitæque huius bonum omne deposui, verum
unde depositum meum carum ac dulce reposcere non
meo arbitrio sit relictum, versoque meis in rebus iuris
ordine, ego illi non ille mihi sit debitor, qui ea lege
præcesserit, ut iam suos non tam corpore visitet, quam
expectet. Quod nec ætas, nec insueta fragilitas, nec
frequentes ut crederem suaserant morbi. Quo insperatius eo mœstius eoque flebilius me nunc ille deseruit,
in quem ab adolescentia omnes spes curasque conie-
ceram, quique ita me omnibus semper antetulit, ut
neminem plus me amaverit nisi me, cui in dies inque
horas fiebat amantior, utque omnium in multis inque
amicitiis præsertim, sic in mea maxime victor fuit,
sæpe solitus iactare nullum se nosse mortalium, cuius
non dicto factove aliquo esset offensus, nisi me unum,
per quem nil penitus unquam tædii, nilque sibi molestiæ esset invectum; demptum vero sæpe quam plu-

rimum; ut etsi non modo cum exteris sed cum clarissima etiam ac divina tori socia, cum filiis quoque
suavissimis atque obsequentissimis pueris vereque
nobilibus habuisset interdum leve aliquid vel coniugalis querimoniæ vel paternæ, mecum nihil omnino
nisi quotidianum veri ac perpetui amoris augmentum.
Nunquam illum totiens adii quin aliquid additum antiquæ benevolentiæ lætus animadverterem et admirans.
Nemo illum vidit aliter meis quam suis aut angi incommodis, aut commodis gaudere, aut honoribus gloriari. Tam in consuetudinem atque artem versum scires,
ut quisque gratiam eius ambiret, quæ diu necessaria
atque utilis multis fuit, vix aliunde quam a laudibus
meis inciperet; efficacissimum persuadendi genus; neque aliis præceptis oratoriis opus erat: artificiosa satis
oratio censebatur quæ meis decoribus plena esset.
Quicumque me laudare didicerat, alieni suffragii iam
non egens, pro benedictis beneficia merebat. Contra
nonnullos perpetuo fastidivit, non quod de me male
locuti essent (ea enim acrioris odii causa erat), sed
quod parcius me laudassent, aut omnino de me aliquid
demutissent, unde se mecum, quem ipse sibi prorsus
incomparabilem fingebat, vel tacito iudicio velle con-
queri suspicionem vel tenuissimam concepisset. Hunc
ego igitur non amem, hunc non meminerim, hunc
non fleam, qui me amavit ut se, qui mei non aliter
quam sui meminit, qui me ægrum flevit graviter
ut scias qualiter fleturus esset extinctum? Mihi vero
prius omnia quam memoria amorque viri huius exciderint: prius hunc spiritum fessa membra destituent,
quam fletus iste, quo nutrior, quo delector: prius hoc

fragile mors iam non amara corpusculum, quam animum hunc invadat tantorum oblivio meritorum. Quid
enim de me ille non meritus, aut quid mediocre meritus is contentus fuit? Quid plus, quæso, tribueret non
amicus amico, sed vel frater fratri, vel patri filius, vel
filio pater? Et profecto ille mihi auxilio dominus, non
quicumque sed mitissimus omnium qui a sæculis visi
sunt; consilio autem pater, obsequio filius, solatio amicus, cáritate germanus prope par fuerat. Denique,
quod de se omnibus ait Apostolus, vere ille mihi
omnia factus erat. Ille me fortunarum omnium, ille
otii, ille negotii, ille me viarum comitem sæpe longis-
simarum habuit. Cum illo prospera et adversa partici-
pavi, cum illo et urbanis sæpe deliciis et rusticis aliquando secessibus recreari contigit. Quocumque res
posceret gloriosis laboribus exerceri, cum illo vitæ
brevis longàs partes egi, egissemque omnes utinam,
nec me bustum a tam placido et tam fido contubernio
separasset. Secum ego terras et maria circumivi, quidem cuncta cum gaudio et oblectatione mirabili. Nonnunquam vero periculis magnis ac gravibus quibus ille,
dum mihi qui sibi eram comes comitem præbuit, ultro
suum caput exposuit. Unum defuit, ut hunc ipsum totiens ad alias atque alias comitatus, saltem vivus ad
ultimam comitarer domum. Mallem exanimis esse: sed
vivacior sum quam vellem, parumque iam reliqui est, ut
ille ego amicitiis olim usque ad invidiam felix, earumdem modo inops solusque, et prope iam vulgo tantum
facie notus sim; nisi quod mihi non virtus aut meritum,
sed hoc qualecumque nudum nomen novas subinde parit
amicitias, quibus utcumque mala cætera lenio. Nempe

hoc unum nullis lenitur artibus, nullo mitescit ingenio.
Letale est enim, et nunc *alte vulnus adactum*, ut
Maro ait. En qui alios solari soleo qualiter me consolor,
non veri inscius, sed dolori impar et angore obrutus
ac mœrore. Scio, ut dixi, quod præmisi illum non amisi;
vetus quidem neque minus verum verbum, et quo
multi illustrium usi sunt. Præmisi, inquam, quem natura meliorem, fortuna fecit altiorem, amor mihi penitus parem fecit; quod utinam mors fecisset, neque
odiosa intervenisset exceptio, cuncta nobis fuisse communia præter mortem, quæ dilato me ad tempus, illum
abstulit, in quo vitæ meæ suavitas ingens erat, ut
posthac neque hanc vitam valde cupiam tanto lumine
orbatam, neque mortem metuam tot meis ditatam atque
ornatam spoliis, sæpe aliis quidem magnis ac maximis,
hoc immenso: quodque unum si metiri voluerim, stupe-
bitur ab invidis atque malevolis; nisi forsan invidiam
mors extinxit, quæ contra nullum hominem nostra
ætate tantum, quod noverim, ausa est; ut qui virum
optimum scirent (Deus bone quæ perversitas!), pessimum prædicarent, et quem imitari debuerant, infama-
rent. Sed iam seu saturatus morte livor sileat, seu
sæviat, mihi sat est meum de immobili rerum veritate
iudicium, neque meum modo, sed eorum omnium quibus veritas passionibus antiquior potiorque est: satis
est, inquam, mihi et vivi illius invisam malis, et mortui immortalem nosse virtutem: quam non ideo minus
amo, minus veneror, minus miror quod is cuius illa
erat extinctus sit; extingui enim ipsa non potest. Ille
alias: hæc, quasi illo præsente, præsens est: hac fruor
igitur, illum opto cito quidem revisurus, ut spero; ta-

men hoc quantulumcunque divortium queror, et morti et 'fortunæ iratus ˷meæ, illum interceptum invisibili sequor gressu, illum dum vixero desiderabit anima mea, illum mea vox loquetur, illum requirent flebuntque oculi mei semper. Et speciosius, fateor, et magnificentius loqui possem, sed non verius; nec me mihi, nec alium circumvenire propositum est. Itaque sic loquor ut cogito. Certe quo possum nisu fræno animum, sed me calcar fræno potentius præcipitat ad amaram quamdam dulcedinem lacrimarum. Nec facile dixerim quam dulce mihi fuerit flere dum scriberem, simulque præteriti temporis meminisse, tecum, o amoris et mœroris particeps amice, quando has saltem tanti viri reliquias nondum nobis nostra sors eripuit, ut pro dulci præsentia, pro alloquio, pro convictu, gelidum cinerem ac memoriam teneamus. Unum mihi dum vulnerat solamen dura mors attulit, ut iam nil durius pati possim. Vale. F.

---

## EPISTOLA XX.

### FRANCISCUS PETRARCA AD IGNOTUM.

Quod nuncium suum comiter exceperit gratias agit: quod illum pecunia donaverit avaritiam eius reprehendit.

Illius viri optimi maximi tuasque simul litteras legi: nec non et illum Ciceronis hostem, quem ad te miseram audivi, viva, seu verius, mortua et exangui voce de omnibus blaterantem, deque illo in primis

quod in sinu eius tuos aureos congessisti. Quibus ille
procul dubio non egebat. Nisi quod quidquid mage
supervacuum est homini necessarium fecit arens et
inexpleta cupiditas. Quæ nescio quonam pacto, etsi
latissime cum sororibus suis regnet, nusquam tamen
omnino plus virium habet, quam ubi matrem omnium
adiutricem stultitiam nacta est. Excusavit ille quidem
artificiosa dementia, seque coactum dixit liberalitati
tuæ nequivisse resistere: credo, ædepol, et te sibi vim
amicam attulisse.

———

## EPISTOLA XXI.

### FRANCISCUS PETRARCA DOMINO PARMENSI S. P. D.

Zelotypia laborantem hortatur ut omnem suspicionem animo deponat.

Inter curarum mearum turbulentissimas procellas
gratissimæ mihi tranquillitatis portum obtulisse visa
est prædulcis vestri melliflui oris epistola, quam nuper
elegantissima colorum varietate distinctam, et incredi-
bili verborum artificio perpolitam, bis terque perlectam
cum occupationum variarum occupatus sarcina depo-
nere cogitarem, ipse mihi lepos insitus ut decies blandiendo relegerem persuasit. In qua quidem illud expertus sum, quod de perfectis poematibus dici solet, ut ex
crebriori scilicet lectione uberior delectatio perveniret.
Nimirum fere omnia, quæ de ineffabili amoris imperio
confusius apud clarissimos auctores magnis voluminibus explicantur, omnemque peripateticam materiam
in qua poetæ quidam illustres tantum temporis ac

studii posuerunt, luculentissimo quodam compendio, intra paginæ unius angustias redegistis. Mira vis ingenii, rara potestas eloquii! Animadverti sane totam narrationis seriem amantissimis quibusdam ac dulcissimis suspicionibus intertextam: itaque subridens tacitus mecum dixi. « Indignabor posthac parcius casum meum rudis et inexpertus homuncio : quoniam iste vir tantus, quamvis sapientia præditus naturali, quamvis scientiarum omnium telis armatus, quamvis legum clypeo contectus, et casside decretorum , auratæ tamen cuspidis lacrimosum vulnus evitare non valuit: quod profecto quam profunde in visceribus suis insederit zelus indicat lamentantis. » Sicut enim inter animi possessiones inflammatus amor, sic inter amoris pestes ardens zelus et solicitus obtinere non ambigitur principatum. Hinc quoniam iubetis ut adversus vos partes suscipiam defensoris, etsi tanto quidem duello fragilem hunc calamum obiicere reformidem , huic haud dubie, nisi fallor, dilectæ pariter ac reæ, quam accusatio vestra persequitur, excusationis ingens præbetur occasio. Vulgata namque res est, quod quisquis amat non dubia tantum et formidolosa, sed etiam omnia tuta timet, sicut naturæ conscius Virgilius noster ait, et apud alium poetam *credula res amor est :* et iterum:

> Res est soliciti plena timoris amor,

denique unus etiam ex modernis :

> Turbine perpetuo mentem timor angit amantis.

Profecto sic est: nusquam sine metu amor habitat, quamquam sæpe sine amore sit metus. Nulli igitur

sanæ mentis mirabile videatur si amor in vobis servat
vetustissimum morem suum, ut cessante licet omni
criminum materia, inter flammas sic affecti pectoris
suspicionis fumus emerserit. Cordis equidem vestri dominæ, cuius merita per vestras litteras commendastis,
etsi ei insultaveritis delatione gravissima, nequaquam
tamen innocentiæ patrocinium ademistis. Cæterum pa-
tronum pro qualitate negocii, proque contradicentis eloquio, nimis imparem deputastis. Ipsa, inquam, prorsus
oculis meis ignota est : itaque novum pugnæ genus
ingressus sum, quam nunquam viderim, cuius nec nomen audierim, defensurus. Feci tamen audentius, quia
nec a vobis frustra commissum aliquid arbitrabar, nec
tantum amicum iustitiæ amico suo præcepturum aliquid quod a iustitiæ terminis abhorreret. Ad hæc in
certæ notitiæ locum opinio violenta successerat ; quoniam non nisi verendam et prorsus egregiam matronam
fore, quam alatus et pharetratus ille puer tanto ama-
tore dignatus est, inexpugnabili mihi concluditur ar-
gumento. Sicut enim dissimilitudo morum ac naturæ
est odii causativa, sic amorem constat ex similitudine
procreari : quo fit ut quam ex tanto nobilium femina-
rum agmine maturo consilio prætulistis, necesse sit
vobis esse simillimam. Quod cum ita sit, quid conse-
quitur aliud nisi prudentem fore, castam, sobriam et
modestam, suscepti beneficii memorem, piam, largam,
præterea liberalem et in omni actione iustissimam,
proinde contemptricem hominum reliquorum, unique
duntaxat amoris vices, fide purissima referentem? Nec
me terruit ab adverso quod contra eam verbale bellum instituisse videremini. Sciebam enim quam dulces

sunt amantium querelæ, quam verba brevissima,
quanta discordantibus verbis animorum soleat esse
concordia. Memineramque Terentiani illius verbi :
*Amantium ira integratio amoris est.* His atque aliis per-
suasionibus in opinione persisto, ut non facile crediderim quod mulier tantis circumfulta virtutibus, in tantam laberetur insaniam, ut quemque præponeret illi,
cui morum integritate seu vitæ dulcedine nullum, quem
ego quidem noverim nostri temporis, natura præposuit;
quod illum. parvi penderet, quo non sola civitas hæc,
sed omnis Italia gloriatur : in cuius serenissimi oris
adspectum inhians scholarium turba suspenditur, quem
non segnius stupentes advocatorum Parmensium chori
cum veneratione suspiciunt, quam olim aut Roma Marcum Tullium Ciceronem, aut Demosthenem miraban-
tur Athenæ *moderantem pleni frœna theatri.* Sic enim
de illo scriptum legimus. Ponite igitur metum, quæso,
ni impossibile sit amanti: et si quid fortasse inter tot
virtutum radios vidistis obscurius, cogitate id non tam
ex illibata rerum veritate quam ex tenerrime zelan-
tis delicatissimo iudicio processisse. Si quid sane sibi
vel ætatis, vel consciæ formæ lascivire permittat, citra
tamen famæ rubiginem et pudicitiæ læsionem, quod et
in Claudia clarissima femina severior excusavit antiquitas, et Cæsar Augustus tulit in filia, sic vobis iure
proprio et si quid oculos vestros offenderit accusare, et
mihi qui vel iudex communi partium consensu, vel
spectator extra palæstram huius ludi sedeo, non inter-
dicitur vel ex arbitrio meo loqui, vel æquam, si sic
dici debet, proferre sententiam. Hactenus hæc pro-
saico sermone processerint. Ad carminis autem iugum

dispersas plurimisque iam diebus peregrinantes ab his
laribus Musas, etsi sæpe receptui cecinerim, congre-
gare non potui. Parcat igitur urbanitas vestra, cui qua-
liacumque de arboribus meis poma furtim lecta pro
tempore, rusticanis vasculis offeruntur. Valere vos feliciter cupio.

---

## EPISTOLA XXII.

### FRANCISCUS PETRARCA BARBATO SULMONENSI S. P. D.

Absentiæ dolorem scribendo leniri. Nimium ab illo se laudari, nimis
    plus æquo fieri scripta sua, quibus undique colligendis operam
    dabat.

Invidisse Fortunam nostræ amicitiæ crediderim;
ita nos distraxit ac dissuit, ut vix hoc ipsum commercium litterarum, extremum solamen absentiæ, sit relictum. Ubi enim, ut sit ocium, ubi, inquam, nuncii?
Ubi fides? Piget occupatos ac defessos hos digitos,
tantum quotidie litterarum perdere. Tu mihi, nam memini, pontem nescio quem dudum traiiciendis animi
conceptibus struxisse videbare, et monstrasse iter,
quo, si quid omnino familiarium nugarum haberem, ad
te facile mitterem. Nempe pons ille illico, quo nam
terræmotu seu quibus imbribus incertum, ita corruit
ut ne vestigium extaret. Itaque iam desperare cœperam posse curas meas, nisi data opera missis ad
te nunciis, pervenire. Eo nunc libentius et religiosum
hunc virum et quam sinu extulit epistolam tuam vidi:
restituit enim spem vetusti moris renovandi, quo sci-

licet absentiæ dispendia leniremus. Quid autem, quaeso, felicius, quid dulcius, quam cum amicis totum si detur tempus agere vitæ? Atqui tecum ero dum me leges, mecum eris dum te legam. Semper mihi fateor præsens es; utor enim privilegio amantium et absentem absens audio et video. Potest Apenninus corpora nostra dirimere, animos loca non dirimunt. Alpes ipsas intersere, et Caucasum et Atlanta et Olympum nubibus altiorem, ipsum denique Oceanum interpone, congrediemur tamen, confabulabimur, colloquemur, una erimus, simul deambulabimus, simul cœnabimus, simul pernoctabimus, nec epistola ventis allata, qualem Tiberianus hemisphærii huius accolis ab Antipodibus missam fingit, sed præsentibus ac notis affectibus importunam vincemus absentiam. Et licet obstantibus elementis, convenienter cum quovis vultu (*sic*) assidue mecum sis, nec aliquando discesseris, ex quo primum meus esse voluisti, tamen in litteris recentior atque veracior facies tua est, ut inter legendum multis post diebus, præter solitum, quasi vivas voces audierim frontemque quodammodo et ipsos amici oculos aspexerim. Ita mihi in paucis verbis eminebas totus, ut dicerem: oh! femineum ingenium, oh! bona Carmentis, quæ hoc inter absentes remedium meditata es! Fecerat idem apud Chaldæos Abraham, apud Hebræos Moyses, apud Græcos Cadmus: Ægyptiis et Latinis mulieres argutissimæ providisti: Isis Ægyptiis, tu nobis. Hoc igitur mihi solatium restitutum gaudeo, teque longo velut postliminio redeuntem lætus amplector. Nunc ad epistolæ tuæ sensum venio, ubi si brevior sum quam velis, veniam dabis. Nam et hospes mea tertiana, et septem-

ber familiaris hostis meus sic in me nuper coniurati
exarserunt, ut si paullo vel illa acrior, vel ille longior
fuisset, oppressuri fuerint haud dubie : a primo enim
ad extremum diem in grabatulo meo vinctum ac se-
mianimem prope tenuere. Tempus adfuit, et aer blandior, et mensis amicior : sensim redeo unde raptim
excidi, tamque nullarum adhuc virium sum , ut vix
ad scribendum digitos explodam, vix papyrum explicem, vix calamum versem; ipsum iacet ingenium proprii carceris concussione deiectum. Sed assurget in
dies, et si illud novi , fiet intermissione vegetius. Interea tamen has notulas quales excudere potuerunt
ægra mens, frons pallida, manus imbecillis et tremula , æquo animo ut perlegas , eadem amicitiæ
vis compellet, quæ te adeo solicitum ardentemque
coacervandis opusculis meis fecit, quæ ut memoras,
ab innumeris et mirum in modum patria, moribus ac
professione distantibus mendicasti. Stupui audiens, sit
licet benevolentiæ antiquæ novus stupor ; vetus hic
mos tibi: mihi propter perseverantiam admiratio quotidie recens est, quod ita nihil affectui tuo detrahat
cuncta consumens ætas. Quibus autem armis amor, aut
quibus viribus vinceretur, quem seu vincere, seu vin-
cire omnia, secretorum naturæ conscius Poeta confirmat?
Quintusdecimus, nisi fallor, annus agitur, ex quo immortalem amicitiam , et vitæ nostræ finibus non con-
tentam saluberrimam ad umbram pastore gregis, sil-
væque domino tunc Argo dextras iungente, contraxi-
mus. Ecce idem hodie mirator es rerum mearum, qui
tunc fueras. Mirum et prorsus impossibile , si tamen
me minus, aut te solito plus amares. Minus enim se ipsos

amantibus et sua cuncta mirantibus, alienum omne
sordescit. Tibi animus idem atque uniformis est: semper itaque tua legens dixi: magna est Barbati mei
humilitas, magnus amor; adamantinas opiniones et ra-
dicatos in silice sensus habet. En ut anxie, quasi magnas opes, nunc etiam ineptias meas quærit. Unde hoc?
Nimirum non ingenii mei, sed illius indulgentiæ laus
est; has illi curas amor, hoc studium, hos labores intulit: quiesceret nisi amaret. Haud nova quidem res.
Inops iudicii omnis amans: lippos amicus oculos lau-
dabit; obliquum nasum, nodosos digitos, mœstam
frontem, genas aridas, squalidam comam. Quid enim
inter adulantem et amantem interest, nisi quod ille fallit, hic fallitur, ille persuadere vult aliis, hic iam persuasit sibi? Vidi ego, Barbate, virum optimum quem
strumosæ humerus, quem claudicantis incessus, et
quem blesæ confabulatio delectaret. Novissimum hoc
et tibi accidit: quid enim flagitas? quid quæris? Fa-
cessat ad horam amor; non ames parcius, sed incorruptius iudices: videbis quoque balbutientis amici sermunculos tanto studio te optare, quanto, nisi amor
esset, abiiceres. Sit tamen ita: errori enim tuo gratulor: nam et ex amore oritur radice pulcherrima, et
plusculum forte quam suspiceris nomini tuo confert
num integre iudices hæsitare. Quis scit an et interdum
de rebus meis mutare sententiam cogat testimonium
talis viri? Utcumque ita sit, profecto litterularum mearum, quæ tibi sine ullo discrimine placent omnes, partem exiguam tanta solicitudine congregasti, cum tibi
interim voti tui conscius multa paraverim. Tibi equidem quodcumque mihi est epistolare carmen inscripsi,

quod ne pridem acceperis non mea, sed scriptorum
culpa est, quorum semper insidiis ac fraudibus patui,
homo incautus intentusque aliis : studiorum meorum
iactura non ultima. Ita sæpe numero meque measque
res, reculas dicere debebam, negatis pactis auxiliis
retardarunt, et ad proprios cuncta digitulos redegere,
quæ mihi vel non attingendorum, vel deserendorum
plurium causa fuit. Hactenus hæc. Nam operosioris
vigiliæ labores nec promisisse tibi velim, nec negasse.
Primum ideo quia sentio fidem meam hac in parte
suspectam, eo quod dudum promissa distulerim : secundum quod nec viri boni, nec amici arbitror aliter quam
in animo habeas loqui. Unum hoc dissimulasse noluerim, quoniam de stupendis amoris effectibus sermo
susceptus est nobis, mirari me quid hic iterum rei est
quod mihi tam facile poetarum regis titulum de inexhausto caritatis et indulgentiæ tuæ fonte largiris,
cuius rei sanctum hunc atque devotum hominem testem dicis, qui id mihi cognomen, his in locis esse
narraverit. Idque quam cupide ac scienter arripueris
epistolæ tuæ superscriptio et finis indicant, quasi vero
non cuilibet idem narranti pari facilitate crediturus
fueris. Enimvero primum tibi, amice, quem passionibus
expeditum in omni vero iudicio nulli secundum facio,
meis in rebus quantum fidei sit, si ad te ipsum redis,
intelliges; deinde hunc testem de re sibi incognita locutum scire debueras, et scires, nisi persuasor poten-
tissimus amor obstreperet. Non equidem tantum prona,
sed præceps ad delectationem est humana credulitas,
cum ad contrarium pigra sit. Cernis ut amara fugitans
quocumque eam dulcis aliquis rumor vocat, vento ve-

locior fertur. Sed oro te, nonne huius testimonium
audienti primum illud occurrit, piscatorem de aquis
interrogandum, de nemoribus venatorem, pastorem
de gregibus, de ventis nautam, de bobus agricolam;
sic et de armis militem, et de bellis ducem; sic religiosum denique de sacris, poetam de Musis, oratorem
de causis, de naturis rerum et vitæ ratione philoso-
phum? Extra suos hunc terminos eduxisti, dum coegisti ut de Poetica sententiam ferret. Sed dices; nihil est
de proprio: vulgi iudicium referebat. Sentis ut pedetentim ad corruptissimi iudicis tribunal accessimus: iam
mallem de proprio loqueretur. Cogita, Barbate, acriter
quanto priscis vatibus nostris aut felicior aut certe
facilior ætas fuit, prius dico quam Pierides ex Græcia
in Italiam commigrarent, ea scilicet tempestate quando,
ut Sulmonensis tuus ait:

> Qui bene pugnabat Romanam noverat artem,
> Mittere qui poterat tela disertus erat.

Haud magni negotii tunc fuit esse poetarum regem.
Ut sileam reliquos, quantus Lucilius est habitus, quem
tum in aliquo reprehendisse prope sacrilegium videretur, cum in multis impune reprehendatur Maro?
quantus aliis quantusque sibimet visus est Nævius,
quantus Plautus? Et qui fuerint scimus. Ars exigua,
mediocre ingenium, vivax fama, magnus populorum
favor, rerum suarum æstimatio immensa. Lege epi-
grammata sepulchrorum ab his edita; satis superba
fateberis, etsi ab alio dictata essent, etsi alter horum
Homerus, alter Virgilius fuisset. Blanda, inquam, ætas
et favorabilis poetis, quæ de tam parvis radicibus tam

magnificas opiniones eliceret. Nobis durior nostra est
ætas, a quibus exactiora omnia requiruntur. Limatiori
sæculo successimus. Alta sapere non sinimur. Cultio-
ribus ingeniis circumsepti sumus, quorum admiratio
insolentiam nostram frænat. Cave igitur, ne me amando
prægraves, obruasque non mei mole cognominis. Ingenue quidem regis poetarum appellationem respuo.
Ubi enim regnum hoc exerceam quæso? Quos mihi
statuis regni fines? Occupata utraque sedes est, cogno-
menque istud apud Graios senex ille Mæonius, apud
nos Venetus pastor tenet. Ubi sedere, quove ire iubes,
ut sim vatum rex, nisi forte in solitudinem meam
transalpinam, atque ad fontem Sorgiæ me restringis?
Illic (iocari enim tecum dulce est) nescio an iure, sed
certe cum Nasone tuo gloriari solitus sum, forsan
audacter, ut ipse ait: sed sicut in suo poetico exilio
Istrum ille, sic in meo peregrino ocio Sorgiam ego:

Ingenium nullum maius habere meo.

Ludo equidem, amice, ut vel sic intelligas omnibus me
modis id agere ne titulo premar importabili, neve non
mihi debitum regnum petens, læsæ reus inveniar maiestatis. Reliquum est, ut noris me in dies magis ac magis
congressus veros atque complexus tuos optare, quod
utinam vel semel mihi contingat antequam moriar. Et
vale, Barbate fidissime, nostri memor. Mediolani
IIII idus Octobris, postridie quam litteras tuas acceperam.

## EPISTOLA XXIII.

### FRANCISCUS PETRARCA AD IGNOTUM S. P. D.

Littera, cancri in modum retrograda, eo artificio conscripta est ut a principio ad finem lecta laudes eius cui inscribitur complectatur: ordine verum inverso illum vituperio et malis imprecationibus insectetur. [1]

Iucunda ipsa felicitate lætisque iisdem successibus te prosperis potiturum, nunquam quælibet te passurum adversa probate revera fide et operibus, amice non ficte vir, intimis affectibus gestio ac iugiter Deum oro. Prolongentur dies tui, nec tibi sit vita brevis: divitiis affluas, neque careas ergo cunctis optatis: debita quæpiam hæc tuæ virtuti non vitiis. Versus ad com-

---

[1] Veterum qui F. Petrarcæ opera ediderunt fidem sequutus inter eius epistolas hanc ipse quoque recensui, non sine quadam animi molestia cogitans in hoc laborioso et futili scriptionis genere vires ingenii sui doctissimum virum exercuisse. Cumque tot illam refertam mendis erroribusque reperiissem, ut nulla saepe verbis inconcinne compactis germana significatio responderet, iam adnotatione adiecta, lectorem monueram me in illa emendanda tempus terere noluisse, eamque prout in lucem semel iterumque prodierat, heic inseruisse, ut si quis forte ex huiusmodi verborum lusis voluptatem caperet, illam pro lubitu restitueret. Serius tamen, postquam scilicet epistolarum omnium sylloge mihi perfecta fuerat, animadverti in editione Veneta anni MDIII post argumentum huius litteræ legi — P. EPISCOPI EQUILEN. — quibus ex verbis compertum habui litteram hanc non Francisci Petrarcæ sed P. (Petri) Episcopi (Equilensis seu Equillini) ludicrum opus esse: Petri scilicet de Natalibus qui, teste Ugbellio, Ecclesiam Equilinam in Marchia Tarvisina Patriarchæ Gadensi subiectam ab anno MCCCLXIX. ad annum MCD. obtinuit, nomenque suum quum omni virtutis laude, tum praesertim Cœlitum Sanctorum historiis per singulos anni dies digestis commendatum posteris reliquit (*Ughell. It. Sacr. Tom. X. p. 87*). Non ideo tamen ex hac collectione illam expungendam duxi: tum quia auctoris nostri nomine vulgatam eam frustra quaeri in hoc libro a curiosis quibusque nolui, tum quia iam aliis accensita suoque inter Varias numero distincta extrudi nequibat quin aliarum iamdiu statutum ordinem præverteret. Sat igitur fuerit de hoc monuisse lectorem.

mendationem tui promere volui stilo sonante dispositus
fidelitatis in tuæ laudes non iurgia, criminandum si
quid fuerit tegens de tui rubore, pandens. tua tamen
egregia non infirma opera prædicanda. Cognovi te moribus perfectum in cunctis, quadruplici virtutum cardi-
nalium radio absque vitiorum maculis aspersum sic
iugiter extitisse, virtutum ipsarum ordinem servandum
non iam præposterandum, ideo duxi singula ordinata
in te facere quoniam semper novi. Probas te providum
in futuris, caves semper pericula, neque prospera fortunæ nisu animi complecteris. Disposita in te præsentia solerti non segni studio certa in actibus tuis ostendis animum sic compositum nonque rudem effectibus
monstras. Amplectenda sunt utique non aspernenda
operum tuorum gesta probanda re ipsa: exemplorum
veterum memorem non excordem namque te fuisse
prorsus et esse, homines' proclamant prompta non dis-
gregata memoria. Tribus itaque temporibus tuus animus manet dispensantibus in singulis prudentia omni
ac peritia rerum absque cordis ignorantia quorumcum-
que naturaliter insita tibi. Dilectam tibi iustitiam in
iudicando foves: præmia bona non supplicia iustis, iniquis poenarum discrimina non coronas dudum tribuere
didicisti. Veritati similis abdicatis tibi flagitiis reddis
hominibus omnibus sua; non piger aut iniquissimus
censor servans dubio procul misericordiam in severis
et pietatem in rigoribus semper tuis, cedens ex animo
clementi in adiectionibusque poenarum. Donator libe-
ralis nemini parcus, largitor munificus, non avarus.
Execraris vitia non virtutes, mores honestissimos in-
sectaris et honestum: nilque penitus est iniquum quod

operaris: iustos et bonos sequeris per omne tempus,
pius in consiliis, iustus in omnibus operibus tuis. Constantem in animo te certe noti ferunt: felici statu non
exaltari adversis eventibus fortem non depressum te
reddere: fortitudinem ac virtutem omnibus temporibus
invictam sic servans agnosceris. Declamaris animo
probo revera publica longaque fama intrepidus, non
remissus, non vecors diceris apparere. Sancta modestia,
pulsa gastrimargia, fungeris; castimonia, reiecta la-
scivia, delectaris. Temperatum in verbis et actibus, cibis
et potibus te die ac nocte experti manifestius attestan-
tur. Deo atque hominibus grata in omnibus opera tua
patent. Meditaris nam iugiter quodque fas quodque
nefas, et purgas animam mala fæce. Felicem in gradibus singulis dicere malim te probandum consona veritate regno dignissimum indignissimum rure.

———

## EPISTOLA XXIV.

### FRANCISCUS PETRARCA IOHANNI ARETINO S. P. D.

De hospitio sibi a domino eius liberaliter Mantuæ oblato
maximas gratias agit.

Iucundum in stuporem tua me vertit epistola.
Quis enim non miretur et gaudeat, ætate præsertim
unde tam longe virtus exulat, ubi tam late regnat
avaritia, potentis animum reperiri et libertatis amicum
et principum modernorum moribus generosa contumacia
rebellantem? Loquor de communi domino, cuius nunc
et sæpe alias insignis munificentia cupientis licet animi

spem ac desiderium supergressa est usque adeo, ut
dum pro reliquis gratias agam, unum in ea sit quod
obstupeam potius quam amplectar. Quod enim meis
usibus applicandum aliquid filio pater eripiat, absit ut
patiar. Plaudenda quidem ista magis quam tolleranda
benignitas. Sed hæc et alia propediem mutuo coram
sermone tractabimus. Ad vos enim hinc nunquam de-
flexo tramite et me meus urget animus, et trahit eximia caritas tanti viri. Et quid scimus an ita datum
sit ut, ubi Maro noster primitias, illic ego reliquias vitæ
agam, et quæ illum in peregrinationes varias misit, ea
me de tot peregrinationibus redeuntem ac prope iam
fessum tranquilla demum statione refoveat; postremo
quæ sibi tellus incunabulum, mihi præbeat sepulturam?
Ignara fati proprii mens est: fieri potest ut quæ illi
procul a patria, eadem et Mantuæ *me scio dulcem mihi
fecit fortuna participem* (*sic*). Sane de his totoque rerum
nostrarum statu Fortunæ dominus cœli regnator viderit. Volo enim ut intelligas me his præcipue diebus
sacræ studiosissimum lectionis dixisse domino: *Dominus Deus meus es tu, in manibus tuis sortes meæ.* Hæc
hactenus. Cæterum nepos tuus speratæ similitudinis
indolis, præceptique tui memor, semper insistit ut sibi
de scripturis meis nescio quid liceret excerpere mit-
tendum tibi. Negavi cum ne fervidus adolescens proprio studio distractus alienis in finibus vagaretur, tum
ut id onus digitis tuis servaretur integrum, ac more
venantium dulcius saperet, quod cum labore quæsis-
ses, et sudor tuus nostrum condiret eloquium. Vale.

## EPISTOLA XXV.

### FRANCISCUS PETRARCA IOHANNI DE CERTALDO S. P. D.

Cur Mediolani constiterit. De vulnere quod codex Ciceronis in suum
crus cadens intulerat. De quibusdam magnis viris sui gratia
honorabili exceptis hospitio. De Homeri poematis a Leòntio
latine reddendis.

Iucundum negocium tuæ mihi semper afferunt
epistolæ : sed tum maxime dum solatii egens sum,
quæ mihi egestas inter vitæ tædia frequens est. Non
possum sane prætervehi primum illud ambiguum ubi
ais : videre te satis e successu rerum mearum Medio-
lanensem me perpetuum fore ; de quo quod sentias
siles, silentii causa expressa, quæ ipsa certe non silet,
quod videlicet in sententiam meam nil audeas dicere.
Ita dum nihil dicis, plura dicis, quam si multa dixisses.
Sæpe hercle silentium artificiosæ eloquentiæ magna
pars est. Video ego in his verbis tam paucis multi-
plicem et ingentem solicitudinem ac prævidentiam
tuam, nec tuam modo sed multorum. Amici enim ferme
omnes, his exceptis qui hic sunt, quique mei abitus
mentionem ceu infaustum aliquid exhorrent, omnes,
inquam, alibi me terrarum mallent. In hoc enim absque
ulla prorsus hæsitatione conveniunt. Sed ubinam? Hic
discordia multa est. Pars Patavium, pars trans Alpes,
pars in patriam vocat. Hæ iustissimæ voces essent, ni
difficultatem impossibilitati proximam res haberet. Alii
autem alio : pro desiderio suo quisque mihi præstabit
hunc vel illum habitandi locum. In quo ego non tam
iudiciorum dissonantiam, quam amoris et piorum af-

fectuum harmoniam miror: dumque acrius causas tantæ
varietatis examino, ipsa fateor varietas me delectat, et
glorior ita me meis carum esse, ut alioquin præclara
et peracuta iudicia perstringat atque hebetet amor mei.
Ego quidem inter amicorum opiniones, si quid ipse de
rebus meis sentiam interroger, ubi solitudo, ubi otium,
ubi quies ac silentium sint, etsi magnæ opes, honores,
potentia, voluptates absint, eo me suspirare respondeam. Sed ubi ea sint fateor me nescire. Solitudo illa
enim mea, ubi interdum non solum vivere sed et mori
optabam, non his modo quibus abundare solita est, sed
securitate etiam caret. Testantur triginta vel eo amplius librorum volumina, quæ olim ibi reliqueram nihil
usquam tutius credens, quæque non multo post prædonum manibus vix elapsa mihique ex insperato reddita, pallere nunc etiam et tremere videntur, et turbidum loci statum unde evaserant fronte portendere :
ita mihi diversorium illud amabile et ruris optatissimi
spes aufertur. Oblatam tamen arripio manibus et tenere si possim nitor ; et nescio an adhuc sperem an
simulem quo me fallam et vana cupientem animam
spe oblectem. Nondum illuc me aspirare desiisse cum
diurnæ ac nocturnæ cum amicis fabulæ, quibus fere
nil aliud loqui soleo, tum suspiria indicant, quæ in litteris ad locorum præsulem nuper inserui. Mirum certe,
nec cur novi: sed sic mihi persuasum scito: non posse
alibi quam ubi cœptum fuit nostrum illud, etiam vulgi
ore iactatum, opus perfici : quasi principio et fini fatalis
ille sit locus. Nam quantum attinet ad reliqua, de loci
electione vitæque modo dubius, variante fortuna, multa
cum multis varie, ante alios tecum, sed plura mecum

loquutus sum. Ubi, mihi crede, non tam prompta rerum definitio est quam verborum disputatio: propterea quod futurorum præsagium non modo difficile, sed incertum est. Itaque etsi successus felix esse possit, electio non fortuita esse non potest. Nam quid eligas ubi quidquid elegeris consilii lancibus excussum par vertigo Fortunæ rotatibus applicet? Unum est in cuius electione nemo fallitur, ut ubicumque nos vel necessitas locaverit, vel voluntas, illic æquo animo ac secundum virtutem vivere, non secundum Fortunam eligamus, haud ignari quidquid in longum modo nos solicitat esse brevissimum. Transeo autem memor me de his tecum anno altero, dum nos hæc eadem urbs et domus haberet, multa disseruisse, nosque omnibus, quantum nostro consilio fieri potest, haud negligenter excussis, in hoc demum resedisse, ut, Italiæ atque Europæ rebus hoc in statu manentibus, non modo non alter Mediolano tutior rebusque meis aptior, sed nullus omnino usquam præter Mediolanum plene mihi conveniens locus esset. Unam excipiebamus urbem Patavii; ad quam postmodum profectus, ac de proximo profecturus sum, ut utriusque loci accolis desiderium meum, non dico tollam aut minuam, quod nolim, sed alternatione leniam. Quamobrem an tu sententiam mutaris, nescio: ego enim in proposito sum, ut huius magnæ urbis strepitum, hæc tædia aliis tædiis urbanis in totum permutare boni nihil, mali forte aliquid, et laboris haud dubie plurimum habeat. Sicubi vero solitudo tranquilla se ostenderet, quam ego, ut dixi, animo percurrens cuncta, non video, non ivisse sed volasse me audies. Hæc tam multa de nihilo, quoniam et tibi et

amicis de rebus meis omnibus, de quibus hæc præcipua, satisfactum cupio ; quæ mihi cura frequentibus
amicorum litteris excita suggerit ut quum singulis
respondere difficile est, eoque magis quod in unam sententiam multi sæpe coincidunt, simul omnibus respondeam, et de ratione vitæ meæ integro volumine dispu-
tem, quod ante me, ut arbitror, fecit nemo. Sed quid vis?
Nunc intelligo : magnus labor est vivere. Quod proximum in tuis litteris erat elegantissime cavillaris, quod
a Cicerone scilicet, etsi non merear, propter coniunctio-
nem tamen nimiam læsus sim : coniunctiores enim
sæpe nos, ut ipse ais, infestant, rarumque est valde et
insolitum ut Indus Hispanum lædat. Sic est utique ;
unde fit ut Atheniensium et Lacedæmonum bella dum
legimus, et nostra cum proximis dum cernimus, non
miremur, multoque minus bella civilia motusque do-
mesticos, quos adeo non mirabiles usus fecit, ut sit
potius concordia ipsa mirabilis. At dum Scythiæ regem
Ægyptio regi concurrentem, dum Alexandrum Macedonem Indiæ ultima penetrantem legimus, stupor subit,
quem in nostris historiis consuetudo notissima et spectata longinquis expeditionibus romana virtus extinxit.
Hac tu igitur arte me solaris, quod ab ipso, quo oum
percupide versor, Cicerone sim offensus quem nunquam
Hippocrates, nunquam Albumasar offendet ut auguror.
Sed ut omissis iocis rem ipsam plane noveris, vulnus
illud Ciceronianum de quo ludere solebam, ludum mihi
vertit in luctum. Parum deerat anni circulo dum in dies
peius habens, inter tædia et angores, inter medicos et
fomenta senescerem. Ad extremum, dum non modo
fastidii, sed vitæ quoque pertæsum esset, statui sine

medicis quemcumqne rei exitum opperiri, meque Deo
ac naturæ potius committere, quam his unguentariis
in meo malo suæ artis experimenta captantibus. Atque
ita factum est. Illis exclusis, cœlestis ope medici, ac
unius adolescentis qui mihi servit et in meo ulcere
meaque, ut dicitur, impensa medicus evasit, fomen-
torum memor, quæ mihi ex omnibus salubriora notaveram, usus opera, et adiuta per abstinentiam natura,
ad salutem ipsam, unde magnis passibus discesseram,
pedetentim redeo. Habes rei summam, hoc addito,
quod cum vita hæc laborum dolorumque sit palestra,
in qua ego sæpe casibus miris exercitus sum (non in
se inquam miris, sed in me quo nemo quietis appe-
tentior, nemo fugacior est laborum talium), nunquam
certe hactenus seu rei causam, seu animi dolorem, seu
temporis spatium consideres, simile aliquid passus
eram. Indelebilem memoriæ meæ notam et stigma
perpetuum Cicero mihi meus affixit. Memineram sui,
sed ne unquam oblivisci possim, intus et extra consultum est. Et hic iterum quid vis dicam? Nunc sentio:
magnus dolor est vivere. Cætera transiens, ad id venio
quod ad magnam mihi gloriam et gaudium cessit. Tales
enim illos et tot viros certe Italiæ principum non ultimos, in extremo terrarum, nocte, hieme, imbre,
bello, magnis rerum angustiis coarctatos, ad meum
nomen et oppidi mœnibus exceptos et honorifice
habitos, obstupui primum suspicatus errorem nominis.
Inde vix in memoriam redii temporis illius, quo ibi
adolescens fui` secutus eum qui serenissimæ nutu
frontis facile trans Indiam me duxisset. Ab ea tempestate tricesima, ab illius autem viri obitu ut acerbo

annis, sic maturo virtutibus, decima nona nunc æstas
agitur. De tam longinquo igitur ad me reversus intelligere cœpi, quisnam hic, qui post tantum tempus
tam bene mei memor esset, qui eius, ut verum fatear,
pene iam prorsus oblitus eram. Sibique per literas, ut
vidisti, bene merito gratias egi, ut qui nullo unquam
ingenio tantum me quantum in tantorum cultu atque
honore hominum promereri poterat, et ipse quoque
non minus sui memorem me mirari posset, nisi se
mihi memoriam excitasse recenti merito meminisset.

Quod petis extremum est videlicet Homeri librum
qui venalis erat Patavii, si, ut reris, emerim, tibi acco-
modem, quando, ut ais, alter ab olim mihi est, quem
Leo noster tibi atque aliis studiosis conterraneis nostris e græco in latinum vertat. Illum ego librum vidi,
sed neglexi, quod meo impar visus esset. Haberi
autem facile poterit, illo agente qui mihi Leonis ipsius
amicitiam procuravit, cuius apud illum efficaces erunt
litteræ, et ego meas adiiciam. Si is forte nos frustratur
liber, quod non suspicor, tunc meus præsto erit. Nam
et ego eius translationis in primis, et græcarum omnium
cupidissimus literarum semper fui, et nisi meis principiis invidisset Fortuna, et præceptoris eximii haudquaquam opportuna mors, hodie forte plus aliquid quam
elementarius Graius essem. Et nunc cœptis vestris pro
virili parte libens faveo, ut qui translationem illam
veterem Ciceronis opus, quantum intelligere est, cuius
principium Arti Poeticæ Flaccus inseruit, latinitati per-
ditam, ut multa alia, et doleo et indignor, et in hac
tanta solicitudine rerum pessimarum, hanc tantam
optimarum negligentiam ægre fero. Sed quid agam?

III.                                            24

Ferre oportet; quod si externa industria nostræ forsan ignaviæ succurri potest, Musis faventibus, nostroque fiat Apolline. Nulla mihi vel Serum, vel Arabum Rubrique litoris merx gratior. Nec ignoro quod dixerim : scio hunc rectum in communi usu nostrorum grammaticorum hodie non esse; sed fuit apud veteres, non dico illos primos quorum ductus iampridem ignorantiam istam pudet, sed hos tempore proximos, doctrina atque ingenio longe primos, a quibus nondum est ausa divertere loquax et cœca superbia. Apud hos inquam, et quod nunc occurrit, apud Horatium, nominatim est hic ipse de quo loquor rectus : reducamus eum, oro, si possumus in medium, et nescio cur latinis finibus pulsum nomen ab indigno exilio revocare in linguam cui omne tempus impendimus, non etiam audeamus. Unum sane iam hinc præmonuisse velim ne post factum siluisse pœniteat; nam si ad verbum, ut dicis, soluta oratione res agenda est, de hoc ipso loquentem Hieronymum audite, in procemio libri *De temporibus* quem ab Eusebio Cæsariensi editum in latinum transtulit. Verba enim ipsa posui viri ipsius utriusque linguæ aliarumque multarum peritissimi, et in ea præsertim facultate famosissimi. *Si cui,* inquit, *non videtur linguæ gratiam interpretatione mutari, Homerum ad verbum exprimat in latinum : plus aliquid dicam : eumdem in sua lingua prosæ verbis interpretetur : videbit ordinem ridiculum, et poetam eloquentissimum vix loquentem.* Hæc dixi ut, dum tempus est, videas ne tantus labor irritus sit. Ego rem utcumque fieri cupio : tanta enim mihi litterarum nobilium fames est, ut valde esurientis in morem, qui coci artificium non requirit, fiendum ex

his qualemcumque cibum animæ magno cum desiderio
expectem. Et profecto quoddam breve, ubi Homeri principium Leo idem solutis latinis verbis olim mihi quasi
totius operis gustum obtulit, etsi Hieronymi sententiæ faveat, placet tamen ; habet enim et suam delectationem abditam ; ceu·quædam epulæ, quas gelari
oportuit, nec successit, in quibus etsi forma non
hæreat, sapor tamen odorque non pereunt. Pergat ergo
bene iuvantibus Diis, et Homerum nobis perditum restituat; quoad alios, pium propositum divinitus prosequetur. Nam quod Platonicum volumen, quod ex illo
transalpini ruris incendio, ereptum domi habeo, simul
poscitis, vestrum mihi commendat ardorem et id ipsum
paratum erit tempore. Nec omnino aliquid tantis cœptis
per me deerit. Sed videndum vobis est, ne hos duos
tantos principes Graiorum uno fascę convolvere iniuriosius sit, et mortales humeros prægravet divinorum
pondus ingeniorum. Aggrediatur, Deo auspice, e duobus alterum, et illum primo qui multis sæculis prius
scripsit. Vale.

Mediolani, XV. Kalendas Septembris.

—

## EPISTOLA XXVI.

FRANCISCUS PETRARCA TALARANDO CARD. EP. ALBANENSI
S. P. D.

Gratulatur ob pacem eo procurante initam inter reges Galliarum
et Angliæ.

Lex triumphalis Romæ fuit multis servata sæculis
ne quis triumpharet, nisi quinque hostium millia saltem

una acie cecidisset : cuius legis causa fuit ne more
ingenii humani ad gloriam sæpe non rectis tramitibus
aspirantis , ob quælibet levia prælia immaturæ quemquam laureæ cupiditas ad triumphi spem præcipitanter
attolleret, neve aliquando virtus exigua indigno donata
præmio, et indignatione dignos accenderet, et Populum
Romanum impensis impertinentibus prægravaret. Quid
nunc dicam? Adulatio omnis fortibus viris invisa est :
sed reddendum vero testimonium. At non aliter, dicat
aliquis, nisi dum alteri scribas ; illum enim ipsum,
quem alloqueris, laudare muliebre nimis ac tenerum,
ipsique nonnunquam vel laudanti damnosum vel laudato. Credo si adulator laudet, aut si laudetur stultus.
Inter doctos autem ac prudentes viros, vera laus veræ
virtutis est stimulus. Inardescit qui laudat, accenditur
qui laudatur : neque aliquando metuendum est ne in
animos altissimos serenosque terrenarum nebula sordium possit obrepere. De quo alibi pluribus. Nunc ad
te redeo. Si ergo belli victor fusor hostium et quinque
millium interfector triumphum merebatur, quid non
meretur centum millium e suis aut multo plurium
conservator, conciliator hostium, pacis auctor, patriæ
sospitator? Hæc pro te, pater optime, dixerim: nec in-
sisto, ne forte solida laus incipiat nimium tractata
mollescere. Id dixisse ausim, et siluisse noluerim :
nullum armatum belli ducem, quantum te inermem
pacis nuntium, patriæ contulisse. Quotiens inundassent
campi cæsorum sanguine? Quotiens flumina rubuis-
sent? Quotiens vester rubuisset Oceanus et lacerata
cadavera litoribus reddidisset? Unus tu venturis malis
ac prope iam præsentibus occurristi. Posses utinam et

præteritis succurrere! Sed irretractabile est quodcumque præteriit, et humanis consiliis exemptum quidquid a tergo est. Fecisti quod homini licebat : homini, inquam, non cuilibet sed unico, ad multorum hominum, imo ad innumerabilium populorum compescendas finiendasque miserias cœlitus destinato. Iure igitur, quod nulli unquam accidisse scio, de multis magnisque confectis bellis miro prorsus honoris privilegio, sine curribus, sine armis, sine captivorum pompa, sine tumultu circumstrepentis exercitus, sed togatus ac tranquillus inter faventium Galliæ Britanniæque voces, atque inter plausus multum gaudentis Ecclesiæ gloriosissime triumphabis. Heu cur nunc absum? Sed certe, quod mihi præripere Fortuna non poterit, animo præsens ero. In reliquis sane quæ me et statulum meum tangunt, oro te, dominorum optime patrumque mitissime, ut et Socrati meo credas, et libertati meæ faveas, ut spero. Vale, gloriosissime præsulum, decus nostrum.

Mediolani, VII Kalendas Iulii.

---

## EPISTOLA XXVII.

FRANCISCUS PETRARCA PETRO BONONIENSI S. P. D.

Se bene valere. De obitu Pandulphi Malatestæ et Iohannis Pepoli.
De rebus suis familiaribus.

Litteræ tuæ, compater et amice optime, tertio mense postquam datæ erant ad me pervenerunt ita madefactæ et laceræ ut vix legi possent. Quod idcirco præfatus sum, ne de responsi stupeas tarditate. Perve-

nerunt ergo nudius tertius. Legi eas ut potui, et agnovi
te bene de me opinari : quod scilicet feliciter satis heic
degam, ut peccator dico, et profecto non in totum
falleris. Omnia enim satis prospere ibant, nisi e duobus
oculis meis alter abiisset, alter obiisset; Dominum Pan-
dulphum loquor, et Dominum Iohannem De Pepolis,
qui sub ipso adventu litterarum tuarum, devotissime
susceptis Ecclesiæ sacramentis, ab hac luce subtractus
est, et quanto nunquam alius, quem ego viderim, honore
ultimo depositus in Ecclesia S. Augustini, hinc mox
Bononiam transferendus. Damnum ingens et publicum
et privatum. Deus eum in sua pace susceperit. De
quæstione autem consanguinitatis intelligo nullam litteram meam habuisse, sed iam ab initio responsum
erat, non quod aspernari eum mirum oblatam (sic): sed
nolo in hoc statu domum prægravare. Habeo summam;
sed hæc iam cuncta superfluunt. Saluta Nicolectum
meum de Alexio, et per eum me domino recommendari
peto, qui dominus si fortassis audierit me post obitum
domini Iohannis in consilio domini substitutum, rideat,
sed non credat. Nulla enim me ad hoc utilitas inclina-
ret; mallem eleemosynam mendicare; non quod nollem,
si scirem, tali domino bene consulere; sed omnino sum
ad talia ineptus, et posset esse causa maturandi reditum. Vale feliciter, et commatrem meam, et matrem eius
salvere iube, et Masinum nostrum participem doloris.
Raptim scripta die XXVIII. Aug. hora nona.

———

## EPISTOLA XXVIII.

FRANCISCUS PETRARCA AZONI DE CORRIGIO S. P. D.

Gratulatur quod in gratiam Vicecomitum dominorum Mediolanensium redierit.

Domine mi. Litteræ vestræ, cuncta videntem Deum testor, semper mihi consolationem et gaudium attulerunt: sed nullæ unquam magis quam quibus animum meum de statu vestro anxium atque solicitum et multiplicibus affectum curis nuperrime recreastis. Ex quibus elicio, quod semper optavi et sæpe pro viribus procuravi, ut scilicet in magnifici domini mei gratia et benevolentia vos viderem, quod' utrique vestrum in suo gradu utile, delectabile atque honorificum arbitrabar: pro quo bis anno isto, eodem domino permittente, famulum meum cum litteris ad vos misi. Frustra tamen. Nunc Deo favente, quod optabam video, aut certe de proximo sum visurus. Gratias Iesu Christo, qui cum sæpe alias, tum modo præcipue votivis me consolatur eventibus. Ipse quidem dominus meus, cuius rei ego sibi sum testis, nunquam a vobis animum penitus alienum habuit, nec unquam usque adeo præsentes inimicitias cogitavit, quin veteris amicitiæ meminisset. Quod ideo dictum velim, ut vos quoque ad amandum colendumque talem dominum, quod fecisse vos semper scio, magis ac magis animum inducatis. Sane quod scribitis mei præsentiam summo desiderio vos optare, mihi quidem ut iucundum, sic minime novum venit. Idem enim semper, quod oblivisci nequeo, meritis meis nullis, sola generosi animi vestri mansuetudine concupistis. Ego autem quantum vestrum quoque cupiam conspectum, de quo aliquando fateor non sine gravi animi mei vulnere desperavi, facilius est vobis in silentio cogitare, quam mihi stilo festinante perstringere : præsertim cum et natura mea omne blanditiarum genus abhorreat, et intus et extra notus vobis esse non dubitem. Proinde, quod vobis auguror non ignotum, ad præsens ipse dominus meus abest. Qui cum redierit, spero quod et ipse, sicut in litteris vestris est, mihi benignitate sua solita licentiam dabit veniendi, et ego illam magno pro munere lætus amplectar. Christus omnipotens vos conservet. Vale. Mediolani, XIX Septembris. Franciscus Vr. recommendationem et seipsum.

---

### EPISTOLA XXIX.

#### FRANCISCUS PETRARCA FRANCISCO PRIORI SS. APOSTOLOR.
#### S. P. D.

##### Amorem obesse iudicio.

Litteras tuas iucundissime perlegi : præsentem enim mihi te, præsentesque vivas voces tuas et exoptatam faciem fecerunt (*nihil in eis vidi quod gra..... em redoleat vel g..... rationem per te suspicionibus, sed lucidum ac sincerum pectoris affectum*).[1] Cuius tamen

---

[1] Verbis hisce parenthesi inclusis, et ex codice Marciano Florentino fideliter transcriptis, nulla quidem, me iudice, germana significatio respondet. Nec melioris notæ lectio est quam exhibet codex Vaticanus, n° 5621, pag. 24; quam heic edendam quoque duxi, ut si cui felicius eam interpretari contingat, auctoris nostri epistola in integrum restituatur. Est itaque huiusmodi : *nihil in eis vidi quod vel..... redoleat vel gnationem parce suspicionibus, si ..... lucidum ac sincerum amantissimi pectoris affectum, cuius tamen extimatio quam vera sit ab experto quidem tu fidissimum caput intelligis.*

existimatio quam vera sit ab experto quidem tu fidelissimum caput intelliges (*sic*). Iudicantis gravem atque
stabilem esse animum oportet; volatilis Amor est. Amictu variæ cogitationis indutum; nudus est. Lyncæis luminibus; cæcus est. Ætate integra; puer est. Pacificum
et inermem; faretratus est. Rectum et inflexa sectan-
tem; procurvo gaudet arcu. Innocuum; nulli parcit.
Quæ cum ita sint, non inepte dicitur Amorem obesse
iudicio. Ego tamen te in rebus meis semper sic errare
cupio, ne si me forte pressius aspicias, despicias, et
quo plus nosse cœperis minus ames. Hæc hactenus.
De reliquo sic habe: nihil te silentio agere: extorquebo
quod celatum vis, alioquin tu ex me tacendo elicies
quod non vis: ut liber..... quem donatum cupis ad te
redeat. Neque enim mihi ad removendam tui memoriam
hoc vel altero quolibet amoris opus est pignore. Occu-
pasti animum, et cuius oblivisci nequeo vel meminisse
quidem possum. Vale, felix. Patavii, VIII. Idus aprilis.

*Franciscus tuus*. Cætera Iohannes noster. Rescri-
benda erant: sed (signum adventantis senii) fugio laborem.

————

### EPISTOLA XXX.

FRANCISCUS PETRARCA GULIELMO DE PASTRENGO S. P. D.

Nunciat duos amicos propediem illum invisuros,
et de dono accepto grates agit.

Litteras tuas ornatissimas atque pulcherrimas
obiurgatus a me Lælius meus, sed iaculo tamen meo
clypeum legitimæ excusationis obiiciens, misit tandem. Qui te salutatum cupit: poteris eum ut auguror

cum Ludovico et Gerardo fratre hodie vel cras hospites habere, et sitientes ad rivum fontis mei, iam istic
degenerantem, sed adhuc quidem originis suæ signa
gestantem, inducere. Peponem optimum non comedi
sed devoravi: nemine in partem admisso, præter Nym-
pham, pictis iam tunc pedibus deorum convivia medi-
tantem, et Neptuni nuptias aut Nerei aut Tritonum
obsequia, et si quid vel aequorei vel fluminei numinis
usquam est.

> Discolor ut Nymphæ tetigit vestigia pellis,
> Lectior et cunctis nimis invidiosa puellis,
> Nescit habere locum, refugit sub claustra reverti.
> Et tibi purpurei decus addidit innuba serti,
> Teque per arva canens varios legit undique flores,
> Et timet humentes pedibus calcare sorores.

## EPISTOLA XXXI.

### FRANCISCUS PETRARCA PANDULPHO MALATESTÆ S. P. D.

Excusat se quod valetudinis causa Pisaurum quo ab eo advocabatur,
non adeat. Nunciat se in collibus Euganeis rusticari: et de
morte uxoris eius aliquid innuit.

Littera vestra, qua nil suavius cogitari potest,
ingentem mihi lætitiam in adversis attulit ac solamen,
quamvis novum vere nihil attulerit. Scio enim ab olim
cor erga me vestrum, et affectionem illam sincerissi-
mam, non qualem ad subiectos domini, sed qualem
filii ad parentes habent, vel, quod est vehementius, e
converso. Venirem, fateor, libenter non propter aliquem
metum mortis, sed propter intensum vos videndi desi-

derium, nisi quia status mei corporis non sinit. Gratissima tamen animo meo est haec vere nobilis caritas vestra mihi utique prorsus indebita: vobis autem
magnificum nihil indebitum, sed suum ac proprium
naturaque insitum videri debet. Illam de me curam,
mi domine, fidenter deponite; quoniam non Venetiis
nec Paduæ sum, sed inter colles Euganeos in loco
admodum delectabili ac salubri: ad quem et locorum
specie captus, et mei amore tractus magnificus Paduæ
dominus sæpe venit per quam familiariter, et morulas
trahit. Essem tamen aliquanto libentius quo me vocat
vestra benignitas: sed venire hoc opus hic labor est.
Hæc hactenus. Transitum felicis memoriæ venerabilis
ac dilectæ, licet facie incognitæ dominæ meæ et consortis vestræ, iampridem mœstus audieram..... Recommendo me magnifico patruo vestro: alter dominus meus
frater vester, per ea quæ mihi significavit credo Alpes
transierit. Valete.

Arquadæ, die prima Septembris.

---

## EPISTOLA XXXII.

### FRANCISCUS PETRARCA NERIO MORANDO S. P. D.

Vituperat eam scribendi rationem qua unum plurali numero. recen-
tiores alloquuntur. Paulum Annibaldeschium pusilli animi accusat quod ob filii mortem dolore confectus et ipse obierit.

Mirari cogor in tantis occupationibus tuis, in his
fluctibus rerum maximarum quos ab aquilone veniens
novus Cæsar invexit Italiæ, et quorum te valde participem tua sors facit, hanc tantam meis in rebus dili-

gentiam tuam, ut videri possis nihil aliud quam me
unum cogitare; ita dico videri possis ignaris industriæ
ingeniique tui. Nam qui te noverunt non mirantur
posse animum tuum ad multa et multum diversa sufficere, præsertim ubi illum suis stimulis urget amor,
quem omnis difficultatis victorem, et regem novimus
animorum. Hæc cur præfatus sim interroges? Quia dum
te litteris prioribus fessum reor, ecce duæ simul aliæ
a te mihi, vir optime, redduntur omnes impigerrimis
digitis tuis scriptæ; ita (mirum) plus tibi vacat in negotio quam in otio. Mihi mirum, inquam, nisi celeritas
quæ, ut Cicero noster ait, ingenii laus est, mirum esse
discuteret. Sed venio ad rem, et illud transeo quod in
primis quasi magni criminis te mihi purgas infamiam,
et prope sacrilegii instar ducis, in tuis me litteris singulariter compellasse. Itaque stilum mutas, quasi vel
ego blanditiarum egeam, quas primum Iulii Cæsaris
fortuna mundo intulit, aut te vilior stilus robustiorque
non deceat, quo usi veteres omnes quicumque calamum attigere: quem articulum quoniam alibi latius
digessi, nunc suspenso pede prætervehor, et si quid
auctoritatis apud te non quidem merui sed inveni, me
quoque novissimum omnium habes auctorem, qui hoc
stilo non tantum ad amicos, quos ex æquo alloquor,
sed ad Reges atque Pontifices Cæsaremque ipsum uti
soleo, quos reverentius affari ius æquumque est. Verum ego reverentiam veram in mendaciis non repono;
mentiri autem dominis his vocibus, quibus nunc vulgo
utimur, ætate ipsius Cæsaris inventum Lucanus asseruit. Sentio autem quid te movit, neque tu dissimulas:
motum te litterulis meis, in quibus stilum hunc inter-

misisse videor, cuius rei, ne de cætero moveare, red-
denda ratio est. Ego quidem, amice, stilo huic constanter inhæreo, quotiens grandiusculum aliquid adorior;
grandia enim nec huius angustissimi fugacissimique
temporis, nec ingenii mei sunt, nec huius calami, quem
agrestem rectius cum liceret, cœlestem urbanus dicere
maluisti. At quotiens ad plebeias atque humiles curas,
quas nec stilo dignas putem, aliqua rerum necessitas
me attraxerit, plebeium quoque characterem non recuso, ne forte plus operæ verbis impendam quam sententiis debeatur, idque mihi non aliud causæ in illis
literulis fuisse noveris. Et hæc quidem hactenus. Ex
nunc autem, quidquid agam et stilo quolibet, illud saltem non admittam ut plurali numero utar amico et uni
loquens: idque tum propter me ipsum sum facturus ne
amicis mentiar, tum vel maxime ne exemplo tibi noceam,
cuius apud te non leve pondus esse video. Tu igitur, si
me amas, ad proprium stilum redi, et id agamus non ut
auribus vulgi, sed ut decori nostro satisfecisse videamur.

Venio nunc ad acerrimum dolorem meum, quo in
secunda parte litterarum tuarum quasi venenata cuspide aures meas atque animum pupugisti. Oh! factum
pessime de amico optimo, oh! infaustum negotium,
oh! rem tristem calamitosam et miseram, oh! novum
et inauditum sæculis infortunii genus! Assuefeceram
oculos tristibus spectaculis, aures amaris rumoribus,
pectus cunctis fortunæ vulneribus, et cogitabam assidue quid unquam mali, quid asperi, quid acerbi accidisset homini, ut quidem mihi et meis, quoniam homines sumus et non Dii, vel eventurum esse vel evenire
posse certe scirem, utque adversus omnia iacula du-

ratum atque armatum animum haberem. Telum hoc,
quia nunquam tale aliquid videram, nil simile prorsus
audieram, aut legeram, cogitare et prævidere non potui: et ideo inermem improvidumque transfixit. Hei!
mihi quid querar? unde ordiar? Quid dicam? Accusabo
Fortunam? Surda est. Accusabo mollitiem amici, qui
sibi mortem , mihi mortiferum dolorem attulit? Sera
est accusatio erroris, irrevocabile damnum est, quod
aucturæ potius inutiles sint querelæ. Et tamen: oh dulcedo effera! iuvat insistere, et fando alimenta miseriæ
præstare. Quid enim aptius possit animus tristis, quam
in tristi materia versari? Habet et mœror voluptatem
suam, duram quidem, sed sibi accomodatam. In Arte
poetica scriptum est:

Tristia mœstum

Vultum verba decent.

Utar consilio quod me decet. Sed quo pergo? ut illi
nihil prosim, mihi noceam, forte aures atque oculos
tuos lædam? Oh cœca mens hominum et non futuri
modo, sed sæpe præsentis etiam fati sui nescia ! Ad
Paulum Hannibalensem unum ex Romanis principibus,
cui me familiarissimum virtus et humanitas fecerant,
quibus illum mirabiliter natura dotaverat, mandata de-
deram tibi, ignarus illum iam rebus humanis exemptum, taliter quidem ut non mortem, quæ natis omnibus æqua est, sed genus mortis unicæ miserum cogerer
usque ad meam ipse mortem lamentari. Oh ! cogitationes
hominum vanas, oh! inanem spem, oh! lubricum statum,
oh! instabilem fortunam, oh! ancipites vitæ vias, oh! præcipites exitus, oh! prosperitates ambiguas, oh! inevita-
biles ærumnas. Amisit filium Paulus: tritum et tolerabile

mali genus. Quis enim non aliquando filium perdidit,
nisi qui nullum habuit? Rari sunt quibus fortuna pro-
lem dederit, nec donum suum delibaverit. Rapinam di-
cimus; primitiæ sunt. Amisit Paulus noster filium. Rem
non insolitam narras. Et alius Paulus filios amisit.
Hannibalensis unum perdidit, Macedonicus duos. Alii
plures, quidam omnes, unum iste perdidit. Priamus
unus ex tanta natorum acie superfuit. Sed hic suum
ferro amisit. Quid refert an ferro, an incendio, an naufragio, an febribus, an veneno? mors autem una est.
Sed hæc iuvenem abstulit. Scio. Nam adhuc iuvenis
pater erat. Quænam vero hinc tanti doloris causa fuit?
An ignorabat doctus homo et prudens plures multo
iuvenes mori solere, quam senes et ut vulgo dicitur,
plures hædos perire quam capras? Humani generis incrementum terra non caperet, si omnes senescerent
qui nascuntur. Quid igitur ploras, dicet aliquis, nihil
adhuc novi audio. Adolescentem in prælio pugnantem
in prælio cecidisse? Eveniunt ista quotidie, et fortium
patrum innumerabilis multitudo est. Nam quod scribis,
corpus exsangue hostibus fuisse ludibrio, hostili sævitiæ aliquid, sed superstitis existentisque miseriæ nil
prorsus adiecerit: stultum enim cum mortem spreveris,
cadaveris iniuriam formidare. Patres obitum filiorum
forti tulere animo: laceros quidam artus siccis oculis
collegere, multi autem suos cum lacrimis ad sepulcrum, ad inferos quidam versis in se gladiis prosecuti sunt. Fletu immodico, quod meminerim, ante
Paulum nostrum nemo: hic est novus et rarus et inconsolabilis dolor meus. Homo nobilissimus, et mea quondam opinione fortissimus, sic Fortunæ tergum præbuit,

sic laxavit fræna mœstitiæ, ut illa eum præcipitaret in
mortem. Oh! lacrimas meas, oh! inexhaustos fletu oculos, oh! liventia lumina. Da veniam, Paule: fons ille
aruit, qui cunctis amicorum miseriis ubertim lacrimas
dabat. Siccare illum, vel una Romana domus debuit:
dum Columnensium familiam fleo, flere alios posse
desii: omnes lacrimarum mearum scatebras illa con-
sumpsit; pumice siccior factus sum. Tu tamen, vir
optime, sine lacrimis meis non eris, quas de profun-
dissimis atque abditis animæ recessibus fando eruam,
et quibus mœstum funus absens prosequar, immo vero
inter tristia funera fletu madidus præsensque versa-
bor. Quid, heu! mihi, fecisti? Vir in rebus aliis acer ac
strenuus, quid fecisti? Non sat magna pietas est visa
paternis lacrimis filii funus ornare, quod ipsum virtute animi melius, et spe ac solatio promissæ resur-
rectionis ornasses; sed parum piæ visæ sunt lacrimæ,
nisi mortem morte accumulans, carissimo et insonti
filio paternæ mortis invidiam post fata relinqueres, et
reum atque odiosum posteris faceres quem amabas?
Non præstabat quamvis præpostere filio superesse, et
te sibi fratres, feliciores tibi natos quærere, virentissima enim ætas erat: vel quæ christianæ pietatis proprium fuit, pro illius salute animæ, cuius corporis præceps et festinata mors fuerat, preces atque suffragia
ad cœlum mittere? Vel si qua ea dulcedo est, recol-
ligere animum atque firmare, et in extrema solatia
patri viroque forti debitæ ultioni intendere? Postremo
quidvis facere potius quam quæ potissimum elegisti?
Quæ enim ista dementia est superbis hostibus, qui filii
tui frigida membra calcaverant, quibusque suus luctus

et crudelitatis et insolentiæ supplicia debebantur, de te quoque duplex gaudium et geminam ultro victoriam concessisse? Oh! mortalia pectora in extremis semper cœca casibus! Audita primum morte filii conspectoque cadavere, quod humanitatis immemor hostilis ira discerpserat, cum et ferro posses ulcisci, et animi viribus gravem ferre fortunam, fato succumbere maluisti, et te exitialibus atque mortiferis ultus es lacrimis : cumque virorum exemplis illustrium, quæ probe noveras, revocareris ad vitam et ad spem, desperatam in mortem nescio qua ferali dulcedine raptus es. Nonne autem, quæso, luctus inconsolabiles paranti tibi occurrebat Anaxagoras, qui filii mortem nuncianti, *nihil*, inquit, *inopinum narras: cum enim ipse mortalis sim, sciebam ex me genitum esse mortalem?* Nonne Xenophon in animum venit, cui cum sacrificanti primogeniti mors filii nunciata esset, neque cœptum sacrificium intermisit, neque succubuit fortunæ, sed corpore atque animo mansit immobilis, corona dumtaxat quam capiti gestabat deposita, ne tantum vulnus non sensisse videretur: moxque cum gaudio reposita, ubi accepit fortiter dimicantem filium occubuisse, Deos testes faciens plus se virtute filii delectari, quam morte torqueri? Nonne unici filii dolorem immodicum castigare visus est Pericles, qui duobus simul rarissimæ indolis amissis filiis, neque coronam deposuit, neque concionibus abstinuit, neque ullum penitus aut in verbis, aut in vultu mutati animi signum dedit? Et si longinqua respicere mens lacrimosa non poterat, nonne sub oculis erant romanæ virtutis exempla rarissima? Nonne aderat Marcus Cato senex ille famosissimus, cuius cum

III.                                                        25

innumeræ laudes sint, tamen illa apud Ciceronem præcipua est, quod fortiter ac modeste optimi filii mortem
tulit? Nonne Catonis collega Quintius Marcius, qui cum
Consul eo ipso die quo Senatus secundum legem con-
vocandus erat, unicum spectandæ indolis filium amisisset, et sepulturæ filii pius pater interfuit, et mox Senatum Consul egregius convocavit, unum diem inter
diversissima privati mœroris et publicæ maiestatis
partitus officia? Nonne Paulus Æmilius, cuius supra
memineram, Paulo nostro par nomine, sed, quod nollem, virtute superior, qui duobus primum filiis in ado-
ptionem datis, et mox duobus quos sibi servaverat
(qui quales essent inde coniicies quod inter datos fuit
Africanus iunior) intra septimum diem morte subtra-
ctis, orbitatem suam tam invicto animo pertulit, ut
post triumphum Macedonicum, quem sibi virtus et fortuna de opulentissimo rege pepererant, et quem alterius filiorum mors præcesserat, alterius insecuta erat,
Populum Romanum alloquens, quasi publici consolatoris officio fungeretur, et id sibi optato accidisse diceret, quod in tanto splendore successuum publicorum, metuens ne qua forsan gaudio, ut fit, mœstitiæ
se nubes effunderet, Deos anxie precatus esset, ut si
quid tacitum minaretur, totum a populi cervicibus in
suam domum Fortuna converteret? Nonne Marcus Horatius Pulvillus, cui cum Capitolium dedicanti ab Æmilio
mors filii nunciata esset, ab opere glorioso, quamvis
equidem, ut falso, mœsto tamen rumore perculsus absi-
steret, nihil aut vultu aut animo motus est, cœptum-
que non amplius intermisit, quam ut cadaver iuberet
auferri, templi continuo postem tenens? Quod si falsæ

tantum ille religioni, diisque mendacibus tribuit, quantum veræ religioni, vero Deo tribuendum erat? Quantoque studio providendum, ne tuo fletu, Paule, tu pe-
rires, Christus offenderetur? Quamquam quid exempla
virilia colligo, cum Romanæ mulieres, pudorem tuum
premere et lacrimas siccare debuerint, vir Romane?
Nam ubi tunc, quæso, ubi erat Cornelii Africani filia,
Gracchorum mater, cui præter maternæ pietatis affectum, quam cari filii essent, illud indicat quod Cam-
panæ olim hospitæ, apud se muliebriter iactabundæ,
et sua sibi ornamenta monstranti, filios e ludo litterarum revertentes ostendit, et *hæc*, inquit, *mea ornamenta sunt.* Hos illi filios et hæc ornamenta simul
omnia, sæva mors rapuit: tantum tamen animi femi-
neo fuit in pectore, ut ex morte illam complorantibus
et miseram vocitantibus responderet: *Mœstam utique,
sed miseram se non esse quæ tales filios genuisset.* Oh! non
femineam sed virilem, et vere paterna gloria dignam
vocem! Ubi erat Livia Augusta, cui cum e duobus filiis
mors, ut ferme mos suus est, et pessimum reliquisset
et optimum imperioque dignissimum abstulisset, ita
casum suum flevit, ut ultro et modum et finem lacrimis imponeret, mediamque se inter piam matrem et
principem feminam exhiberet, ne vel naturæ debitum
negaret, vel tanti coniugis oculos spectaculo tristiore
confunderet? Quanto autem exactius cavendum erat
ne gemitu nimio læderetur Christus spectator ac iudex
actuum nostrorum, cui mortalibus querelis iudicia
æterna convelli haud dubie neque immerito permole-
stum est? Sed Romanas transeo quibus, ut muliebris
est pudor, sic virilis animi robur atque constantia,

quasque nunc etiam fama vulgaris, etsi multa viris
detrahat, iure tamen omnium gentium mulieribus an-
teponit, cum in hoc genere laudis sese offerat Graia
muliercula, ut prole impar, sic par animo, quæ audita
morte filii qui in acie ceciderat, *in hoc*, inquit, *illum
genui ut esset qui mori pro patria non timeret;* digna vel
hoc responso cui natus incolumis redderetur, quem tam
fortiter amisisset. Verum quo progrediar? Quid ago?
Consternatos et absque resurgendi spe deiectos animos fortia exempla non decent. Itaque quando nihil
mæstius, nihil hoc tempore dulcius possum, libet nunc
incepto hærere et omnibus sæculis flebiliora conqui-
rere, ut ostendam Paulo meo nihil toto orbe misera-
bilius, nihil ulla ætate flebilius, qui ut patrem indueret, virum exuit, consecutusque est ut miserrimus pater
potius quam vir modestus et sapiens videretur. Excu-
tiantur poetæ, evolvantur historici, protrahantur in medium insignes gemitus, ut appareat quantum in hoc
genere mali altior cunctis est Paulus, quantumque su-
pereminet et toto vertice supra est, ut Maro ait. Flevit
suum Pallanta miserabilis Evandrus, sed post fletum
vixit, et vindictam præstolari maluit quam filium sequi.
Lausum quoque Mezentius flevit, nec immerito; nam si
credimus Virgilio, pietas patris filio causam mortis
attulerat; sed multum hic filio supervixit, tentavitque
vindictam, quæ cum parum succederet, non tam flendo
mori voluit quam pugnando: et erant ambo senes, ita
ut diutius vivere et animosius pugnare potuerit Paulus
meus. Legimus Phocæum Argi patrem navali prælio, quod Massiliæ gestum est, cum traiectum iaculo et
expirantem filium videret, violentius quidem indoluisse,

non tamen eatenus ut fletu solo, sed ut gladio proprio confossus, saltu etiam praeceps in medios fluctus, gemina velut morte, procumberet: quod genus mortis, o Paule, utinam esses imitatus. Sic enim, nisi fallor, et parcius, et profecto virilius doluisses: nullus enim maior dolor quam qui non eget auxilio, nec circumspicit instrumenta, sed ad inferendam mortem solus sufficit. Ad haec et honestius viro est, vulneribus quam lacrimis mori. Hunc dolorem et has lacrimas consumptrices apud Lucanum, ut rursum ad luctus femineos revertamur, Pompeiana uxor optabat ubi ait:

> Turpe mori post te solo non posse dolore.

Ipsa tamen haec dicens vixit, sicut Hecuba vixit et Andromache post coniugis et natorum mortes. Multum filios multae fleverunt matres, sed plus omnibus Marcellum mater Octavia, Augusti soror, quae talis tantaeque spei filio amisso, qualem nullum Romae puerum fuisse Virgilius aeternae memoriae mandare non timuit, omni solatio reiecto, in tenebris perpetuisque gemitibus aevum egit: pertinaciter infelix omnis illi laetior habitus, omne minus triste verbum irritamentum doloris, omnis illi consolator hostis fuit. Postremo ita semper vixit, ut ait Seneca, talis per omnem vitam, qualis in funere. Multum flevit apud Virgilium mater Euryali, multum apud Statium nutrix flevit Achemori: illae tamen filiis vixere superstites, haec alumno. Sic fletum legimus Antigones et Argiae: mortem non legimus: mirum superfuisse iuvenculas dolori, cui vir fortis superesse nequiverit. Flevit Evadnes

Capaneum, flevit Brutum suum Portia, sed illa se in
ardentem viri rogum intulit, hæc candentes hauriens
carbones, præcluso spiritu, quod pridem animo desti-
narat, virum ad inferos prosecuta est. Et ut amores
illicitos attingamus, qui ut turpiores sic nonnunquam
iustis amoribus fortiores sunt, flevit Ero Leandrum,
Phædra Hippolytum ; neutra tamen gemitu, sed illa
præcipitio periit, hæc laqueo. Apud Catullum Lesbia,
meretricio amore saucia, passerem suum flevit estin-
ctum, ita tamen ut oculorum aciem perderet, non ut
animam exhalaret. Verum hoc dicet aliquis, hæ viros,
aut fratres, aut amicos flebant, noster hic filium. Sed
quid de superioribus dicemus, quæ fleverunt natos vel
plurimos, vel unicos? Quid dicemus de illis matribus,
quas Romana narrat historia, post insignem cladem
quæ ad Trasimenum, ut Livius tradit, cui potius fidem
do, et quem Valerius sequitur, vel Cannis, ut Plinio
placet, est accepta, nunciatis filiorum mortibus, atto-
nitas flevisse : utramque autem post aliquantulum
temporis, alteram scilicet mœstam domi sedentem
præter spem conspecto filio, dum in occursum eius assurgit, exanimem corruisse, alteram percunctandi studio anxiam, extraque muros urbis egressam porta
Flaminia, qua fusæ redibant legiones, obvio repente
filio, dum irruit in amplexus expirasse? Has nempe
non mœror, sed quod multis accidit, gaudium interfecit. Fuisset ille utinam, o Paule, falsus etiam rumor
tuus, ut te quoque non luctus sed gaudium peremisset!
Nunc quocumque me verto, dolore simul ac pudore
confundor. Legi ego permultos patrum amantissimorum,
legi matrum gemitus ac sororum et coniugum utriusque

sexus. Siquidem duos Plautios, mirum dictu, ut eiusdem
nominis sic paris amentiæ, impatientia doloris in uxo-
rum mortibus sese gladio transverberasse compertum
est: quod apud Valerium Maximum non excusari tantum sed laudari, si de proprio loqui datur, nec excuso
nec laudo. Legi mortem Indorum, apud quos, cum
mortuis viris vivæ cremantur uxores : legi singulorum
hominum, legi populorum atque exercituum luctus
tam vehementes, ut quidam arma reliquumque ornatum, quidam etiam semetipsos ardentium ducum rogis
iniecerint : legi quorumdam fidem supervacuam amicorum, nulli utilem, et damnosam sibi, qui confodi gladiis
iuxta dilecta cadavera maluerunt, quam dum liceret
evadere. Ad summam multos invenio quibus causam
mortis dolor attulit : cui vero mortem intulerit, nullum :
nisi forte pro vero recipimus quod de Homero poeta
quidam scripsere, remque tam stultam de tam docto
viro, de tamque divino ingenio suspicari libet. Quod
ipsum tamen etsi inter vera numerare voluerimus, nec
de morte alterius dolor fuit, nec repentina vis doloris;
sed ægritudo forte animi, et ægritudinis forte inedia
ac spiritus in dies tristior, qui procul dubio vitam im-
minuit, et sicut scriptum est, *exsiccat ossa*, et quem
multos paulatim seu consumpturum esse, seu consum-
psisse non negem : in quibus nomen habet Macedoniæ
rex Philippus morbo animi ex crudelitatis propriæ et
iniustæ tristi seraque pœnitentia, Perseique filii dolis
et impietate contracto. Nam Paulus Rutilius, quem, nunciata fratris repulsa in consulatus petitione, illico expirasse scribit Plinius septimo Naturalis Historiæ, ut ut
verum sit, huic sententiæ præiudicii nihil affert, quod

iam ante morbo impeditus describitur : itaque facile parva doloris accessio inclinatum animum stravit. At quod integrum quemquam subitus dolor de alterius morte susceptus mœroris impetu et lacrimarum diluvio oppresserit atque necaverit, hoc est quod apud auctores idoneos vel non legi, vel me legisse non memini, eoque insolabilior dolor est meus, quo inusitatior amici miseria, qui sic mori voluit ac potuit, ut sine exemplo sit mors ipsa mortalibus. Cæterum ego quoque fortassis impetu animi evectus sum longius quam debui. Da veniam, quæso : amara mihi dulcedo et dulcis fuit amaritudo, cum amico iam sepulto quasi responsuro ac præsente contendere. Iam tandem detersis utcumque oculis ad te redeo, atque ita censeo idem omnibus agendum esse fortunæ sub imperio degentibus, quod solent qui sæva premuntur tyrannide : tergum patientia durandum : sic instruendos oculos ac aures, sic formandos animos ut quod vident non videant, quod audiunt non audiant, et quod sciunt nesciant ; multa dissimulanda, omnia toleranda, et ut Flaccus ait, amara lento risu temperanda. Horribile cogitatu est, quam nihil est mali quod non impendeat hanc vitam agentibus, cui, nisi fallor, optandus finis esset quem tantopere formidamus. Itaque sapiens omnia cogitat, omnia prævidet, omnia scit multo ante quam fiant, examinans non tantum quæ ventura sunt, sed quæ possunt evenire, tamquam quæ evenire possunt prorsus non evenire non possint, et adversus possibilia quælibet ceu necessaria atque inevitabilia sese armat, pervigilem intentumque in excubiis animum tenens. Et hæc quidem sapiens. Ego autem qui tam procul inde absum, ut sapientem, si occurrat, ne nosse quidem venerarique digne queam, meis hactenus amicorumque fortunis possibilia, fateor, et verisimilia sed non inusitata prævidi. Videbam ergo nunc gladios, videbam morbos et venena, et incursus ferarum, et naufragia, et incendia, et laqueos, et ruinas ; luctum repentinum mortiferum non videbam. Unde facie rerum insolita vehementer exterritus atque deiectus sum. Sensim animum attollere et sparsa arma colligere incipio. Discam cogitare et expectare omnia, et si possim, nihil valde metuere. Imparatum et inermem nostra Fortuna reperit : lorica defuerat ubi furtiva cuspis irrepsit. Quamobrem vulnus hoc sentio, et Paulum meum nunquam sine suspirio recordabor. Tu vale: nam de reliquis, et præsertim ad summam Reipublicæ quod ominer et quod sperem ne dici quidem opus est. Vale.

Mediolani, XII kalendas Martias.

———

## EPISTOLA XXXIII.

### FRANCISCUS PETRARCA AD IGNOTUM.

Se culpa vacare quod aliquid in Ciceronis et Senecæ operibus reprehensione dignum censuerit.

Miratur ille vir doctus, sed docendus adhuc, quid est quod in epistola quadam nuper Senecam ac Tullium, quodque Christiano ingenio maius est, ipsum quoque Hieronymum notare non sim veritus. Ultimum nego : de reliquis rationem cum illo communicandam accipe. Nemo fere est cuius aliqua non reprehendantur. Non tam subtile quam laboriosum fuerit rem exemplis asserere. Verte Philosophorum libros ac Sanctorum quorumdam quorum celebrior fama est: multa passim apud illos vel ab ipsis vel ab aliis retractata, seu certe retractanda comperies. Notavi ego aliquot Senecæ sententias, sed ut arbitror, non iniuste; notavi aliquas: crede mihi, plures poteram; et tamen Senecam ipsum miror ac veneror. Notavi Ciceronis mei unicam. Verum id non sic accipi velim, ut quasi alienæ famæ delatoris titulo gloriabundus insultem, sed ut ex unius hominis duabus invicem contrariis sententiis præferrem veriorem, idque non arroganter, ut qui me non modo non inferre maioribus, sed nec paribus conferre nec minoribus præferre consueverim; nec iniuriose quidem ut cui, fateor, Cicerone ipso scriptorum nullus acceptior sit. Illam itaque sententiarum repugnantiam quamvis ab ineunte ætate perpenderem, tamen verecundius asserebam, donec civitatem Dei, Augustino duce, ingressus, animadverti opinionem meam illius auctoritate firmari. Leges illum Augustini locum : est autem magni operis Libro primo haud procul a fine. Videbis illic Catonis voluntariam mortem improbari, quam Seneca ante omnia viri illius egregia facta collaudat. Cicero autem excusat, et licet aliquanto modestius non negem excusare culpam quam laudare, tamen si Augustini rationes dicto conferas, intelliges nec metu imminentis mali, nec præsentis odio, nec spe vitæ melioris arcessendam mortem, nec iniussu eius a quo corpus istud accepimus, emigrandum, nec Catonis in morte, ne dicam laudem, sed excusationem ullam esse :

et quamvis pluriformiter utrinque suppresso Ciceronis nomine, coniicies tamen Ciceronianam Catonis excusationem eiusdem Ciceronis sententia meliore damnari. De me autem sic habeto breviter. Mihi quidem nomina virorum illustrium, si dici fas est, totidem prope numinum loco sunt, et tamen in his ipsis cum multa delectent, veritas primae reverentiae causa est, quae ubi cultoribus etiam suis neglecta videbitur (quis enim tantus amicus veri est qui non interdum a veritate deviet, seu illa segnities sit, seu rerum obscuritas, seu ingenii hebetudo), tum procul dubio rem solidam umbris inanibus et veritatem ipsam quantorumlibet nominum gloriae anteponam, nec metuam hoc meo iudicio vel hostes vel amicos veritatis offendere, quod illos oderim, hos certe sciam mecum esse sensuros, atque illam semper propriae sententiae praelaturos. Denique sic animum institui ut cuius benedicta laudare ausim, eiusdem errores improbare non verear, quamvis illud volens faciam, hoc invitus. Si enim vere fit, utrumque permissum; alioquin est alterum honestius, utrobique par mendacium. Vale et iterum vale.

---

## EPISTOLA XXXIV.

### FRANCISCUS PETRARCA FRANCISCO BRUNO S. P. D.

Amicum iterum illi commendat.

Nisi valde fortibus humeris sis, tot mearum intercessionum sarcinas ferre non valeas. Scripsi saepe et repeto notam adeo his in locis amicitiae nostrae famam,

ut si passim omnibus annuam litteras ad te meas
optantibus, sat negotii unum hoc tibi allaturum sit.
Parco autem labori tuo, parco et meo, et ad multa
facillimus, hac in re difficilem immo inexorabilem me
præbeo, nisi his solis quos mihi vel virtus vel singularis amicitia conciliat. Utroque vero latorem præsentium affluentem noveris N. virum scientificum atque
honestum, et mihi has ob causas atque insignem morum suavitatem, qua delector, acceptissimum. Hunc tibi
dudum commendasse memor sum, et ipse tuæ benignitatis ac virtutis præco ingens, mihi se, ne dicam
tibi, tuum ob meritum perpetuo obligatum fert. Nunc
forte aliis ex causis, sed ut reor, licet hoc taceat, quia
unus est ex illorum acie, quorum virtus malis ac
morum diversitas odiosum facit, studuit aliquantisper
peregrinari a patria, et tentare si qua sibi sors alibi
prosperior foret. Recommendo eum tibi iterum eo
arctius quo sola olim fama nunc experientia notus
insuper et dilectus, tunc amicus amicorum, nunc vero
amicissimus mihi est, quod non esset, nisi talem scirem
qualem dico. Si sibi ergo vel ope vel consilio prodesse
potes, te hinc viro bono imo optimo profuturum, hinc
mihi, cui semper places, eximie placiturum scito. De
me si quid nosse volueris, ipse dicet. De aliis enim
pridem latius scripsi, et responsum tuum expecto.
Vale.

    Paduæ, XXVI Novembris, mane.

———

Nomen tuum, optime atque exoptatissime mihi
vir, quo nihil dulcius audio, quodque hodie huius
devoti tui ore auribus meis insonuit, non dicam me
coegit ad calamum, qui nescio quo seu errore, seu fato,
seu actuum humanorum odio, vix nisi somno vel necessitate alia excussus e manibus meis cadit, sed alio
tendentem calamum huc convertit ut tibi scriberem,
esse me Patavii corpore viciniorem tibi quam soleo :
nam, omnia videntem Deum testor, semper animo
praesens sum ; sanum praeterea et benevalentem, ac
iucundissime senescentem, quod ad aetatem attinet ;
Fortunae nempe vulneribus non aliis quam nimium
crebris carorum mortibus impelli et concuti me fateor, non prosterni : de reliquo veteribus illis meis
deditum curis, quas etsi taceam nosti, atque in primis tui memorem, tuique avidum, quod desiderium
lenire propediem spero. Apertum est enim iter, quod,
nisi fallor, immerito clausum erat ; permisit namque
mihi dominus beneficium illud pro quo totiens labo-
rastis, et quod multo pluris facio, arrham mihi magnae
humanitatis exhibuit. Beneficium quidem ipsum simulque adolescentem cuius fuerat (oh res hominum!) mors
abstulit, qui cum paucos dies laetos vidisset in vita,
eo ipso die, mirum dictu, quo iuri suo restitutus videbatur, vitali destitutus est spiritu. Deo gratias, qui

me longo labore, sed non sine dolore liberavit. Tu vive
feliciter nostri memor, et vale.

———

## EPISTOLA XXXVI.

### FRANCISCUS PETRARCA BENEDICTO COLUMNÆ EP. THEATINO
### S. P. D.

Gratulatur dignitatem illi collatam.

Non aliter litteras tuas legi quam frontem oculosque tuos spectare consueveram. Quid tibi vis dicam,
pater? Conscientiam meam testor : semper ego tecum
sum, et cupide tecum versor, quantum sinor interiecto
tanto maris ac terrarum spatio. Cæterum illo die multisque sequentibus dum alternis epistolam tuam pono
et positam resumo, dumque illam nunc lego nunc cogito, diu toto animo tecum fui. Tibi sane in præsens
occupatior etiam fragiliorque quam soleo, quod et loci
mutatio curas auxit et vires corporeas morbus immi-
nuit, hoc unum pro responsione reddiderim. Gaudeo
medius fidius te ad proprias sedes incolumem pervenisse, atque feliciter Tyrrhenum litus Adriatico permutasse. Gaudeo, atque utinam propediem locum
hunc feliciore aliquo, ad extremum vero permutatione
felicissima terram cœlestibus permutemus. Quid autem
vetat augurari cito te Tyrrheni maris oram revisurum,
ac prope Theanum tuum antiquum, vel Parthenopeio
litori vel Casilinis collibus præfuturum? Romuleis
mallem, idque magis vel origini tuo debitum, vel vir-

tuti. Sed tam alta spectare prohibet durior nunc Italis
fortuna, haud equidem prorsus immerito ; neque enim
iniustum est ut eo diu careant, quo se ultro per insolentiam atque impatientiam spoliarunt. Quamquam
quid nos meriti, quos nondum ad vitæ limen sors violenta proiecerat? Sed neque id novum est, paternæ
culpæ supplicium insontem ferre progeniem. *Comede-*
*runt acerbas uvas patres nostri et ecce filiorum dentes*
*obstupescunt.* Et iterum : *Patres nostri peccaverunt et non*
*sunt, et nos iniquitates eorum portavimus.* Itaque Tibe-
rinos honores cuncta rodens Rhodanus vorat. Et quæ
spectacula, bone Iesu! Sed ne congratulatoriam epistolam querelis impleam, ad te revertor. Gratulor quidem tibi, et spero dignitatis tuæ gradum hunc esse
non terminum. Cæterum quocumque pedem moveris,
animo consequar, et ubicumque fueris, tecum ero. Quod
si imaginariæ præsentiæ forsan vera successerit, te
pater optime, Barbatumque meum eximie gavisuros,
tacentibus licet vobis, certe scio : non opus erat huic
rei asserendæ multum tempus impendere. Animos vestros novi. Verum id hac tempestate, verum fatear,
occupationes meas circumspiciens, non tam spero quam
cupio. Oh si quotiens vellem possem ut animum, sic
corpus hoc in longinqua transmittere, quam sæpe me
hospitem haberetis! Sed enim id non ante futurum
credimus, quam corruptibile et mortale istud naturam induerit immortalem. Vale.

IIII nonas Octobris.

FRANCISCUS PETRARCA MODIO PARMENSI S. P. D.

Epistolæ ab eo acceptæ breviter respondet.

Amice optime. Non cogitabam aliquid nunc scribere contentus latoris præsentis qualiquali facundia,
et memoria multa me ante dies paucos scripsisse
quæ ad vos pervenisse confido. Recepi tamen postea
dominæ meæ vestrasque litterulas, in quibus nihil est
aliud quam admiratio vestra super dilatione responsi
mei : non immerito id quidem : sed et hoc ipsum illis
in litteris meis satis, ut arbitror, est responsum. Nihil
ad præsens vobis aliud sum scripturus : Bergaminus
scit in hac parte cor meum. Dominæ autem nostræ
nihil scribo, ne suos meosque luctus accumulem; vix
enim possum eam sine lacrimis cogitare. Recommendo
autem me sibi et filiis suis dominis meis : opto vobis
sanum corpus et tranquillum animum. Reculas illas
habetote memoriæ. Vale.

Franciscus Vester.

Venetiis, XXX Decembris, propere.

—

EPISTOLA XXXVIII.

FRANCISCUS PETRARCA NICOLAO LAURENTII TRIB. POP. ROM.
S. P. D.

Rebus cœptis perficiendis animos addit : litteras eius avidissime exquiri
et in vulgus ferri, et earum stilum sibi maxime probari.

Non desinam quotidie tibi scribere magis ut quidquid de te parturit animus meus primus omnium scias,

et tui sollicitudinem apud te potissimum deponam sine ulla responsionis tuæ spe. Hanc enim, fateor, cupio potius quam expectem inter tantas et tam varias curas tuas. Hoc igitur primum scio te in altissima specula constitutum, nec italorum tantum, sed omnium omnino mortalium, neque eorum modo qui nunc sunt, sed eorum etiam qui omnibus sæculis nascentur, aspectui iudicioque ac sermonibus expositum : onus ingens, sed præclarum, et pulcherrimum, sed singularis et gloriosi negotii suscepisse. Nunquam te præsens ætas, ut reor, nunquam posteritas silebit. Cæterum sermones hominum pro uniuscuiusque libidine vani atque discordes sunt: propositum tuum nihil ipso quod inhabitas Capitolii saxo mobilius ventorum flatibus non mutatur. Unum sane an scias, an cogites, an ignores nescio ; litteras tuas quæ istinc ad nos veniunt non æstimes apud eos quibus destinantur permanere, sed confestim ab omnibus tanta sedulitate transcribi, tantoque studio per aulas Pontificum circumferri, quasi non ab homine nostri generis, sed a superis vel antipodibus missæ sint, ad quarum litterarum tuarum suspicionem vulgus omne circumfunditur. Nunquam Delphici Apollinis oraculum in tot sententias tractum fuit, in quot intellectus verba trahuntur tua. Circumspectum igitur actum laudo, quod tam irreprehensibiliter hactenus stilum tuum temperare studuisti : utque in posterum magis magisque studeas, hortor ac deprecor. Sic enim in verbis tuis et magnanimitas scribentis, et Populi Romani maiestas elucescit, ut nec reverentia Romani Pontificis, nec honor debitus obscuretur. Hoc eloquentiam, hoc sapientiam tuam decet posse sic ea quæ

III. 26

contraria videntur, sed non sunt, miscere, ut nunquam
non suam teneant dignitatem. Nonnullos obstupescere
legentes vidi ut sic in litteris tuis modestiæ certantem
fiduciam viderent, ut ambigua victoria pares essent,
nec in eam palestram aut degener metus, aut superbiæ
tumor irrumperet. Vidi hæsitantes an res tuas, an verba
potissime mirarentur, nec abnuentes quin libertatis
beneficio Brutum, eloquio Ciceronem dicerent, ad
quem Catullus Veronensis ait : *Disertissime etc.* Fac
igitur ut cœpisti : sic scribe tanquam omnes visuri
sint, nec visuri tantum sed a cunctis litoribus impul-
suri, et ad cunctas terras transmissuri. Iecisti fundamenta validissima veritatem, pacem, iustitiam, libertatem : super illis ædifica. Quidquid enim evexeris
firmum erit, adversus quæ quisquis impegerit collide-
tur. Qui contra veritatem venerit, mendax erit ; qui
contra pacem inquietus, qui contra iustitiam iniquus, qui
contra libertatem arrogans et impudens. Laudo etiam
quod apud te omnium epistolarum, quas ad quaslibet terrarum partes miseris exempla permaneant, ut et dictis
dicenda conveniant, et si quando casus fuerit, conferre
valeas aliena cum tuis. Id te facere data litterarum
tuarum mihi indicio est. Quod enim magnificentissime
subscribis *liberatæ reipublicæ anno primo*, reficiendorum
annalium propositum sapit. Id verbum solatur, placet,
et delectat. Et quoniam tu in agendo occuparis, donec
ingenium rebus par inveneris, ego tibi, nisi Deus . . . . ,
in eam rem ingeniolum hoc et hunc calamum spondeo
pro virili parte, ut ait Livius, principis terrarum populi
memoriæ succursurus ; nec cedere paululum indigna-
bitur Africanus meus. Vale, vir clarissime.

———

## EPISTOLA XXXIX.

FRANCISCUS PETRARCA PETRO BONONIENSI S. P. D.

Nonnulla de Dyrachio urbe: et litteras amicis quibusdam
reddendas mittit.

Non epistolas tuas tantum, sed quidquid omnino
litterularum ex te venit, læte video : pone hanc curam.
Ad id quod de Durachio seu Dyrachio quæsivisti,
breve : morem meum nosti, non sum palliator inscitiæ
meæ : quod nescio, sine dissimulatione confiteor : quod
scio, sine æmulatione participo. Quæris multa de Durachio et plura etiam quæri possunt : quis auctor urbis
illius: quæ vis nominis : an aliud nomen habuerit :
quis illud mutaverit : et cur. Horum quinque prima
duo profiteor me nescire : nec mirabere : magna est
enim non modo de aliis minoribus, sed de ipsa quoque urbium regina apud scriptores ipsumque etiam
Hyginum, atque indecisa discordia. De tertio dico quod
prius Epidamne dicta est, cuius nominis et Lucanus
meminit penultimo operis sui versu. De quarto : Romani nomen illud mutaverunt. Si causam quæris (id
enim quintum erat), *propter inauspicatum nomen*, ut
ait Plinius, quod expressius a Pomponio dictum est.
*Epidamnum*, inquit, *ante erat ; Romani nomen mutavere
quia velut in damnum ituris omen id visum est.* Hæc
ille : et revera ex Italia digressis prima Epidamne
adverso erat in litore. Hæc sunt quæ de iis novi, nisi
altius foderem. Miror autem et gaudeo aliquos tam
otiosos istic, præsertim inter studia lucrativa, ut talia
curent atque vestigent. Veniam ad negotia. Cedulæ

huius sociam unam ad Iohannem nostrum facies pervenire : alteram ad Nicolaum de Alexio ; et ut labori
meo parcam dic, quæso, Donato meo de Florentia quod
Fortuna non eum modo persequitur, sed omnes quoque
de quibus aliquid sperat. Cancellarius quasi semper ex
quo huc redii æger iacuit, necdum grabatulo se movet. Modicum licet sperare quia audio duritiem illorum : et cæterum doleo : plus non possum. Vale. Venetiis, XIII Martii : F. tuus. Si Muranum iero, quæram
quem iubes.

---

## EPISTOLA XL.

### FRANCISCUS PETRARCA NICOLAO LAURENTII TRIB. POP. ROM. S. P. D.

Allegorici somnii narratione cavere eum iubet
inimicorum insidias.

Non facile dici potest, optime vir, de eventibus
cœptorum tuorum quam sollicitus quamque suspensus
sim. Sic me Deus diligat, ut quodammodo particeps
mihi videor et periculi et laboris et gloriæ. Et revera
nec volo dissimulare, nec possum ut contumaciter
verbis disceptantium de rebus tuis quotiens Fortuna me
præsentem fecit, tuas susceperim partes. Nota loquor,
et mihi populus testis, quanto semper favore animi
quantoque studio adversus oblatrantes de tribunatus
tui iustitia et de intentione et sinceritate animi tui disserui, nec retro nec ante respiciens , nec attendens quos
sermone pungerem quos mulcrem. Multos mihi quos
conciliaveram convictu, verbis alienavi, nec miratus

sum. Sciebam enim verissimum Terentianum esse
illud, *obsequium amicos*, *veritas odium parit*, nec.multi
facere quis me accuset, si absolvit conscientia. Hæc
præfare libuit, ne forte frequentiam litterarum, et se-
dulitatem in me supervacuam mirareris : neque enim
ut absens et de longinquo finem spectans, sed in acie
media præsens sum, vel victurus ingenti prælio, vel
vincendus, ideoque et dies curis, et quies turbatur in
somnis, et dormiens et vigilans laboro, et quietem
nulla pars mihi temporis largitur. In hoc statu unum mihi
solatii genus est calamus ; ut illum in manibus habeo
tecum sum, loqui incipio non quod dictu pulchrius,
sed quod prius occurrit, neque tam coloribus sermo-
num studeo, quam ut stilo quolibet in auribus tuis
animi mei curas, et prægravatum pectus exonerem.
Quæ cum ita sint, epistolas meas sic excipies, ut ab
eis expectes potius familiare colloquium, quam dicta-
men elegans rerum tuarum. Curis anxius hoc per diem,
hoc per noctem cogito, et quoniam memoria fugax
atque volubilis est, ne confestim evanescat, litteris
eam tenacibus illaqueo, et diurnos quidem cogitatus
fero domum repetens, nocturnos mane consurgens
scribo ; neque si impetum sequerer, dies ulla sine litteris præteriret. Quid autem de te proxima nocte
nescio an pervigil, an semisopitus cogitaverim, an viderim dicam. Videbar te videre in medio et altissimo
mundi loco tam supremo prærupti montis vertice, ut
prope cœlum tangeres. Quidquid de nostris montibus
videram, quidquid de peregrinis audieram seu legeram,
planities deiecta videbatur ; ipse cantatus utriusque
linguæ vatibus Olympus humillimus collis erat ; nubes

longe sub pedibus, sol non multo super verticem ferebatur. Caterva te virorum fortium stipabat, tu medius
et cunctis sublimior sedebas radianti solio, tanto mortali specie augustior atque fulgentior, ut ipsi et Phœbo
movisse videreris invidiam. Volvebar in circuitu, et
ecce tantus populus sub oculis meis erat, ut eum nec
metiri animo possem, et quasi præ stupore deficerem.
Percunctabar attonitus unum ex iis qui proximi con-
stiterant quidnam miri quidve præstigii viderem ; neque enim reor unquam potuisse vigesimam illius populi partem terras incolere. Nec fallebaris ; respondit
ille; non enim hic præsentis tantum sed omnis venturi
ævi populum convenisse noveris, illius imperio in cuius
manu omnis mundi pars, omne genus hominum, omnis
temporum cursus est. Et quid hic? Nunquam homines
tam intenti fuerunt. Eventum, inquit, viri illius expectant (et ad te oculos erexit), de quo, ut vides, non
terra solum sed cœlum ipsum atque astra dissentiunt.
Et his addidit : audis ne murmur æthereum? Intendi
aurem, et ecce velut adventante procella tonitruum raucum de nube longinqua. Mars, inquit, fulmen minatur,
sed Iupiter est tranquillus. Et quid putas, inquam : quis
huius tantæ expectationis exitus? Deus, inquit, solus
novit. Sed quisquis erit latere non poterit nec sileri ;
omnis hic populus semper meminerit et loquetur.
Quantum tamen humanis coniecturis prævidere licet,
vivax et perennis erit huius viri gloria, modo ventos
non timeat ; nec timebit. Quid enim metuat cui fixum
sit, si oporteat, pro virtute mori? Unum vereor, ne
quorumdam ex eis, qui secum in eiusdem cacumine
montis sunt, fides titubet, oblique nimis aliena cernen-

tium, eorum scilicet qui ad præeminentiam non rectis tramitibus aspirant, et destructo illo, se solium eius invasuros putant. Sed falluntur. Si inde sibi caverit tutus erit. Heu! inquam, ulli ne hominum tam ferox inhumanitas sit, ut quo duce ad tantum gloriæ culmen ascenderit, de illius cogitet ruina? Quid, Deus bone, amentiæ, quid furoris sospitatorem suum non ut se ipsum salvum cupere? Quid autem illi, si unus hic (quod Omnipotens avertat) rueret, quid agent? Quo duce consistent? Uno verbo : quo usque miseri nos, præcipites post ipsum ruent. Sic enim, inquit, livor, quo in orbem terrarum mors introiit, cœcus est, nec dum dolore impulsus alteri nocet, sua damna circumspicit. Melius tamen spero evasurum omnes Fortunæ laqueos, quia cum illo Deus est. Post hoc audiendi avidum linquebat. Ego autem manu præhendens quo, inquam, properas? Nocte, inquit, fugiente festino.... Et ego : hoc saltem mihi ne subtrahas : quis hominem hunc tam alte labor extulit, quod studium, quæ Fortuna? At ille Virgiliano versiculo elegantissimo fretus in tempore : ex paucis, inquit, est

quos æquus amavit
Iupiter aut ardens evexit ad æthera virtus.

Hoc dicens, aurora iam rutilante, disparuit. Et ego vel ad me reversus vel experrectus sum. Vale, vindex libertatis unice.

Magistro Iohanni excellentiæ tuæ nuncio testis ego sum, testis Curia, testis est veritas tanta cum fide in tuis et reipublicæ negotiis se gessisse, ut princi-

pali laude, et honore, nisi fallor, et gratia dignus sit.
Quod, etsi me tacente noveris, tamen credidi non ta-
cendum.

———

## EPISTOLA XLI.

FRANCISCUS PETRARCA PHILIPPO CARD. EPISCOPO SABINENSI
S. P. D.

Commendat ei Iohannem Aretinum.

Non sum oblitus, reverendissime pater et domine mi, dum novissime pro duobus paternitati vestræ
scriberem, quod vobiscum pepigi, ut vos de pluribus
non gravarem; et nunc, domine mi, quamvis ser Iohannes de Arectio præsentium lator sit mihi carissimus,
et suæ virtutis intuitu et respectu originis quæ illi
communis est mecum, propter omnes communiter
cives urbis illius quos valde diligo, meorum civium
gratia qui me antequam nascerer exceperunt, non
tamen auderem pro ipso vobis scribere, ne fœdifragus
dici possem, nisi ad scribendum me non minus vestri
quam ipsius respectus induceret. Ipse enim, nisi me
amor fallit, iuvenis bonus est, et bonus scriptor, et
dictator non solum bonus, sed super communem modum, si quid de talibus novi. Qui sæpe iam litteras misit
elegantes dominus Cardinalis novus de Ursinis requi-
sivit eum instanter ut secum iret ad Curiam non parva
sub spe, sed iste qui non libenter novo cum domino
de Italia exibat, recusavit. Ego autem qui sufficientiam
eius et mores nosse mihi videor, audito desiderio eius
ad vos veniendi, ad quod eum clara fama vestræ vir-

tutis illexit, et cogitans quod si vobis placeat ipsum experiri, erit homo pro vobis, et talis quod eum ubi nosse cœperitis non libenter abire permitteretis, non consensi tantummodo, sed suasi ut ad vestræ dominationis præsentiam se conferret, supplicans reverenter ut eum probare dignemini : et, si talis est qualem dico, quod vobis visum fuerit facietis. Multa, mi domine, potestis et multa habetis facere, et multorum fideli opera indigetis, et ad tanta negotia pauci reperiuntur idonei. Hæc hactenus. De me autem nil aliud dico, nisi quod inter summa et extrema animi mei desideria est, ut vos revideam antequam moriar. Christus vos promoveat et conservet in gratia sua.

Paduæ, IX Februarii.

## EPISTOLA XLII.

### FRANCISCUS PETRARCA NICOLAO LAURENTII TRIB. POP. ROM.
### S. P. D.

Vallis Clausæ amœnitatem describit. Eglogam de rebus ab eo gestis a se compositam mittit, et arcanam eiusdem significationem pandit.

Nuper ex procellis huius Curiæ, quæ Romana dicitur, inter quas ægre iam senior nauta, sed adhuc rudis et inexpertus navigo, in solitudinis assuetæ portum fugiens de Avenione Vallem clausam ex re nuncupatam petii. Locus est XV passuum millibus ab hac turbulentissima civitate et sinistra Rhodani ripa semotus, adeo tamen hoc tam parvo spatio dissimilis, ut ab ultimo occidente in extremos solis ortus transiisse videar, quotiens hinc digrediens illuc pergo. Nihil simile præter cœlum: alter hominum, alter aquarum, alter terrarum habitus surgit. Hic Sorgia inter clarissimos atque pergelidos fluvios numerandus et crystallinis undis et smaragdeo alvei nitore spectabilis, et sine exemplo vicissitudine modo tumentis, modo silentis fontis insignitus, quem miror a Plinio Secundo positum inter memorabilia provinciæ Narbonensis : in Arelatensi enim est. Rus hic est ubi me extra Italiæ fines adamantinæ necessitatis laquei morantur, studiis meis aptissimum, matutinis simul et vespertinis umbris collium, et apricis vallium recessibus ac late tranquilla solitudine, in qua plura ferarum videas, quam hominum vestigia, magno præterea perpetuoque silentio, nisi quatenus fugientis aquæ murmur, aut pascentium in ripis mugitus boum, et cantus volucrum audiuntur, de quo plura dicerem, nisi quod locus ille propter raras naturæ suæ dotes iampridem longe lateque meis carminibus notus est. Illuc igitur cum avide fugissem tum ut aliquantisper animum et aures fessas urbanis tumultibus recrearem, tum ut aliquibus cœptis meis, quibus premor ac prægravor, supremam imponerem manum, ipsa silvarum facies hortata est ut silvestre aliquid et incultum canerem. Igitur ad carmen bucolicum quod æstate altera eadem valle cecineram, unum capitulum, sive, ut in re poetica non nisi poeticis utar verbis, eglogam unam addidi, et quoniam illius lege carminis silvas exire prohibeor, duos pastores eosdem germanos fratres colloquentes feci, quod tibi, vir studiosissime, multiplicum curarum tuarum solatio transmisi. Sed quia natura huius generis scriptorum hæc est ut, nisi illo ipso qui edidit expo-

nente, divinari possit sensus eorum forsitan, sed
omnino non possit intelligi, ne te summis Reipublicæ
factis intentum, cogam unius pastoris scilicet verbis
intendere, ac ne in nugis meis vel momento temporis
divinum illud occupetur ingenium, paucis tibi pate-
faciam propositi mei summam. Duo quidam pastores
duo sunt civium genera in eadem urbe habitantium, sed
de eadem Republica longe discordantium; alter est Mar-
tius, hoc est bellicosus et inquietus, seu a Marte, quem
conditoris nostri parentem finxit antiquitas, nominatus,
erga genitricem pius et sibi compatiens. Genitrix autem
Roma est. Alter frater eius est Apicius, quem magistrum
coquinæ novimus, per quem voluptatibus et inertiæ
deditos licet intelligere. Inter hos ibi de pietate vetustæ
matri debita magna contentio est super restituenda
præsertim domo eius antiqua, quæ domus Capitolium
est, et ponte, quo rus suum petere solebat, qui pons
Milvius est, super rivum, hoc est Tiberim ex alto
Apennini vertice descendentem. Iter illud ad veteres
hortos et ad Saturni dómos, hoc est ad Hortanam civitatem veterem, ac Sutrium ducit, et ad umbrosa
Tempe ; hoc est ad Umbriam, in qua est Narnia et
Tudertum et aliæ multæ, et ulterius in Tusciam, cuius
populos a Lydorum gente profectos esse non ignoras.
Pastor autem, de quo illo loco fit mentio, qui fures in
ponte reperit et occidit, Marcus Tullius Cicero est,
qui ut nosti, super pontem Milvium coniurationem
reperit Catilinæ. Bene pastor, quod Consul : bene
argutus propter eloquentiæ principatum. Silva quidem cui pontis ruina damnosa est, et grex parva,
est Populus Romanus. Coniuges et filii, quibus neglecta

matre studet Apicius, terræ et eorum vassalli sunt.
Antra autem quæ nominantur, arces sunt potentium,
quarum fiducia calamitatibus publicis insultabant. Vult
autem Apicius non refici Capitolium, sed Romam lacerari, et in duas partes discerpi, ut alterne nunc
apud hos, nunc apud illos summa rerum sit. Alter ad
unitatem nititur, et in eo quod ad refectionem Capitolii maternas etiam divitias commemorat, vult intelligere Romam adhuc potentem, si filios habeat unanimes, quæ scilicet et oves et iuvencos pascit, plebem
scilicet humilem et populum fortiorem. Inter cæteras
autem fortunæ prioris reliquias et salis occulti meminit, per quem licet simpliciter publicos ex sale redditus, qui ut audio magni sunt, possimus accipere;
melius tamen accipe sapientiam Romanorum diutius
metu tyrannidis occultatam. Qua de re sic altercan-
tibus, volucer supervenit, hoc est Fama *malum quo*
*non aliud velocius ullum*, ut ait Maro. Is volucer curas
eorum vanas arguit et iurgia superflua, nuncians
ipsos a matre abdicatos, iuniorem fratrem matris consensu domos erigere, silvas regere, eisque silentium
indicere, gregibus animalium canentem dulciter, hoc
est leges iustissimas ferentem et nociva repellentem.
In quibus sub ferarum vocabulo quorumdam ex tyrannis vel nomina, vel naturas, vel armorum signa
recondidi. Frater iste iunior hactenus es tu. Cætera
clara sunt. Vale mei memor, vir illustris.

## EPISTOLA XLIII.

FRANCISCUS PETRARCA BENINTENDIO S. P. D.

Rogat ut Senatum Reipublicæ Venetæ suadeat bibliothecæ suæ
donum accepto habere.

Omnis, ut arbitror, inter nos gratiarum actio
deinceps supervacua est. Eo enim amicitiæ progressi
sumus, ut quod mihi facis tibi facias. Egisse te meis
in rebus, quæ sunt tuæ, quod in propriis ageres scio,
et fortassis eo amplius quo generosa mens ad amicitiæ nomen altius expergisci et stimulis ardentio-
ribus agi solet. De eventu viderit non Fortuna, sed
Fortunæ Dominus qui mihi hunc tibique illum dedit
animum, ut et hoc ego velle inciperem, et tu pium hoc
propositum adiuvares; quod si optato successerit, erit
ni fallor, tibi ac posteris tuæque reipublicæ, non audeo
dicere gloriosum, sed secure dixerim ad gloriam via.
Multæ enim, magnæ et præclaræ res ex non maioribus
initiis prodiere. Mihi equidem bonæ voluntatis candida
et illimis conscientia satis est, quæ se utinam tempestivius obtulisset, dum scilicet anima illa sanctissima
summæ rerum præerat, quæ quantum hinc gavisura
fuerit ipse qui eam plane noras æstima. Certe ego
illam nunc de cælo gaudere super his quæ inter nos
aguntur, et rei exitum expectare (quid loquor?), imo
vero iam præsentem spectare non sum dubius non tam
æquo sed læto animo ferentem, quod cum sibi omnes
virtutis et gloriæ titulos in cœlum auferre contigerit,
quantum nescio an ulli unquam Venetorum Ducum,

bibliothecæ decus publicæ successori suo quarto, et viro et duci optimo atque fortissimo communisque status amantissimo reservatum sit ; quamvis, ut mihi apparet, admiratione non.careat quod res talis altius quam illius tempore non inciderit. Sed sic est ut quæque cogitaris aggredi liceat, cogitare autem nihil queas antequam cogites ; sic in rebus hominum cogitatio prima est. Præit illa ferme omnia quæ agimus, illam nihil : et quærentibus cur non hoc aut illud ante cogitaveris, ipsa eadem interrogatione responsum est. Si prius fuisset, prius, fateor, his te curis involvissem. Sed nunc etiam tempus adest, ni respuitur. Verbum est summum imperatoris sæpe mihi usurpatum : *satis cito fieri quidquid satis bene fit.* Restat illud Comicum : *ne quid nimis.* Nolo nimium labores. Nolo defatigeris, exercere te velim, non afficere. Profecto autem qui in re qualibet omne quod potest facit, lassitudini proximus sit oportet. Fac ergo quod satis est, et quæ modestiam nostram decent. Non petimus propter quod importunitatis aut tædii suffragio opus sit : nisi nos amor urgeret, rogandi essemus. Perinde sine rem sibi, nec tibi nec alteri sis molestus. Senum nostrorum est proverbium ; magnas res per se ipsas fieri. Sæpe longum iter egit melius qui lentius. Nosti mores populorum, et quid velim vides. Vale virûm optime.

Patavii, V kalendas Septembris.

## EPISTOLA XLIV.

FRANCISCUS PETRARCA FRANCISCO PRIORI SS. APOSTOLORUM
S. P. D.

Blateronis importuni faceta descriptio.

Onerabo te litteris, obruam te papyro, non sinam
te aliud legere quam nugas meas, nullum respirandi
spatium dabo. Comminatus sive pollicitus eram tibi
breviores deinceps epistolas meas fore, quod occupa-
tioni nostræ debitum erat, ne dicam fastidio eorum,
quibus omnia sunt prolixa, nisi quæ hebes atque insolens eloquentiæ suæ forceps absciderit. Nunc, ut
video, multiplicant et crescunt : nil amicitia loquacius :
amicorum colloquio nulla enim brevis' nox, nullus non
angustus dies fuit ; cupidum dum convenerit amicorum
par, improvise fugiunt horæ ; non loquentibus tempus,
non ambulantibus rura sufficiunt ; non gelu non æstus
non fames non lassitudo sentitur :

Omnia vincit amor.

Duo sunt bene instituti animi solatia : litterarum otium,
et fidelis amicitia. Duo tædia : occupatio et turba ; ultimum in urbibus, primum illud optime in solitudine et
in Helicone nostro semper experior ; sive mane solus
in silvas ierim, sive dulcis intervenerit amicus, nullus
est finis, non prius obire solem quam abiisse per-
pendo : sin vespertina congressio est, non axem flecti,
non stellas labi sentio, denique non fugam noctis intelligo, nisi solis adventu. Ego quidem perlibenter sum
tecum : non unquam præsentior es mihi quam dum

vel te alloquor vel loquentem audio. Hinc et epistolarum tuarum ista cupiditas, et prolixitas mearum. Invitus enim avellor ; alloquor te dum scribo, audio te
dum epistolas tuas lego; utrobique te audio, tecum
sum. Hodie sane quia serium nihil erat, et intermis-
siones occupatis animis non minus quam exhaustis
agris utiles esse solent, aures magnis rebus parumper
ablatas non inamœno ridiculo præstabis. Neophytus
quidem ille, quem hactenus nesciebam, eo quod literas
tuas illum loquentes de manibus non suis acceperam,
eo ipso die dum forte huius sociam scriberem ad me
venit, cum vestibulum prius atque atrium totamque
domum verbis implesset. Nihil motus (ab assuetis
enim non fit passio) excipio hominem vultu quam
animo lætiore, non quod aut me etiam intermissio non
delectet, aut hospitem non amem, sed quia tempore
minus idoneo obambulans, et nescio unde rediens,
melioribus curis non satis opportunus incessisse videretur. Quid multa ? Concedimus. Incipit ille de inexhausto fonte verborum, immo vero continuat, iam
enim antequam limen attigisset inceperat.

> Demitto auriculas ut iniquæ mentis asellus ,
> Cum gravius dorso subit onus.

Ille mox urgebat, instare, linguæ fustibus ad pistri-
num agere : ego autem nihil, nisi quod dum ille mihi
linguam suam, ego sibi aures meas accomodo. Ita
illinc loquendo hinc tacendo impari pugna conseritur.
Dum in hoc statu res essent, hortari illum incipio
subducat equum, seque familiari prandio, cuius iam
tempus instaret, æquum præbeat. Ille autem ad hæc

surdus, sed non mutus ad propria cœpti sermonis
torrente profluebat. Multa de te in primis : quam mihi,
quam illi itidem amicus. Mirari cœpi .quisnam iste
Dionysius qui nobis quoque tertius accessisset, Da-
monis aut Pitiæ moribus simile nihil habens, nec satis
intelligere unde ille te nosceret. De me enim non
miror. Ab extrema infantia nescio quo sidere hæc me
lingua persequitur, nec mutasse climata et effugisse
patriam me iuvat. In te nostra omnis admiratio, ut
nobis non animus modo, sed fatum idem, ut euntibus
via sacra, Bolanus idem semper obvius ; quibus enim
ad te ille tramitibus penetrasset incertus eram, nec
memineram me illi aditum præbuisse. Cum enim ante
aliquot menses ille mihi sub ardentissimo sole pulve-
rulento et arcto quodam loco occurrisset, meque confestim ex more verbis aggressus esset, nec spes
opis superesset aut fugæ, sed hinc sol, hinc pulvis,
hinc cicadæ, hinc Bolanus iste certaret, quid facerem?
Iubebat ille aliquid sibi committi in patriam ad amicos ; negabam ego commisso opus esse ; ille transverso quadrupede, occupatis angustiis obstabat. Cœpi
consilium ex tempore, utique te meis verbis salutaret
imposui : ita contentus ille ministerio cessit, et ego e
manibus amici hostis evasi, ratus id verbum quod
mihi elapsum esset, nequaquam tanto studio colligen-
dum servandumque. Sed verborum impiger agricola
loquendi semen oblatum non tam sterilibus sulcis
mandat, quin tamen centesimum fructum ferat : sic
sementis exiguæ copiosissimam messem referens capax
·horreum patulæ auris impleverat,

Multa super Priamo cumulans super Hectore multa ;

III.    ✓                                 27

super te autem ante alios quæ stilo quolibet ad me
perlata mulcebant ; cætera vero rancidiora de se ipso,
de amicis, de cognatis, de affinibus, de vernaculis,
de clientulis, omnique sodalitio, de universa familia :
quid germana, quid neptis, quid vicinæ omnes age-
reat ; postremo de canibus ac lupis, de leone patrio,
de tota Republica, de præside provinciæ, de primo-
ribus populi, de sterilitate annua, et de innumerabilibus aliis quæ memoriam vincunt, ut non minus ego
quam apud Milonem suum Apuleius posset, si nox
esset, non modo somnolentus balbutire sed stertere,
cœnatusque solis fabulis cubitum ire ; dum ecce cocus
increpitans horam prandii transire denunciat. Nihil
ille lentescere, sed enixe quemdam excusare quod
litteras ad me tuas quas afferre debuerat promisisset,
nuncii celeritate fortuiti, festinationi tuæ consulueris.
Nec dum talia dicente illo (oh! segne cerebellum), subi-
bat animum quid præsagii esset ; ita mihi persuase-
ram illum in somnio fabulare. Inde cum miris modis
obtunderet, ut iam in labiis esset illud Horatii :

Confice, namque instat mihi fatum triste,

subito expergiscor, tacitusque respicio ut noti nova
forma viri, ut religio sine litteris, ut cætera omnia
quæ epistolæ convenirent tuæ, simulque ad me ipsum
redeo , et mecum : posset ne is esse Neophytus quem
mihi pridie meus ille sapidissimo sale descripse-
rat? Ille est haud dubie. En rudis et nova religio,
en illa verborum largitas : singula conveniunt ; ille
est. Talia cogitantem tantus risus arripuit, ut nec rationis fræno, nec commorsicatis digitis, nec ulla medi-

tatione dolendarum rerum cohibere potui : tum liquido
expertus sum esse, ut aiunt, affecti animi motus indomitos. Ut vero ridentem ille me vidit, quæsivit, quid
rei esset admirans : ingenio impigro erat opus; nec
enim consultandi quid loquerer spatium inopina res
dabat : ex improviso respondendum erat : verum enim
vero ex hominis habitu materiam responsionis arripio,
et heus, inquam, quis non stupens rideat qui te meminerit armorum gloria paulo ante clarissimum, eumdemque nunc videat tanta gratia religionis insignem
utramque vitæ viam multum diversis studiis brevis
spatio temporis honestasse? Lætari præconio visus
est, et rauco plausu titulum bellicæ laudis amplecti
seque protinus in talos attollere, quo grandiusculi formam bellatoris indueret. Hæc inter discubuimus, ille
plenus lætitia cibo feriari contentus, bibere et loqui,
ego autem satis habui audire et silere, et vicissim
erumpenti cachinno fræna substringere, cum totus
non nisi de re militari sermo esset, qualiter arma
movenda, qualiter feriendus hostis, qualiter declinan-
dus. Phormionem illum diceres, nisi quod ego Hannibal non eram : cæterum nostri quoque seniculi mirus
fervor, et inexhausta copia peregrinæ materiæ. Singula nutu quidem approbabam, nam nec loqui poteram, nec si possem, ille permitteret : sic totus ille
transiisset dies, nisi publicum horologium, quo ultimo
invento per omnes fere iam Cisalpinæ Galliæ civitates
metimur tempora, prælium diremisset ; admonitus
enim diem ire, surrexit. Ego illum ad limen cum pueris
prosecutus sum, et egregium bellatorem vix omnes
sustulimus in tergum equi, cui ad capellæ squallentis

effigiem præter cornua nihil desit, cum interea nil
nisi rei militaris epilogum loqueretur. Quid te in verbis teneo? Vix tandem inde divulsus est. Nescio
historiæ finem : nutantes ruinamque minitantes abierunt, neque compertum habeo in quam foveam equus
sessorque ceciderint. Quod extremum petiit fuit ut
per me tibi, per te familiæ eius innotesceret eum huc
corpore quidem, ut ipse ait, ut ego testificor, lingua,
incolumem pervenisse. Vale.

## EPISTOLA XLV.

### FRANCISCUS PETRARCA IACOBO FLORENTINO S. P. D.

Mittit Orationem M. Tullii Ciceronis pro Archia poeta, tresque alias
petit ab eo, cui Philippicas iamdiu acceptas quamprimum se
redditurum spondet.

Orationem Tullianam pro Licinio Archia, quàm
pollicitus sum tibi, præsentem mitto refertam miris
poetarum laudibus. Iuvabit puto fide digno teste cognoscere, quod studiis quibus delectamur præco ingens et præclarissimus Orator accesserit, cuius rei
admonuisse te velim, ut rem licet parvam in pretio
habeas. Neve pro una tres eiusdem oratoris remisisse
te pigeat, quas fateor ipse mecum detulissem, et sicut
uno, sic duobus te libris uno tempore spoliassem per
fiduciam, nisi propere Philippicas dimisissem, neque
id eo proposito ut eis perpetuo careres, sed ut accuratius et littera floridiore transcriptas ad te quamprimum remitterem. Ego enim usque adeo vetustati

oculos assuefeci ut novam scripturam qualemcumque fastidiam. Super hoc nihil amplius. Tuus sum et Lapum meum lappis tenacissimis amoris obsitum fuisse nunc sentio, a quo divelli nequeo. Sic te semel complexus animo inhæreo. Feliciter vale.

Franciscus Petracch. tuus.

Parmæ, octavo Idus Ianuarii festinanter valde.

---

## EPISTOLA XLVI.

### FRANCISCUS PETRARCA MODIO PARMENSI S. P. D.

Gratulatur adventum eius, et de villa sua quam Linterni nomine designat, itemque de altera inter colles Euganeos nonnulla innuit.

Amantissime Modi. Perfudisti me stupore et gaudio dum audivi te tam prope esse, quem longe absentem æstimabam. Et quid tibi vis dicam? Mille res haberem scribere : tempus vetat et spes te de proximo videndi. Si enim dominus venit, ut fama est, sequar eum statim aliquot dies, si dabitur, tranquillos rure acturus, cuius etymologiam tibi committo. Ego quidem Linternum dicere soleo, paratus tamen in hoc te ut in multis sequi. Utinam vero tibi possem ostendere Helicona alterum, quem tibi et Musis Euganeo in colle congessi! nunquam credo inde velles abscedere. Non sum nunc aliud dicturus, nisi ut si forte me non viso abires, recommendes me dominæ meæ carissimæ, quæ non dubito de me queritur ; sed Christum testor, segnities et tarditas quædam naturalis, et annis aucta me detinet, non mutatio affectus. Vale felix nostri memor.

Franciscus tuus.

Papiæ, 20 Iunii ad vesperam raptim.

## EPISTOLA XLVII.

FRANCISCUS PETRARCA FRANCISCO BRUNO S. P. D.

Commendat ei presbyterum ad Pontificem euntem.

Prædilecte frater, casus fuit ut cum satis multa
per alterius manus ad te ventura scripsissem, iterum
mihi in manus calamum necessitas honesta reponeret.
Siquidem lator præsentium presbyter N. plebanus etc.
et domini capitanei cappellanus cum præfato domino
suo ad dominum nostrum venit. Est autem vir, ut mihi
dicitur, bonus et in suo genere singularis, propter
quod inter tam multos ad tantum officium præelectus
est, quibusdam quoque mihi venerabilibus ac dilectis
carus admodum et acceptus; quibus cum notum esset,
quod hic paucis bonis est incognitum, quanta scilicet
inter nos sit identitas animorum, optarunt ut ad te
commendatorias litteras meas ferret, ad quas non difficilis fui, quia et amicis talibus nil negare didici, et
apud bonum pro bonis intercessionem favorabilem
reor. Fave illi, quæso, qua potes : rem mihi feceris
gratissimam. Vale.

## EPISTOLA XLVIII.

FRANCISCUS PETRARCA NICOLAO LAURENTII
ET POPULO ROMANO.

Hæc est, quam vocant *hortatoriam*, epistola ad libertatem
Romanæ Reipublicæ tuendam.

Primum ne tibi, Vir magnanime, pro tantarum
rerum gloria, an liberatæ patriæ civibus pro tuis erga

illos meritis et felicissimo successu libertatis gratuler
incertus sum. Utrisque pariter gratulor, utrosque simul
alloquar, neque quos tam coniunctos rebus ipsis video
sermone disiungam? Sed quibus interim verbis utar
5 in tam repentino tamque inopinato gaudio? Quibus
votis exultantis animi motus explicem? Usitata sorde-
scunt, inusitata non audeo. Furabor me tantisper occupationibus meis, et Homerico stilo dignissimos cogitatus, quod penuria temporis hortatur, tumultuaria
10 complectar oratione. Libertas in medio vestrum est,
qua nihil dulcius, nihil optabilius nunquam certius
quam perdendo cognoscitur. Hoc tamen grandi bono
et experimento tot annorum cognito læte, sobrie, modeste tranquilleque fruamini, gratias agentes talium
15 munerum largitori Deo, qui nondum sacrosanctissimæ
suæ Urbis oblitus est, et eam servam diutius spectare
non potuit, apud quam terrarum orbis imperium col-
locarat. Itaque, viri fortes, et virorum fortium successores, si cum libertate sana mens rediit, non prius
20 hanc quam vitam deserendam sibi quisque pro se
cogitet, sine qua vita ludibrium est. Præteritam servitutem ante oculos assidue revocate; sic etenim, nisi
fallor, erit præsens aliquanto etiam quam vita carior
libertas, ut si alterutro carendum sit, reperiri valeat
25 nemo, cui modo supersit quidquam Romani sanguinis,
qui non malit in libertate mori, quam in servitute vivere. Elapsus hamo piscis quidquid in undis internatat
metuit; excussa faucibus luporum ovis glaucos eminus
horret canes: explicita visco volucris tuta etiam ar-
30 busta formidat. Et vos, mihi credite, inescati hami
falsæ spei blanditiis, et vos pestiferæ consuetudinis

viscum, et vos famelici luporum greges obsident. Cir-
cumspicite vigilantibus animis, et videte ut quidquid
omnino cogitatis quidquid agitis libertatem sapiat. Ad
hanc unam curæ vigiliæque vestræ, ad hanc omnes
5 omnium pertineant actiones ; quidquid præter hanc
agitur vel irreparabilem iacturam temporis, vel insidias
æstimate. Amor immeritus quem ad tyrannos vestros
longo usu forsitan concepistis, et affectionis indignæ
memoria omnis ex pectoribus vestris excidat. Et ser-
10 vus superbum dominum ad tempus colit, et clausa
possessori suo avis alludit, et ille si liceat catenas
excutiet, et hæc si detur exitus, cupido fugiet volatu.
Servistis, clarissimi cives, quibus omnes nationes
servire consueverant, et quorum sub pedibus reges
15 erant sub paucorum tyrannide iacuistis ; quodque ad
doloris accedit et pudoris cumulum, adventitios et alie-
nigenas dominos habuistis. Decoris vestri fortuna-
rumque raptores, libertatis eversores dinumerate,
singulorum origines recensete. Hunc vallis Spoletana,
20 illum Rhenus aut Rhodanus aut aliquis ignobilis terrarum angulus misit ; ille vinctis post tergum manibus
ductus in triumpho repente de captivo factus est civis,
immo vero non civis sed tyrannus, ut minime mirandum sit, si talibus urbs Roma, si gloria, si libertas,
25 denique si sanguis vester invisus est, dum antiquam
patriam, dum propriæ servitutis ignominiam, dum
campis effusum sanguinem recordantur. Illud potius
miror unde vel vobis tam longa patientia viris Romanis et armatis, vel illis tam intolleranda superbia?
30 Quid enim præcipuum cur tantopere sibi placeant
habent? Quibus inflantur et efferuntur flatibus virtu-

tibusve, quarum nullum genus hominum pauperius
usquam est? An ex superabundantibus divitiis, quæ
sine furtis ac rapinis sedare famem nequeunt? An ingenti potentia, quæ mox ut vos viri esse cœperitis,
5 nulla erit? An claritate nominis vel sanguinis et fur-
tivo forsan aut præcario domicilio gloriari possunt?
Quid est autem cur Romana prosapia glorientur? Im-
pudentissime tamen id faciunt, et quia diu se Romanos
esse mentiti sunt, ceu mendacio præscripserint, iam
10 Romani sibi videntur, quodve utrum risu an lachrimis
prosequendum sit nescio (nam Romanorum civium
viluit nomen), non Romani cives, sed Romani principes
appellantur. Sed minus indignor dum eos etiam humanitatis oblitos video. Non enim iampridem eo vesaniæ
15 perventum est, ut non homines sed dominos dici velint. Proh nefas! In qua urbe divus Cæsar Augustus, mundi rector ac regnorum omnium moderator
edicto vetuit se dóminum dici, in ea nunc mendici
fures gravi se iniuria affectos putant, nisi domini vo-
20 centur. Oh miserabilem fortunæ vertiginem, oh mutationem temporis inauditam! Discutiantur umbræ, pel-
lantur errores, perveniatur ad verum. Utrum homines
ii sint totius rationis expertes viderint qui definitio-
nibus rerum student: utrum domini, vos, quorum res
25 agitur, videritis, dum memineritis in eadem urbe illos
simul dominos et vos liberos esse non posse. Quod
unum definire meum est, certe Romani homines non
sunt. Horum omnium, quos inani nobilitatis titulo tam
fastidiosos videbatis, undecumque venerint, quolibet
30 infelici vento delati sint, quæcumque illos miserit barbaries, quamvis foro vestro obversarentur, quamvis

stipati satellitum turbis in Capitolium ascenderent,
quamvis superbo gressu Romanorum illustrium cineribus insultarent, nemo non peregrinus erat, et ut ait
Satyricus :

> Nuper in hanc urbem pedibus qui venerat albis :

verificatumque est illud alterius poetæ :

> Solatia tanti
> Perdit Roma mali, nullos admittere reges,
> Sed civi servire suo.

Vobis vel illud utinam solamen miseriæ contigisset,
ut uni saltem seu civi seu regi, et non pluribus simul
externis prædonibus serviretis. Sed verum est quod
dixisse traditur ille famosissimus olim Romani generis
hostis Hannibal, præterita magis reprehendi posse
quam corrigi ; ideoque ne amplius urgeam, neu transacta vobis exprobrem, quin potius ut aliquid pudori
vestro velamentum præbeam, fuerunt et maiores vestri sub regibus, iisque non semper Romanæ, sed
nunc Sabinæ nunc Corinthiæ, (sic) quibusdam et, si
credere libeat, servilis originis. Verum ut prospera
sic adversa fortuna suum finem habet, et illorum et
vestræ libertati defensor insperatus adfuit, et suum
Brutum utraque tulit ætas. Tres iam hinc ex ordine
celebrantur Bruti : primus qui Superbum regem expu-
lit : secundus qui Iulium Cæsarem interfecit : tertius
qui nostri temporis tyrannos et exilio et morte persequitur : in hoc ambobus similis, quod geminæ laudis
materiam, quam inter se alii duo unitam dividunt, iste
totam occupet ; priori tamen quadam morum ac propositi occultatione similior ; iuvenis uterque, longe

alius ingenio, quam cuius simulationem induerat, ut
sub hoc obtentu liberator ille Populi Romani animo
latens aperiretur tempore suo. Et illius quidem veteris Livius princeps historiæ, huius autem vestri
experientia testis est. Ille regibus, hic tyrannis contemptus primum, postea formidabilis; illum legitis,
hunc vidistis despectum ab hominibus, quibus æquo
iure vivere cum civibus extrema servitus, quibus
nihil nisi iniustum atque insolens videtur esse posse
magnificum : illi humilitatem viri huius contemnebant
atque calcabant, sub qua tamen magnus animus interim tegebatur. Testis ego sibi sum semper eum, hoc
quod tandem peperit, sub præcordiis habuisse : sed
tempus idoneum expectabat, quod ubi adfuit, nihilo
segnius primo arripuit. Eductum corde Lucretiæ cul-
trum tenens nihilo utilius ille concivibus tunc suis
libertatem reddidit quam iste nunc vobis. Hoc interfuit,
quod illorum patientia unius indignitate sceleris, vestra innumerabilibus flagitiis atque intollerabilibus
iniuriis victa est. Pro quibus sanguinem vestrum totiens fudistis, quos vestris patrimoniis aluistis, quos
publica inopia ad privatas copias extulistis, ii neque
vos libertate dignos iudicarunt, et laceratas Reipublicæ
reliquias, carptim in speluncis et infandis latrocinii sui
penetralibus congesserunt; nec pudor apud gentes
vulgandi facinoris, aut infelicis patriæ miseratio pie-
tasque continuit, quo minus post impie spoliata Dei tem-
pla, occupatas arces, opes publicas, regiones urbis,
atque honores magistratuum inter se divisos, qua una
in re turbulenti ac seditiosi homines et totius reliquæ
vitæ consiliis ac ratione discordes inhumani fœderis

stupenda societate convenerant, in pontes et mœnia, atque immeritos lapides desævirent. Denique post vi vel senio collapsa palatia, quæ quondam ingentes tenuerunt viri, post diruptos arcus triumphales, unde maiores horum forsitan corruerunt, de ipsius vetustatis ac propriæ impietatis fragminibus vilem quæstum turpi mercimonio captare non puduit. Itaque nunc heu dolor! heu scelus indignum! de vestris marmoreis columnis, de liminibus templorum, ad quæ nuper ex toto orbe concursus devotissimus fiebat, de imaginibus sepulcrorum, sub quibus patrum vestrorum venerabilis cinis erat, ut reliqua sileam, desidiosa Neapolis adornatur. Sic paulatim ruinæ ipsæ deficiunt, ingens testimonium magnitudinis antiquorum. Et vos tot millia virorum fortium coram paucis latrunculis non aliter quam in capta urbe crassantibus, ceu totidem non tam servi quam pecora, cum publicæ matris membra discerperent, siluistis: nimirum enim super vos sortes fecerant, quis huic, quis illi cederet in prædam; et quod imbelli civitati Athenarum miramur et indignamur obtigisse, cum legimus eam ornamentis suis omnibus et luminibus orbatam ad triginta tyrannorum arbitrium pervenisse, hoc in urbe Roma domitrice urbium ac terrarum domina, sublimis adhuc Imperii et summi Pontificatus titulis illustrata, potuisse contingere, ut non multo plurium, forte etiam paucorum tyrannorum libidinibus subiaceret, nemo quidem usque ad hoc tempus qui satis indignaretur inventus est. Quis illorum, precor, unquam a vobis servili aliquo, nisi eodem sordido contentus obsequio fuit? Servis paulo altioribus, ipsisque iumentis parcitur, etsi non

eorum caritate, at saltem damni metu: vobis quis
perpercit unquam? Quis non unumquemque hieme et
nocte media, dum ubertim pluit aut fulminat, caræ
gremio coniugis avulsum, vel in periculum mortis
misit, vel nivosis montibus et limosis paludibus ceu
vile mancipium circumduxit? Experrecti tandem ex
tam gravi sopore videmini, ideoque si præteritarum
feritatum pudet ac pœnitet, aciem mentis acriter adversus omnes casus exacuite, ne quis forte luporum
rapacium, quos a vestris ovilibus expulistis, et qui
etiam nunc assidue septa vestra circumstrepunt, ulu-
latu ficto aut spe aliqua blanditiori, unde violenter
exierunt, fraudolenter irrumpat : nisi enim hoc provideritis (quod omen venti auferant, et quod nedum
cernere sed excogitare etiam abhorret animus), nolite
credere eamdem illos quam pertulerunt famem recrea-
turos, sed multo rabidiorem et magis magisque tractu
temporis efferatam. Æque gregis sanguinem sitiunt
et pastoris, et libertatem vestram et liberatoris vestri
gloriam miseriam atque ignominiam suam ducunt.
Adversus hos hostes fidenter insurgite : pauci et con-
temptibiles erunt si vos unum eritis. Sed multum
timeo quia multum diligo, eademque ratione multum
audeo; amor enim et pavidos facit esse securos. Scio
quidem in illa tempestate Reipublicæ, cuius supra
memini, fuisse qui paucorum tyrannidi adversus libertatem omnium faverent, idque non ab obscuris sed
a præclarissimis adolescentibus atque ipsius liberatoris filiis admissum, quibus et mixti sanguinis nexus,
et consuetudo longior, et familiarior convictus, oblivionem sui ipsius obvexerant ; eos ille tamen orbitate

forsan infelix, sed virtute animi felicissimus pater
morte mulctavit, sanctius æstimans sibi filios eripi
quam patriæ libertatem. Idemque prorsus in hac tempestate permetuo, eoque magis quo fragiliora nunc et
volubiliora sunt pectora. Permultos arbitramur futuros
quibus vel mixto sanguine cum tyrannis, vel miser-
rima consuetudine serviendi persuasum sit dulciorem
esse servilem crapulam, quam sobriam libertatem,
qui se grande aliquid assecuturos putant, si salutentur
in publico, accersantur, fatigentur obscœnis imperiis,
tandem infames et sordidi parasiti, iniquis mensis
assideant tyrannorum, atque aliquid de reliquiis gulæ
tam capacis absorbeant. Hæc enim profecto non alia
miserorum solatia, hæc tantorum discriminum et laborum præmia. Tu vero, vir fortissime, qui tantam la-
bentis Reipublicæ molem piis humeris subiisti, nihilo
segnius adversus tales cives quam adversus crudelis-
simos hostes armatus invigila. Iunior Brute, senioris
imaginem ante oculos semper habe : ille consul erat :
tu Tribunus. Si conferimus dignitates, multa quidem a
consulibus adversus plebem Romanam, animose dicam,
multa etiam atrocia facta sunt, cuius Tribunos constan-
tissimos defensores semper accepimus. Quod si Consul
ille studio libertatis filios interemit, quid Tribuno tibi
agendum sit in cæteris vide. Si fidele consilium non
respuis, nil sanguini tribues vel amori. Quem libertatis inimicum senseris, scias hunc non amicum tibi
esse posse magis quam sibi, dum utrique quod præstantissimum habet tendit eripere. De urbe Roma loquebatur Sallustius ubi ait : *in tam magna civitate
multa et varia ingenia sunt ;* quot autem in eadem

modo sunt qui exiguo pretio facile se ipsos et universam Rempublicam atque omne divinum humanum-
que ius proderent? Bene nobiscum agitur divinitus, si
maior populi pars unum sentit, si torporem quo pre-
mebatur excussit. Magnum et formidatum nomen est
quamvis afflicti Populi Romani. Magnæ opes, magna
præsidia si consilio gubernentur: abunde per se
ipsum potest, modo velle unum incipiat. Incepit autem, iamque vult: qui enim contra sentiunt, non de
populi sed de hostium numero sunt habendi, quibus
velut pravis humoribus exoneratum Reipublicæ corpus, quo tenuius eo expeditius validiusque remanebit.
Adsit providentia nec animus desit, robur quippe non
deerit, non modo ad libertatem tuendam, sed etiam
ad imperium repetendum. Quantum vero confert recordatio vetustatis et mundo dilecti nominis maiestas?
Quis non Romæ ius suum prosequenti prosperos optet
eventus? Tam iustæ causæ patrocinium Deus homi-
nesque suscipiunt. Italia, quæ cum capite ægrotante
languebat, sese iam nunc erexit in cubitum. Si per-
stiteritis incepto, et lætus rumor invaluerit, mox sic
spes etiam iucunda consurget; boni omnes qui poterunt, auxilium ferent: quibus posse negabitur, votis
saltem et precibus adiuvabunt: contra autem prodi-
tores patriæ et hic gladio ultore ferientur, et apud
inferos meritas pœnas luent, quas eis non novi tantum doctores, sed etiam veteres comminantur. Hi sunt
enim quos in acerrimo suppliciorum circulo Maro con-
clusit:

> Vendidit hic auro patriam, dominumque potentem
> Imposuit, fixit leges pretio atque refixit.

In hoc igitur genere hominum, seu potius belluarum, dicam quid sentio, omnis severitas pia, misericordia omnis inhumana est. Tu quidem tibi, vir egregie, ad immortalitatem nominis aperuisti aditum. Perseverandum est, si cupis ad terminum pervenire; alioquin scito quod quanto clarius principium, tanto obscurior finis erit. Hoc autem calle gradienti multa periculosa, multa perplexa, multa aspera se ostendunt; sed virtus arduis, patientia difficilibus delectatur. Ad laborem gloriosum nascimur: quid ad quietem inertissimam suspiramus? Adde quod multa difficilia primum aggredientibus visa sunt, quæ longius progressis apparuere facillima. Quamquam quid ego de qualitate rerum disputo, cum multa quidem amicis, plura parentibus, omnia patriæ debeamus? Itaque etsi infestis cuspidibus cum sceleratis hostibus concurrendum fuerit, concurres tu prorsus imperterritus, Bruti ipsius exemplo, qui oblatum in acie Superbi regis filium occidit, mutuis ipse vulneribus occumbens: ita quem Urbe depulerat in tartarum usque persecutus est. Tu vero victor incolumis, illis pereuntibus consistes, et si utique cadendum sit, reddendaque patriæ vita, illis ad inferna properantibus cœlum petes, quo tibi virtus et tuorum caritas viam stravit, æternæ famæ vestigium hic relinquens. Quid aliud sperare licet? Romulus urbem condidit: hic, quem sæpe nomino, Brutus libertatem, Camillus utramque restituit. Quid ergo inter hos tecum, clarissime vir, intererit, nisi quod Romulus urbem exiguam fragili vallo circumdedit: tu omnium quæ sunt et quæ fuerunt permaximam civitatem validissimis muris cingis? Brutus ab uno, tu a

multis tyrannis usurpatam libertatem vindicas? Camillus ex novis et adhuc fumantibus, tu ex iam pridem desperatis ac veteribus ruinis eversam restituis?
Salve, noster Camille, noster Brute, noster Romule,
seu quolibet alio nomine dici mavis, salve, Romanæ
libertatis, Romanæ pacis, Romanæ tranquillitatis auctor. Tibi debet præsens ætas quod in libertate morietur, tibi posteritas quod nascetur. Duo quidem cito
dictu lævia sed effectu saluberrima, nominatim petere,
vir illustris, institueram ; tu me in altero sponte præ-
veniens efficis ut alterum petiisse satis sit. Sic enim
fama de te loquitur: solitum per singulos dies ex quo
ad Reipublicæ regimen ascendisti, luce prima, antequam publici privatique negotii quidquam agas, vene-
randum Dominici Corporis sacramentum, cum multa
devotione et exactissima tuæ mentis discussione suscipere. Hoc nimirum sapientis fragilitatem corporum,
et vitæ brevitatem reputantis, et impendentes undique
casus varios circumspectantis viri opus est. Servasset,
ut auguror, hunc morem si ad hæc tempora pervenisset; servavit quoddam simile, quantum obducta tenebris et æthereæ lucis egens permisit ætas, ille Romanorum ducum longe clarissimus. Reliquum est igitur
ut quotiens seu discumbens forte, seu insomnis iacens,
seu quid aliud corpori tribuens, aliquid otiosi temporis
nactus eris, animo etiam sui generis alimenta ne subtrahas. Lege dum vacat : quando id ex commodo non
potes, legentes ausculta. Habes in huiusmodi rei ducem imitatione dignissimum Augustum, de quo ita
scriptum est, quod in lectulum transgressus non amplius quam septem horas dormiebat, ac ne eas qui-

dem continuas, sed cum in illo temporis spatio ter
aut quater expergisceretur, si interruptum somnum
recuperare, ut evenit, non posset, lectoribus vel fabu-
latoribus accersitis uteretur. De eodem legitur quod
tam parcus temporis dispensator fuerit ut inter come-
dendum bibendumque legeret aut scriberet. Tibi autem in hoc præcipue rerum statu quid legendum au-
diendumve sit potius quam maiorum tuorum res gestæ,
et quorum nulla abundatior urbs est? Omnis virtutis
exempla habes domestica. Et sane in libro illius
Censorii Catonis senis legimus solitos canere ad tu-
bicen de clarorum hominum virtutibus. Id non exigo
(quamvis et hoc interdum scintillare animos et ad imi-
tanda exardescere faciat) : mihi autem satis erit, si
coram te crebro Romani annales et historiæ relegan-
tur. Et tecum quidem hactenus.

Vos vero nunc primum veri cives, hunc virum cœlitus vobis missum credite, hunc ut rarum Dei munus colite, pro salute eius animas vestras exponite. Licuit et
sibi cum reliquis in servitio degere, et, quod tam magnus
populus sponte subierat, iugum pati: licuit, si id molestum videretur, procul a conspectu miserrimæ urbis effugere, et, quod quosdam summos viros fecisse novimus,
spontaneo exilio suum caput contumeliis eripere. Retraxit eum solus amor patriæ, quam cum in eo statu
deserere sacrilegium putaret, in hac sibi vivendum
esse, pro hac moriendum statuit fortunas vestras mi-
seratus. In quem præcipitem locum venerit, videtis :
opem ferte ne corruat : cogitate, quæso, quotiens vos
periculo mortis pro tyrannis superbissimis et ingra-
tissimis obtulistis, dum ferro decerneretis non uti res

vestræ sed illorum sint : hoc est quis potissimum regnet, quis licentius . rapiat, spoliet, laniet, spargat,
occidat. Ausos pro indignis dominis et pro obscœna
servitute tam grandia, audere aliquid pro vobis et pro
libertate dignum est, pro qua inventus est et qui urbe
reges et qui vita Cæsares spoliaret. Dicite mihi : si
Romanorum regum et imperatorum licentiam non
tulistis, alienigenarum prædonum tamdiu cruentam
rabiem et inexplendam avaritiam perferetis? Non ita ·
Deum a piorum consiliis aversum reor. Vivere sub
illis tristius quam sine illis mori. Audendum præterea aliquid pro filiis vestris, pro coniugibus, pro
parentum canitie, pro avorum tumulis, postremo nihil
non audendum pro Republica, cuius caritas Decios
coegit ut devotis corporibus ad mortem irent ; Marcum Curtium ut se in horribilem illam terræ vora-
ginem eques armatus immergeret ; Horatium Coclitem
ut armis onustum corpus, quod muri loco legionibus
Hetruscis obiecerat, in Tyberini amnis vortices effracto
ponte dimitteret ; Caium Mutium Scævolam ut erranti
dexteræ inferret mirandum ipsis hostibus formidan-
dumque supplicium ; Attilium Regulum, cum manere
domi posset, ut ad irati carnificis tormenta remearet;
duos Scipiones ut in Hispania morientes iter Carthaginensium, quando aliter non poterant, corporibus suis
et morte præcluderent, horumque alterius natum, ut
inops et inglorius mori mallet, quam libertatem populi
ulla ex parte concutere : alterius ut privatus Tiberii
Gracchi turbidos motus morte comprimeret ; multos
item alios ut adversus tumultuosos cives eodem remedio uterentur ; Marcum denique recentiorem Cato-

nem, qui agnomen a morte sortitus est, ut sibi ipse manus ingereret, potius quam tyranni eiusdem, licet singularis et unici viri, vultum et servientem patriam videret. Singulos enumerare curiosum est, apud illos praesertim quorum de sanguine non viri tantum, sed eiusdem unanimis et iuncti propositi illustres etiam familiae surrexerunt; cuius rei testis est Cremera, sexque et trecentorum Fabiorum clarus simul et miserabilis casus : nec familiae modo sed legiones, sed exercitus, quibus ruere in mortem pro patria dulce fuit. Ad hoc cupio in eo ipso Capitolio, ut auguror, ista relegenda sint, de cuius olim vertice vir acerrimus Manlius, qui eius paulo ante custos fuerat (ob id solum quia libertati cui faverat insidiari, et egregio cœpto dissimiles exitus spectare videbatur), præceps impulsus est, idemque saxum habuit et eximiae laudis et supplicii monumentum exemplarque reliquit perpetuum similia non audendi. Nec sibi vero quisquam falso persuadeat eos qui pro libertate excubant, quique hactenus desertae Reipublicae partes suscipiunt, alienum agere negotium. Suum agunt : in hoc enim uno reposita sibi omnia norint omnes, securitatem mercator, gloriam miles, utilitatem agricola, postremo in eodem religiosi cærimonias, otium studiosi, requiem senes, rudimenta disciplinarum pueri, nuptias puellae, pudicitiam matronae, gaudium omnes invenient. In hoc enim tam publicae quam privatae salutis negotium omni publica et privata ope Romani cives intendite: huic uni reliquae cedant curae ; si hanc omittitis, in quantalibet occupatione nihil agitis : si huic incumbitis, etsi nihil agere videmini, cumulate tamen et civium et virorum

implevistis officia. Deleatur, oro, de medio vestrum
civilis furoris omne vestigium: incendium, quod in
nobis tyrannorum flatibus exarserat, liberatoris vestri
monitis et munita benevolentia restinguatur. Unum ex
omnibus certamen assumite, non uter potentior, sed
uter melior, uter patientior, uter patriæ amantior civis
sit, uter vicinis humilior, uter tyrannis infestior. Cer-
tate vicissim cum Tribuno an ille ad honesta imperia
prudentior, an vos ad obedientiam promptiores ; et si
fortassis amor, quo nihil solet esse validius ad con-
iunctionem animorum, non satis virium habet; habeat
communis utilitas, et sic vinculo nexi hærete invicem
tenaciter, atque pacifice, et tradita vobis a patribus
vestris non nisi in hostes publicos arma convertite.
Horum exilio, egestate, suppliciis illorum cineri pulcherrimas inferias date. Qui hæc si dum aguntur
exultabunt, si ante prævidissent æquanimius expiras-
sent. Sed iam vereor ne plus æquo vos in verbis detineam, hoc præsertim tempore, quo factis potius opus
est; quæ quoniam neque professioni, neque fortunæ
meæ suppetunt, quod unum auxilii genus habeo, verba
transmitto. Et primo quidem clarissimis rumoribus
excitatus invidi, fateor, honori vestro, fortunamque
meam multiplicibus querelis oneravi, quod me præsentis tanti gaudii fecisset exsortem. Sed ne exsortem
faceret, venit ad me per terras et maria mea virilis
portio lætitiæ. Itaque calamum festinabundus arripui,
ut in tanto tam celebri libertatis populi consensu, vox
mea de longinquo saltem audiretur, vel sic Romani
civis officio fungerer. Cæterum quod soluta oratione
nunc attigi, attingam fortasse propediem, alio dicendi

genere, modo mihi, quod spero quidem et cupio,
gloriosi principii perseverantiam non negetis. Apól-
linea fronte redimitus disertam atque altum Helicona
penetrabo: illic Castalium ad fontem, Musis ab exilio
revocatis, ad mansuram gloriæ vestræ memoriam sonantius aliquid canam quod longius audietur. Vale, Vir
fortissime, Valete, Viri optimi, Vale, gloriosissima Septi-
collis.

## EPISTOLA XLIX.

### FRANCISCUS PETRARCA BARBATO SULMONENSI S. P. D.

Commendat ei Lælium, et mittit secundam ex Eglogis suis cuius
arcanam aperit significationem.

Pro hoc tam mihi carissimo coniunctissimoque
Lælio, quem Lellum Petri Stephani vulgo dicunt, modernæ quidem sed generosæ romanæ originis, ac
pervetustæ vereque romanæ indolis viro, apud te,
frater, preces meas fundo: perque amicitiæ fidem obsecro, ut in iis quæ dominus Tranensis Archiepiscopus
super negotiis eius tibi dixerit, talem te exhibeas qualem in meis promovendis commodis atque honoribus
exhiberes. Et quod tibi scribo Iupiter noster egregius
sibi demum ut accipiat quæso, cui suum Mercurium
recommenda, nihil paterni sui ac dominici imperii
recusantem. Vale, mi frater.

Hic me Lælius, quamvis segnitie quadam ex fastidio rerum curialium suborta, et occupationum gravi
sarcina recusantem compulit, ut bucolici carminis, quod
in solitudine mea apud Vallem Clausam mihi nuper in

mentem venit, particulam saltem unam dedicatam
æternæ memoriæ sacratissimi domini nostri regis,
vel sic defessis - digitis exararem, volens, ut verbis
eius utar, hoc pretium, parvum quidem, sed sicut ipse
existimat, animis vestris gratum, vobis duobus, nec
non et magistro N. de Aliphia præmittere, quorum
consiliis ac favoribus negotia sua ad votivum exitum
perventura confidit. In quo, ne spes eius, si possibile
est, ulla ex parte frustrentur, iterum atque iterum precor. Cæterum ut eglogæ huius facilior sensus sit, noveris per argumentum, de quo hic mentio est, pastorem
oculatum, circumspectissimum dominum regem, qui et
ipse populorum suorum totus oculeus pastor fuerat,
importari : per Idæum Iovem nostrum, qui in Ida
Cretensi altus est: per Pythiam Barbatum meum, propter
insignem amicitiæ gloriam, quam cum mihi non arro-
gem, non Damon elegi esse sed Silvius, et propter
insitum silvarum amorem, et quia hoc poetandi genus,
ut dixi, in solitudine mihi et in silvis occurrerat. Cæ-·
tera clara sunt. Iterum vale.

Data in inferno viventium, XVIII Januarii.

Egloga sequitur I. *Aureus occasum etc.*

*Bartholomæus Fontius, qui Sœc. XV. Rhetoricam
Florentiæ docuit, cuiusque opera edita fuere Francofurti,
anno 1621, ex hac Francisci epistola depromptum asserit
sequens de Lœlio epigramma.*

*(Barth. Font. Collectanea sive memorabilia Mss. Bibl.
Riccard. n. 3. 4. 16. fol. 181. — De Sade T. 2. Piec.
Iustif. n. V).*

Lælius antiquis celebratum nomen amicis
Durat adhuc faustum nomen amicitiis.
Hic magno dilectus avo : placet ille nepoti,
Scipiadum genus perpetuusque decor.
Tertius alter ego est : sed mentior : unus et idem,
Dimidiumque animi vir tenet ille mei.
Dimidium dixi, totum dixisse decebat.
Favèris ergo mihi, si sibi, care, faves.

---

## EPISTOLA L.

### FRANCISCUS PETRARCA IOHANNI PARMENSI S. P. D.

Virtutem allegorice describit, eamque sectandam amico suo proponit.

Quæris ex me, seu per te quærit amicus maior,
imo quidem, ut intelligi datur, ambo quæritis quid remedii norim adversus Nemæi rabiem Leonis toto nunc
impetu Phœbi crines ac faciem accendentis. An invi-
detis forsitan amico, quem aer haud dubie blandior,
et Alpini flatus iugisque nivium prospectus in medio
solis fervore refrigerant, quodque non nunc noviter
dixerim, cum reliquum corpus æstatem sentiat, præ-
stant ut perpetua saltem in oculis hiems sit? Vos
vero cedriferis non nivosis collibus abditi, et ad Austrum penitus versi, tepentis brumæ delicias æstivis
ardoribus compensatis. At si ingenia vestra novi,
aliud hic nescio quod remedii genus poscitis, quam
quo vulgus contra hanc anni partem uti solet. Acci-
pite breviter quidquid id est. Arbor est rara quidem
et paucis nota, sed eo clarior nobiliorque quo rarior:
arbor quidem procera et recta multum lauro qualibet

aut oliva, multum cupressu et cedro, multum pinu
palmaque et abiete virentior : nunquam gelu nimio,
nunquam calore peruritur, nunquam frondibus caret.
Umbram habet saluberrimam, fructum succumque mi-
rificum. Locis arduis ac repositis habitat. Aditus modo
difficilis : cætera iucundissima sunt atque dulcissima.
Quam ut nosse possitis, neu similitudine aliqua forte
fallamini, signis hanc describam suis. Quatuor tantum
hæc olim ramos habuit, dum illam fessi operum pastores avidius frequentarent. Venit incognitus cœlestis
agricola, et sarculo cultam pio, serotinique roris suavitate conspersam ramis auxit ac frondibus nimium.
Hodie septem habet, quorum inferiores quatuor tellu-
rem, tres altissimi cœlum spectant : ramuli autem
plures sunt de quibus nunc loquendi non est locus.
Illic assidue felices auræ circumsibilant, canoræ simul
et candidæ volucres nidificant, poma prædulcia divites
ramos premunt. Mite solum, herbæ variæ et purpurei
flores tegunt : in quibus levis accubitus, odor suavissimus, et ad se oculos trahens color. Fons ad umbram
nitidus amœnitate lympharum scatebrisque perennibus
manat, cuius in circuitu roscidis cespitibus ripisque
recentibus cursum frænantibus, undarum late gratissimum murmur strepit. Hæc igitur summa consilii mei
set. Arborem hanc quærite omni studio ut facitis : in-
ventam cupidis ulnis arripite, et tenete, et colite, et
amate ; amari enim ante alias digna est, sacra comam,
ut ait Maro, et cunctis humanorum æstuum vaporibus
inaccessa. Hærete certatim trunco illius usque ad vesperam, nemo vos inde divellet. Nusquam melius
mansuri estis, ibi enim, mihi credite, nec Cancrum

timebitis, nec Leonem. Vale amice, et clarissimum
iHum virum percunctationis tuæ responsique mei participem, quem, teste animo, profunde diligo, tuo ore
meis verbis iterum atque iterum salvere iube. Mediolani.

## EPISTOLA LI.

### FRANCISCUS PETRARCA GOMETIO ALBORNOZIO S. P. D.

#### Commendat ei Donatum Aretinum.

Quamdiu placitum Deo fuit, magnifice et carissime mi domine, mihi conservare reverendissimum
patrem et dominum meum dominnm Sabinensem,
omnes molestias meas ipse portabat, nec necesse erat
vos aut alios dominos vel amicos prægravare. Nunc
postquam, Deo volente, dictum dominum amisi, seu verius præmisi, cogor ad alios recurrere et sarcinas
meas inter dominos partiri. Quoniam ergo de vobis,
quamvis nihil merear, multum spero, magna fiducia de vestra nobilitate ac virtute concepta, latorem præsentium Donatum de Aretio amicum meum
fidelissimum vestræ magnificentiæ recommendo, quem
ipsi domino Cardinali recommendaveram : et iam inceperat sibi benefacere, ei si diutius vixisset, magna
sibi promiserat se facturum. Et vos, domine, huic eidem
ut ipse mihi retulit, mei amore litteras recommenda-
torias dedistis ad dominum Castelli, pro quo vobis tota
mente regratior (sic): et rogo si cum honore vestro
et beneplacito fieri potest, quod faciatis ei de aliquo
officio provideri secundum decentiam status sui. Spero

enim quod erga personam vestram fidelis invenietur,
et in commisso sibi officio circumspectus : et ego, qui
vester sum, vobis ex hoc obnoxius obligabor. Si autem
ego vice versa possem forte aliquid vobis gratum, Deum
testor, semper animo sum paratus. Christus omnipotens vos conservet in statu prospero et tranquillo.

Devotus vester Franciscus Petrarca se, si quid est.

Arquadæ, XIII Novembris.

---

## EPISTOLA LII.

### FRANCISCUS PETRARCA STEPHANO COLUMNÆ PRÆPOSITO
### S. ADEMARI S. P. D,

Solitudinem laudat, doletque se eius visendi spe cecidisse.

Quid delectationis et quid gaudii tuis ex litteris
capiam non facile dixerim : ita, præter quod per se
faciles ac iucundæ, ardentibus etiam ad virtutem stimulis plenæ ad me veniunt, et illum mihi præterea
repræsentant, quem quanti faciam honestius apud
quemquam alium sim dicturus. Non exequar quam
penetrabiliter in cor meum descenderit illa pars epistolæ ubi fortunæ iniuria præreptum nobis otium de-
fles : quamvis, quod ad me attinet, et Dei munere et
studio atque arte quadam non omnibus facili, quando
aliud non possum, in mediis urbibus ipse mihi solitudinem atque otium conflare didicerim ; contraque rerum atque hominum fastidia aures atque oculos et
proinde animum obstruere. Quod nunc maxime facio :
alioquin plane perditus et consumptus essem. Veram

tamen interea solitudinem verumque otium suspiro
semper et cogito. In quam rem, ut mihi tuæ opis pol-
licitatio grata sit, plus est quam quod hoc calamo et
hoc momento temporis possit absolvi. Atque utinam
tibi, ut generosa mens, sic et facilitas actionis data
esset: quam negatam esse satis apud me indicii est,
quoniam in eo statu res humanæ sint quando boni nihil,
omnia mali possunt. Verum ista prætervehar, ne præter indignitatem rerum doloremque meum, me querelarum inutilium et pondus premat et pungat aculeus.
Reliquum est quod ego te hac reversurum, ut Lælii
nostri scriptis acceperam, aliquandiu animo suspensus
atque avidus expectavi : non quod aut tali honore
dignus ego, aut domus mea tanti hospitis capax esset : sed memineram non modo Alcidem Evandri inopem atque horrentem regiam, sed vimineam Amiclæ
casulam Iulium Cæsarem, quodque omnia superat,
Zachæi domum Christum Dominum subiisse. Sed oh!
spes mortalium. Dum mihi talia fingerem, tu iam calle
alio nimbosæ Alpis iuga transcenderas, iam (pro quo,
magna licet spe deiectus, Deo gratias tecum ago) tuæ
domus limen incolumis tenebas. Vale.

Mediolani, III Kal. Augusti.

## EPISTOLA LIII. [1]

FRANCISCUS PETRARCA PRIORIBUS ARTIUM, VEXILLIFERO IUSTITIÆ
POPULOQUE FLORENTINO S. P. D.

Ut amicos a latronibus cæsos ulsciscantur enixe rogat.

Sæpe mihi propositum fuit, egregii cives, pro
varietate rerum ac temporum aliquid ad vos scribere,
et vicissim nunc frænum animis, nunc calcar incutere,
nunc indignari perdita, nunc recuperata libertate gra-
tulari, nonnunquam flere vobiscum multiplices et varias reipublicæ tempestates, et impendentis naufragii
fideliter admonere, ut ita me vobis, quoniam aliter
non dabatur, verbis saltem animi testibus, etsi non
habitatorem, certe amatorem patriæ comprobarem. Sed
dum cogitare mecum cœpi, quantum ab altitudine curarum vestrarum distaret meorum humilitas studiorum, subito semper mihi e manibus calamus lapsus
est. Nunc autem cogor ut scribam, nec reluctari valeo.
Urget enim animum dolor ingens, et extorquet mihi
verba cum lacrimis. Ecce etenim, quod ignorabam
hactenus atque utinam perpetuo ignorassem, suavissimus et merito carissimus civis vester et amicus meus
intimus Mainardus Accursii forte dum e romana curia
Florentiam redit, molestias atque pericula tam longi
itineris transgressus, et iam dilectæ patriæ vicinus, in

[1] Ut in volumine II inter ADDENDA ET CORRIGENDA adnotavimus, epistola hæc in codicibus A. B. C. *octava est libri octavi* DE REBUS FAMILIARI-
BUS, cuius loco nos veterum editorum vestigia haud satis prudenter sequuti,
illam dedimus ad Lombardum de Serico, quæ inter Seniles (II. X.) erat
amandanda. Da, quæso, veniam, lector, et litteras hasce ad Florentinos in
locum quem Francisco ipso ordinante fuerant sortitæ, restituendas memineris.

ipso pene portarum limine, et in vestro, ut ita dicam,
gremio, crudeliter interfectus est. Heu! vir infelix
quantos ætate viridi pertuleras labores? Quotiens
ignota terrarum circumiveras ut tranquillam in patria
tua tandem et honoratam ageres senectutem? Quo
pergis ah! miser fatique tui nescie, et ubique tutior
quam in patria future? Quo pergis? Quo ruis? Quo
miserande festinas? Tibi canitur poeticum illud :

Fallit te incautum pietas tua. .

Quæ cum sit magna in parentibus et in propinquis, ut
ait Cicero, tamen in patria maxima est. Illa te procul
dubio trahebat soli natalis amantissimum : illuc iam
senior redibas unde puer excesseras, et illi terræ, quæ
te infantem paverat, fatigatæ vitæ reliquias referebas,
cupiens ubi ortus eras, mori, et ubi reptaveras sepeliri.
Sed oh! scelus, oh! inhumana feritas. Truculentissimi
homines, immo vero cruentæ et immanes belluæ, te
improvidum et inermem calle medio expectabant :
horrendum et ignotum orbi italico prædonum genus,
qui non saturati auro quiescerent, quæ summa votorum raptoribus esse solet, nisi sitienter tuum sanguinem haurirent, et exoptatum ingressum patriæ tibi
præriperent ac sepulchrum. Oh! sitim sanguinis inauditam. Quid amplius quæritis, sævissimi canes? Quid
quæritis in corpore spoliato? Odium quidem ignoti et
innocentis hominis nec ullum erat certe, nec fingi
poterat. Si auri fames vera sceleris causa est, redite
iam nefarii voti compotes ad prædam, et graves spe-
luncas criminum officinas, et qui illic avide vos expectant hospites vestros invisite. Sinite nudum peditem

abire; satis est, nihil ulterius poscitur ne in latronum
manus inciderit, sed hominum. Nil inde vobis metuendum est : tam munitis habitatis arcibus ut impune
et cœlum et Florentiam contemnatis. Homunculum
solum fessum et attonitum timetis habentes recepta-
cula tam vicina tam valida? Nolite igitur avaritiæ
sævitiam cumulare. Quidquid populabile manu erat,
quodque in vestros usus verti poterat abstulistis: animam sibi et amicis et vobis nulli usui futuram lin-
quite. Quid torvum intuemini? Quid cogitatis? Quid
molimini? Quæ ista rabies est? Quid micantes volunt
gladii? Quid petunt? Oh! voluptas effera : nullo odio,
nulla spe proposita et nullo metu, sacrosanctum et Deo
simillimum animal hominem trucidare, ferre rabidas
manus in viscera, et quod ne generosæ quidem feræ
facerent, lacerato cadaveri incumbere et spumanti
sanguine delectari. Pudet ac miseret, o clarissimi cives, nec de parvo dolore scaturiunt tot lamenta, neque magis talis amici talem casum lugeo, quam tantum
tam gloriosæ Reipublicæ pudorem. Quid enim dicetur
apud gentes? Quid posteritas loquetur? Innoxium hominem, qui inter feras, ut Lucanus ait, Rhodani gentes,
qui per deserta provinciæ, qua nulla usque hodie dis-
solutior, nulla desolatior terra est, ac per Alpes medias
non nivibus tantum aut vagis excursoribus, sed armatis hoc tempore exercitibus cæsas non modo per
diem, sed sub tempesta etiam nocte incesserit, in finibus Florentinis, luce media procubuisse, velut ovem
impiæ victimæ destinatam? Et oh! æternum ætatis nostræ deducus : inventos esse qui audeant e conspectu
quodammodo urbis vestræ, et illius olim formidati pa-

latii, in quo celeberrima iustitiæ sedes erat, laniare
pro libito cives vestros. Oh! tempora, oh! mores! libet
enim exclamare cum Tullio. Ego quidem puer audiebam maiores natu narrare solitos populi illius virtutes
omnimodas eximiamque iustitiam, non in contradictio-
nibus modo placitisque conventis, sed in his duobus
maxime quibus solum sapientissimus legislator ait
Rempublicam contineri, præmio scilicet et pœna; quorum profecto si desit alterum, necesse est velut altero
pede claudicantem efficiat civitatem; sin utrumque,
enervatam prorsus et languidam, frigescente hinc bonorum virtute illinc malorum inardescente nequitia. In
utramque partem magnifice providerant patres nostri,
quibus artibus Romanæ originis quam fama vulgaverat
certissimam fidem dabant. Itaque ut olim genitor ille
vester Populus Romanus toto polluit (sic) orbe terrarum,
sic illos acceperam, quantum cœlitus datum erat, eisdem
vestigiis gradientes et singularem in primis quamdam
laudem apud omne genus hominum meruisse, et inter
Tuscorum populos longis temporibus tenuisse volun-
tarium quodammodo principatum, titulo quidem Imperii abstinentes, et quo superbiæ invidiæque minus, eo
laudis et gloriæ plus erat in nomine; non ergo domi-
nium dicebant sed auxilium ac profugium vicinorum,
ut non immerito censeretur floridum illud nomen sor-
titam Florentiam, in qua flos virtutum omnium et
gloriosorum actuum abundaret. Erat omnium finitima-
rum gentium ad tam bene moratum populum amore
et reverentia mixtus timor, neque solum in propriis
sed in extremis quoque Tusciæ finibus timebatur civitas magistra iustitiæ. Quid enim aliud causæ fuit

quod inter lapidosos et asperos colles, in solo arido,
nec maritimo portu, nec navali flumine adiuto tam
brevi temporis spatio, fere enim omnium Italiæ civitatum recentissima civitas vestra est, in eam succreverit
magnitudinem ut vicinas omnes amplissimas quidem
urbes prope incredibiliter supergressa, non solum
fama nominis aut pretiosis mercibus, quod ipsum mi-
raculi instar erat, sed et ipsa etiam felix prole virum,
et in hoc quoque matri similis, et tantæ sobolis iam
non capax, disseminatis toto orbe civibus, omne mundi
latus impleverat? Quænam, quæso, tot præsertim ad-
versantibus huius tantæ et tam repentinæ magnitudinis
causa fuit? Dixerit aliquis, fortasse aerem causam esse,
et quod virtuti est proprium tribuet fortunæ. Alter im-
pigerrimæ gentis industriam versatilesque animos et
applicabile ad omnes artes ingenium inter causas nu-
merabit; non inepte quidem, dum meminerit tamdiu
primam et maximam huius rei causam sileri donec
iustitiæ studium sileatur. Illa, inquam, incrementi vestri vera et præcipua causa est, sine qua ne dum civitas, sed nec domus exigua, non dicam crescere, sed
nec stare quidem poterit. Fundamentum civitatum
omnium iustitia est, super quod, si verum quæritur,
vestri maiores ædificatam vobis florentissimam atque
firmissimam Rempublicam reliquerunt. Id si modo per
ignaviam labi permittitis, quid sperari licet aliud quam
ruina? Surrexerunt ecce sicarii infames, et quod unum
ad excitandum omnes irarum aculeos satis erat, civem
vestrum optimum virum, cui, ut creditur, ab eo die quo
sinistrum pedem domo extulit insidias tetenderunt,
nusquam nisi in sinu vestro mactare ausi sunt, quod-

que avorum temporibus cogitare etiam in cubilibus
timuissent, id sub oculis vestris et in via publica crudeli atque intolleranda prorsus andacia peregerunt.
Quod scelus si inultum linquitis, actum est de statu
publico, actum de iustitia, actum denique de salute,
de libertate, de gloria. Corruit fundamentum illud super
quo usque ad sidera creveratis. Et Deus bone! quorum
manibus eversum? Magna pars doloris est vilis auctor
iniuriæ. Furciferi, carnifices, silvicolæ ferino victu
assueti, sed ferino magis pectore et ferinis moribus
vix carcere, vix catenis, aut funibus vestris digni passim in iugulos vestros ruunt, et ad satietatem suam
pascuntur cædibus et sanguine miserorum : profecto
nunquam hoc ausuri, nisi vel in vestra segnitie, vel in
suis latibulis spem haberent, quæ spes, si vos ut soletis viri estis, ab omni eos parte deluserit. Exercuit
vos, fateor, et impulit his temporibus fortuna, sed non
stravit neque debilitavit usque adeo, ut paucos in cir-
cuito sævientes latrunculos perferatis. Solet vera virtus et clarior ex adversitate consurgere : et si bene
mores vestros novi, nec me longa de vobis fallit opinio, vos a Populo Romano unum hoc inter multa præcipuum et velut hereditarium possidetis, ne scilicet
Fortunæ vos deiiciat aut frangat iniuria, sed attollat,
et quod maxime virorum est, inter difficultates cre-
scant animi. Hinc mihi spes non parva suboritur.
Audio enim vos accensos atrocitate flagitii et generosa
indignatione flammantes ad solita arma iustitiæ converti : quod si verum est, nullus unquam locus, ut
spero, nulla ars, nullus sceleratorum favor hominum
ab infandis cervicibus meritum iracundiæ vestræ ful-

men avertet. Verum ego prædulcis amici lacrimabili
iactura, supra quam dici posset amarissime cruciatus,
multa vobiscum viri illustres, familiariter locutus sum.
Heu! frustra, heu! sero; sentio enim damnum meum
non posse restitui. Non si mille linguis adamantinis in
sempiternum loquar, aut Orpheo dulcius flebilibus ad
lyram querimoniis saxa permulceam, unquam mihi
redibit amicus meus. Irremeabile iter ingressus est.
Neque nunc id agitur ut ille resurgat, sed ne cum illo
corruat decus vestrum, quorum alterum impossibile,
alterum vero perfacile et in vestra positum manu est.
Illud quidem admonere non est necesse, quod scelerum iudices non præterita sed futura respiciunt. Quid
enim prodest ad ea quæ retractari nequeunt studium
adhibere? Similibus tamen malis occurritur, et exemplo terribili humana temeritas coercetur. Hinc illa nimirum doctissimorum hominum laudata sententia est:
*non quia peccatum est, sed ne peccetur inventa supplicia:*
quæ quamquam sint pro huius sceleris immanitate
dignissima, quamquam tacitus expectare non prohibear, expetere tamen renuo. Universa igitur hæc sic
intelligar dixisse, ut apud benevolas aures doloris
mei sensum loquendo deponerem, ac gravi molestia
tumidum cor levarem, potius quam ut animos vestros
ad vindictam sanguinis inflammarem. Id enim nec professioni, nec statui meo convenit: itaque testor quod
ad illam, quidquid dicturus sim aut dixerim, non
aspiro: idque quod honestius possum flagito, quatenus
antiquæ gloriæ vestræ iustitiæque memores qua singulariter floruistis, eam vestris perire temporibus non
sinatis, idque obnoxius precor ut viæ publicæ, per

quas et ad vestra et ad ipsa parentis mœnia, semper quidem, sed nunc præcipue, instante ut nostis Jubi-
læo, fidelium ex omni regione concursus erit, purgatæ
latronibus pateant peregrinis, ne iusto metu territi vel
pium opus omittere, vel rectum iter flectere compel-
lantur ; quod nisi acriter provideritis (sed spero utique
provisuros), æternæ vobis infamiæ maculam irrogabit.
In primis autem expeditum esse decet Apennini transitum, unde numerosior populus expectatur, ad quod
utinam tempestivius in animum venisset vestram magnificentiam exhortari, fuisset provisum fortasse maturius, nec aliis cavendi circumspiciendique materiam
infelicis amici mei miserabile spectaculum præbuisset.
At quid suspecti erat? Id ætas nostra non viderat, sed
sic a senioribus acceperat esse quidem Apennini iugum
nativa asperitate difficile, cæterum nil viatori tutius,
vel hospitalius. Quid autem erit, si de custodibus fures, de canibus lupi fiant? Ubi ad suum silvosi montis
horrorem nequissimorum hominum terror accesserit?
Brevi nempe totus ille terrarum tractus ab hominibus
deseretur, inhospitalior Atlante vel Caucaso. Huic
ignominiæ et huic pesti, viri fortes, occurrite. Vide-
bitis saxa nondum sicco civis vestri cruore rorantia,
inde discetis cæterorum saluti quonam remedio providendum sit. Qui amputare vult arborem, a radicibus
incipiat, qui siccare vult rivulos, fontem siccet. Qui
extinguere vult latrones, insistat receptatoribus extir-
pandis. Ite celeriter, ite feliciter quo cœpistis, et bene
iuvantibus superis, fœda scelerum claustra confringite,
simul ac notam ab oculis nostris abstergite, relin-
quentes posteris iustitiæ famam, quam a patribus ac-

cepistis. Illud nominatim precibus istis addiderim, ut
dominum Lucam cognomento Christianum, virum sanguine ac virtutibus clarum, qui eidem Mainardo in-
faustæ viæ comes fuerat, et de quo dubie fama loquitur, pro honore vestro iubeatis inquiri, an impiorum
manibus evaserit, quod quidam narrant, an parili fe-
ritate consumptus sit, quod potius timeo, et timere
non desinam donec aliud scivero. Parcite autem multiloquio. Tulit me longius forte quam decuit hinc humanitatis vestræ fiducia, illinc doloris mei impetus et
amicorum pietas, de quibus ante modo (*sic*) scripsi, ut
eos per dies singulos præstolabar. Ita enim concorditer de Avinione discesserant ut me visuri, nulla alia
causa suadente, per hoc iter longius venirent, et cum
Parmæ non invenissent, in domo mea per noctem et
diem non integrum morati, discesserunt mœsti, litteris
ibi dimissis, quarum summa erat se huc ad me e vestigio reversuros. Cumque ego rediens et multis diebus expectans longiorem promisso moram inciperem
admirari, famulum unum cum litteris misi qui eos
tarditatis argueret, per quem didici hoc eos caritatis
et amicitiæ pretium percepisse. Quamobrem si loqua-
ciorem fecit dolor, ignoscite. Licet enim rerum nescius
et absens tunc fuerim, quia tamen mei solus amor vi-
dendique desiderium eos huc traxerat, solus ego, ut
mihi videor, totius infortunii causa fui. Omnipotens
Deus vos tantis mundi malis incolumes conservet in
statu felicissimo. Parmæ, II. Iunii, concusso animo gra-
viterque prostrato : festinanter.

## EPISTOLA LIV.

### FRANCISCUS PETRARCA BARTHOLOMÆO DE PACE S. P. D.

Addit animos ad scribendum, et præcepta tradit. Mortem plurium
amicorum suorum lamentatur.

Sensi olim nobilem tuum pectoris impetum cum
verecundia nobiliori luctari, teque mihi scribendi avidum sic hærere, quasi penitus me non nosses, utque
Cæsaris verbo utar, quasi stipem porrigeres elephanto.
In eo certamine feci quod soleo, partem imbecilliorem
iuvi hortatus ut scriberes. Paruisti tandem, sero licet.
Itaque tametsi, quod nolim, tuum nomen inter meas familiares epistolas nusquam hactenus lectum sit, si tamen vita longior fuerit, inter seniles, sic nempe quæ
restant voco, forte sæpius legetur. Vicit ecce amor ve-
recundiam, et illa iam studiosis animis indigna glacies
fracta est. Non frustra manus ad calamum venerit; scribes spero, eoque, ni fallor, avidius quo serius incepisti,
properans longæva silentia crebris instaurare colloquiis.
Quod ut facias, neve aliquis torpor sub obtentu modestiæ iterum congelascat, brevem de te sententiam eius
a quo minime falli times accipe, nec suspecta videbitur. Multa quidem requiruntur ad scribendum bene. Ingenium, disciplina ac notitia multarum atque memo-
rabilium rerum: impetus quodammodo sive ardor animi,
qui maxime poetantibus necessarius iudicatur. Ad hæc
et valetudo corporis prospera, et fortunæ modus ac
mediocritas quidem, nec divitiæ, nec paupertas, vitæ
tranquillitas, bona mens cogitationum plena nobilium,
solitudo, otium ac libertas, et quæ sunt his similia;

quorum alia in nobis, alia extra nos sunt. Horum sane
ita censeo, nisi ardor desit, nil tuo otio deesse, quo ne
dicam mihi, sed Ciceroni etiam scribere possis intrepide. Noli ergo diffidentiæ succumbere, quæ multis
sæpe damnosior fuit. Diffidentia enim aut nihil aggreditur, aut tam pavide ut processu frigeat ac desistat.
At res arduas æquo ferventius aggressa temeritas sæpe
difficultatibus temperatur, et cum illa nihil, hæc interdum impetuosi principii maturos dedit exitus. Denique
sic sentio nihil peius diffidentia his qui grande aliquid
moliuntur, in quibus plerumque verum fit Virgilianum
illud *possunt quia posse videntur*. Hinc iam ad epistolam
revertor tuam in qua nil responsi egens, præter unum
video. Scripsi equidem me curis pluribus circumventum
et miseriorem quam esse me noscerem. Scripsi fateor;
tu miraris quonam modo id possibile sit, in hoc tanto
tamque incomparabili decore urbis amplissimæ, inque
hac tam honorifica ducis ac procerum familiaritate, qui
me, ut verissime opinaris, non quası hominem omnis
egenum atque inopem virtutis, sed ut cœlo missum
angelum Dei vident. Hanc animi ægritudinem atque
hanc, quæcumque est, curarum sarcinam ut tecum partiar precaris. Novi, amice, tuos humeros, tuæque fidei
nervos novi; omnia fert caritas, nec tamen participat
sed libenter ac cupide quidquid est oneris in se transfert. Mihi vero, pone hanc solicitudinem, nihil novi accidit, nisi illud quod iam non ut novum audis. Cunctis
enim ferme veteribus, ac diu probatis amicitiis hoc
tempore, quod utinam non vidissem, me mors invida
spoliavit. In qua quum........ non levabar, unum remedii genus ipse mihi conflavi atque usu efficax reperi:

flere largiter et queri. Cæterum etsi nihil externæ ca-
lamitatis accessit, parum ne miser ille est, qui se suis
malis miseriorem non agnoscit? Vale.

Venetiis, XI. Kalendas Aprilis.

## EPISTOLA LV.

FRANCISCUS PETRARCA PHILIPPO EPISC. CAVALLICENSI S. P. D.

Rogat ut a Pontifice Max. opem sibi ferri salva tamen
libertate sua curet.

Si quidquid mea mens cogitando concipit scribendo
parturiat, ingens digitis meis oculisque tuis opus exo-
ritur. Quod etsi valde aggredi cupiam, pater amabilis, tempus vetat: ita distrahor incertis affectibus, et
dum necessitati pareo, desiderio obluctor. Sed bene habet; quidquid scripturus fueram, tacito me, luculenter
intelliges. Nosti animum, ubi cogitationum actuumque
nostrorum radix fixa est, unde fit ut quæ ex illo prodeunt ignorare non possis. Familiariter olim tibi, nisi
fallor, studiorum finis et votorum meorum intellecta
modestia est: utor enim fidenter hoc nomine, non su-
perbe, conscius suæ humilioris originis; quod unde
modicum inde et modestia dicitur, et a modo nomen
utrumque descendit. Quæ cum ita sint cogita, pater
indulgentissime, quid velim. Nullis hariolis, nullo opus
interprete, ne ipso quidem vel meæ vel alienæ vocis oraculo: intus ad aurem cordis tui clamat animus
meus: et noster nihilominus Socrates non tacebit. Quam
improbem concupiscentiam etsi probe noveris, certius
tamen nunc ex amici colloquio pensabis. Tu autem,

pater, apud communem dominum in quo spei ancora,
et quod proprie titulo suo convenit, rerum nostrarum
cardo consistit, preces meas si favorem merentur adiuva,
sin minus excusa. Ut enim magister amorum ait:

Quid deceat non videt ullus amans.

Amo ego vos, ita me ille amet in cuius amore summa
felicitas est sita: amo, inquam, et veneror, vestramque
præsentiam eximiis præcordiis concupisco. Itaque dum
voto meo obsequor, vestra forsan fastidia non adverto.
Si quid importunius agitur, hoc me, precor, absolvat :
intensi enim affectus regi nesciunt, frænum mordent.
Epistolam illi inscriptam quamvis longiusculam, plura
tamen volentis dicere animi nunciam, efficacissima vocis tuæ auctoritate confirma , interpretare , iustifica.
Paucis enim versiculis summam tibi meæ mentis
aperio. Præsta te mihi ne frustra præoptaverim
quod hominum magna pars metuit, silentium, solitudinem , paupertatem. Mirum: solus ego ex omnibus mortalibus dives fiam, cum pauperum, qui frustra
divites fieri volunt, passim tot millia videamus? Occurrite omnes qui me diligitis huic monstro : non cogar
unus, unde tam multi se exclusos dolent, et unde tam
cupide omnes fugiunt non excludar. Divitias alii, ego
paupertatem appeto, sed non omnem profecto, non sor-
didam, non tristem, neque solicitam, sed tranquillam,
sed pacificam, sed honestam. Hanc mihi nisi ab illo
dari posse despero, et, si verum loqui iubes, indignor
atque ab alio dari nolim. Apud eumdem igitur interce-
de, pulsa, urge, insta, opportune quidem, vel si res
exigit, importune. Facilem pro me aditum invenient

preces tuæ. Non solet tuas ille despicere: proinde ne videar precando diffidere, age non ut mereor, sed ut spero.

Mediolani, Idibus Martiis.

———

## EPISTOLA LVI.

### FRANCISCUS PETRARCA FRANCISCO PRIORI SS. APOSTOLOR. S. P. D.

De Legati nomine. Se gravi periculo Deo adiuvante incolumen evasisse, eumque Cardinali Legato enixe commendasse.

Solebant Romani Consules legatos consulares ad exercitum ducere, quibus in bello cooperatoribus et consultoribus uterentur. Horum crebra romanis in annalibus est mentio. Legatorum clarissimus Africanus est meus ille superior, qui Lucio Scipioni Asiatico fratri suo legatus in Græciam atque Asiam profectus, ut fraternæ pietatis præclarissimum exemplum, sic ingens magnæ victoriæ causa fuit. Regum quoque gentiumque nuncios solemnes Legatos dici solitos scimus; horum plena est omnis historia quum reges aut populi, sive hostes, sive fœderati, sive bello domiti legatos vel auxilii poscendi, vel res ablatas reposcendi, vel misericordiæ implorandæ gratia Romam miserint Romaque transmissos acceperint, sive harum aliqua, sive aliis causis. Clarissimæ quidem hoc in genere habentur et Fabii Maximi legatio ad bellum Carthaginensibus indicendum, et Sulpitii ac Vilii ad bellum scythiacum compescendum, et Titi Flaminii in Bithyniam ad Hannibalem deposcendum. Externorum vero legatio insignis

fuit Asdrubalis senis cognomento Hædii, qui missus a
Carthagine ad misericordiam excitandam poscendam-
que a Romanis pacem, animos solo flexit aspectu; nec
minus illustris Africani iunioris quolibet in genere nume-
randa Legatio, qui, ut ait Cicero, obiit Legatus Ægyptum,
Syriam, Asiam, Græciam, atque absens ad bellum maximum conficiendum conscidendamque Numantiam consul iterum est directus. Philosophorum quoque legatio
præclara ad impetrandum mulctæ remissionem ab Athe-
niensibus Romam missa, in qua et Academicus Car-
neades, et Stoicus Diogenes fuerunt, et Peripateticus
Critolaus, quorum quænam in publicis ac celeberrimis
Romæ locis ingenii atque eloquentiæ ostentatio, quænam Catonis censorii et quam severa sententia, de illis
dico dimittendis, et tibi notum est, et locus iste non
exigit. Quorsum enim hæc? Nempe non nisi ut advertas
hoc Legati nomen apud maiores tritum atque vulgatum,
nec omnibus ereptum (longa quid non mutat dies?),
Romanam Ecclesiam sibi proprium vindicasse, ne dicam usurpasse. Itaque iam Legatos exercituum suis
quoque nominibus vocat: at quibus mandata regum
aut urbium committuntur Nuncios dicunt, sive aliter,
aut vulgo alius atque alius sermo est. Soli igitur sunt
Legati, quos, ut aiunt, Romanus Pontifex ad aliquas provincias destinavit, e quibus quidam Legati tantum, quidam vero de latere Legati nuncupantur, quos videlicet
missos e Collegio, quod sacrum vocant, Romulei Cardi-
nis fulgor illustrat. Ita mihi fando videor audiisse, neque enim res est cui ediscendæ multum temporis impendisse velim. Sit autem ita: quid enim ad nos? Et
ferendum est æquo animo ut qui rerum potiuntur sum-

ma, nomina rebus vel auferant vel imponant: quando
etiam senes nostros modestissimos hominum, tamen
propter potentiam atque opes, quibus, teste Livio, ante
ipsum romanum imperium floruerunt, geminis æquoribus quibus Italiæ magna pars cingitur, nomina quæ
adhuc durant, tot circum litoreis gentibus nihil oblu-
ctantibus, imposuisse meminimus. His ante propositum
decursis, ad rem venio. Legatus iste de latere, qui iam
solus mundo patiente nomen hoc habet, XVIII. Kalendas Octobris Mediolanum obvio domino et magna cele-
britate populi faventis ingressus est; cui ego nescio
qua recti confusione iudicii, ut me urbanum ostende-
rem, quod non sum, nec esse velim, neque si velim
natura permittet mea, prægressus alios, Ticinensi
porta ad secundum forte lapidem occurrens, didici, si
non antea didicissem, quam sit rerum naturalium fra-
gilis ac lubricus status. Cum enim ingentes pulveris
globi, rotarum atque quadrupedum agitatione commoti
fusca nube cœlum solemque texissent, conspectu mutuo erepto, contra morem meum, ita me malus abstulit error, inferor in mediam cohortem. At vix data
et reddita salute, sic pulvis omnium fauces et ora com-
pleverat, aridumque præcluserat vocis iter, ut dum me
recolligerem quo et aliis parcerem et mihi, equus quo
vehebar et ipse oculis captus, postremisque pedibus in
præaltam iuxta viam foveam dilapsus, omnes qui
aderant metu et horrore complevit, præter me unum,
qui quid mecum ageretur nesciebam: tanta caligo pul-
vereæ noctis incesserat, eo mihi molestior quod a luce
venientes oculi sunt in tenebris pigriores. At vero ille
magnanimus adolescens, quem nisi cœptam successio-

num telam fata præciderint, Mediolani Liguriæque dives expectat hæreditas, et quo, nisi iudicium amor fallit, inter iuvenes fortunatos nullus est melior, nullus
humanior, ante alios me nomine inclamans ut caverem
admonebat. Ego ignarus, et plus fateor clamore omnium
quam periculo meo motus, non prius intellexi quid rei
esset, quam solas equi auriculas extantes, meque densis vepribus oppressum vidi. Profuit ad salutem proprium non nosse discrimen. Quosdam iuvit ignorantia, et
dum nil metuunt nil nocuit: sic contra multos ægros
morbi fecit opinio, ut aliquando essent quod diu esse
crediderant: neque enim de nihilo dictum est, imagi-
natio facit casum. Cui pari ratione illud obiecerim, ima-
ginatio casum tollit. Ita cum multa scire sit optimum,
quædam melius nesciuntur. Certe cum discrimen ipse
meum nescio, dumque nil mali suspicor, nil incom-
modi passus sum: neque enim periculum nisi post periculum agnovi, magisque, cum iam timendum nihil esset, timui, et nunc, ut ait Maro, horresco referens.
Tunc ut eram in pedes subito desilui, supremum-
que ripæ marginem illæsus, plusquam meo saltu,
tenui invisibili subnixus auxilio. Substiterat equidem adolescens ille mitissimus, iussisque famulis descendere, ipse non modo vocis obsequium mihi præ-
buerat, sed dexteræ: dum interim equus meus magno
nisu sibi consulens primisque (dictu mirum) ungulis
dependens, attritus genua vix tandem emergebat, qui
si ut natura rei poscebat, repente postquam labi cœperat
in tergum cecidisset, actum erat, et absolutus eram
omnibus curis. Adfuit hominum succursus, adfuit equi
vigor, dicet aliquis. Ingratum mendacium, mendax in-

gratitudo: vana manus hominis, fallax equus ad salutem ipse suam; ut alias, supposuit manum præsentique me solus exitio Christus eripuit. Quod idcirco tibi
notum volui, ut sicut apud Flaccum caducæ arboris ruina, sic apud me instabilis equi lapsus propriæ nos conditionis admoneat, inanem esse providentiam humanam, ineluctabilem fati vim, innumerabiles mortalium
casus, inæstimabilem cœcitatem. Itaque dum huic oc-
currimus in illud currimus, et dum maxime circumspicimus ac multa providemus, tum maxime unde
nil metuebamus opprimimur, fitque quod ait ille verissimum :

> . . . . . . . . . improvisa leti
> Vis rapuit rapietque gentes.

Nequidquam æstuamus atque angimur, sola potens est
occurrere cunctis divina clementia. Ea tunc Flacco adfuit,
nunc mihi, sæpe aliis: alioquin nec ille suum, nec ego
meum, nec multi bellorum casus in pace, pelagique
pericula in litore renarrarent. Hic semper scrupulus premit, quod dum difficultatem unam evanuisse credimus,
superest altera. Tota nostri nostrarumque rerum custodia committenda Deo est, et de propriis viribus aut
consiliis nil sperandum. Sed iam de moribus satis est
dictum: ad familiaria convertamur. Legatus ergo hic, de
quo ambigue tibi scripseram, spem meam liberalitate vicit sua, ut prope me diffidisse pœniteat, quamvis semper minus sperare sit tutius. Nil omnium quæ petieram
negavit: ultro etiam ut pro me ipso grande aliquid peterem, hortatus est. Ego autem pro me nihil. Fallor:
immo vero pro me omnia: quid enim verius meum
quam quod amicorum est? Cæterum ego iampridem

mihi modum statui, et fines posui, quos ne transeat si-
ticulosa cupiditas, vallum ac foveam circumduxi, coe-
gique animum stare. Neve illum testimonio suo pri-
vem, neque renuentem iusta imperia, neque recusantem
frænos, neque suadentem ferocia, si obstrepere pestilens
consuetudo desierit, rebellantem patior: sic sementem
qui dedit adiuvet, ut mihi frugalitas grata est, ut læta
et otiosa paupertas amicior quam tristes occupatæque
divitiæ. Si quid secus ac loquor facio, prærapido rerum
humanarum torrente raptatus, indignans tamen facio et
in diversum nitens. Mitto autem hæc: sic enim glorior,
sic quæror, sic omnia tecum loquor ut mecum. Idem
animus, eadem patria est, idem studium, idem nomen,
par voluntas affectusque persimiles. Tu pietate prior,
tu religione præstantior, et familiarior Deo: sed et hæc
sileo. Verum ut intelligas quod mallem clariori aliquo
scire posses indicio, quanto pluris ego faciam preces
tuas quam tu ipse qui eas tam verecunde porrexeras, ut
inter poscendum omnem mihi negandi viam ostendere
videreris, scito quod etsi pro his amor, pro his sanguis,
pro his miseratio, pro quibusdam familiaritas me-
ritumque certarent, prima tamen omnium petitio tua
fuit, quam tuis scriptam ut misisti Legatique signatam
digitis accipies huic epistolæ interclusam. Litteras hinc
fieri, non illud modo quod pro quibus executionibus (*sic*)
uti velles eram nescius, sed extremæ temporis angustiæ
vetuerunt. Petitione enim mihi sero tradita, ille mane
discessit. Ita tamen res acta est ut amantissimus pater
Egitaviensis Episcopus cancellarius suus, litteras ipsas
expediri iubebit, ubi tu eum vel pro parte mea, vel
nostra alter adierit. Ibis ergo vel mittes aliquem ex

tuis Pisas aut Senas qua ille iter acturus est, Episco-
pumque convenies, et viva voce de negocio instructum
et litteris ad eum meis, quæ cum istis veniunt, excitandum. Pro aliis vero unum ex meis sequi illum iubebo:
nullas enim his litteras scribi temporis sivit inopia. Doleo quod tibi laboris aliquid aut negotii reliqui: sed
necessarium fuit.

Nil sine magno
Labore vita dedit mortalibus.

I ergo, et laborem tibi certum imaginaria condias voluptate. Iucundum si tibi finxeris, efficies. Æstima te
ocio non negotio trahi. Semper sedes, nunquam pa-
trium limen transis: in hoc nempe differimus, ad cætera pene gemelli. Et hic quoque meum morem indue,
tuum exue. Habet et motus suam dulcedinem, et sæpe
quiete gratior fuit labor; ut nihil aliud, quietem ipsam
efficit gratiorem. Incipe, surge, age, move te loco; reversus saltem melius sedebis. Qui semper alienas facis,
aliquando res tua facito. Fallere te, et si possim, nolo,
et si velim, nequeo. Artificium meum vide. Facio quod
consolatores solent: fando quod oportet ut delectet nitor. Cuperem Legatum ipsum Florentiam invisere, quod
et optare illum arbitror: sed puto non poterit, magnis
et gravibus Ecclesiæ negotiis recto Romam calle festi-
nans. Ipse vero quantum obliquo atque udo calle festi-
naverim,.frustra tamen ut huc ante crepusculum per-
venirem, claudicantes lineæ et fesso simillima viatori,
vel sola frons indicat litterarum. Vale.

## EPISTOLA LVII.

FRANCISCUS PETRARCA IOHANNI BARILIO S. P. D.

Mittit ad eum epistolam poeticam.

Solitis et inexplicabilibus curarum mihi laqueis circumsepto nullum affluxisse poterat gratius solamen, quam quod secum attulit magnificentiæ vestræ dulcis et eximiæ dilectionis testis epistola, cui confestim priusquam aut ipsa manibus elaberetur, aut quem ipsius lepos excitaverat impetus animi deferveret, centum forte versiculos reddidi, lima quidem in tempus aliud dilata; quum ecce die proximo nuncius vester, de quo nil audiveram aut cogitaveram, repente adfuit responsum flagitans. Substiti quid agerem incertus. Ad postremum omnem iudicii vestri censuram subeundam potius existimavi, quam committendum ut frustra mihi tantus vir scripsisse videretur, præcipue quia hunc ipsum incultioris carminis horrorem amoris indicem fore, Virgilio admonente, didiceram. Mitto igitur quales erant: mittam vel feram ipse libentius maiora cum potero. Vester sum: obsecro me recommendari ad pedes humiliter domini mei regis, ad quos reverti quanto desiderio mens æstuet testis est Christus: sed catena multiplicis obligationis, qua domino Azoni sum constrictus, me hucusque detinuit. Ex parte dicti domini Azonis vos saluto, nec non et Sennuccium meum, cui multum invideo, quia est, ut ipse idem testatur, multa cum dilectione vobiscum, quibus ego me tertium fieri pro grandi munere cuperem, nisi et fortuna mea certe et indignitas prohiberet. Valere feliciter vos opto, et mei memores. Recommendo vobis Barbatum amicum meum. Datum propere ult. Ianuarii.

Sequitur Carmen quod est Lib. II, Ep. I. Quid mea fata mihi toto speciosius ævo.

———

## EPISTOLA LVIII.

### FRANCISCUS PETRARCA GASPARO VERONESI S. P. D.

Dolorem lacrimis leniri: Amicorum mortem deflet.

Sunt quidam sic affecti sic obruti mœrore, ut sicut in corporibus, nisi purgatus humor noxius fuerit, extrinsecus admota remedia frustra sint, sic animis quoque illorum, ni concretus dolor in querelas aut lacrimas effundatur, nequaquam illis verborum consolationibus medeare. Id olim meditans, Stephanum de Columna seniorem virum omnium quos noverim contra hostiles motus nostra ætate fortissimum atque invictum, sed amantem adeo suorum ut pene totus ex illorum anima penderet, post illam miserabilem ac festinam familiæ suæ stragem sic per epistolam sum alloquutus, non ut lacrimas comprimerem, quod si facerem extincturus illum fueram, sed elicerem ac funditus exhaurirem, atque ita dolore nimio plenam animam expurgarem: et successit. Epistolam enim illam, ut mihi qui eam tulit retulit, tot cum lacrimis legit tantisque suspiriis, ut timeret ille ne periculo sibi esset; insultantibus amicis quia nescio quod nocivum ac funereum attulissem: ea vero perlecta, tersit oculos, iuravitque nil se amplius fletu-

rum, non si simul orbis totus succumberet: flesse enim
ad satietatem et quidquid esset in animo gemituum
perfluxisse. Hoc remedii genere ipse mecum, cogente
impia Fortuna, sæpe postea usus sum. Cuius rei epistola superiore brevis est mentio. Et heu! fata hominum, sive quo alio opportuniore vocabulo lubricus
status vitæ mortalis exprimitur! Idem ille, cui hoc
scripsi, vir verecundissimus atque optimus vereque
pacificus, quod cognomen spondet, cui ego non ut suis
Maro sempiternam famam quam non habeo, sed nomen
in epistolis meis, posthac crebrum promisi, repente post
moriens hac me quam libentius implessem promissione
liberavit, effecitque ut de illo multa quidem loqui possem, illi vero iam scribere nil amplius; utque eo remedio, quo sibi me in aliis usum dixi, mox in eodem ipso
uterer, cuius morte et nos amico optimo, et Patavina
urbs cive egregio spoliata est. Quo nescio an et moribus
clarior et fide conspectior sui ordinis alter patriæ supersit. Grave hoc: gravius multo quod sequitur; amicum
paulo ante perdideram, qualem nostro sæculo, nisi me
fallit æstimatio, nemo habuit, in quo tu quoque non
modicum perdidisti. In hoc ergo largius quam in alio
fere unquam, illo meo tristi remedio usus eram. Flevi
obitum; non pudeat fateri, quod fecisse non puduit; et
quoniam delectabat ac proderat exonerare animum fletu, feci omnia quibus quam necessario flendum esset,
semel flerem, et non sæpius, quod fieri non poterat nisi
abundantissime semel flessem. Quamobrem inter cætera
fletus incitamenta, ad familiarem viri illius epistolam
scripsi, ut artificio vacuam, sic refertam vivis affectibus, quam et scribens et relegens flevi, quantum de-

siderio leniendo, levandoque gemitui visum esset expediens; et valuit, ut post sæpe suspirans nunquam fleverim, nunquamque deinceps, ut auguror et ipse tale aliquod fleturus exhausisse fontem mihi video lacrimarum. Hanc ergo licet utilem mihi, tum quia non tam virilibus quam flebilibus sententiis plena erat occului, neque hac ætate mihi elapsam sciri, neque hac in parte operis legi illam meo nomine dignum ratus. Tu qui tuo iure nostra omnia familiariter noscis, quique his otii nostri curis transcribendis, primus animum ac digitum applicasti, nulla, ut puto', alia re illectus, quam varietate ac novitate, tu e latebris in publicum illam trahis, quam quum tuæ instantiæ non negandam decrevissem, ac te prius quam illam scripturus es, et alios qui lecturi commonendos existimavi, ut sciretis id ipsum consolationis in ea esse quod consolatorium mihi esset; sic eram enim ut delectarer eo cuius omnes contrario delectantur: malis meis quodammodo demulcebar. Nec mihi unquam melius erat, quam dum flebam, atque animam æstuantem oculorum imber largifluus leniebat. Hoc in statu eram dum illam scripsi, et adhuc forte essem ni scripsissem: scribendo et flendo perveni quo ratiocinando non poteram. Hæc tibi amice, tecumque aliis si quos ea res tangeret pro lamenti illius excusatione dixerim, simulque ut tu qui tot tam varia nomina usque nunc scripseris, amicorum nominibus aliquando tuum ipse nomen adscriberes, neve, licet sero mihi cognitus, in hac amicitiarum acie præteritus viderere. Vale.

## EPISTOLA LIX.

### GALEATIUS VICECOMES MARQUARDO UT DICITUR
### EPISCOPO AUGUSTENSI.

Ob litteras superbiæ et iactantiæ plenas ab eo sibi missas Galeatius
Vicecomes Episcopum indignanter alloquitur, et minis insequitur.

Superbiæ imo vero insaniæ tuæ litteras, quas iniuriis plenas exudantesqne conviciis in nos diceris effu-
disse, ad manus nostras non pervenisse noveris, sed
dumtaxat continentiam in effectu quorumdam nobis fidelium nostrorum sedulitate transmissam, quodque ipsas
eas qua decuit fronte percepimus, nunquam procul dubio credituri tale aliquid sani hominis processisse. Sed
ut omnia de te credamus suadet notissimus et impor-
tabilis furor tuus. Solet enim sermo hominis vitæ moribusque simillimus esse, et clarum animi testimonium
oratio perhibere. Tu quidem, quantum intelligi datur,
credens forte tibi rem esse cum pueris, multipliciter
visus es ut nos ventoso tonitru et verborum inanium
fragoribus deterreres.

Nos qui, quantum in hac vita brevi et iuvenili
ætate permissum est, multa vidimus, plura etiam audivimus memoriæque mandavimus, et insolentiæ tuæ
minas ac dicta contemnimus, omnino muscularum murmur, ac vanus strepitus non horremus. Tu tamen ut
animum tuum tui merito contemptorem præclarissimi
nominis lux præstringat Vicarium te romani iactas imperii! Cuius nos et fideles fatemur et Vicarios profitemur;
et omnes a quibus originem traximus maiores nostros
devotissimos semper ac fidelissimos extitisse certum

atque adeo clarum est, ut, præter te virum omnis boni nescium, nulli hominum incognitum arbitremur. Contra autem te non Vicarium imperii credimus, sed nostrorum hostium, et quod multo tibi fœdius est, prædonum quoque reipublicæ stipendiarium scimus. Quis enim tam grossus ingenio est ut credat romanum imperatorem decus ac culmen principum orbis terræ, ætate illa sua florida, illo cum robore, illa prudentia consilioque subnixum, illis tot bellicis illustrem virtutibus, illa denique prævalentum ducum ac procerum comitiva ad compescendos motus Italicos, quibus vix ipsa hodie vel Iulii Cæsaris, vel Scipionis Africani præsentia, sed nec utriusque sufficeret, senescentem, et, si verum æquo animo pati potes, furiosum atque inutilem presbyterum direxisse? Nunquam profecto milvum aquila, nunquam leo leporem misit in prædam. Solent enim qui mittuntur similes esse mittentibus. Tibi quid, quæsumus, cum Imperatore domino sancto nostro similis est? Animus, ætas, genus, an virtus, an professio? Nulla nisi dissimilitudo rerum par: nunquam tam nulla proportio. Si quo te igitur Imperii Vicarium possemus inditio suspicari, quanquam non immerito de mittentis iudicio miraremur, quia propositum est nobis nil velle quod nolit, et nil nolle quòd velit, parati essemus, etsi non parvi periculi rem sciamus, ad irati et rabidi iudicis tribunal accedere, et nos ante ipsum iracundiæ tuæ fulmen vivis et veris vocibus excusare, quibus vel tuam placaremus insaniam, vel quia, ut credimus, illa nisi ferri acie frangi nequit, coram Deo saltem et hominibus nostram innocentiam probaremus. Sed quoniam te non Imperii Vicarium, sed stipendiarium furum, ut

diximus, ac satellitem reputamus, omisso ad praesens
illo longo processu et confictorum criminum acervo,
ubi multa et varia in nostrum seu verius in tuum caput mendacia congessisti, omissis nugis et tumentibus
verbis tuis, hoc solum praesentium tenore rescribimus.
Nos infra terminum quem nobis ad hoc diceris praefixis-
se, ne laborare te oporteat veniendo super Mediola-
nense, Placentinum, seu Parmense territorium, ut mina-
ris, in ipsis tuis aut tuorum finibus, quia te non tanti
facimus ut ad nutum tuum personaliter moveamur, tibi
per procuratores nostros idoneos, ut speramus, legitime
et magnifice responsuros. Unum hoc praemissis adnecti-
mus, ne tibi forte, ut vanissima spes stultorum, de conscientia vesani capitis blandiaris; et quoniam vocaris
episcopus, cum vir sanguinum sis, impune furere et
insultare posse urbibus ac populis qua impetus tulerit,
bonorum fines, statum et patrimonia lacerare, postremo
passim quidquid est libitum licitum speres, nos si cum
nefaria latronum manu ad populandos exterrendosque
pacificos fines nostros attigeris, si te in manus nostras
Fortuna iustitiae ministra perduxerit, non alio quam quo
meritus es famosi latronis ac incendiarii supplicio pu-
nituros. Vale.

Data Mediolani, die VIIII. Octobris.

Nota. — Littera haec Galeatii Vicecomitis nomine ad Marquardum
Episcopum Augustensem missa in duobus Codicibus Florentinis Franciscum
Petrarcam auctorem habuisse dicitur. Multa tamen rationum momenta contrarium suadent, quae in adnotationibus quarto in volumine vulgandis lector inveniet. Hisce non obstantibus, litteram ex hoc libro expungendam
haud duximus, ne sententiae nostrae in re dubia nimis confidere videremur,
neve ulla ex iis quae vulgo auctori nostro tribuuntur, hac in sylloge deside-
retur.

## EPISTOLA LX.

FRANCISCUS PETRARCA MODIO PARMENSI S. P. D.

Duo illi opuscula mittit de quibus iudicium suum exquirit.

Tua brevis ac dulcis epistola mihi graves inter curas, quasi densa inter nubila, suavissimus hiberni radius
solis affulsit; in qua cum grata sint omnia, nihil est novum.
Semper erga me talem fuisse te memini: gratiam habeo,
atque utinam ut animo iuncti sumus sic simul vivere
licuisset. Meliore autem nostri parte, quoniam utraque vetitum, simul erimus, ea scilicet quæ, ubi se virtuti subiicit, Fortunæ imperio exempta est. Quod est reliquum: videbis, amice, dum ex commodo licebit duo
illa opuscula ingenioli mei, quæ varie affectus, alterum
nimis ardenti animo dictavi, alterum nimis leni, et ab
omni ferme rerum humanarum participatione semoto,
quodque in utroque tibi displicuerit, mihi seorsum indi-
cabis. Si quid vero placuerit, generosæ atque agilis tuæ
manus ministerio, ut soles, quosdam velut stellarum radios adhibebis, quibus non aliis tantum, sed mihi etiam
res ipsa sit gratior. In quo vide, oro, diligenter ne te
amor fallat qui doctissimos iam fefellit. Vulgi vetus
est verbum: cum placet histrio gestus placent. Cave
ergo ne nimis multa signando æmulis nostris argumentum præbeas tibi tali viro mediocria placuisse. Demum illis modo signum imprime quæ vel ab ignoto,
vel ab hoste etiam dicta laudares: quæ pauca ibi esse
non dubito. Illud itidem precor certiorem me ut facias
quid agit communis domina, illustris mulier et virtu-

tis amicior quam Fortunæ, quisve suarum rerum status, et quæ spes, cuius venerabilem conspectum toto
iam triennio exoptatum mea mihi pridie sors invidit.
Vale nostri memor.

F. tuus.

Ticini, Kalendis Septembris.

Magistrum Fortianolum nostrum meis verbis ore
tuo salutatum velim.

———

### EPISTOLA LXI.

FRANCISCUS PETRARCA IOHANNI PARMENSI S. P. D.

Explicat allegoriam quæ littera superiori n. L relata continetur.

Uberem messem parvo de semine messui. Arborem quam stilo descripseram coloribus designasti; ac
memorem Horatianæ sententiæ ubi ait :

> Segnius irritant animos demissa per aures
> Quam quæ sunt oculis subiecta fidelibus,

quod auribus ingesseram oculis subiecisti, non contentus nisi et eius oppositum insuper, et huius vitæ are-
nam habitatam mortalibus addidisses: ubi ad tempus
utrumque permixtum, et heu! non æquis portionibus confusa sunt omnia, discernenda novissime, et supremi
flabro iudicii ventilanda. Ostendisti realiter, amice, arborem tibi notissimam, quam, ut de singulis dubitans
philosophico consilio videare, verbo dicis incognitam.
Est ergo (quoniam hæsitatio tua interpretem me videtur exposcere), est, inquam, arbor illa quam putas, nec

te fallit opinio. Quomodo enim, ut de te sileam, amicum illum magnum, quem tuæ dubitationis tuæque consortem narras indaginis, falleret arboris notiṭia, cuius sub ramis, nec me fallit amor, ab adolescentia sua sedit? Unde tunc flores vernos, nunc maturos et tempori debitos fructus legit? Est igitur est utique virtus ipsa quod visum dicis ambobus: virtus olim quadrifidos habens ramos, propter quadripartitam honestatis speciem, solo nomine late notam: quos ideo spectare terram dixi, quia quatuor morales, pro ea præsertim parte quam politicam vocant, civiles actus ac terram respiciunt. Has sane, quod invitus fateor, maioribus nostris constat aliquanto magis fuisse cultas quam nobis, præcipueque principibus; quos pastorum appellatione notavi, qui usque adeo iam ærei facti sunt, ut amare homines et curare terrestria vile ducant, ac præiudicium maiestatis, cum tamen omnes iisdem ex seminibus nati simus. Tres altiores rami theologicæ sunt virtutes. Hæ ante Christi adventum, quem cœlestem agricolam non inepte videor nuncupasse, mundo incognitæ habebantur, quas cœlum spectare non ambigitur. Christi sarculus Christi doctrina est, qua fidelium mentes colit. Ros serotinus sanguis est proprius et gratiæ cœlestis infusio, quæ sero, hoc est sub finem sæculorum, in mundum sterilem, Deo res hominum miserante, delapsa est. Ramuli sunt harum subdistinctiones innumerabiles virtutum: felices auræ sunt cogitatus pii et sanctæ inspirationes: volucres sunt animæ quæ alis cogitationum talium alte conscendunt, candidæ propter innocentiam, canoræ propter id quod scriptum est: *cantabo Domino qui bona tribuit mihi;* et iterum: *cantabo Domino in vita mea, psallam Deo meo quamdiu fuero;* et rursus: *bene-dicam Domino in omni tempore, semper laus eius in ore meo.* Poma sunt virtutum fructus, quibus omnino nihil dulcius esse fatebitur quisquis inde gustaverit. Quinam vero fructus hi sunt, nisi et hic gaudium de virtute, et illic in patria finem non habitura felicitas? Mite so-lum est vita mansuetorum, qui licet altius aspirent, adhuc tamen terram inhabitant: hanc exornantes herbæ variæ quid nisi varietas sibi convenientium actionum? Flores purpurei quid nisi morum fuerint ornamenta? Lenis accubitus quid nisi bene compositi animi status et felicis conscientiæ quies est? Odoris suavitas famam bonam: oculos mulcens color quid aliud quam deco-rum illud importat, quod elucet in virtute, de quo præ-clare in officiis suis agit Cicero? Fons sub hac arbore scaturiens quid nisi actuum bonorum ex virtutis radice nascentium inhexausta series est, quæ hinc illinc dif-ficultatibus obiectis excita, clarior fit atque sonantior? Siquidem ex colluctatione laudabili et meritorum præ-coniorum murmur elicitur, et lautius exauditur. Gau-det enim virtus difficilibus, et vix facile aliquid magna dignum laude reperies: propter quod arborem hanc lo-cis arduis radicatam dixi: repositis autem ideo quia cum difficilis, tum secreta est ad virtutem via. Nec illud puto mentitus sim difficilem aditum, cætera planiora: quod et experti omnes norunt, et te expertis annume-rare non dubitem. Postremo Cancer retrogradum, Leo autem ardentissimum sidus est. Quorum ille relapsum adscendentis animi et ad infima reditum significat: hic ardores cupiditatum atque libidinum et irarum passio-numque omnium quibus humana mens æstuat. Hærendum vobis huic arbori usque ad vesperam, hoc est usque ad huius vitæ terminum admonui: addens de quo nemo dubitat, nunquam melius esse mansuros: malefida enim voluptatis statio, ad quam velut ad portum mundus iners confluit, ut blandos introitus sic mœstos habet ac præcipites egressus; quod si unquam dubitatum esset, heu! clare nimis ac terrifice non sine meis et multorum lacrimis nuper apparuit. En, amice, parabolam tibi meam ipse reseravi. Superest ut et amico illi optimo et tibi gratias agam, qui pro brevi papyro non eam modo de qua loquebar arborem, sed totum mihi terrarum orbem in membranis descriptum insigni quidem artificio remisistis: utque ambobus et arboris ostensæ refrigerium, et mentium corporumque valetudinem inconcussam ac perpetuam precer. Vale. Mediolani: ille tuus.

---

## EPISTOLA LXII.

### FRANCISCUS PETRARCA AD IGNOTUM.

#### Gratulatur victoriam.

Virtuti tuæ congratulor, adolescens, quando tu sic unus adversum millia, sic solus adversum agmina clavam de manibus Herculis extorsisti. Redemisti, sicut audio, iugera tua certamine magno: quod eo lætius intellexi quo certius reor ob hoc ulla te iactantia non extolli. Iam verbis non eget tempus: tempus est, fateor, iam sulcis telluri semina credere: quæ suum sperato fœnore non deceptura cultorem, stridentia plaustra vocent, cumulentque felices areas ad trituram. Vale.

---

## EPISTOLA LXIII.

### GALEATIUS VICECOMES CAROLO DELPHINO GALLIARUM.

De eadem re, quæ litteræ superiori n. VI relatæ argumentum
constituit.

Urget hinc animum dolor, serenissime principum,
et in lamenta præcipitat; hinc silentium iubet et attonitum
facit stupor, dum durum Fortunæ iugum cogito, cui conditio est subiecta mortalium. Quid homini tutum? Aut
quis omnino Fortunæ imperio sit exemptus, quoniam
summus hominum illustrissimus pater vester ac dominus meus rex, ex altissimo solio tam repente, rotæ
volubilis deiectus impulsu, quod sine lacrimis meminisse non possum, in manus hostium dicitur pervenisse? Et quod non parva doloris accessio est, secum una
minor filius amantissimus frater vester, ut irrecupera-
biles sileam iacturas, strages procerum quos quasi totidem regni lumina una tristis, præceps et calamitosa
dies obruit et extinxit: mœsta, inquam, et flebilis et obscurior qualibet nocte dies: quæ utinam pereat, ut illius
sancti senis utar verbo, et *vertatur in tenebras, non*
*requirat eam Deus desuper, et non illustret eam lumi-*
*ne: obscurent eam tenebræ et umbræ mortis: occupet*
*eam caligo, et involvatur amaritudine: non computetur*
*in diebus anni, nec connumeretur in mensibus.* Vere
enim caliginosa dies et infelix et de numero temporum abradenda, quæ clarissimum regni solem ac stellas tam fusca nube circumdedit, et quam tanti doloris
vespera tantorumque fletuum vox consecuta est. Huius
ego tam insoliti et tam magni mœroris particeps sum,

inclyte princeps: Deum et conscientiam meam testor! et
ad me quamvis a longe positum pars pervenit lacrimarum. Nam præter communem et publicum dolorem,
qui ad tantæ ruinæ sonitum haud dubie omnium, et in
primis regum ac magnatum corda tenuerit, cogitantium
nihil in suum caput non ausuram sævam illam memo-
rabilemque Fortunam, quæ verita non sit manu sacri-
lega sacrum Franciæ diadema contingere, est mihi privati gemitus ac doloris causa iustissima. Nolo enim
vestra maiestas existimet me illius forsan humanitatis
immemorem quam in me olim invictissimus avus vester exhibuit, quam idem vester genitor multis et variis benevolentiæ regiæ auxit indiciis: quam vestra
quoque iam tunc venerabilis pueritia et præclara indoles fronte lætissima et suavissimis cumulavit affatibus.
Hæc singula equidem sic in animo sedent atque imis
penitus sunt affixa præcordiis, ut eorum lucidam radi-
catamque memoriam nulla unquam ullius ingratitudi-
nis nubes tegat vel convellat oblivio. Quin imo cum avi-
tæ, vel paternæ, vel vestræ benignitatis insignia, quibus
me certatim omnes, hominem vix nomine vobis cognitum, honestastis, multa et magna tunc merito iudica-
rem: deinde certe renovata atque aucta sunt tempore,
meoque tantum crevere iudicio, ut quæ tunc magna
visa sunt, nunc maxima videantur, et prorsus omne
meritum meum vincant. Quæ quodam tempore mecum
reputans una cum reliquis fidelibus et amicis vestris,
queror et lugeo tanti domini mei casum. Veruntamen
cogitans statum vestrum et iuvenilibus humeris regni
pondus impositum, postremo cuncta circumspiciens,
quoniam dolori meo ægre impero, vestrum cupio tem-

perare et lugentium unus e numero consolatoris partes, fide valida cogente, suscipio. Dedit adolescentiæ vestræ Deus quod vix raro virorum illustrium senio dare
solet, ut ætate hac vanitatem rerum humanarum et
Fortunæ vim ac perfidiam agnoscatis, quæ profecto nullis aliis artibus vinci potest, nisi summa stabilis animi
virtute. Illam vobis natura contulit, experientia firma-
vit, studium meditatioque perficiet: cuius ope vel hostium vel Fortunæ vincetis insidias. Remoto patre, regni salus et publicæ spei ancora in vestra virtute
fundata est: quam Deus ideo belli casibus præservavit
incolumem, ut esset per quem et sperari possent patris
vel liberatio, vel vindicta, et tanti regni gubernacula re-
gerentur. Onus grave, sed Deo auxiliante, possibile : et
quod ætatem vestram excedat, fateor, non virtutem. Sed
quoniam et recentis damni memoria et præsens occupatio vestra multiloquio staret adversa, finem verbis
imponam : hoc adiecto, quod si vestris regnique vestri
laboribus opem aliquam mea devotio ferre possit, quidquid sum aut possum affero pura fide vestræ inclytæ
maiestati, quam mei memorem consolari, patre inclyto
libertati ac gloriæ propriæ restituto, quamque feliciter
serenare et stabilire divinitus ac victoriosam facere di-
gnetur Altissimus. Vale.

## EPISTOLA LXIV.

### FRANCISCUS PETRARCA EPISCOPO CAVALLICENSI S. P. D.

Quæ tempore anteacto ab eo accepit beneficia commemorat,
et pro noviter collatis gratias agit.

Utcumque aliis, quorum vel libertate vel opera fretus eram, quid dicerem inveni, ad te scribere cogitanti
mirum ut sæpe verba defuerunt. Quid enim dicerem?
Ita mihi persuasum profundeque insitum est tuum te
negocium agere dum meum agis, idque non emolu-
menti consideratione vulgaris, sed alia quadam generosa et ingenua æstimatione paucorum, et in primis
tua. Sunt enim qui nihil nisi pecuniario pretio æstimare
didicerunt; tempus amicitiis impendunt quo nihil est
carius, tam nil sibi videntur impendisse, nisi forsitan
quantum lucri idipsum tempus intentis ad alia collatu-
rum fuisse videbitur. Dant consilium, dant auxilium,
dant animam, dant seipsos, nihil se dedisse putant:
forte etiam nec falluntur: at si quid pecuniæ impensum
est, id æstimatione tacita, id importunis verbis exag-
gerant; haud immerito: quando eis pecunia pretiosius
nihil est, non tempus, non fama, non sanguis, non vita, non anima. Tantum imperii inter miseros mortales
auro argentoque dedit insana cupiditas. Tibi vero mens
alia, diversi mores, iudiciumque dissimile. Non te super-
ficies rerum fallit; solerter introspicis, et suum pretium
rebus ponis. Non tu ex me aurum speras, non ambitiosa
suffragia, sed animum meum et obsides animi affectus
tenes potius quam speras: de futuro etenim spes est;

itaque quod habet sperat nemo. Tu quidem pleno iure
animum meum habes; ubicumque sim ille tecum est,
quem tibi pulchra negotiatione mercatus es. Pietas, fides,
humanitas, sapientia, eloquentia, litterarum amor, caritas mei, conversatio suavis, et servata dignitate familiaritas inaudita. Hæc sunt pretia quibus me hominem
liberum comparasti. Posses, non inficior, contractum
communi iure rescindere, ultra dimidium insti pretii
deceptus: non tamen id vereor, nam et præscripta res
est, et multa præterea, licet exigua in se, adeo posses-
soribus cara sunt, ut ea vix ullis pretiis commutasse
velint. Innumerabiles sunt affectuum humanorum causæ, et inæstimabiles æstimantium voluntates, investi-
gabilesque respectus. Quidam vasti animi sunt, et appetitum nonnisi ad immensa transmittunt. His orbis
ipse terrarum carcer videtur, et angustiæ, quod de
Alexandro Macedone, ac de Iulio Cæsare lectum est:
contra alii minimis delectantur, magna fastidiunt :
his tugurium regia est, ampla domus ergastulum. Tales puto fuisse Diogenem et Amiclam illum Cæsareum,
prius quam vector sibi permaximus obtigisset. Multos
quoque alios præcipue ex nostris, qui pauperem ducem nacti omni studio fecerunt sibi familiarissimam
paupertatem, in scissuris lapidum atque in desertis
specuum habitantes: sic et in reliquis invenies. Quidam purpuras mirantur, et quidquid supra humanæ
mensuræ modum attollitur attoniti et hiantes aspiciunt:
his regnare felicitas prima est: id si fortuna negaverit,
at saltem amicitiis regum student, et proximum regno
putant esse sub regibus. Alii omnem potestatem perosi
ferre nequeunt regis occursum. Quibusdam melle dul-

cior, ut dixi, aliis amarior felle pecunia est. Itaque nummos alii non quasi fallax et fragile mortalis vitæ præsidium, sed quasi fratres aut filios amant, sæpe plus
etiam quam se-ipsos, quando ut nummis parcant fame
pereunt. Horum alii contactum ceu contagiosum aliquid
evitant, et quasi non sufficiat avaritiam declinasse,
nisi in contrarium relabatur, bellum indixere divitiis,
quas ut valde optare imbecillis, sic non posse pati
enervati animi est. Hinc apud Flaccum extrema illa ridicula procul a virtute distantia Laberii et Aristippi,
quorum primus multiplici pœna hæredibus apposita ni
paruissent, omnem ingentis patrimonii sui modum sepulchri saxo iussit insculpi, quo scilicet posteritati nota
felicitas sua esset quam in divitiis reponebat: alter in
Lybia servos aurum suum quo gravati tardius incede-
bant, quasi cœnum iussit abiicere, cum ille posset rem
caducam penitus fœnerari, et hic in meliores usus lar-
giendo quam proiiciendo convertere. Sunt quibus in
rebus omnibus mediocritas placet. Horum ex numero
esse velim, nec verebor pusillanimitatis infamiam, meque
illo Senecæ testimonio tuebeor: *Magni*, inquit, *animi est
magna contemnere, et mediocria malle quam nimia.* Sed
omissa votorum varietate mortalium, ad nos et rem nostram redeo. Tu quidem quam industrie amicitias regum colas insigni nuper experimento et præclara usque
ad exitum fide monstrasti, adeo ut te et amicum rex
dum vixit, et nunc etiam regnum ipsum Siciliæ patrem
vocet. Nec ideo quod in monte stare consueveras vallem odis, doctus et suspicere et æqua conspicere, nec
tamen ima despicere. Omnia enim agere virtus docet, et
diversissima licet, uno rationis imperio administrat. Non

sum rex. Quid refert si apud eum cuius sum, quantu-
luscumque sim, in pretio sum? Multi deformes coniuges ardentius amavere. Sæpe quo minor filiorum indoles, eo parentum amor fuit intentior. Scipio Africanus
summus hominum, filium usque adeo dissimilem patri,
ut hostis non filius videretur, plusquam paterne di-
lexisse traditur. Mirum; sed aliquid latet quod amorem
excitet amantemque solicitet: sine causa enim nullus
amat, quamquam aliis non tam pronis ad amandum
eadem causa tanto impar forsitan sit amori. Certe ego,
dum me metior, quid de me ipso sentiam, in dubio sum.
Fateor enim, ipse mihi non placeo, nec mirari sufficio
quid est hoc quod clarissimis viris (neque enim vereor
ne vanitati detur si hanc mihi veræ, licet immeritæ
gloriæ, partem sumo), clarissimis, inquam, omnium qui
nostra ætate vixerint, carum fecit. Dum equidem ipse
res meas funditus excutio, nihil invenio, quod in me
bonis amabile suspicer, præter unum hoc, quod ipse
etiam quisquis sim, bonos semper amavi et colui,
semperque ab his amari et volui et optavi, nec ullas
mihi in vita maiores opes posse contingere ratus sum,
quam benevolentiam bonorum, atque illustrium virorum, quorum quo minor est copia, maior est gratia
optabiliorque convictus. Sed dum cogito tot claros viros haud facile in eo simul omnes errore versari, nescio quomodo de me mihi spes oboritur: ita, ut dixi,
dubius sim, nec scio quid mihi, quid aliis credam. Vos
videritis quicumque me vobis amandum, nullis causis
apparentibus delegistis. Verum ut non alios sileam, de
te loquar quem a principio crebrioribus et clarioribus
indiciis patrem sensi. *Veni Mediolanum,* inquit Augusti-

nus, *ad Ambrosium episcopum, in optimis notum orbi
terræ:* et post pauca: *Suscepit me,* inquit, *paterne ille
homo Dei, et peregrinationem meam episcopaliter dilexit.*
Quid tibi, quid mihi convenientius dici potest? Veni
ego non Mediolanum, unde tibi tamen hæc scribo, quo
pridem a te corpore digressus cum alio pergerem, Fortuna sic res hominum volvente, perveni, sed in ruris
tui secreta, non te quidem, quem adhuc nisi facie nôn
noram, sed solitudinem ab infantia dilectam ac locorum
silentium quærens veni, ubi a te quam paterne susceptus sim, quam erga me familiariter simul episco-
paliterque te gesseris, tu forte vel nihil æstimes, vel,
quod valde beneficis inesse solet, oblitus sis; ego non
si Lethæi gurgitis fluenta transierim obliviscar, ut me
semper una fronte unoque animo videris: ut ad te inde
venientem exceperis, morantem excitaveris, segnem
increpueris, et adhortationum stimulis sæpe segnitiem
excusseris, sæpe nec stimulis quidem parentem, urbe
relicta tua, quoque me dignatus sis consolatusque præsentia, teque hospitis amor attraxerit quo locorum tuorum caritas non trahebat. Me ne, ut cætera prætermit-
tam, illius loci immemorem arbitraris, dum coactis
sarcinulis Italiam repetens, sero ad te pro benedictione
ac licentia venissem, ante solis occasum Druentiam
transiturus; ut te graviter ægrotantem, quod dolori meo
parcens me celaveras, mœstus et admirans reperi; ut
subito factus alacrior totos penates læto quidem sed
modesto clamore complesti, te sanitati redditum adventu
meo prædicans; ut in egregium fratrem tuum versus
nihil iam te de salute tua dubium dixisti, quia quem
quærebas invenisses; ut mox, dum ego dolens quidem et

invitus, sed urgente hora quæ ad transitum rapidissimi
fluminis iam tardior videbatur, propositi mei summam,
et ad quid venissem, quove iter intenderem indicassem
tibi, repente tristior et pene intermortuus orasti ut illam tibi noctem darem: adfuturum enim Deum et aliquid remedii monstraturum? Quod cum pietate tua.
victus annuissem, meruisti ut, precibus credo tuis, quod
Scholastica quondam virgo sanctissima pro Benedicto
fratre promeruit, ingens et inopinus imber adfuit, cum
tota non pluisset æstate. Cæterum, quia seu laborum
usus seu naturæ est, satis iam contra ventos, et fulgura,
et æstus, et pluvias induruisse videor, uni forte cessurus impedimento, quod etsi librorum quos mecum fe-
rendos assumpseram amore tangebar ac vehementissime
retrahebar, post me tamen illos dimittere non vetabar,
et tergum indomitum imbribus dare, obstaculo interim
validiore detineor. Siquidem nocte illa priusquam a colloquio tuo in cubiculum transissem, rumor ad nos incredibilis pervenit, te gaudente, me propter miraculum
fictam a te fabulam opinante: iter quod destinaveram
bello fractum, quod nec nostra unquam nec avorum
nostrorum ætas adiuverat. Qui cum mane percrebuis-
set auctus, substiti atque his causis in unum coeunti-
bus effectum est, ut sicut olim pia soror noctis spatium
fraternæ moræ, sic tu pius pater moræ meæ prope integrum anni tempus adiungeres: cui totum quidquid
id est vitæ reliquum adiungere potuisses, ut non a te
magis corpore quam mente divellerer. Sed quod tunc
nequivisti nunc implere satagis, idque non verbo, cui
tamen fidei plurimum inesset, sed his quæ mentiri nesciunt rebus probas. Taces tu quidem, sed pietas tua

loquitur; clamant actus, pro quibus gratias agens clamat
animus meus, lingua tamen silet, cui paria meritis
tuis verba non suppetunt: id enim agis non ut vulgare
aliquid, sed ut suprema vitæ gaudia, libertatem, solitudinem, otium, silentium, id agis ut laborum ferias, ut
tranquillæ mentis statum, ut te postremo, ut me mihi re-
stituas. In quo te adeo pervigilem probas quasi rerum
immemor maximarum huic uni omne studium curam-
que devoveris; quod mihi stupens Socrates meus scribit et stilo efficit ut pene rebus ipsis interfuerim. Per-
fecisti iam tandem, ut spero, quod sæpe tentaveras,
obluctantemque Fortunam pro. nisu et indefessa diligentia fatigasti: victa iam nobis cedit, et patitur ut,
quod semper optaveram, prope te vivam, prope te moriar; quod si ita est ut audio, fecisti rem, fateor, qua nescio an ulla mihi gratior fieri posset. Cæterum, ut principio finem iungam, conscientiam tuam interroga, illa
tuum te quoque negotium fecisse fatebitur. Supple igitur inscientiam meam, et tu tibi gratias age, quod licet
a nemine fieri ipsi ego patri nostro Meldensi scripserim, sic habeto efficacissimam uberrimamque omnium
in terris esse gratiam, quam bene conscius animus in
silentio refert sibi. Vive et vale.

Mediolani, VII Kalendas Maias.

## EPISTOLA LXV.

FRANCISCUS PETRARCA AD IGNOTUM.

Mittit versum Eglogæ X adiungendum.

Ut inter tot maiorum rerum curas profundam et
inexaustam, ne dicam supervacuam et inutilem curam
rerum etiam minimarum videas, scito quod anno altero, dum additationes illas magnas dictarem in bucolico
carmine super litus sinus Hadriaci, ita ut nunc dexterum nunc sinistrum pedem alternus fluctus ablueret,
die quodam, dum forte aliad agerem, occurrit animo ver-
siculus unus iungendus aliis, ac ne elaberetur, parum
fisus etiam senescenti memoriæ, in margine Africæ nostræ, quæ casu tunc sola aderat, illum scripsi, ratus
fido loco repositum semper ad manum futurum. Longe
vero aliter accidit: quod matri familias quæ sæpe quod
diligentius reposuit, peius invenit. Interiectis diebus
dum hunc sæpe et ubique nisi ubi erat quærerem, nusquam hactenus reperi, nisi quod pridie dum de eo
nihil amplius cogitarem, oculis scse meis obtulit non
sine risu et ira. Misi eum tum amicis de Mediolano opusculum illud habentibus et Donato nostro. Hunc tibi
subscribo, quem sive adscribendum duxeris, sive ut
intempestivum reiiciendum, tui erit arbitrii. Alii autem
omnes, quamvis sero venientem, receperunt. De his loquor qui Mediolani sunt. Nam Donati super hoc responsum non habeo, nec expecto quia statim illuc eo.
Est ergo versus decimæ Eglogæ CCLXVII. ni me fallit
mens, et sequitur ita post illum:

Ilion eversum Troiamque a stirpe revulsam,

Quique nurum dotemque Iovi convexit opimam.
Linquo senem etc.

**XXII Decembris: Papiæ.**

Adhuc octo, imo novem mensibus et eo amplius ex quo datæ erant, ad me rediere non sine comminationibus et iurgio, ideoque unam additionem de duabus æstatibus hic actis non miraberis.

**II Septembris.**

VARIARUM LIBER EXPLICIT.

# APPENDIX LITTERARUM.

———

Habes, amice lector, octo adhuc Francisci Pe-. trarcæ epistolas: quarum postremas duas, nondum a quopiam in vulgus editas, Romæ in bibliotheca Barberiniana delitescentes serius inveni. Illa quæ Lucæ Christiano inscribitur, ex codicibus Vaticanis et Barberinianis eruta, parum differt ab iis quæ sub numeris 2, 3, 4 et 5 extant in Libro VIII. de Rebus Familiaribus. Cum tamen res aliquas scitu dignissimas illa contineat, operæ pretium duximus eam quoque in hac appendice exhibere. Typis iamdiu impressa parum tamen nota, et nunquam inter opera Fr. Petrarcæ in veteribus editionibus comprehensa illa est cui initium « *Fervet animus* », ludicra quidem nec absoluta, sed tamen auctoris gratia minime negligenda. Cæteræ quatuor ad Nicolaum Tribunum Populi Romani, quum nec Familiaribus nec Variis possent accenseri, eas enim auctor ipse seorsim servandas duxit, dignæ nobis visæ sunt quæ locum heic invenirent, quo singularis illius viri historia huiusmodi documentis testatior esset.

Haud denique ociosum duximus in extrema huius Appendicis parte Francisci nostri testamentum proferre : utpote quod typis quidem iamdiu editum, sed plurimis esset refertum erroribus : et auctoris pietati in Deum, ac singulari in amicos suosque benevolentiæ declarandæ peropportunum ipse facile perspicies.

Quæ autem hac in Appendice continentur sequens tibi pagina indicabit.

# INDEX APPENDICIS.

## EPISTOLA I.

FRANCISCUS PETRARCA POPULO ROMANO S. P. D.

Hortatur ut Nicolao Laurentii in vincula coniecto opem ferat, eiusque causam Romæ cognoscendam avocet a curia Avenionensi.

Apud te quidem, invictissime domitorque terrarum Popule meus, apud te clam paucis res magna tractanda est. Advertite animos, quæso obtestorque vos, viri clarissimi. Vestra res agitur, magna, inquam, nec solum magna, sed maxima, et cui in terris nulla par esse potest. Neve forsitan sciendi avidos expectatione conficiam, aut rem suapte natura permaximam nitar verbis augere: præfationibus omissis ad ipsam rem venio. Tribunus olim vester, nunc captivus alienus (oh! triste spectaculum), ceu fur nocturnus aut patriæ proditor, ex vinculis causam dicit, et quæ nulli unquam sacrilego prærepta est, apud iudices orbis terrarum, et iustitiæ magistros iustæ sibi defensionis facultas èripitur. Est ille forte non indignus hæc perpeti, qui in suo ingenio suisque, ut ita dixerim, manibus plantatam et iam radicatam florentemque rempublicam in ipso gloriosissimi successus flore destituit. At minime digna est Roma, cuius olim cives lege inviolabiles et supplicio exempti, nunc non modo sine sceleris infamia, sed multa quoque cum laude virtutis passim

sævo quorumlibet arbitrio violantur. Ne enim causam
ignoretis, viri illustres, qua olim caput et rector, nunc
civis dicam an exul vester opprimitur, rem nescio an
vobis incognitam, sed certe mirabilem et indignam audietis. Non ille quidem neglectæ, sed defensæ libertatis
arguitur; nec deserti, sed occupati Capitolii reus est. Illud sibi summum, et crucibus expiandum scelus obii-
citur quod affirmare præsumpserit romanum imperium
nunc etiam Romæ et penes populum romanum esse.
Oh! impia sæcula. Oh! truculentam invidiam. Oh! male-
volentiam inauditam. Tu vero nunc infallibilis et incor-
rupte rerum arbiter Christe quid agis? Ubi sunt oculi
tui, quibus humanarum miseriarum nebulas serenare
solitus es? Cur illos avertis? Cur non ancipiti fulmine
causam dirimis sceleratam? Etsi non meremur, aspice
in nos et miserere nostri. Respice inimicos nostros, nec
minus tuos, quoniam multiplicati sunt, et odio iniquo
oderunt nos, nec minus te. Discerne, quæsumus, inter
partes omni ex parte dissimiles. Denique de vultu tuo
iudicium nostrum prodeat, oculi tui videant æquitatem.
Certe si iugo romano, quod omnium iustissimum atque
suavissimum fuit, aliqua gens, imo vero gens omnis,
ut cernimus, voluit colla subducere, nihil est quod in-
dignemur aut miremur. Est enim animis mortalium libertatis insitus appetitus, sæpe etiam inconsultus ac
præceps, et sæpe dum parere melioribus pudor vetat,
qui bene subessent male præsident: sic omnia miscentur ac turbantur, unde nonnunquam in loco digni imperii servitium indignum, et in loco iusti servitii iniustum imperium videmus. Quod nisi ita esset, meliori
loco essent res humanæ, et adhuc incolumi capite,

mundus integrior. Id si mihi non creditur, experientiæ
credatur. Quando unquam tanta pax, tanta tranquillitas, tanta iustitia, tantus virtuti honos, tanta bonis
præmia, tanta malis supplicia, tam bene consultum rebus quam postquam unum caput orbis habuit, caputque
ipsum Roma fuit? Quo potissimum tempore amator pacis ac iustitiæ nasci Deus ex virgine terrasque visitare
dignatus est? Singula quidem singulis corporibus data
sunt capita, et orbis universus, cui a poeta magni corporis nomen adscribitur, uno temporali capite debet esse
contentus. Monstruosum est enim omne animal biceps:
quanto·magis horrendum et immane prodigium est animal mille capitum diversorum, seque se mordentium
invicemque pugnantium? Quod si capita plura sunt,
unum tamen quod cuncta compescat atque omnibus
præsit esse debere non ambigitur, ut totius corporis
pax inconcussa permaneat. Certe quod experimentis
innumeris et doctissimorum hominum auctoritate defen-
sum est, et in cœlo et in terra optima semper fuit unitas principatus. Id sane supremum caput velle se Deus
omnipotens non aliud esse quam Romam multiplicibus
declaravit indiciis, quam belli pacisque gloria, quamque mirabilem sine exemplo virtutis tanta præminentia
dignam fecit. Quæ quanquam ita sint, adhuc tamen si
humani·more animi malo suo quotidie gaudentis, aliqua gens, ut dixi, damnosam et ambiguam libertatem
quam tutum et salutare publicæ matris imperium mallet amplecti, posset insolentiæ vel inscitiæ venia deberi.
Illud vero quis inoffensis auribus accipiat inter homines
doctos quæri, an romanum imperium Romæ sit? Ergo
apud Parthos Persasque et Medos Parthorum Persarum-

que et Medorum regna consistent, Romanum impérium vagum erit? Qui hanc indignitatem stomachus ferat? quis non potius evomat penitusque reiiciat? Si imperium Romanum Romæ non est, ubi, quæso, est? Nempe si alibi est, iam romanorum imperium non est, sed eorum penes quos illud volubilis Fortuna deposuit. Etsi enim sæpe romani imperatores pro necessitate reipublicæ in orientis aut occidentis extremo, sæpe sub Borea vel Austro cum exercitibus agerent, romanum tamen interim imperium Romæ erat, et de romanis imperatoribus quo vel præmio vel supplicio digni essent, Roma censebat. De Capitolio petebatur quis honorandus, quis plectendus, quis urbem privatus, quis ovans, quis triumphans introiret. Quin etiam post Iulii Cæsaris seu tyrannidem, seu dicere malumus monarchiam, romani principes, quamquam iam Deorum concilio adscripti, adhuc tamen a Senatu vel a populo romano gerendarum rerum licentiam postulasse compertum est, et data vel denegata licentia vel egisse quae destinaverant, vel cessasse. Imperatores igitur vagi esse possunt: stabile fixumque semper imperium est. Nec de temporali statu, sed de perpetuitate imperii dixisse credendus est Maro ubi ait:

> Dum domus Æneæ Capitolii immobile saxum
> Accolet, imperiumque pater romanus habebit.

Neque enim hæc dicens centum aut mille annorum, sed immortalem illis duobus gloriam spondebat. Neve quisquam verba hæc blanditias vocet, quæ profecto nec lingua mea, nec vestris auribus dignæ sunt, digressione opus est. Scio ego de hac re Virgilium quo-

dam loco ab Augustino reprehensum non iniuste, sed
ibidem mox iustissime excusatum. Cum poeta loquentem de vobis Iovem faceret, sic ait:

> Romulus excipiet gentem, et mavortia condet
> Mœnia, romanosque suo de nomine dicet,

et origini perpetuitatem adiiciens inquit:

> His ego nec metas rerum nec tempora pono,
> Imperium sine fine dedi.

Hic non immerito quidem notat Augustinus; *quomodo
enim imperium sine fine dabit, qui nihil unquam dedit
aut dare potuit nisi quod homo sceleratus et mortalis potest, falsa divinitatis opinione non ornatus sed oneratus
et oppressus?* Prætereo autem hæc: quisquis imperium
romanum dedit (quod non dedisse certum est nisi
omnipotentem Deum, cuius in cœlo et in terra imperium unum est, unde imperia cuncta descendunt) ubi
tamen hoc ipsum sit quærit Augustinus: *in terra an
in cœlo? Et utique*, inquit, *in terra est, et si esset in
cœlo, cœlum et terra transient quæ ipse fecit Deus.
Quanto citius quod condidit Romulus?* Hæc Augustinus
in Virgilium. Et certe perspicuum est regna omnia,
et quidquid usquam clarum et magnificum oculis nostris apparet, etsi ante non ruerint, tunc saltem rui-
tura esse dum cœlum et terra movebuntur illo con-
cutiente qui creavit, quique novum cœlum novam-
que terram faciet; non mentiturus ut Iupiter, cum sit
ipse veritas. Eius est illud regnum principio carens et
fine cariturum, de quo scriptum est: *et regni eius
non erit finis:* quod licet forte Virgilius ignoraret, cui
Deus ingenium excellens eloquiumque præstiterat,

verum hæc a sapientibus abscondita et parvulis reve-
landa negaverat, illud certe non ignorabat peritura
esse omnia regna quæ initium habuissent. Ingenti
igitur cautela usus est. Siquidem ubi immortalitatem
romano pollicebatur imperio, non ipse loquebatur ex
persona propria, sed Iovem loquentem inducebat, ut
mendacis Dei mendax oraculum esset, et falsa pro-
missio. Ipse autem ad gratiam populi romani alieno
utebatur mendacio. At alibi quando ex persona sua
loqui voluit, veritatem ipsam idem poeta non tacuit :

> At enim res romanæ perituraque regna.

Quis non clare videt inter imperium sine fine, peritu-
raque regna quid intersit? Sed hic Virgilius, ibi Iupiter
loquebatur : hic homo ingeniosus, ibi falsus Deus.
Aliis quidem verbis, sed hac plane sententia Virgilium
accusat et excusat Augustinus, secundum quam intelligo quod dixi et quod dicam. Certe romanus erat ille
qui scripsit. Omnia orta occidunt, et aucta senescunt.
Senescent ergo hæc omnia si durent : et si cuiusque
rei finis est senectus sua, utique omnia senescent, nisi
iam forte senuerint, quando et quæ stant cuncta occident, et occasum, si non prævenerit, saltem comitabitur senectus. Ita nulla est exceptio : seu durent seu
non durent, orta omnia aut serius aut ocius tandem
occident et senescent. Volvet motu continuo rotam
suam instabilis Fortuna : et de gente in gentem volu-
bilia regna versabit. Faciet illa cum volet reges ex
servis, servos ex regibus, et in urbem Romam, et in
orbem romanum suam ineluctabilem potentiam exer-
cebit ; quam præcipue in vos, viri optimi, multis for-

sitan miserantibus, nullo penitus succurrente, diu miserabilibus modis exercuit et exercet. Scio, doleoque, et plus quam credi possit indignor. Quod amplius faciam non habeo. Nec me angit quod Fortuna iure suo utitur, ut in reliquis sic in vobis, atque ut se rerum humanarum plane dominam probet ipsum rerum caput attingere non veretur. Scio violentiam, instabiles mores novi. Quarumdam vero indomitarum gentium inanem iactantiam ægre fero, quarum nunc romano trita iugo colla lasciviunt. Ita (oh ! pudor et infelix fabula) iam, ut cætera multa et gravia sileam, in quæstionem venit : an romanum imperium Romæ sit. Enim vero ubi nunc horrida silva est, poterunt regia tecta consurgere, atque ubi nunc atria sunt auro rutilante fulgentia, poterunt cupidi greges pasci, et penetralibus regum vagus pastor insistere. Non detrecto Fortunæ imperium. Potest illa funditus, ut urbes alias, sic reginam urbium pari nisu, ruina maiore prosternere, quod heu ! magna ex parte iam fecit. Illud profecto nunquam poterit efficere ut romanum imperium alibi sit quam Romæ : simul enim ut alibi esse coeperit, desinet esse romanum. Hæc se miserabilis civis vester affirmasse et affirmare non negat : et hoc est illud grave crimen unde in discrimen capitis adducitur. Addit autem se multorum consilio sapientum id dixisse, nec, puto, mentitur : et defensionis copiam advocatumque sibi dari flagitat. Negatur ; et nisi divina misericordia vesterque favor occurrerit, actum est : innocens indefensusque damnabitur. Hominum pars magna compatitur : nemo fere est qui non misereatur, præter eos quibus proprium erat misereri et parcere erroribus, non invidere virtutibus. .Iurisconsulti insignes hic etiam non desunt qui iure civili asserant hanc ipsam sententiam probari clarissima ratione. Nec desunt qui ex historiis se multa et valida probaturos dicant ad eiusdem sententiæ firmitatem, modo liberam vocem liceat emittere. Nunc tamen nemo est qui mutire audeat, præterquam in angulis, in tenebris, in timore. Ego ipse qui vobis hæc scribo, et forte pro veritate non recusem mori, si mea mors collatura aliquid reipublicæ videatur, nunc taceo, neque his ipsis ad vos scriptis meum nomen adiicio, stilum ipsum sufficere arbitratus, hoc adiecto, civem romanum esse qui loquitur. Quod si tuto in loco apud æquum iudicem et non ad tribunal hostium res agatur, spero, veritate animum illustrante, et linguam seu calamum dirigente Deo, posse aliquid dicere quo luce clarius appareat imperium romanum, quamquam Fortunæ iniuria attritum oppressumque diu, et quamquam varie ab Hispanis, Afris, Græcis, Gallis, Theutonis occupatum, adhuc tamen quantulumcumque est, Romæ esse, non alibi, ibidemque mansurum, etsi nihil prorsus ex tanta urbe, præter nudum saxum Capitolii superesset: quin etiam tunc quando nondum externis manibus agebamur, tantumque Romani Cæsares imperitabant, non penes eos, sed penes Capitolii arcem ac populum romanum omne ius imperii fuisse, si verum est quod malæ fidei possessor non præscribat.

In hoc autem rerum statu dum dies trahitur, quod forte desuper datum est ut, quod modo nec sperare quidem auderetis, tanta res in lucem veniat, unum quod ad vestram et Romani nominis dignitatem spe-

ctare visum est dissimulare non potui, cogente me ad
calamum fide illa qua vos urbemque vestram inter
omnes singulari quodam amore ac veneratione complector. Claritatem igitur vestram hortor atque obsecro
ne civem vestrum in extremis positum deseratis, sed
vestrum esse monstretis solemnibus eum nunciis re-
poscentes. Etsi enim vobis imperii titulum nitantur
eripere, nondum tamen eo vesaniæ sunt evecti ut negare audeant vos in vestros cives ius habere. Certe si
quando homo iste peccavit, Romæ peccavit. Nec dubi-
tari potest de commissis Romæ peccatis vestrum esse
iudicium, nisi vobis fundatoribus legum atque cultoribus et qui iura gentibus tradidistis, eripitur ius commune. Ubi enim iustius delicta castiges quam ubi com-
missa sunt, ubi scilicet et locus ipse memoriam criminis revocans sceleratis, pars non parva supplicii,
et scelerum spectatores pœnæ spectaculum aut soletur aut terreat? Quod si forte tribunus vester (quoniam multi, quin potius boni omnes ita sentiunt) non
supplicio sed præmio dignus est, ubi nam melius
quod meretur accipiet, quam ubi id fecit propter quod
talia meretur? Nusquam dignius præmium viri fortis
exolvitur quam ubi fortiter gessit, ut qui actum viderint, ad imitandum præmio accedant. Fidenter itaque
reposcite civem vestrum : nihil novum, nihil iniustum
poscitis, potiusque delinquitis si tacetis. Quod si communis iure patriæ, ubi nunc captus est puniendus as-
seritur, quanto verius communis patria Roma est,
ubi ille natus educatusque est, ubi quidquid id est
unde accusatur admisit, qui contra nihil hic vel laude
vel vituperio dignum fecit? Si vero contra morem

maiorum cum fortuna ceciderunt animi, adeoque de-
generatum est ut iustitiam poscere temeritas videatur
his quorum patribus nihil olim difficile visum est, at
saltem quod ab omni quæ legibus vivat barbarie posci
potest, poscite ut civi vestro audientia publica, et defensionis legitimæ non negetur copia; neque qui in
luce fecit omnia, imo qui quantum per hominem fieri
poterat lucem mundo reddidit, in tenebris condemne-
tur. Ostendite vos denique causam ac fortunam non
negligere civis vestri. Resistite iniuriæ: prohibete
nefas: protegite innocentem, reum vel nocentem iudi-
cate, aut saltem, ne pro cuiusque libidine iudicetur,
occurrite. Ferte quam potestis, et quam debetis opem
tribuno, vel si id nomen evanuit, civi vestro multum
de republica benemerito, atque illud in primis quod
quæstionem magnam atque utilem mundo, multis so-
pitam ac sepultam sæculis suscitavit, quæ una ad
reformationem status publici atque ad aurei sæculi
initium via est. Succurrite illi viro, neque contempse-
ritis salutem eius, qui pro vestra salute sese mille
periculis ac sempiternæ obiecit invidiæ. Illius propositum atque animum cogitate, et memineritis quo in
statu res vestræ fuerant, et quam repente unius viri
consilio atque opera quantam in spem non Roma tantum, sed Italia omnis erecta est: quantum subito
nomen Italicum, quam renovata ac detersa Romana
gloria: quantus hostium metus ac dolor, quantum
gaudium amicorum, quanta populorum expectatio,
quam immutatus rerum tenor, quam facies orbis alia,
quam diversus habitus animorum, quam nihil sibi simile ex omnibus quæ sub cœlo sunt: tam mira et

tam repentina mutatio rerum fuit. Septem enim men-
sium non amplius spatio fræna reipublicæ tenuit ut
vix ab origine mundi maius aliquid attemptatum rear,
et si successisset ut cœperat, divinum potius quam
humanum opus esse videretur. Et profecto quidquid
ab homine bene agitur divinum opus est. Huic ergo,
quem vestræ gloriæ non ambitioni propriæ desudasse
notum est, favor haud dubius debetur ; de eventu Fortuna culpanda est. Si quis autem torpor ferventi principio intervenit; humanæ varietati atque imbecillitati
veniam date : et dum licet vindicate civem vestrum ab
iniuria, qui Græcos a Macedonum, Siculos a Carthaginensium, Campanos a Samnitum, Tuscos a Gallorum
iniuriis non sine gravi vestro periculo vindicastis.
Extenuatæ sunt, fateor, opes vestræ ; at nunquam
plus animorum patribus vestris fuit quam dum 'romana paupertas dives virtutum viguit. Imminutam
vestram potentiam esse non ignoro : sed mihi credite,
si qua pristini sanguinis gutta superest, non parva
vobis est maiestas, neque mediocris auctoritas. Audete
aliquid, adiuro vos, per memoriam rerum humanarum,
per maiorum cineres ac gloriam, per nomen imperii,
per misericordiam Iesu Christi qui diligi proximum et
succurrere iubet afflictis. Audete, oro, aliquid præsertim cuius et honesta petitio, et inhonestum ac turpe
silentium est : et si non propter illius salutem, at
propter vestrum decus audete aliquid, si vultis esse
aliquid. Nil minus romanum est quam timor. Prædico
autem vobis, quoniam si timetis, si vos ipsos con-
temnitis, multi vos quoque contemnent, metuet nullus.
Sin sperni nolle ceperitis, longe lateque metuemini, quod

quum sæpe olim, tum nuper apparuit illo rempublicam
gubernante de quo loquor. Aperite tantum unanimiter
ora vestra : sentiat mundus unam esse vocem populi
romani. Nemo usquam illam irridebit aut spernet :
nemo non venerabitur aut timebit. Reposcite modo
captivum hunc, vel iustitiam poscite. Alterum non
negabitur. Et qui parva quondam legatione regem
Ægyptium sub obsidione Syriaca liberastis, nunc civem
vestrum ab indignis carceribus liberate.

——

## EPISTOLA II.

### FRANCISCUS PETRARCA AMICO SUO S. P. D.

*Commemorat sermonem de republica cum eo habitum,
et futuri eventus spe magnopere delectatur.*

Dum sanctissimum gravissimumque sermonem repeto, quem mecum ante religiosi illius ac veteris templi fores nudius tertius habuisti, concalesco acriter, et
ita sum ut oraculum a divis penetralibus emissum putem, et Deum mihi videar audisse non hominem. Adeo
mihi divine præsentem statum, imo casum ac ruinam
reipublicæ deplorare, adeo profunde digitos eloquii tui
in vulnera nostra dimittere visus eras, ut quoties verborum tuorum sonus ad memoriam aurium mearum
redit, saliens mœror ad oculos, dolor ad animum rever-
tatur; et cor meum, quod dum loquebaris ardebat,
nunc dum meminit, dum cogitat, dum prævidet resol-
vatur in lacrimas, non quidem fœmineas, sed viriles,

sed masculas, et, si detur, pium aliquid ausuras, proque virili portione usque ad iustitiæ patrocinium eruptu-
ras. Cum sæpe igitur antea, tum precipue post eum
diem solito sæpius tecum sum; sæpe subit desperatio,
sæpe spes, sæpe autem inter utramque fluitante animo
mecum dico: Oh! si unquam.... Oh! si in diebus meis
accidat.... Oh! si tam clari operis et tantæ gloriæ sim
particeps. Dehinc. crebro ad eum, quem in deliciis Cru-
cifixum habeo, versus, mœsta voce atque oculis hu-
mentibus exclamo: Iesu bone et nimium mansuete, quid
hoc est? Exurge. Quare obdormis? *Exurge et ne re-
pellas in finem. Quare faciem tuam avertis? Oblivisceris
inopiæ nostræ et tribulationis nostræ? Protector noster aspice Deus.* Vide quæ patimur, et unde: quæve
sub clypeo tui nominis ab hostibus tuis fiunt. Vide, et
vindica: sin minus, occurre priusquam mortiferi vis
veneni vitalia membra corripiat, et extremis malorum
obruamur molibus. Quid agis in te sperantium salus?
quid, Salvator, cogitas, quid hæres? quamdiu oculos
avertes, quamdiu nostris non tangére miseriis, quamdiu nullum tantis laboribus modum pones? An mala
nostra non vides, quem nec cœli ambitus, nec abyssi
profunditas fallit, nec stillæ oceani, nec silvarum folia,
nec arenæ maris, nec stellarum numerus, nec animan-
tium multitudo, nec herbarum varietas? An odio tibi
sumus quos usque adeo sic amare consueveras, ut nostri amore victus, cœli regnator Deus, in terram descenderes atque homo moriturus adscenderes in crucem? An forte vides et diligis, sed retrahit impotentia
succurrendi? At si non es omnipotens, quid speramus?
An te terret vis hostium tuorum? Sed nondum puto

sæculi nostri superbia fecit homines Deo pares. An potius misericordia iudicium frænat? Sed vide, iudex infallibilis, vide ne dum paucis parces perdas innumeros, et pietas sceleratis exhibita sit crudelitas bonis, innoxiisque pernicies.... Sed quid loquor homuncio? quis ego sum qui tecum litigem? Tibi nos ac nostra committimus: tu videris, qui creasti, memor imbecillitatem nostram diutius sub tantarum ærumnarum cumulo non posse subsistere. Itaque fer opem opportunam, dum adhuc quidquam reliqui est, ne, si perire permiseris, suscitare habeas quos salvare potueris. Adesto, spes nostra, et quod quotidie iteramus, in adiutorium nostrum intende ac festina: et vel tot mundi mala, vel mundum ipsum finias precamur.

———

## EPISTOLA III.[1]

### FRANCISCUS PETRARCA GUBERNATORI PATRIÆ S. P. D.

#### De vitæ suæ dispositione.

Fervet animus te videndi desiderio, pater alme. Sed civitas terret obstatque visco illita tenaci, cuius odio caritatis vincitur ardor. Crebro ad te venire assiduus quidem impetus urget: tunc sine mora egre-

[1] Hanc epistolam reperies post tractatum *De Vita Solitaria Fr. Petrarcæ* impressum *Mediolani anno domini 1498 per magistrum Uldericum Scinzenzeler*, qui asservatur in urbana biblioth. Casanatensi (N. VI. 13): eiusdemque epistolæ primam partem habes etiam in quodam volumine cui titulus: *Rodulphus Agricola: de formando studio. Basileæ per* HENRICUM PETRUM *mense Martio An. MDXXXIII*, quod est Romæ in Bibl. Angelica (8. ⁶/₆₀).

dior, et versus incedo patriam. Mox perhorresco mu-
rorum ingressum. Tunc redeo et intro, et mihi solamen
unicum tecum pia mentis parte conversor, ibique cerno
tui effigiem meo pectori sculptam. Hinc te video, hinc
acquiesco, et mihi tecum moranti fari tuo incipis eloquio, et quid in hoc loco faciam rogas. Respondeo :
utor pace, memetipso fruor, mihi famulor, mihi obsequor, mihi impero, et quod satis est posse, mihi do-
minor, mihi adhæreo. Cum iubeo sum præsto, et quod
volo scio: placent mea, aliena negligo, nulli invideo,
nonnulli mihi. — Cum quibus versor, rogas. Mirabile
dictu ! Cum mortuis versor. Cum mortuis dixi? Cum
viventibus dicere debui.—Sed absentibus.—Imo præsentibus. Nam vocati et culti adsunt, vocati respondent, et inter vepres densis opertum sentibus pate-
factum rectum iter ostendunt.

Hoc loco dicturus eram vale, ni interim dum
hanc litterulam dictito uberiorem casus materiam obtulisset. Ecce ad me dum scribo quidam domestici in-
traverunt duo ; unus quorum exclamat: Ubi hic soli-
tarius ruricola ? Illico aures erigo : vocem agnovi
cuiusdam faceti sed nimis audacis domestici. Obviam
illi pergo. Nihil ait ille : sed domum per omnem cur-
sitans, brevem supellectilem in aperto positam versat,
et hinc inde distrahit: demum lectulum meum intuens,
inquit interrogans: Hiccine dormis ? — Dormio. —
Quid comedis ? — Panem. — Aliud ? — Polentam regum ferculum, rapas semiustas, olera, legumina, et
aliquando lac bovis optimum. — Carnes ? — Lupi
carnes edunt. — Ubi lebes ? — Non vidisti ollulam ?
— Ita, sed ansa carentem, nec uti quis ea potest. —

Vehemens tripode ferrum vide. — Video : sed ubi pa-
rapsides ? — En fictilia. — Habes famulum ? — Non
habeo inimicum. — Habes mulierculam servientem
tibi? — Erebo Satanas est. — Cur non ducis uxorem?
— Decretum habeo a Cæsare nostro. magna gratia im-
petratum ne qua mulier mihi nubere possit. — Iocaris
ne? — Sæpe iocando exprimitur veritas. — Sed quid
cum tuis facetiis? — Ho he derides ne me? — Quis?
Ego ne? — Dimittam hæc. Quis tibi coquus? — Ignis.
— Quis suscitat ignem? — Ligna. — Quis purgat domum? — Scopa. — Quis mensam parat? — Panis et
aqua. — Et aliud? — Non ultra opus est. — Vellem
bibere : ubi pocula? — Urceum vide. — Ubi cellarium,
ubi vina? — Campo in illo puteus est. — Tractas ne
me taliter? — Frugaliter te tracto. — Quæ vita est ista?
— Bona cum sit quieta. — Vis mori? — Imo vivere cupio. — Ita solus permanes? — Imo associatus. — Qui
sunt consocii? — Perempti. — Ha, ha, he. — Cur rides?
— Quia linquis urbem, et cum mortuis degis. — Mala
multa, et, ut verius dicam, infinita et solicita, et tædiosa relinquo cum civitatem variis æstuantem fluctibus
desero. — Spernis amicos? — Si sint, colo. — Quomodo
colis, si eos non vides? — Coluntur sancti nec videntur.
Nam mens intrinseca et caritate imbuta contemplatur,
et intra se ipsos gerit. — Novus homo es. — Quonam
vadis? — Ad illam tui villici domum vado. — Ad quid?
— Vescuntur ibi agricolæ. Tu cum tua frugalitate
mane, qua mihi non est opus.              ·

    Alter vero socius moderatior illo mecum rema-
nens sic inquit : Cur non disponis uxorem ducere? —
Non sum Orpheus, alias ausus ut si possem (*sic*) limen

inferorum adire vellem. — Verba sunt hæc, sed veram
causam explica quæso. — Imo tu explica cur mihi sit
optanda. — Ut sit tibi socia, comes. — Socia, comes?
Erras vehementer : imo ut sit mihi iurgium audax,
murmur frequens, infesta suspicio, importuna zelotypia, pœna domestica, febris continua, decora spur-
citia, facies culta, forma venerea, color fictus, viscosæ
genæ, lascivi gestus, girovagi intuitus, oculi prodigi,
ubera demissa, tumefactum pectus, ilia gracilia, escatæ
illecebræ, verba petulca, blanda fraus, simulata suspiria, piæ indolis serpens, lacrimosi risus, discors con-
sortium, infidelis comes, vorax Ætna, clandestinum
dedecus, rivales ignoti, cœnosi concubitus, abdita le-
nocinia, post tergum ludibria, domus prædo, occulta
mala, præpostera obsequia, amicorum odiosa repulsio,
expensa eximia inopiæ consors, inextimabile iugum,
terrestre naufragium, et in fine, ablata pace, lis æterna.
Causam audisti, nec cætera complector. — Num lex Dei
sociam tori non instituit? — Simul et continentiam
instituit, ac cœlibem vitam, et extra hanc infernam
rabiem singulari gratia ipsemet voluit esse Deus. —
Ita ergo, illum oderit Deus qui se matrimonio coniun-
xerit? — Non oderit, sed quæ homines ambiunt per-
mittit. — Si hæc omnibus voluntas esset periclitaretur
mundus. — Ne time ob hanc causam periclitari mundum. Extant enim pellicum et concubinarum greges,
non tantum iugales frequentantes toros, sed et pontificum atria, sacerdotum domos, clericorum casas,
monachorum cellulas, in hoc venereum volutabrum
magno discursu fluentium, mutuis alternando vicibus
passim cohabitare ne mundus desinat (sic). — Exul-

tatio nuptiarum non tibi placet? — Mihi displicet. Vana
et effrænata lætitia, breve gaudium, longa iactura,
damnosa expensa, ubi infinita enormia reperies, ebrie-
tates, crapulas, ingluvies, tumultus, lites, scelera,
bacchantium amentium fremitus, seditiosa obsequia,
nauseantium vomitus, tubarum ac lituum stridores
ignavos, et quas haud dubito edidit Pluto stultas sub-
siliendo choreas. Heu! me tædet amentium. — Multa
ostendis mala — Pauca sunt respectu eorum quæ restant. De his pro nunc.

*(Cœtera quæ sequuntur desiderantur in libro Basileæ
edito, et in superiori adnotatione a me citato;
extant in altero Mediolani vulgato.)*

Sed quid de filiis? Nec habendi, nec optandi sunt?
— Optandi aliis, non mihi. Si filii rebelles patri, ea
mors carnis et animæ, corporis afflictio, vitæ op-
pressio, solicitudo assidua, labor supervacuus, timor
eximius, spes ambigua, amor perditus, infelix desiderium, anceps successio, ingratum genus, mortis paternæ mihi (*sic*) inhians expectatio. Hæreditatis gratia
cupiunt filii patris obitum; quin diu cupiunt, imo nil
aliud expectant, ut libertatem sibi vindicent. — Natos
quamplurimos vidi voce mœstissima amissum genito-
rem acriter flere. — Bene extrinsecus vides, sed quod
intra gerant ignoras. Simulata sunt omnia : in patris
funere nati ploratum visus esse scito. — Ira et angore
premeris : caussam novi. De filiis pravis loqueris. Sed
si illustres et virtuosi erunt, nonne patrem famosum
reddent? nam virtus in se ipsamet redundat, ac in se

ipsa relucens patres obumbrat. — Et quare? Quia fama propria virtutis est suæ (*sic*). Viri maximi sapientia, litteris, honestate vitæ, armisque plures fuere, quorum patres sine honore vixerunt et abierunt. Non potuit splendor patris aut filii patrem aut filium ignobilem notum facere. Ergo si strenui, si illustres erunt filii, præcellere volent, ipsosque unicos ac solos sua inspiciet claritudo. Ita patrem repudiando post obitum negligent si clari erunt, si pravi affligendo macerabunt. Oh! concupita, oh! damnosa proles. Oh! ignara discordia hominum: quid quæris te cruciando! Mala, mala parentum mihi contigisse queror. — Quid igitur agendum est si habentur, cum utroque modo adversentur patri? An expellendi sunt? — Si habentur, virtutibus nutriendi sunt et non divitiis. Nam si virtuti adhibiti erunt, eos sublimi gloriæ præstabis; si vero divitiis eos vecordes et volatiles reddes, ad summam miseriam mundanarum voluptatum eorum iuvenilis ducet insania, ac in præcipitium verget, et labori vacuo insudabis moribus vitæ nocituro. — Si carebis filiis, indigebis hæredibus. — Oh! gens ignara et obstinata. Et quis unquam caruit hærede, nisi miser? — Possidebit tua extraneus hæres. — Et ego quæ mea iam non fuere possideo: attamen nihil habeo quod meum dici possit. Quod auferri potest nulli datum sed concessum, ut illud Senecæ: *non est tuum quod Fortuna fecit tuum.* Fortuna cui placet bona dispensat sua. Hæc omnibus vera et certa est hæres. Quod commodatur sine iniuria eripi potest. Sed vos ignari et præposteri et morituri creditis testando et legando in futuro inferni (*sic*) Fortunæ novas imponere leges. Ridet

illa ex alto, et insperato ad sui libitum disponit omnia.
Vestrorum maiorum habetis exempla, mortales, quibus
testantibus, et hæredes cara pignora relinquentibus,
nihil in posterum ad vota successit, et quos nolue-
rant, adversos hæredes et inopinatos habuere. — Hæc
omnia fateor, et audivisse iuvat. Sed ad alia progre-
diendum est. Times ne hic solus morans aliquid? —
Solum peccatum timeo. — Quid agis in die? — Lego,
scribo. — Ad quid illud legere? — Ut bona ediscam, et
mala dediscam, et minus malus fiam. — Quis noscit
bona et mala? Nullus aut pauci sciunt. Ita moriuntur
qui multa sciunt, sicut qui et pauca. — Minime : nam
illi moriendo vivere incipiunt, hi vivendo quotidie occidunt. — Quomodo possunt illi et vivere et mori? —
Non intelligis : ego dico mori et vivere. — Quid credis
vivendo agere? — Bene facere. — Cui? — Mihi. — Tibi?
— Ita et alteri, si quis volet. — Non vult alter: omnino
deridet. — Et quare? — Quia ignari eligenda non vident. — Quis tot ac tanta videre potest ? Nonnulli.
Sed ignorantia simul et avaritia omnium bonorum
inimica est, omniumque malorum trames et via. —
Mihi sufficit et satis est vivere. Omnia hæc aliis præ-
termitto. Vivere quid maximum est. — Quid dicis? —
Quid dico? Nonne vivo? — Es : haud vivis. — Et quid
est vivere? — Naturam honeste sequi. — Nam naturam
sequor. — Oppositum sequeris. — Nonne quod facio
naturaliter facio? — Impetuose, sine ratione, sine consilio, et voluntate facis. Num hæc rationalia sunt?
contra naturam, quia contra temetipsum. — Et quomodo
agere debeo? — Disce, perage, dispone. — Non intelligo...... Sol ivit ad occasum : recedendi tempus est.

Vale sospes, et socium voca. — Heus o M... Audiens exit ille ore repleto, et rauca vix respondit voce: oh, oh. Accelerant, discedunt. Remaneo, mi Optime.

---

## EPISTOLA IV.

### FRANCISCUS PETRARCA PRINCIPI ROMANO S. P. D.

Acriter indignatur adversus eos qui negabant cunctis expedire urbem Romam et Italiam concordes et pacificas esse.

Leve est quod nunc animum premit: egerendum tamen ne neglectum stomacho obsit. Plus enim quam pro quantitate bilem excitat, et parvum licet, ingentis nauseæ materiam fert. Olet nempe virus abditum profundi vetustique odii. Ita mihi visum est, ita tibi visum iri certus sum; et si latius innotescat, totius Populi Romani atque omnium Italorum animis incussurum iustissimæ indignationis aculeos spero, excussurumque gravedinem torporis, quo nunc priscus generosæ indolis vigor tepet, cui vi vel sponte, totus olim orbis cessit, nunc (pudor!) ultimi hominum insultant. Non inutile opus reipublicæ, si successerit, ut opto. Brevis scintilla magnum movet incendium: verbum unum multarum et magnarum rerum fuit initium. Sed iam res ipsa tractanda est, nec tam magnis exaggeranda sermonibus, quam indignatione legentium. Nuper equidem inter quosdam ex iis qui sibi videntur sapientes, aliis forte non ita, dubitatum et in quæstionis formam propositum fuit: expediret necne terrarum orbi urbem Romam et Italiam

esse unanimes et pacificas. Et quamvis ipsa rerum dubitatio satis puerilis et inepta sit, tamen disputandi
studio utrumque poterat excusari, nisi multis argumentis ultro citroque iactatis, is qui omnium sapientissimus habebatur, cum plausu et favore omnium, nul-
latenus expedire venenata definitione firmasset. Quod
tu, quæso, vir eloquentissime, cum primum, ut soles,
in publico perorabis, Populo Romano meis verbis indica,
ut intelligat quæ sint horum procerum de nostra salute
sententiæ, per quas, etsi nihil noceant, animos tamen
suos ventosa loquacitate detegunt, dum quod de nobis
cupiunt tam vehementer cupiunt, ut dissimulare non
possint, et votum iniquissimum ac hostile propositum
suum in rationis locum transferre contendunt cæcitate
turpissima. Sed ipsi quidem in erroribus suis morientur.
Nos in manibus Dei sumus, Fortunam non quam ipsi
volunt, sed quam ipse nobis præparaverit habituri.
Non tamen his deliramentis interfui. Contristassem fortasse aliquos; non enim aut honestum aut mihi possibile in tam impia loquacitate silentium fuisset. Cæterum
ut res ad me perlata est, indignatus graviter: et tunc
inter nostros contrarium definivi, et nunc apud te libertatis nostræ principem quantulacumque auctoritate
definio; teque ante alios, et Romanum Populum atque
universam Italiam, ut quod ego verbis assero rebus
approbetis per omnes cœlicolas supplex oro: et in statu
prospero diu vivas et rempublicam fortiter liberatam
feliciter regas opto.

## EPISTOLA V.

FRANCISCUS PETRARCA MALICIÆ S. P. D.

Respondet cuidam obiurganti quod Mediolani constitisset.[1]

Malicia salutabis Ganum. Eius vulgare carmen
responso non egere idem ipse qui scripsit fateretur, si
videre omnia penitus posset. Sed error facti magna
sæpe fallit ingenia. Multi similia scripserunt, sed nemo
fuit qui, re comperta, sententiam non mutaret. Metus
et suspicio, amantium comites, per absentiam crescunt.
Multa de longinquo timemus quæ sub oculis posita
ridenda cognoscimus. Ponat ergo metum et bonam
spem concipiat de amico, cui non modo florentissima
Italiæ pars, sed si oporteat, quivis Indorum angulus
aut extrema Taprobane patria est. Super his secundum
tuam illam prærapidam eloquentiam disputabis ut tibi
videtur viva voce, sed non aspera ut solitus es : suaviter, oro te, sine clamore......,[2] et sine accentibus
horrificis, denique non barbarice, quæso, sed italice.

[1] *Huic epistolae, quam e codice bibliothecae deprompsimus, haec prae-
missa leguntur:* Quidam eloquens Ganus de Colle misit vulgarem so-
nettum Fr. Petrarcæ per linguam cuiusdam lusoris nomine Malicia commode
vulgaria recitantis, in quo præfatum dominum Franciscum commendat dicens ipsum esse mundi unicum solem et singulare lumen, hortans eum quod
discedat a tyrannide dominorum de Mediolano, et accedat ad libertatis locum, et ipse dominus Franciscus alloquens portitorem sonetti qui proclama-
cionem (*sic*) habebat quodammodo asperam et acutam, sic respondet.

[2] Heic in codice sunt duo verba, quorum primum nullo modo intelligere, alterum orationi convenienter aptare mihi impossibile visum est ; scilicet
*corebu fingo.*

## EPISTOLA VI.

FRANCISCUS PETRARCA LUCÆ CHRISTIANO PRÆPOSITO
S. ANTONINI PLACENTIÆ S. P. D.

De iisdem rebus quæ ad Olympium litteris 2, 3, 4 et 5
libri VIII Fam. scripta sunt.

Motus crebris quidem et validis precibus magnifici Paduani domini, cui propter singularem atque
egregiam humanitatem suam carus esse cœperam
multis annis ante quam cognitus, et veritus ne mihi
vel inertiæ adscriberetur vel superbiæ, si tanti viri
tam intensum desiderium diutius distulissem, de Parma
discessi X. Martii hora III; V. autem Maii hora IX. Deo
dante, sanus incolumis sum reversus. Et ut prius
expediam quod te primum, frater, expectare arbitror,
qualiter scilicet per illum mitissimum atque optimum
dominum visus sum qualiterque tractatus, hoc unum
dixisse velim, de illo quidem merito dici posse quod
ait de Carthagine Sallustius, esse de actibus suis melius tacere quam parum loqui. Unum sane de multis
omnium maximum, vulgari forte iudicio, meo autem,
etsi magnum in se, maiorum tamen comparatione minimum, dicam, ut fraternum animum prosperitatis meæ,
seu verius nostræ, participem faciam de longinquo. Siquidem generosus ille semper et artificiosissime libe-
ralis mores meos atque animum solicite contemplatus,
ut me ad trahendum interdum Paduæ moram honori-
ficis quibusdam, ut ita dicam, compedibus alligaret,
iuvenem quemdam canonicum Paduanum sanguine sibi
coniunctum per viam permutationis ad resignandam

præbendam suam quædam sibi maiora pollicitus induxit, et ita per manus domini Legati, assistente episcopo Paduano, et grande mihi nimis atque humeris meis intolerabile testimonium perhibente, præbendam ipsam Paduæ obtinui, cumque ingenti totius ecclesiæ lætitia possessionem eius sum pacifice consequutus die sabbati post Pascha. Et hæc de tota illa materia dicta . sint, reliquis omnibus in tempus aliud, et, si Deus annuerit, vivæ vocis oraculo reservatis.

Verum quia nihil ex omni parte felix aut dulce dum vivimus, omnisque dulcedo hominis multis amaritudinibus respersa est, ita mihi accidit, ut dum eo ac redeo, exoptatissimum mihi tuum et Mainardi nostri colloquium conspectumque, care frater, amiserim. Itaque lætus in itinere (quis crederet?), in domo propria tristis fui comperiens vos illic fuisse mei videndi desiderio, superatis Alpibus atque omni viarum asperitate calcata, tandem me in patria non invento, magna velut spe frustratos, dolentes ac solicitos abiisse. Vix vere lacrimas continui hæc a meis famulis audiens, et litteras, quas tanquam eximiæ dilectionis obsides in bibliotheca mea dimiseratis abeuntes, relegens atque considerans cogitabam, et ex me ipso in eo statu vestros animos metiebar. Siquidem aspera in meliorem partem flectere sapientis est, cogitare cœpi fortasse hæc vobis divinitus accidisse. Siquidem me, ut optabatis, inviso, facile poterat uterque vestrum amici visione contentus, nihil aut modicum de reditu cogitare. Nunc vero non solum cum eadem qua veneratis siti, sed et ampliori, et per amici absentiam, ut auguror, irritata digressi, fiet quod assidue de reditu cogitetis,

ac mihi per paucorum dierum absentiam, multorum
forsan annorum præsentia in posterum compensetur.
Certe ego sic mihi fingo, sic spero, et in hac spe
multis licet obsessus angustiis acquiesco.

Et sic ad illud venio quod principalius in litteris
vestris, ni fallor, intenditur. Hic igitur, fratres, aperite
aures, quæso, animumque : de summa enim rerum
nostrarum loquuturus sum. Multa quidem altius dici
possent, at non multa, quæ quidem ego noverim, utilius. Sed de hoc omnes vos videritis, amici : quod enim
uni dico omnibus dico; et cupio, si fieri possit, has
litteras per ora omnium circumferri, et si quis ibit istinc
ad occidentem nuntius, Ludovico nostro nominatim
dirigi, ut omnes intelligant vel sensus meos, vel
ineptias. Simpliciter forte sed certe fideliter loquutum
fatebuntur. Nunc ad rem venio.

Frater, aut iam viri sumus, aut profecto nunquam
erimus. Nemo nobis blandiatur ; nemo iuventutis appellatione decipiat. Non sumus decrepiti certe, sed nec
pueri. Decet itaque non muliebriter, non pueriliter,
sed viriliter atque acriter cogitare quid sumus, et
quibus undique periculis circumventi, qualis denique
vita hominis, quam fugax, quam incerta, quam fra-
gilis ; meminisse quam brevi temporis spatio tanquam
somnus aut umbra præterierit, et ab oculis nostris
evanuerit quidquid in terris carius habebamus. Piget
et impedior gemitu carissimas omnis status ac sexus
et mihi vel sanguine vel amore iunctissimas enumerare personas, quas annus hic pestifer, et de omni
sæculorum serie eradendus, intempestiva morte præri-
puit. Pauci quidem ex omni grege hominum, pauci

admodum fateor superstites, cum quibus vivere cupiam
et mori ; et ut ad præsens de absentibus tantum loquar, estis vos duo quos pridie ignorans hospites
habui : est Ludovicus noster ; nec Guidonem Septem,
nec Barbatum meum, certe nec Romanellum ab hoc
numero segregarem, nisi quia in eis difficultates non
modicas, atque alia vocatos eos fortuna video. Ad vos
itaque tres restringor. Neque nunc de dominis loquor,
quorum benevolentia sperari potest, conversatio non
potest. Obstat enim mutuo convictui disparitas fortunarum : alioquin alios dinumerarem, atque in primis
dominum episcopum, de quo utinam aliquid videamus,
quod quotidie videor videre, quod et valde possibile
est, Deo simul et gloriæ eius et quieti nostræ miseri-
corditer providente. Sed redeo ad id quod non modo
possibile, quin facile etiam reor. Tres estis et ego sum
quartus. Omnium animos ut meum proprium noscere
videor. Quid nos impedit quominus pariter istas vitæ
reliquias, quantæcumque sint, in tranquillitate animi et
studiis bonarum artium transigamus, et *si in freto vi-*
*ximus*, ut ait Seneca, *moriamur in portu?* Quid nos
impedit? Dicat qui novit : ego enim fateor me nescire.
An quod uni quondam et communi domino obsequentes
fecimus, id nobis iam viventes non audebimus, plusque
in nobis potuit servitutis studium quam libertatis
amor? Animos scio hominum, ut dixi : sed nescio forsan impedimentum Fortunæ. Et tamen omnia didicisse
iam pridem debui, experientia magistra. Quid enim in
ullo vestrum unquam fuit mihi occultum? Non sumus
principes terræ et maris, ut ait Aristoteles : certe : nec
oportet ad beatam vitam. Habemus quantum sufficere

potest animis modestis et sese componentibus ad naturam. Et si habet unusquisque quod sufficit, quid
metuendum suspicemur? Omnibus abundabimus, mihi
crede, magisque forsan invidia nobis quam inopia
metuenda est. Quid expectamus igitur? Cur mari, cur
montibus, fluminibusque disiungimur? cur non eosdem
iungit una domus quos iunxit ab olim unitas volunta-
'tum? Quid, precor, obstaculi, aut quid difficultatis intervenit, nisi quia nova et insueta quælibet reformidat
animus? Ego quidem non solum conscientiæ meæ, sed et
præsentis epistolæ fretus testimonio, culpam omnem,
ignoscite fratres mei, in vos, seu 'vestrum aliquos, quicumque illi fuerint, ad salutare consilium tardiores re-
torqueo, coram Deo et hominibus proclamans per me
non stare quominus identitatem animorum nostrorum
corporalis præsentia comitetur. Omnium nempe mi-
nimus sum, et si non essem, fieri volo. Vel vocantem
sequimini, vel unanimiter evocate. Quid stamus, quid
expectamus, quid somniamus? Vel præcipite, vel pa-
rete : mihi sane præcipere durum, parere facile est;
ideoque vocanti sæpe Ludovico nostro paratum me
obtuli, si negocium Cavallicense succederet, per quod et
honestus in illis locis manendi color, et vitæ necessaria quærerentur, ire quo sibi libuisset, non ignarus
quidem rerum harum et illarum, sed sciens vos ibi
esse quos mihi solos fortuna reliquerat, amoris nostri
veluti uncis validissimis ac tenacibus retrahebar, licet,
ut in epistola quadam testatus sum, viderer mihi e
portu in tempestates medias reversurus : sed, ut dixi,
omnia vincens aut vinciens amor, non dissimulantem
quos in scopulos agerer, urgebat. Nunc, frater, mutata

sunt omnia : et vos inde abestis, et Ludovicus meus
qui solus ibi est, quamvis unus in animo meo possit
omnia, quamvis inveteratæ consuetudinis vi, et ipse
ibi esse, et omnes suos, meque ante alios secum
habere cupiat, nunquam tamen audebit omni spe
abscissa, illas me ad terras arcessere, ubi omnes alie-
nigenæ et peregrini sumus. Neque enim ludus est
hominibus mortalia et caduca corpuscula trahentibus,
dicere quod animæ felices corpore resolutæ apud Virgilium loquuntur :

> Nulli certa domus, lucis habitamus opacis,
> Riparumque toros, et prata recentia rivis
> Incolimus.

Si enim ista sufficerent, posset utique Vallisclausa
nobis omnibus abunde rivulos et herbosa cubilia mi-
nistrare. Sed alia quædam exigit natura. Est enim
certa vel physicæ vel poeticæ necessitatis meta, quam
præterire suspectum est. Non est per se sufficiens, ut
ait Aristoteles, naturam speculari ; sed oportet et corpus sanum esse, et cibum et reliquum famulatum exi-
stere :

> neque enim cantare sub antro
> Pierio, tyrsumve potest contingere sæva
> Paupertas, atque æris inops, quo nocte dieque
> Corpus eget,

ut Satyricus ait, magno ac perpetuo apud doctos phi-
losophici poeticique dogmatis consensu rerum, sed
verborum varietate multiplici. Igitur Clausavallis, ut
cœptum sequar, ad aliquod breve tempus, urbanarum
voluptatum tædio affectis, ut olim, diverticula non
inamœna sufficeret : in longum certe nec promitteret

necessaria, nec præstaret. Nobis sane, si sapimus, non
in longum modo, sed in finem quoque prospiciendum
est, ut vitemus illud Senecæ quod humano generi facit
improperium, ubi ait : *de partibus vitæ cogitare omnes,
neminem de tota.* Vere sic est enim, et hoc est quod
consilia nostra præcipitat, ut inter occupationes tam
varias (miserandum simul et ridiculum) ignoremus
quonam fluctuantis vitæ gubernacula dirigamus. Scio
Clausævallis optabilem æstivo præsertim tempore
stationem : et si ulli unquam secessus ille gratus fuit,
mihi fuisse gratissimum, decennis indicio est mora.
Quod si apud te, imo vero apud alterum me, sine
iactantia gloriari licet, pace montium, ac fontium, ac
silvarum quid habet locus ille gloriosius habitatore
Francisco? Quod idcirco dixerim ne quis dubitet me
illud rus nunc spernere, quod mihi meisque rebus
aptissimum semper inveni, ubi sæpe curas urbanas
rustica requie permutavi : quod non tantum electione
ipsa, sed agrestibus muris, et, ut spero, solidiore
cœmento, verbis atque carminibus illustrare studui.
Illic, iuvat enim meminisse, Africam meam cœpi tanto
impetu tantoque nisu animi, ut nunc limam per eadem referens vestigia, ipse meam audaciam, et magna
operis fundamenta quodammodo perhorrescam. Illic et
epistolarum utriusque stili partem non exiguam, et
pene totum Bucolicum carmen absolvi, quam brevi
dierum spatio, si noris, stupeas. Nullus locus aut plus
ocii præbuit, aut stimulos acriores. Ex omnibus terris
ac sæculis illustres viros in unum contrahendi illa
mihi solitudo dedit animum. Solitariam vitam religio-
snmque otium, singula ibi singulis voluminibus per-

stringenda ęt laudanda suscepi. Denique iuvenilem
æstum qui me multos annos torruit, ut nosti, sperans
illis umbraculis lenire, eo iam inde ab adolescentia
sæpe confugere, velut in arcem munitissimam solebam. Sed heu! mihi incauto: ipsa nempe remedia in
exitium vertebantur. Nam et his quas mecum addu-
xeram curis incependentibus, et in tanta solitudine,
nullo prorsus ad incendium occurrente, desperatius
urebar; itaque per os meum flamma cordis erumpens,
miserabili, sed, ut quidam dixerunt, dulci murmure
valles cœlumque complebat. Hinc illa vulgaria iuvenilium laborum meorum cantica, quorum hodie pudet
ac pœnitet, sed eodem morbo affectis, ut videmus,
acceptissima. Quid multa? Si quæcumque alibi, cum
his quæ ibi scripsi, conferantur, loca omnia locus ille,
me iudice, hactenus superat. Est igitur eritque dum
vixero, sedes illa mihi gratissima, commemoratione
iuvenilium curarum, quarum usque ad hanc ætatem
in reliquiis elaboro. Veruntamen nisi nosmetipsos
fallimus, alia quædam sunt viro tractanda quam puero:
et ego aliud illa ætate non videram. Obstabat enim
recto iudicio cæcus amor; obstabat ætatis imbecillitas
paupertasque consilii : obstabat reverentia ducis nostri, sub quo esse pluris erat quam libertas : imo sine
quo nec libertas, nec vitæ iucunditas plena erat. Nunc
et illum et quidquid dulce supererat uno pene naufragio amisimus; quodque sine suspirio dici nequit,
virentissima olim laurus mea, vi repentinæ pestis
exaruit; quæ una mihi non Sorgiam modo, sed Druentiam Ticino fecerat cariorem : velumque, quo oculi mei
tegebantur, ablatum est, ut videam quid inter Vallem-

clausam Venusini, et apertas Italiæ valles collesque pulcherrimos et urbes amœnissimas ac florentissimas intersit. Et tamen vide quantum vetus consuetudo valet. Adhuc ad illam vallem remeare non renuo, si tamen honestus ibi vitæ modus ostenditur, qui quoniam ostendi nullo pacto potest, et de re certissima nimis diu disputo, ideo, frater, tuum et Mainardi consilium sine hæsitatione complector, et ambobus videor proprie admodum responsurus Iulii Cæsaris exemplo qui Oppio Cornelioque scribens *consilio*, inquit, *vestro utor libenter, et hoc lubentius quod mea sponte facere id constitueram* et sic in litteris dicere : sic constitueram, sic faciam, eoque securior quod video mecum talium amicorum concordare sententiam. Non ibo, nisi forte, quod non spero, Socrates ille meus efficacioribus me vocibus excitaret : consilioque vestro in Italiæ finibus ætatem agam. Vita[1] enim, ut spero, erit hic iucundior, et mors felicior, et suavius sepulcrum, sicuti in quodam loco dixisse me recolo, et ut me ipsum aliquando incipiam allegare,

>               post prælia tanta
> Fortunæ Ausonia saltem tellure recondi,
> Dulce mihi, et patriis longum requiescere saxis,
> Seraque cum fragile tumulum convulserit ætas
> Lenius Hesperia cinis hic agitabitur aura.

Vos etiam, fratres, vos etiam huc, si qua quietis est cura, dissolutis vel potius abscissis occupationum vestrarum laqueis, festinanter dicerem venite, et videte. Sed venistis et vidistis. Quæ si vobis regio me absente usque adeo placuit, quid faceret me præsente,

[1] Quæ sequuntur in codice Barberiniano desiderantur.

quum naturalis amœnitas locorum amici convictu et sermonibus condiretur?

Neque mihi superbiæ detur quod ad me alios trahere potius quam ipse sequi videar : ad utrumque ex æquo paratus est animus. Quod si omnibus circumspectis nusquam nostris tempestatibus tranquillior portus est, quod uterque vestrum suis testatur litteris, et testimonio nostro, cui forte plus fidei dabit Ludovicus cui notum fieri postulo; quid tandem unum in locum convenire nos vetat, qui, ut idem sæpe repetam, in una iampridem convenimus voluntate? Habemus quod satis est. Quidquid amplius petimus, non naturæ sed cupiditatis appetitus est, cui nullus modus, nullus est terminus. Declinemus infinitum, quæso, illud chaos et inextricabilem labyrinthum. Habet hoc avaritia proprium atque pessimum : torquet curis inanibus, nec animum satiat sed incendit, et quo nihil est deterius, præsentibus uti prohibet, dum ventura pollicetur. Nunquam hæc habendi sitis plura quærendo sedatur. Ego quidem, quod de vobis, amici, tanto magis spero quanto plus in vobis modestiæ novi, ego posui cupiditatibus meis modum, et oraculi loco Horatianum illud accepi :

> Semper avarus eget : certum voto pone finem.

Posui, fateor, hunc finem, et Deo favente attigi, nec verebor ne mihi segnitiem obiiciat hæres meus. Mihi enim vivo non sibi, et rerum mearum cum amicis dominus, non negociorum eius, qui fortasse nondum mihi cognoscitur, gestor sum. Pro me autem quid tantopere laborandum est? Plus obtulit mihi Fortuna quam necessitas requirebat, et timeo ne sim onustior quam oportet. Decet expeditum esse impedito itinere gradientem. Quid igitur nunc etiam inutiles sarcinulas cogitamus? Eleganter ait Flaccus :

> Vitæ summa brevis
> Spem nos vetat inchoare longam.

Ita est ; non fallitur ; nihil est verius. Etsi enim vitæ huius angustias, quo possumus modo, ætatum scilicet operosa distinctione laxemus, et in quantaslibet minutias dividamus, reduc tamen in unam cuncta congeriem, et curiosius scissa redintegrans, a primo ad ultimum quamvis longissimæ vitæ diem totum simul mente complectere : fateberis summam huius rapidissimi temporis esse brevissimam. Huius ipsius, si retro circumque respicimus, bona pars nobis exacta est. Colligamus nos igitur ad extrema viarum, quodque non ambigitur, duriora, abiectisque supervacuis, necessaria teneamus. Quid procrastinamus? quid differimus? Dies diem, mensis mensem sequitur,

> Atque in se sua per vestigia volvitur annus,

ut præclare ait Maro : desinendoque reincipit et nunquam sic desinit ut quiescat. Quis igitur expectandi modus? Aut quis finis? Canos iam comites senectutis et nuntios mortis aspeximus. Quid amplius præstolamur? An ut oculi senio caligent, tremant poplites, terga curventur? Primum, quis mathematicus tam longæ nobis sponsor est vitæ? Esto : sit Petosiris, sit Necepsus, sit Nigidius ex nostris, sit veritas demum ipsa : quanta tamen amentia est quod iustis in spatiis

et ex commodo fieri potest, inter angustias differre?
Præsertim quia ut vini et olei, sic temporis et vitæ
fæx in fundo iacet. Ad illam te, cum superiora negle-
xeris, reservare ridiculum. Votum solet esse viatoribus ante noctem hospitari. Accingamur, obsecro, et
post multos itinerum labores, illi nos æterno tandem
hospitio præparemus. In hoc vobis, luce mihi cariores
fratres, si quid in me opis aut consilii est, si quid
oblectationis aut gratiæ ex me sperari potest, si quid
subsidii ex his rebus, quas improprie meas dicunt,
cum Fortunæ sint, denique me ipsum, quod sine arro-
gantia possum, libellos atque hortulos meos offero, et
si quid est aliud. Sunt autem non pauca, quorum indiget inops hæc et mortalis vita, quæ nominatim stilo
inseri decor vetat.

Habitationem meam *per me non* (sic) approbare
videmini. Parva est, fateor, sed iucunda, sed salu-
taris, sed salubris, et certe paucorum hominum
ac bene concordum late capax. Habemus aliam
domum vicinam ecclesiæ, non quidem nostram, sed
archidiaconatus nostri propriam. Illam, ut arbitror, non
vidistis, quam idcirco non inhabito quia ibi cum tribus aut quatuor famulis solus sum : sed si tres in
unum Fortuna coniungeret, non deerit nobis urbe media, quale apud Virgilium habuit rex Latinus :

> Tectum augustum ingens centum sublime columnis.

Illa me domus expectat vacua interim et deserta, et
de vestra conqueritur tarditate, qua (*desunt nonnulla*)....
Paduæ iuvabit moram trahere. Erit nobis hinc Bononia, studiorum nutrix, in qua primum adolescentiæ

tempus expendimus, et dulce erit, mutatis iam non
solum animis sed capillis, antiqua revisere, et firmiore
iudicio civitatis illius, simulque nostrorum animorum
habitum, et ex collatione temporum, quantulum vivendo processerimus contemplari, *cuius et terræ domino
miro, meo ac mihi propitium negabis* (sic). Erit inde
Placentia et Antonini tui venerabilis domus, ubi et
omnium hospes eris. Occurrent, si paulo longius proficisci libeat, hinc Mediolanum, illinc Ianua: illa terre-
strium hæc maritimarum decus urbium, ubi etiam me
amicis non carere gaudebitis, hanc quoque, qua nulla
pretiosior est supellex, participantes ut reliqua. Quis
enim dimidium amare, et dimidium non amare poterit? Recte quidem Horatius Virgilium dimidium
animæ suæ vocat, quod dictum placuisse legimus Augustino. Qui ergo unum ex nobis amaverit, amet alterum necesse erit. Sic erimus bonis omnibus carissimi, malis autem, quorum infinitus est exercitus, nec
hostes erimus, nec amici profecto, nec coniuncti. Vultus
aspicient, animos ignorabunt. Sequemur enim illius
consilium qui monet ut inter omnia dissimillima frons
nostra populo placeat. Putabunt illi nos agere quod
vulgus agit: nos nostrum aliud negocium et forte
maius aliquod agemus. Denique, ut semel expediam,
aut felices erimus, aut non multum a felicitate distantes: quo nobis studiosius celerandum est. Est enim
nobis naturaliter felicitatis innata cupiditas, quam scimus sine amicorum solatio non posse contingere, et
licet veniat ad nos, ut ait Seneca, ex his quos amamus gaudium, quod est, ut ibidem ait idem, leve et
evanidum : conspectus, et præsentia, et conversatio

habent aliquid vivæ voluptatis. Ibimus vacui curarum
per eos quibus incredibiliter delector Tyrreni maris anfractus, et optatum semper otium, quod nobile illud
amicorum par Scipio ac Lælius post labores bellicos
in Caietæ litoribus consequutos fuisse novimus, nos
post studiorum vigilias in Ianuæ litoribus sortiemur.
Si qua autem hac terrarum parte satietate erunt
animi, alia nobis Patavii in regione Vallis Cispadanæ
nec minus tranquilla, nec minus idonea sedes est, ubi
non parva portio felicitatis nostræ fuerit, talis illius
viri ac de nobis benemeriti meruisse convictum. Eritque nobis ad latus omnium quas ego viderim (et vidi
cunctas fere quibus Europæ regio superbit) miraculo-
sissima Venetiarum civitas, eiusque dux illustris,
honoris quoque causa nominandus, Andreas, non minus
bonarum artium studiis, quam tanti magistratus insignibus vir clarus, qui et ipse de illorum numero esse
non erubuit, qui, nescio quo falso nomine decepti, me
ante omnes quidem conspexerunt et dilexerunt. Erit
et Tarvisium æstivis deliciis et fluminibus civitas insignis et fontibus, unde omnis tristitia quam longissime
relegata est. Ita quotiens identitas tædii mater offenderit, aderit optima fastidii medicina varietas, et quidquid molestiæ obrepserìt, alterno colloquio, et locorum
talium mutatione purgabitur. Nescio quid aliud dicam;
et sentio me animi calore longius quam destinaveram
processisse. Unum hoc identidem, quod sine hortatu
meo tibi in animo esse perpendi, inculcare non desinam. Conveniamus, oro, impigre in hunc locum omnes, si locus hic omnibus placet : alioquin e toto orbe
terrarum (nullum enim mundi latus, nullam barbariem

III. 34

recuso) eligite qui vobis tribus placeat locum. Ego affectus meos exuo, ac iudicium proprium abiicio, vestrum sequor: et modo simul esse liceat, bene erit.
Eligite ubi quod restat pacifice vivamus, ubi æquanimiter moriamur; et ut in preces ac vota concludam,
inspiret utinam nobis consolator Spiritus in hoc saltem
conspirare, ut dum spiramus adhuc, ad requiem aspi-
remus, et qui tota die suspiravimus, respiremus ad
vesperam. Vale, frater amantissime, nostri memor.

XVIII. Mai.

Ille tuus F.

———

## EPISTOLA VII.

### FRANCISCUS PETRARCA IOHANNI MORI DE FLORENTIA S. P. D.

De oratione quam legendam misit gratulatur.

Orationis celeberrimæ, quam his diebus proximis
nomine reipublicæ legatus in oculis Romani Pontificis
habuistis tantillo mihi mandantes examen, oratorum
decus, geminam sensibus meis admirationis materiam
præbuistis. Tanti enim eloquii inspectorem me voluisse,
quando ita videbatur, et stuporem tacitum ingerere
satis erat. Ipsa siquidem oratio talis est ut reprehen-
sorem spernat et laudatore non egeat, admiratorem
vero bene culta non respuat. Ego autem nec ille sum
a quo etiam ubi res exposceret, possent tam grandia
sperari, et, ut Virgilii verbis utar, *haud equidem tali
me dignor honore.* Ad hæc, quisquis sum, vobis non
ignotus esse crediderim, sed una licet visione notissi-

mus. Cæterum utriusque mihi admirationis molem me-
ditatio confestim subsequuta discussit. Primum enim
quod attinet ad orationis eximiæ venustatem, scio naturaliter inesse formosis ut sint præ cæteris de au-
gendo servandoque decore solicitæ. Hinc non suo
tantum, sed alieno comuntur arbitrio, nec accuratius
se ulla circumspicit, et mendas quantaslibet meditatur
in speculo, quam quæ suæ formæ præcellentis est
conscia. Et sane in egregia facie defectus omnis apparet offenditque oculos quidquid vel minimum a reliqui oris candore discordat. At contra cui satis sua
displicent, secura progreditur, et alium de se, satis
ipsa sibi nota, non consulit, nec speculo iam creditura,
nec amicæ. Nihil igitur miri est si oratio quoque vestra in publicum ventura subsistit parumper, et de coloribus suis alteri credere mavult quam sibi.

Quod autem in hac re, in tanta turba doctorum
hominis unius indocti consilium delegistis, atque intra
tot, ut ita dixerim, linces carens talpa luminibus
placuit, non vester, sed amoris est error, cuius, ut
nostis, cæca solent esse iudicia. Consilium occidendi
Iulii Cæsaris, quo nullum unquam maius de morte
puri hominis agitatum est, nondum vel tenui syllaba
extra principes coniurationis effluxerat. Idipsum con-
iuratórum princeps M. Brutus vir acer et strenuus
ad eam diem viris amicissimis diligentissime occul-
tatum, uxori propriæ dissimulare non potuit, quodque
vix apud se ipsum tacitus sine pavore cogitabat, id
illi narrare non timuit. Quid igitur? Nunquam ego virum talem tam pueriliter errasse crediderim, nisi quia
suggerebat amor animum fœmineum tanto non impa-

rem arcano sic ducere cui superædificari posset, et
cui tuto quævis altissima crederentur ; nec mihi persuaderi potest aut tunc illum mulierculæ, aut vos nunc
mihi. . . . . . . . . . . . . . . . . . . . . [1] vos
quodammodo fraternus àmor coegisset. Cæterum ne
longe evager, de transmissa oratione grates ago,
qualicumque iudicio vestro lætus, sive dignum tanto
honore credidistis, sive dignum efficere voluistis.

———

## EPISTOLA VIII.

### FRANCISCUS PETRARCA PRINCIPI ROMANO S. P. D.

Nuncium eius ad Druentiam captum et vulneribus affectum esse,
in eoque læsam exprobrat maiestatem.

Quid hinc humanitatis ac clementiæ, seu quid omnino iustitiæ sperare possis, excellentiæ tuæ nuncius expertus testabitur. Novum genus sævitiæ: puerum incomi-
tatum, incautum, innocentem hostiliter aggredi: virgu-
lam, si quid sacri esset, et vereri et timere debuerant,
capsulam quoque gravissimis et suavissimis litteris refertam in caput immeritum, donec utrumque frangeretur,
allidere: ipsas quoque litteras, quæ marmòreos animos
mollire potuissent, disceptas effundere. En hospitalitas,
en caritas ! Ad Druentiam captus, tortus, flagellatus,
et civitatis ingressu prohibitus nuncius tuus, minasque
cum verberibus ac vulneribus referens, ad pedes tuos
vertice cruentato redit. Oh ! vere Durentia, ut vulgus ap-

[1] Nonnulla in Codice certo certius hic desunt quæ, si voluissem, facile
supplere poteram. Satius tamen duxi lectoris id arbitrio demandare.

pellat, durities gentium, sive ut quidam scriptores
vocant, Ruentia, a ruendo diceris, præceps flumen
damnosumque, cuius accolæ nihil undis et alveo mi-
tiores, et ipsi tanto impetu in quodlibet scelus ruunt.
O impudenter elati: o irreverentes et indevoti omnes :
o non tua sorbens, et tumide in dominum insurgens
Sorga; o Rhodanus rodens omnia, sic.Tyberim reco-
gnoscitis, sic Romam dominam honoratis? O Avinio,
cuius vinea (si quid coniectoribus fidei est) botros ama-
rissimos et cruentam profert vindemiam, sic dominam
Romam colis, sic tui, sic illius, sic propriæ servitutis,
sic summi imperii memor es? Væ tibi, infelix, si illa
cœperit expergisci, imo vero si caput extulerit, et dormienti sibi illatas iniurias et damna prospexerit. Exper-
recta enim iam nunc est, crede mihi: non dormit, sed
silet, et somnia præteriti temporis sub silentio repetit,
et quid surgens actura sit cogitat. Expectato paululum
et videbis magnalia in orbe terrarum, fierique mirabere quæ ante factum impossibilia iudicasses. An quid
sis, an ubi sis, an cui subsis ignoras? An provinciæ
nomen nescis unde descendat? Quisnam furor hic, quænam ista dementia? Sic modico sereno tempestatum
omnium subrepsit oblivio? Siccine provinciarum dominam veneraris? Sopita erat, tu mortuam credidisti ac
velut morte dominæ libertati reddita adhuc servam te
putasti, nisi libertatem ipsam flagitiis approbares. Esse
aliquid, posse aliquid videri cupis: nos aliquandiu te
voti compotem deliberando fecimus. Tempus est ut,
nobis admonentibus, resipiscas. Multorum mempe potentia non in propriis viribus, sed in aliena debilitate
fundata est: verum hæc, adversario convalescente, cor-

ruat oportet. Tunc ergo quid fueras intelliges, cum quid
adhuc sit Roma cognoveris, cuius modo nuntiis sic in-
sultas, putans non esse qui vindicet. Falleris, ineptis,
insanis. Est qui vindicet in cœlo Deus, est qui vindicet
in terris amicus Dei, quem tu nescis: sunt vires, quas
ne suspicari quidem potes. Ah misera! Sed experiere
illico, ut spero: Tuæ nobis vim nostram iniuriæ reddi-
dere. Cum primum dolere cœperimus, magno tractu et
ad sanitatem et ad robur accessimus. Tu vero res nostras miserearis, vir illustris. Erige surgentem patriam,
et gentibus incredulis quid nunc etiam Roma possit
ostende. De reliqua enim Italia, cui dubium est quin
quantum potuit possit, nec vires, nec opes, nec animos
deficere, sed consensum? Qui si unus adfuerit, illuden-
tibus nomini Italico tenore præsentis epistolæ propin-
quam stragem perniciemque denuncio. Tu, inquam, quem
tantæ rei ducem fata constituunt, perge qua cœpisti. Nihil formidabis: nubeculæ istæ sole radiante dissilient:
vulpecularum insidiæ leonis impetum non ferent. Ingressus es gloriose: i fortiter, i constanter ad reliqua.
Ostende superbiæ quantum humilitate sit inferior, avaritiæ quantum largitate pauperior, fallaciæ quam stulta
sit adiecta prudentiæ, voluptati quam turpis admota
temperantiæ ac decori. Agnoscat tandem fucus hypo-
crisis quam nihil sit ubi vera virtus affulserit. Eia age
rumpe moras, et ranam tumore ridiculo molem solidi
bovis imitantem protere, frange, conculca. Non loquor
ut incitem. Non impulsore, nec lenitore indiges, et calcar et frænum in potestate habes, sed dolorem animi
tacitus ferre non potui. Dolor loquendo actus querelam
auxit, et vicissim sermo indignationi alimentum præbuit,

et indignatio sermoni. Quis enim tranquillus hæc videat? Violatum ius gentium, spreta humanitatis fœdera
in nuncii tui persona! Oh! imme mor honestatis ira :
melius inter barbaros hostes fuisset nuncius tuus, quam
inter eos, quos et rebaris latinos et benevolos mereba-
ris. Evolvant historias! si modo quidquam, præter quibus inhiant divitias, spectare queant; inquirant, et mihi
respondeant. Quæ barbaries legatos violavit unquam,
nisi perraro, nulla præsertim caussa interveniente?
Tentavit hoc quondam in legatis nostris fallax et infida
Carthaginensium plebs, sed prohibita vis est magistratuum interventu. Hanc vim, quæso, quis prohibuit?
Quis factam punivit? Durior sum: imo vero quis arguit,
vel reprehendit? Quanto tutius nuncius tuus isset in
Parthiam, truncatis Crassi et legionibus nostris fusis!
Quanto intactior isset in Germaniam, cæsis Teutonis et
Mario triumphante, quam huc venit, te romanam Ecclesiam filialiter venerante? Certe nec victoris insolentia, nec victi hostis dolor tantum præsumpsisset quantum fictæ amicitiæ præsumpsit invidia. Facilius puer
tuus nemorosum Pelion et algentes Tauri colles hieme
media, quam Orgonis planitiem autumnali tempore
transivisset. Liberius Gangem et Tanaim, quam Druentiam transnatasset. Hæc levandi animi caussa dixisse
volui. Te vero, vir magnifice, nec iniuriæ illatores,
nec ulla prorsus falsæ magnitudinis simulacra permo-
veant. Non est vera magnitudo, nec verum robur posse
nocere: id enim minimis atque infirmissimis animanti-
bus datum est. Magnitudo vera est posse prodesse:
verior autem velle. Potuerunt nocere nocentissimi hominum innocenti puero, et boni nuntii vicem hanc re-

ferre. Quid hoc magni est, imo vero quid nisi nihilo
minus? Si enim peccatum omne nihil est, eo magis est
nihil quo peccatum maius. Ita peccati magnitudo, si dici
potest magnitudo, nihil est. Hac modo magnitudine
viri fortes et suis artibus usi sunt. Potuerunt quod
scorpius, quod aranea potuisset. Nocuerunt uni ex
tuis, et quod est in hac immanitate conspectius, tibi
nocere voluerunt, nec tibi ut tibi, sed ut libertatis ac
iustitiæ defensori. Te enim nonnisi propter illas odio
habent; illas autem propter se, ut quas iniusto, quo su-
perbiunt imperio, contrarias norunt. Tu si ad magnitudinem animi tui redis, horum tumidum et inane propositum simul oderis et contemnes. Acria quidem ista
et acuta, sed parva sunt. De maioribus agitur. Hæc
cum universitate transibunt, et servi tui ultio latebit
sub reipublicæ vindicta. Vale: et perfice quod cœpisti.

# FRANCISCI PETRARCÆ TESTAMENTUM.

Sæpe de eo mecum cogitans, de quo nemo nimis, pauci satis cogitant, de novissimis scilicet ac de morte, quæ cogitatio neque superflua esse potest, neque nimium festina, cum et mors omnibus certa sit, et hora mortis incerta ; utile atque honestum credo antequam me mors impediat, quia mors ipsa quæ per varios et ambiguos rerum casus semper nobis impendens propter vitæ brevitatem procul esse non potest, nunc Dei gratia, dum corpore simul atque animo sanus sum, de me ipso ac de rebus meis testando disponere. Quamvis, ut verum fatear, tam parvæ et tam paucæ res sunt meæ, ut de iis quodammodo pudeat me testari. Sed divitum atque inopum curæ de rebus licet imparibus pares sunt. Volo igitur hanc meam voluntatem ultimam ordinare, et scriptis committere, et propter quamdam honestatem, et ob id maxime, ne de huiusmodi rebus meis propter meam incuriositatem post meum obitum litigetur.

In primis animam meam peccatricem, sed divinam misericordiam implorantem et de illa sperantem, commendo humiliter Iesu Christo, eique flexis ipsius animæ genibus, ut a se creatam suique sanctissimi sanguinis pretio redemptam, protegat effusus supplico,

nec permittat ad suorum manus hostium pervenire. Ad
hoc et auxilium Beatissimæ Virginis matris suæ, et
beati Michaelis Archangeli reverenter et fideliter im-
ploro ; et sanctorum reliquorum quos intercessores
apud Christum invocare sum solitus ac sperare.

Corpus autem hoc terrenum ac mortale nobilium
gravem sarcinam animorum, terræ, unde sibi origo
est, volo restitui : et hoc absque omni pompa, sed
cum summa humilitate et abiectione quanta esse potest : de quo hæredem meum et amicos omnes rogo,
obsecro ; et obtestor, et adiuro per viscera misericordiæ Dei nostri, et per caritatem si quam unquam
ad me habuerunt, nec falsi specie honoris hoc negli-
gant ; cum sic omnino me deceat, ac sic velim : ita ut
si forte, quod absit, contrafecerint, teneantur Deo et
mihi de gravi utriusque offensa in die iudicii respondere. Et hoc quidem de funere, nunc de sepultura :
hoc addito quod nemo me fleat, nemo det lacrimas,
sed pro me Christo preces, et qui potest Christi pauperibus caritatem pro me orare monitis porrigat. Hoc
mihi prodesse poterit : fletus autem et defunctis inutile,
et flentibus est damnosus. De loco autem non magnopere curo. Contentor poni ubicumque Deo placuerit,
et his qui hanc curam suscipere dignabuntur. Si tamen
expressius mea de hoc voluntas · exquiratur, sepeliri
vellem, si Paduæ ubi nunc sum moriar, in ecclesia
Sancti Augustini quam fratres prædicatores tenent,
quia et locus animo meo gratus est, et iacet illic is
qui me plurimum dilexit ; inque has terras piis precibus attraxit præclarissimæ memoriæ Iacobus de Carraria tunc Paduæ dominus. Si autem Arquadæ, ubi

ruralis habitatio mea est diem clausero, et Deus tantum mihi concesserit quod valde cupio, cappellam ibi
exiguam ad honorem Beatissimæ Mariæ Virginis
extruere, illic sepeliri eligo ; alioquin inferius in aliquo loco honesto iuxta ecclesiam Plebis. Sin Venetiis
moriar, poni volo in loco sancti Francisci de Vinea
illic ante ostium ecclesiæ. Sin Mediolani, ante ecclesiam beati Ambrosii iuxta primum introitum qui civitatis muros aspicit. Sin Papiæ, in ecclesia sancti Augustini ubi fratribus visum fuerit. Si autem Romæ, in
ecclesia sanctæ Mariæ Maioris, vel sancti Petri, ubi
fuerit opportunius, vel iuxta ecclesiam hanc vel illam
sicut canonicis placebit. Nominavi loca quibus per Italiam conversari soleo. At si Parmæ, in ecclesia maiori,
ubi per multos annos archidiaconus fui inutilis et semper fere absens. Sin ubicumque terrarum alibi, in loco
Fratrum minorum si sit ubi : sin minus in quacumque
alia ecclesia, quæ vicinior fuerit loco mortis. Hæc de
sepulcro plura, fateor, quam virum doctum deceat,
licet ab indocto dicta sint.

Nunc accedo ad dispositionem earum rerum quæ
vocantur bona hominum, cum potius sint sæpe impedimenta animi. Et primo equidem huic sanctæ ecclesiæ
Paduanæ, unde percepi et commoda et honores, ordi-
navi animo iampridem pusillum terræ emere quod
eidem testamento dimitterem usque ad summam videlicet ducentarum librarum huius parvæ monetæ, vel
plus si possim. Sed ad hanc summam habeo iam verbo
licentiam a magnifico Paduæ domino ac domino meo
Francisco de Carraria, quam vel in vita mea, vel post
obitum, quotiens seu quandocumque petita fuerit, datu-

rum esse non dubito ; sicut ille cuius non actus modo,
sed verba multam habeant in proposito veritatis firmitatem. Huiusmodi autem terram hactenus, intervenien-
tibus aliis impensis, emere non valui. Si ergo ipsam
emero, ut spero, faciam instrumento emptionis poni
quod ipsam emo animo ecclesiæ relinquendi : et ex
nunc ita facio, quamvis eiusdem terræ situm nondum
possum in scriptis inserere. Sin autem, quoniam nonnunquam piæ voluntates propter peccata hominum
deduci nequeunt ad effectum, dictam terram emere vel
propter impotentiam vel propter negligentiam omisero,
lego ipsi ecclesiæ Paduæ ducatos ducentos auri ad
emendum aliquantulum terræ ubi melius fieri poterit,
de cuius proventibus perpetuum anniversarium animæ
meæ fiat : et ipsi domino supplico, si tunc vivet, sicut
cupio et Deum precor, ut multos postea annos lætus
et felix vivat ; vel si (quod Deus avertat) tunc ipse
non viveret, precor alium quemcumque penes quem
rei huius erit arbitrium, quatenus ob reverentiam
Mariæ Virginis, et mei, licet indigni et pusilli hominis
respectum, concedat hoc fieri ; et decretum suum super
hoc favorabiliter interponat.

Lego autem ecclesiæ apud quam sepeliar ducatos XX : aliis autem ecclesiis quatuor ordinum men-
dicantium, si ibi fuerint, ducatos V. pro qualibet.

Pauperibus Christi lego C. ducatos distribuendos
ut videbitur Iohanni a Bocheta custodi ecclesiæ Paduanæ : et hoc si hic moriar. Sin alibi, ad arbitrium
prælati illius ecclesiæ in qua reconditus fuero : ita
tamen ut de dicta quantitate nullus ultra singulos ducatos accipiat.

Transeo ad dispositionem aliarum rerum. Præ-
dicto igitur magnifico domino meo Paduano, quia ipse
per Dei gratiam non eget, et ego nihil habeo dignum
se, dimitto tabulam meam sive iconam Beatæ Virginis
Mariæ opus Iotti pictoris egregii, quæ mihi ab amico
meo Michaele Vannis de Florentia missa est, cuius
pulchritudinem ignorantes non intelligunt, magistri
autem artis stupent. Hanc iconam ipsi magnifico domino lego, ut ipsa Virgo Benedicta sit sibi propitia ad
filium suum Iesum Christum.

Amicis minoris status, sed carissimis mihi, libenter
magna dimitterem, si facultas esset uberior : sed affectum libabunt.

Magistro Donato de Prato, veteri grammaticæ
præceptori, nunc Venetiis habitanti, si quid mihi debet
ex mutuo, quod quantum sit nescio, sed utique parum est, remitto et lego : nec volo quod hæredi meo
ob hanc causam ad aliquid teneatur.

De equis meis, si quos habuero in tempore transitus mei qui placeant Bonzanello de Vigoncia , et
Lombardo a Serico concivibus Paduanis, volo quod
inter eos sortiantur qui primum elegat, quis secundum.

Et præter hoc, dicto Lombardo, qui rerum suarum
curam deposuit ut res meas ageret, obligatum me confiteor in CXXXIV. ducatis auri et solidis XVI. quos
expendit in utilitatibus meis, et multo amplius. Sed
facta ultima inter nos ratione, dictæ quantitatis debitor
remansi, quam si ante acceperit, sicut spero cito facere, bene erit. Alioquin volo quod hæres meus ante
omnia sibi satisfacere teneatur ; de quo debito chiro-
graphum meum habet, quod restituat hæredi meo ipse

Lombardus. Item lego eidem Lombardo scyphum meum parvum rotundum argenteum et auratum, cum quo bibat aquam, quam libenter bibit, multo libentius quam vinum.

Presbytero autem Iohanni a Bocheta custodi ecclesiæ nostræ breviarium meum magnum quod Venetiis emi pretio C. librarum. Ea tamen lege illud ei dimitto ut post eius obitum remaneat in sacristia ecclesiæ Paduæ ad obsequium perpetuum presbyterorum, ut ipse presbyter Iohannes et alii orent, si eis placeat, Christum et Beatam Virginem Mariam pro me.

Iohanni de Certaldo seu Boccatio, verecunde admodum tanto viro tam modicum, lego quinquaginta florenos auri de Florentia pro una veste hiemali ad studium lucubrationesque nocturnas.

Magistro Thomæ Bambasio de Ferraria lego leuthum meum bonum, ut eum sonet non pro vanitate sæculi fugacis, sed ad laudem Dei æterni.

Prædicti autem mei amici de parvitate huiusmodi legatorum non me accusent sed Fortunam, si quid est Fortuna. Propter hunc respectum distuli ad ultimum quem primum esse decuit, Magistrum Iohannem de Horologio physicum, cui lego quinquaginta ducatos auri pro emendo sibi unum parvum anulum digito gestandum in memoriam mei.

De familiaribus autem domesticis sic ordino. Bartholomæo de Senis, qui dicitur Pancaldus, XX ducatos, quos non ludat.

Zilio de Florentia, domicello meo, supra salarium suum, si quid sibi debetur, XX ducatos, et si haberem alios aut plures paucioresve domicellos, supra salarium suum pro quolibet, florenos seu ducatos **XX**. Famulis duos pro quolibet : Coquo duos : isti, vel amici, et si vel domicelli seu famuli obiissent priusquam moriar, quod eis legabam volo ut redeat ad hæredem meum.

Omnium sane bonorum mobilium et immobilium quæ habeo vel habiturus sum, ubicumque sunt vel erunt, unum solum hæredem instituo Francisculum de Brosano filium quondam domini Amicoli de Brosano civem Mediolani portæ Verzellinæ : et ipsum rogo non solum ut hæredem, sed ut filium carissimum, ut pecunia quantacumque sit, plurima sive minima, quia magna utique non erit, quam meis in rebus invenerit, dividatur in duas partes, et unam sibi habeat, alteram numeret cui scit me velle, et de ea fiat quod me etiam velle scit.

Duo antequam finiam hanc scripturam addenda sunt. Unum est, quod modium illud terræ quod habeo ultra montes in Comitatu Venusino in villa seu castro Valclusiæ Diœcesis Cavallicensis, quia sine dubio eundo illuc vel etiam mittendo quodammodo plus expenderetur quam res valeat, volo quod sit hospitalis dicti loci, et in usus pauperum Christi, et si forte hoc fieri non posset impediente aliquo iure vel statuto, volo quod sit Iohannis et Petri fratrum filiorum quondam Raymundi Clarimontis, qui Monetus communiter dicebatur, et fuit obsequiosus et fidelis mihi valde. Et si dicti fratres, vel eorum alter obiisset, volo quod veniat ad filios vel nepotes in memoriam dicti Moneti.

Alterum, quod illud modicum quod habeo de bonis immobilibus in Padua vel territorio Paduano, vel in posterum habiturus sum, volo quod sit hæredis mei, ut cætera : sed hac lege quod nec per se. nec per alium possit horum aliquid alienari venditione, aut donatione, aut perpetua emphytheusi, aut alio quovis modo, nec etiam pignorari usque ad completos XX annos a die mei obitus computandos : quod propter utilitates ipsius hæredis ordino qui ex ignorantia rerum labi posset ; quas cum plene noverit puto non libenter alienabit.

Si autem forte, quia omnes sumus mortales, nec omnino ullus est ordo moriendi, dictus Franciscus de Brosano (quod avertat Deus) ante me moreretur, tunc hæres meus esto Lombardus a Serico prædictus, qui plene animum meum novit, quem ut in vita fidelissimum expertus sum, non minus fidelem spero post obitum.

Hæc iure testamenti, seu alterius ultimæ voluntatis seu quocumque alio modo melius valitura conscripsi manu propria Paduæ in domo ecclesiæ quam habito anno Domini MCCCLXX. pridie Nonas Aprilis.

Et Nicolaum filium quondam ser Bartholomæi ac Nicoletum filium ser Petri notarios infrascriptos rogavi prout in eorum subscriptionibus infrascriptis continetur.

Unum addo, quod statim post transitum meum hæres meus scribat super hoc meo fratri germano Petrarco monacho Carthusiensi in Conventu de Materino prope Massiliam : et det sibi optionem utrum velit centum florenos auri, an singulis annis quinque vel decem sicut sibi placet : et quod ipse elegerit illud fiat.

Ego Franciscus Petrarcha scripsi ; qui testamentum aliud fecissem si essem dives, ut vulgus insanum putat.

# AD AMICUM LECTOREM.

—

Memineris fortasse, lector, dictum in Prolegomenis (Vol. I. pag. XX) hæsisse me an litteris hisce notas animadversionesque subnecterem, quæ earumdem diem, occasionem et materiem declarantes, ex ipsius Petrarcæ verbis deprompta validissima argumenta suppeditarent, quibus et civilis historia, et litteraria, et præclarissimorum eius ætatis virorum vitæ resque gestæ illustrarentur : re tamen mature perpensa, omne notarum et animadversionum opus Italicæ epistolarum traslationi adiungendum reservasse.

Id scilicet non alia de causa mihi proposueram, nisi quod vel paucos intra menses, vel certe non serius duobus annis hanc epistolarum editionem perfectum iri autumabam, quos quum formis typographicis recognoscendis et emendandis, tum italicæ interpretationi quam simul una vulgandam typographo iamdiu tradideram, perpoliendae, vix suffecturos existimavi. Quum vero aliud expectanti mihi contra votum evenerit, et quinque pene annorum spatium ex quo opus vulgari inceptum est hactenus effluxerit,

III.                                             35

partum invito ocium haud minus recte impensurus mihi visus sum, si quas italicæ translationi addideram, hisce etiam Petrarcæ ipsius litteris eodem quo is usus est idiomate animadversiones subiungerem, et quarto volumine *Indici* rerum notabilium præponendas evulgarem. Sique Deus adsit et dies, illum etiam tantæ cunctationis fructum, lector, accipies, ut hanc epistolarum de Rebus Familiaribus et Variarum editionem Senilium quoque evulgatio earumque italica interpretatio subsequatur. Id boni æquique consulas. Vale.

IOSEPHUS FRACASSETTUS.

FINIS TERTII VOLUMINIS.

# INDEX.

Milton Keynes UK
Ingram Content Group UK Ltd.
UKHW020624111223
434160UK00008B/659

9 781022 583627